성서의 이야기 기술

The Art of Biblical Narrative

성서의 이야기 기술

로버트 알터 지음 | 황규홍 · 박영희 · 정미현 옮김

아모르문디

개정판 서문

아이들의 운명처럼 책의 운명도 대개 그 책을 세상에 내놓는 사람에게는 예측불허이다. 다른 많은 작가들처럼 나 역시 내가 쓴 어떤 책이 큰 반향을 불러오리라는 환상을 품은 적이 있지만 결국은 도서관 사서들, 친구들, 그리고 친척들만 읽고 마는 경우가 부지기수였다. 하지만 『성서의 이야기 기술』이라는 책은 판이하게 다른 결과를 안겨주었다.

1970년대 후반에 본 주제와 우연히 만나게 된 후로 네 편의 논문을 발표하고 나자 성서의 내러티브가 어떻게 작동하는지에 대한 흥미로운 의견을 한 권의 책으로 묶어내면 좋겠다는 생각이 들었다. 당시에는 그 전이든 후든 내가 쓴 다른 책들이 그렇듯 이런 책을 누가 읽을지 선명한 그림이 그려지지 않았다. 하지만 나는 내가 하고 싶은 말을 풀어내면서 그 용어를 일반 독자들이 접근하기에도 무리가 없을 뿐 아니라 학자들의 주목을 끌 만큼 정밀한 수준으로 쓰고자 애썼다. 이 책을 교재로 꾸며볼 생각은 전혀 없었음에도 실제로는 그렇게 사용되기도 한다. 이 책이 출판되면서 쏟아진 평단의 열렬한 반응에 좀 놀라긴 했다. 왜냐하면 나는 이 책이 학자들의 신경을 건드리는 것은 물론 보편적인 선입견을 거스르는 성서의 관점을 제시함으로써 독자들을 괴롭힐 것이라고 보았기 때문이다. 그보다 훨씬 더 놀랐던 부분은 시간이 지나면서 이 책이 꾸준히 팔렸다는 사실이고, 이메일이 등장하면서 지금까지도 독자들이 내게 메일을 보내오면서 이 책이 준 영향에 대해 말해준다는 점이다. 학문 시장의 동향에 민감한 친구가 한번은 내게 이런 이야기를 했다. 문학적 연구서들이 팔려나가는 평균 기한이 6년이고 그 후에는 아무도 읽지 않는다는 것이다. 그 친구가 『성서의 이야기 기술』이 얼마나 오래갈지를 두고 이 말을 한 지 15년이 되었는데, 지금 초판이 발간된 후 30년이 지났음에도 성서에 대한 독자들의 관심이 종교적이든 문학적이든, 또는 학문적이든 문화적이든 간에 이 책이 다양한 부분에서 많은 독자의 요구를 아직도 충족해주는 모양이다.

1980년경 책을 쓸 당시에 나는 이 책의 1장을 비롯해 여러 부분에서 성서에 관한 전문 학자들의 문학적 이해가 통탄스러울 정도로 부족하다고 불만을 토로했다. 지난 30년 사이에 사정이 좀 나아졌지만, 지적인 연구가 대개 그렇듯 모든 것이 원하는 대로 되진 않았다. 이제 문학적 분석은 성서학자들도 인정하는 분야이고, 그 점은 무조건 환영할 일이다. (지난 몇 년 동안 나의 성서 번역본을 살펴본 몇몇 비평가들은 이러한 변화의 공을 내게 돌렸지만 그건 지나친 과장이라고 본다. 이러한 변화는 필연적으로 일어날 일이었고, 『성서의 이야기 기술』은 그 과정에서 작은 촉매제 역할을 했을 뿐이다.) 미국, 영국, 프랑스, 벨기에, 그리고 이스라엘에서 성서에 관한 탁월한 문학적 작업이 이루어져 왔지만 모두 부분적인 연구뿐이었다. 그중 훌륭한 연구서들을 든다면 이스라엘의 일라나 파르데스와 야이르 자코비치, 미국의 로버트 가와시마, 그리고 바티칸의 장 피에르 소네트의 저서 정도가 있다. 하지만 문학적 관점을 취한 몇몇 사람들은 본문 비평 분석과 언어학적 연구를 무시했다. 물론 나는 『성서의 이야기 기술』을 변호하려는 열정을 바탕으로 이러한 연구가 고대 문서들을 다루는 데 필수적인 도구라고 분명히 밝혔다. 다른 성서학자들은 소위 문학적 이해에 대한 관심에서 포스트 식민주의, 성에 대한 연구, 급진적 여성주의, 해체주의와 같은 이런저런 유행하는 학문적 이념을 성서에 적용하고자 했다. 나의 입장은 30년 전과 동일하다. 성서의 문학적 기법을 이해하는 최선의 길은 외적인 틀에 성서를 맞추려는 시도를 피하고, 대신에 참을성 있게 성서의 섬세한 작동법에 주목하면서 거기에서 발견한 것들에 근거하여 성서만의 독특한 관습과 기법에 관한 그림을 추론해가는 것이다.

1981년판을 한 줄 한 줄 검토한 과정은 내게 더없이 유익한 작업이었다. 이제 이 개정판이 독자들에게도 도움이 되는 책이기를 기대한다. 이번 개정판에서는 몇 가지 소소한 오류를 수정했고 초판 내용 중에 일정 부분을 보완 설명하거나 다른 의미를 약간 추가하기도 했다. 시간이 흐르는 사이에 성서 내러티브에 대해 최소한 몇 가지는 더 이해하게 된 부분들이 있다. 성서의 원전 비평과 관련한 나의 주장들 중 몇 부분을 개정판에서 좀 더 세련되게 갈고닦았다. 이 책을 전반적으로 살펴가면서 특별히 이런저런 사항에 관하여 구체적인 제안을 해준 나의 친구이자 동료인 론 헨델에게 고맙게 생각한다. 전형장면에 관한 장에서 몇 페이지를 추가한 이유는 이 특별한 고대 기법을 규정해보고자 했고 그에 따라 몇 가지 방법론적 문제들, 특히 전형장면들과 성서 양식비평 간의 관계를 분명히 할 필요가 있어서였다. 복합 기법에 관한 장은 처음의 주장을 몇몇 부분 보완 수정해서 정리했다. 이는 여러 가지 원문을 구분하는 과정이 내가 처음에 공식화해서 의도한 것보다 문학적 분석을 보완해주는 방법으로서 충분히 받아들여질 수 있다고 판단했기 때문이다. 그렇지만 대체로 이번 개정판은 1981년판과 기본적으로 동일한 책이나, 최소한 몇몇 부분에서 보다 치밀해지고 견고해졌다고 생각한다.

그리고 이 점을 꼭 언급해야 한다. 이번 개정판에서 가장 집중적으로 손을 본 내용은 예전에 내가 번역했던 성서의 본문이다. 나는 이 책에서 다루는 성서 본문 전부를 임시로 번역한 바 있다. 30년 전에는 1960~70년대에 나온 성서 영어 번역본, 특히 신유대인출판협회(New Jewish Publication Society) 번역본에 큰 영향을 받았다. 그 당시에는 내가 1990년대 중반부터 성서 번역을 하게 되리라는 생각을 전혀 하지 못했다. 번역에 돌입하자마자 금세 깨달은 바가 있었다. 원문에 충실하고 효과적인 영어 번역본이 되려면 히브리어의 독특한 문체적 특징들을 놓치지 않고 잘 살려낼 필요가 있으며, 히브리어의 의도적인 구문상의 외형을 어떻게든 따라갈 필요가 있다는 점이었다. 막상 작업을 시작했을 때는 읽기 쉬운 문학적 영어로 이러한 시도를 하는 게 가능할지 확신할 수 없었지만, 여러 경험과 많은 독자들의 반응을 통해 이런 시도가 전혀 불가능한 임무는 아니라는 확신을 얻었다. 나는 최근에 번역가로서 경험했던 면에 비추어 보면서 초판에 실었던 나의 번역에 경악할 수밖에 없었다. 그때는 "그리고"로 시작하는 히브리어 문장들을 "~할 때", "이제", "~이후로" 등으로 시작하게 만들었고, 아름답고 풍부한 표현으로 쓰인 히브리어 등위절들을 일간지에나 나올 법한 현대식 종속절로 바꿔놓기도 했다. 이 모든 부분은 이후에 출간된 내 번역본에 따라 거의 다 바뀌었고, 그 외 몇 가지는 아직 출간되지 않은 나의 다른 번역본을 따랐다. 바라건대 이 영어 번역본들이 원래 히브리어 이야기가 보여주고자 했던 문학적 매력과 묘미를 독자들에게 보다 잘 전달해주었으면 한다. 이제 독자들에게 선보이는 『성서의 이야기 기술』의 개정판은 성서 본문을 다시 번역한 새로운 번역문과 기존 주장을 군데군데 보충하고 정교하게 다듬은 내용을 담고 있으며 원본의 시의성을 간직하고 있다고 생각한다.

캘리포니아, 버클리

2010년 9월

초판 서문

이 책은 성서의 내러티브를 지적으로 이해하는 방법을 알려주는 입문서로 기획되었다. 초반 두 장에서는 이러한 길잡이가 필요한 이유와 그에 대한 개념적 정당성을 설명하고 있다. 하지만 이쯤에서 애초에 이 프로젝트가 시작된 지점과 앞으로 내가 따라갈 순서에 대해 먼저 몇 마디 해둘 필요가 있다.

책 전체의 목표는 성서 속 내러티브 기술의 독특한 원리를 보여주는 것이다. 짧고 긴 여러 가지 예들을 분석하는 목적은 자세하든 아니든 특정 본문에 대한 주석을 제공하기 위해서가 아니라 일반적 원칙들이 무엇인지 보여주기 위함이다. 여기에서 말하는 '성서'는 히브리 성서만 지칭한다. 나는 현재 많은 성서학자들이 받아들이는 전통적 유대 관습을 충실히 지키고 있다. 말하자면 기독교에서 사용하는 '구약'이라는 명칭을 사용하지 않는다. 구약이 신약을 통해 완성되며, 그 두 가지가 결합해서 하나의 완성된 작품을 이룬다는 의미가 내포돼 있기 때문이다. 물론 히브리 성서와 신약성서 간에는 문학적·신학적 연속성이 어느 정도 존재한다. 하지만 신약의 내러티브는 후대에 다른 언어로 기록되었고, 전반적으로 상이한 문학적 가정을 따른다. 따라서 내가 판단하기에 이 두 종류의 고대 문학 작품이 동일한 분석 체계 속에 적절한 위치를 잡기가 어려워 보이고, 무엇보다도 나 자신이 신약을 다룰 만한 언어적 그리고 학자적 역량을 갖추지 못하고 있다. 히브리 성서는 그 자체로도 시간적으로 7~8세기의 기간을 거쳐 기록된 작품들을 모아놓은 결과물이다. 에스더와 다니엘 같은 책들은 바빌론 포로기 이후인 후반기에 쓰인 것으로서 일반적으로 상당히 새로운 문학적 경향을 반영한다. 나는 대부분 포로기 이전에 쓰인 모세오경이나 전기 예언서들과 같은 작품에 집중하고 있다.

나는 가능한 한 일반 독자들도 이해할 수 있게 쓰려고 노력했을 뿐 아니라 성서에 관한 전문적 지식을 가진 이들에게도 도움이 되도록 정확성을 기하고자 했다. 이 연구를 시작했을 때는 성서에 대한 문학적 관점을 소개해서 성서를 새롭게 조명할 수 있기를 바랐다. 물론 이러한 열망을 잃어버리지는 않았지만, 수많은 성서 본문들을 자세히 검토하는 과정에서 예상치 못했던 부분을 발견하게 되었다. 그것은 성서가 그 자체로 내러티브에 관심이 있는 누구에게든 가르쳐줄 내용이 많다는 사실이었다. 성서는 외적으로는 단순해 보이지만 엄청나게 복잡한 기법으로 구성돼 있어서 내러티브의 근본적인 가능성에 대한 놀라운 예들을 제시해준다. 그런데 이 책은 성서에 대한 문화적 혹은 종교적 관심을 갖는 사람들, 그리고 내러티브를 연구하는 학자들을 대상으로 하고 있다. 그중 마지막 범주에 속하는 독자들이 이 책을 보면 지난 10년 동안 프랑스와 미국에서 번성했던 새로운 서사학(narratology)에 대해 고작 한두 번 지나가는 정도로만 언급하는 내용을 발견할 것이다. 아주 솔직히 말하자면 나는 그것이 별로 유용성이 없다고 본다. 특히 복잡한 용어들의 가치에 대해 회의적이며 후술법, 내부적 서술, 행위소와 같은 거친 신조어들이 발달한다고 해서 과연 우리가 내러티브를 이해하는 데 도움이 되는지 회의적이다. 때로는 문체, 구문, 혹은 문법의 특정한 부분을 정확하게 서술하는 데 이왕이면 전문적 용어들을 써야 할 필요가 있어 보이긴 하나, 나는 복잡한 문학적 사안을 다룰 때 교육을 받은 모든 사람들이 이해할 수 있는 언어로 논의하는 것이 가능하다고 본다. 새로 등장한 서사학자들과 나 사이에는 체계적 정리에 대한 고찰 외에도 학문적 접근법에 차이가 있다. 내가 생각하기에는 형식적 구조에 대한 분석에서 나아가 특정한 종류의 내러티브에서 구현된 도덕적 관점과 가치를 더 깊이 이해하는 방향으로 발전해나가는 것이 중요하다. 바로 이런 이유 때문에 나는 본 연구가 성서를 종교사에 관한 중요한 문서로서 이해하려는 독자들에게 무엇인가 말해줄 것이 있다고 생각한다.

어떤 문학 작품이든지 그 형태와 의미는 당연히 어느 정도는 그 작품의 언어적 조성에 좌우될 것이다. 이러한 사실 때문에 나는 가끔씩 단어 선택, 소리 놀이, 그리고 원래 히브리어에서 감지될 수 있는 구문적 문제에 대해 언급하며 때로는 중요한 말놀이를 나타내기 위해 대안적인 번역을 제시하기도 했다. 이런 부분은 히브리어에 대한 지식이 없더라도 독자 입장에서 이해하기 어렵지 않으리라 본다. 그리고 내가 선택한 주요 주제들은 대부분 번역본에서도 무리 없이 확인할 수 있는 성서 내러티브의 특징들이다. (이러한 이유로 애초에 계획했던 문체에 관한 장을 포함하지 않기로 했다. 히브리어를 모르는 독자들에게는 별로 쓸모가 없을 것이기 때문이다.) 인용한 성서 본문은 모두 내가 직접 번역했다. 물론 킹제임스 번역본이 영어판에서 권위가 있지만, 심지어 현대적인 개정판에서도 명료성과 언어학적 정밀성이란 측면에서 많이 부족하며, 이 두 가지 목표를 성취하고자 하는 여러 종의 현대어 번역본들도 의미심장한 구문, 의도적인 모호성, 그리고 단어의 의도적 반복과 같은 원어의 문학적 특징들을 놓치는 경향이 있다. 내 번역이 때때로 어색해 보일 수도 있으나 최소한 성서의 내러티브 기법 속에서 중요한 역할을 하는 원문의 특정한 부분을 분명히 보여준다는 장점이 있다.

　1971년 스탠퍼드대학교 종교학과에서 개최하는 성서의 문학적 연구에 관한 비공식 세미나에 초청되면서 맨 처음 이 책을 기획할 생각을 했다. 그 세미나는 창세기 38장과 39장에 관해 진행되었고(이에 대한 논의는 1장과 5장에 등장한다), 같은 주간에 내가 스탠퍼드대학교에서 하려고 정성 들여 준비했던 현대 유대 문학에 대한 공개강좌보다 훨씬 더 성공적이었다. 세미나와 관련해서 정리한 내용은 일단 서랍 속에 넣어두고, 한 4년 후에 불현듯 《코멘터리 Commentary》지 편집자에게 성서에 관한 문학적 접근의 필요성을 다룬 논문에 관심이 있는지 물었다. 나의 제안을 받아준 편집자들에게 고맙고, 특히 내가 주로 비평 대상으로 삼던 시기에서 3천 년이나 훌쩍 거슬러가도록 용기를 불어넣어준 닐 코조도이에게 감사한다. 그리고 나는 《코멘터리》지 독자들에게 특히 더 감사드린다. 1975년 12월에 첫 논문(개정판의 1장)이 발표된 이후 많은 독자들이 나한테 직접, 또는 출판사로 편지를 보내주신 덕분에 나는 이 주제에 대해 계속 연구할 가치가 있다는 확신을 얻었다. 세 편의 후속 논문들이 《코멘터리》지에 1976년 5월, 1978년 10월, 1980년 11월에 각각 발표되었다. 이 논문들이 지금 5장의 일부와 6장과 8장 전체를 구성하고 있다. 2장과 3장 내용을 약간 짧게 쓴 버전은 각각 《현대시론 Poetics Today》(1980년 봄호)과 《비평연구 Critical Inquiry》(1978년 겨울호)에 실렸다. 나는 출간과 관련해, 현대적 범위에서 벗어나 보일 수도 있는 주제에 대해 문호를 열어준 세 학술지의 편집자들에게 감사하고 싶다. 그리고 문제의 그 논문들을 본서에 자유롭게 게재할 수 있도록 허락해준 점에 대해서도 감사를 표한다.

　준비 단계에서 정리한 내용 일부는 온타리오 트렌트대학교의 버크슈타인 기념 강연, 인디애나대학교 성서교육연구소의 문학 강좌, 그리고 샌디에이고의 캘리포니아주립대학교가 후원한 성서문학학회에서 실험적으로 다루어보았다. 이런 자리에서 청중들이 보여준 지적인 반응은 최종 원고를 만드는 데 큰 도움이 되었다. 나의 동료인 톰 로젠마이어는 한 편씩 발표된 이 연구 결과를 읽고 꼼꼼하게 비평해주는 수고를 마다하지 않았다. 비록 그가 나의 최종 의견에 완전히 동의하지는 않을지라도 그의 현명한 판단과 학식 덕분에 나는 그리스인들처럼 부당하게 단순화하는 오류에서 벗어날 수 있었다. 그가 나를 한 번 이상은 구해준 셈이다.

내용 입력 및 부대 연구비용은 U. C. 버클리 연구위원회의 지원으로 충당되었다. 타이핑 작업은 플로렌스 마이어가 맡아서 언제나처럼 꼼꼼하게 마무리해주었다. 끝으로 이 연구를 담당하도록 격려해준 많은 성서학자들에게도 감사하고 싶다. 그들 중 몇 명은 오랜 친구들이고 나머지는 처음 두 편의 논문을 발표하면서 알게 되었다. 누구나 가끔은 상상하기를 즐기듯 나 역시 처음에 이 논쟁적인 연구를 시작하면서 앞으로 내가 사람들 심기를 거스르겠구나 하는 상상을 했다. 하지만 이 분야의 전문가들 중 대다수는 나의 의견을 관대하게 받아들인다는 사실을 알게 되었다.

캘리포니아, 버클리
1980년 8월

차례

1장 성서에 대한 문학적 접근

성서 내러티브가 형성되는 데 문학적 기법은 어떤 역할을 할까? 대단히 중요한 역할을 한다고 말할 수 있다. 장면에 따라 정교하게 조정된 문학적 기법은 대부분의 사건에서 세밀한 단어 선택과 세부 묘사, 서술의 진행 속도, 대화 내용의 작은 변화, 그리고 텍스트 내에서 여러 갈래로 나뉜 이야기들을 어떻게 연결해 전체적 짜임새를 이룰지 결정짓는다. 이런 명제를 이론적으로 입증하기에 앞서, 그리고 그동안 이처럼 중요한 문학적 차원에 대한 논의를 가로막았던 지성사적 정황에 대해 논하기 전에, 성서 본문에서 내러티브 기법이 어떤 식으로 일관되게 운용되는지를 살펴보는 게 좋겠다.

소위 '끼워 넣기'가 된 이야기 한 편을 예로 들어 분석해보자. 삽입된 이야기란 무엇이며 어떻게 작용하는지를 규명하고, 동시에 그 이야기가 전후의 이야기들과 어떤 연관성을 지니는지도 확인하게 될 것이다. 함께 검토해볼 이야기는 창세기 38장에 나오는 다말과 유다의 이야기다. 이 이야기

는 요셉이 형제들 손에 팔려가는 장면과 요셉이 보디발의 집에서 노예로
등장하는 장면 사이에 삽입돼 있다. 스파이저(E. A. Speiser)[1]는 앵커 바이
블 시리즈의 명저 『창세기 Genesis』 편에서 이 사건에 대해 "완전히 독립
적인 이야기"이며, "요셉의 드라마와는 아무런 연관이 없고 요셉 이야기의
제1막이 끝나는 지점에 끼어들었을 뿐"[2]이라고 보았다. 스파이저와 다른
이들이 지적했듯이 소위 끼워 넣기는 요셉의 운명이 어떻게 귀결될 것인지
호기심을 증폭시켜주고, 이집트에서 요셉이 다시 등장할 때까지 시간적 경
과를 간접적으로 느끼게 해주는 효과가 있다. 그러나 스파이저는 다말과
유다의 사건이 모티프와 주제 면에서 요셉의 이야기와 매우 긴밀한 연관성
이 있음을 놓치고 있다. 이는 곧 관습적인 성서 연구가 보여주는 한계이다.
이제 액자식 구성과 삽입된 이야기 간의 상호 연관성을 명백히 보여주고자
먼저 창세기 37장의 마지막 다섯 구절을 분석해보겠다. 분석적 측면에서
같은 말을 반복하거나 원문의 특이한 구문을 그대로 사용해 의도적인 직역
을 많이 하게 될 것이다.

　요셉의 형제들은 요셉을 노예로 판 후에 아버지에게 보여주려고 요셉이
아끼던 채색옷을 염소의 피로 적신다.

　"그들은 채색옷을 보내어 그의 아버지에게로 가지고 가서[여기서 아들
들이 야곱에게 간접적으로 접근하는 점에 주목하라. 히브리어 문장으로 보
면 이 점이 더욱 선명하게 드러난다] 말하였다. '이것 [조트 זֹאת]을 우리
가 찾았습니다. 부디 잘 살펴보십시오[하케르-나 הַכֶּר־נָא], 이것이 아버지
의 아들의 옷입니까, 아닙니까?'"(창 37 : 32) 요셉의 형제들은 자신들이 조

---

　1) 폴란드계 유대인(1902~1965). 성서 주석가이자 구약학자. 앵커 바이블 시리즈는 유
대교, 정교회, 가톨릭, 개신교, 이슬람교 등 다양한 종교적 배경을 지닌 천여 명의 성서학자
들이 협력하여 출간한 학술성이 뛰어난 주석 시리즈이다.
　2) 원주: 『창세기』,《앵커바이블 The Anchor Bible》(뉴욕, 1964), 299쪽.

작한 증거물인 "이것[조트]"이 자기들 대신 거짓말을 하도록 용의주도하게 접근하고 있다. 문장 구조상으로도 그렇고 문자 자체도 '이것'(옷)이 '우리'(형제들)보다 앞서 등장한다. 또한 그들은 요셉을 그의 이름이나 자신들의 형제로 부르지 않고 교묘히 "아버지의 아들"이라는 표현을 사용한다. 이제부터는 야곱이 요셉의 채색옷을 근거로 삼아 스스로의 상상력으로 이야기를 만들어가기 시작한다. "그가 그 옷을 알아보고[바야키라 וַיַּכִּירָהּ] 말하였다. '이것은 내 아들의 옷이다! 사나운 들짐승이 그 아이를 잡아먹었구나. 요셉이 갈가리 찢기고 말았구나!'"(창 37 : 33) '하케르(הַכֶּר)'라는 단어는 알아본다는 뜻의 히브리어 동사인데(앞으로 몇 번 더 등장한다), 요셉의 형들이 명령형으로 사용했고, 곧이어 자기 아들들의 꾀에 속아 넘어가 꼭두각시가 된 야곱이 완료 시제로 다시 이 단어를 쓴다.

여기서 주목해야 할 점이 있다(지금까지 학자들도 그랬는지는 모르겠다). 야곱이 피 묻은 옷을 보고 아들들이 설명해주지 않은 사건에 대해 처참한 일이 벌어졌다고 해석하는 대목에서 그의 말("사나운 들짐승이……")이 정형시 형태로 바뀐다는 것이다. 깔끔하게 다듬어진 두 개의 구가 각각 3음보의 운율로 의미론적 평행을 이룬다(하야 라아 아칼라트후/ 타로프 토라프 요셉 חַיָּה רָעָה אֲכָלָתְהוּ / טָרֹף טֹרַף יוֹסֵף). 시는 고조된 감정을 표현하는 언어이므로, 이처럼 정형시로 바뀌는 부분은 야곱이 아들의 죽음을 연상케 하는 옷을 보고 가족들 앞에서 시적으로 격정을 토해내는 자기 극화가 일어난 지점으로 볼 수 있다. 이런 설명이 다소 자의적으로 보인다면, 다음 두 구절에서 야곱이 어떻게 애도하고 있는지 주목하길 바란다. "야곱이 자기 옷을 찢고 굵은 베로 허리를 묶고 그의 아들을 위하여 여러 날을 애통하였다. 그의 아들딸들이 모두 나서서 그를 위로하였지만, 그는 위로받기를 마다하면서 탄식하였다. '아니다. 내가 울면서, 나의 아들이 있는 스올로 내려가겠다.' 아버지는 잃은 자식을 생각하면서 울었다."(창 37 : 34~35) 짧은 두 구절 속에, 위로받기를 거절하는 것부터 죽어서 아들을 만날 때까지 계속 슬퍼하겠다는 아버지의 의지를 표현한 직접화법까지 무려 여섯 개의 애도 행위가 기록되어 있다(나중에 야곱이 저승인 스올(Sheol)이 아니라 이집트로 "내려가" 아들을 만나게 되는 점이 역설적이다). 이 모든 애곡 행위들을 당시 근동 지방의 일반적인 관행으로 간단히 넘길 수 없는 것은 그 표현의 구체성과 동의성(同意性)의 정도가 이야기 자체의 일반적 수준을 훨씬 뛰어넘기 때문이다. 바로 몇 구절 앞(창 37 : 29)에서 르우벤이 요셉이 죽은 줄 알고 진심으로 애도하는 장면[3])에서는 "옷을 찢고"라는 매우 간단한 표현이 사용되었는데, 히브리어로는 딱 두 개의 단어와 하나의 접속사가 쓰였다.

결정적으로, 야곱이 표현하는 극한의 슬픔은 그 뒤에 나오는 내용이자 이 사건을 마무리하는 마지막 구절로 인해 더 강조된다. "그러나 미디안 사람들은 그를 이집트에서 파라오의 신하 친위대장 보디발에게 팔았다."(창 37 : 36) 현대의 성서 번역본들은 대개 이 구절의 서두에 나오는 히브리어 '바브(ו)'를 "한편" 정도로 번역한다.[4]) 그러나 그러한 번역은 성서에 사용되는 병렬법의 교묘한 모호성을 놓치고 있다. 아주 절묘하게 첨가된 이 구문을 보면, 쭉 이어지는 동일한 서사의 연속선상에서 야곱은 아마도 죽었을 아들을 애도하고 있고, 미디안 사람들은 여전히 살아 있는 그 아이를 팔아넘긴다. "그리고 그의 아버지가 그를 위하여 울었다. 그러나 미디안 사람들은 그를 팔았다." 이 구절의 아주 오래된 판본을 보면 문장이 어디서 나

---

3) 야곱의 열두 아들 중 맏이인 르우벤은 다른 형제들이 요셉을 해하려 할 때 이를 말리고 요셉을 구하려 했다.

4) 이는 영어 번역본의 경우이다. 한글 성서 번역의 경우 개역한글판과 개역개정판은 아예 번역하지 않았고, 공동번역판과 현대인의 성경은 "한편"으로, 새번역판은 "그리고"로 번역하고 있다.

뉘는지조차 분명치 않다. (이 두 문장은 똑같이 '바브'라는 접속사로 시작되는데, 두 번째 '바브'는 역접의 의미이다.) 앞서 언급했듯이 원문의 어법은 일종의 대조를 나타내고 있으며, 히브리어의 일반적 어순과 달리 주어를 동사 앞에 위치시키고 미디안인들이 소개될 때 동사의 형태를 바꿈으로써("미디안 사람들은 그를 팔았다") 요셉을 이미 팔아버렸다는 대과거의 의미를 표현하려 했던 것으로 보인다. 어찌 되었든, 애도하고 있는 야곱 이야기에서 팔려간 요셉 이야기로의 전환은 현대의 번역본들이 보여주는 것보다는 상대적으로 도드라지지 않고 거의 끊어지지 않은 상태로 연결된다.

바로 여기에서(창 38장) 히브리어로 적당히 모호한 시점을 의미하는 '바예히 바에트 하히(וַיְהִי בָּעֵת הַהִוא)'라는 표현과 함께 요셉의 이야기가 끝나고 다소 수수께끼 같은 다말과 유다의 이야기가 시작된다. 그러나 이 부록 같은 이야기는 그 첫 시작부터 일련의 뚜렷한 평행과 대조를 드러냄으로써 앞서 나온 중심 이야기와 연결되어 있음을 보여준다.

1. 그 무렵에 유다는 형제들로부터 떠나 내려가서, 히라라고 하는 아둘람 사람이 사는 곳으로 가서, 그와 함께 살았다. 2. 유다가 거기서 가나안 사람 수아라 하는 사람의 딸을 보고 그를 데리고 동침하였다. 3. 그 여자는 임신하여 아들을 낳고 이름을 엘이라 지어주었다. 4. 그는 다시 임신하여 아들을 낳고 이름을 오난이라 지어주었다. 5. 그가 또다시 아들을 낳고 이름을 셀라라 지어주었다. 그가 셀라를 낳은 곳은 거십이다. 6. 유다는 맏아들 엘에게 아내를 얻어주었는데 그의 이름은 다말이었다. 7. 유다의 맏아들 엘이 여호와의 눈에 악하였으므로 여호와께서 그를 죽게 하셨다. 8. 유다가 오난에게 말하였다. "너는 형수와 잠자리에 들어 시동생으로서 본분을 다하여 네 형을 위해 씨가 있게 하여라." 9. 오난이 그 씨가 자기 것이 되지 않을 줄 알고 있었으므로 형수와 잠자리에 들 때마

다 그의 형에게 씨를 주지 않으려고 땅바닥에 씨를 쏟아 버리곤 했다. 10. 그가 이렇게 한 것이 여호와가 보시기에 악하므로 여호와께서 그도 죽게 하셨다. 11. 유다는 그의 며느리 다말에게 말하였다. "나의 아들 셀라가 다 클 때까지, 너는 네 친정아버지 집으로 돌아가서, 과부로 살고 있거라." 유다는 셀라마저 형들처럼 죽을지 모른다고 생각하였다. 그리하여 다말은 친정에 떠나가서 머물렀다.

이 이야기는 유다가 형제들을 떠나는 사건에서 시작한다. 그런데 이 장면에 대한 묘사가 아주 특이한 관용구 '바예레드 메에트(וַיֵּרֶד מֵאֵת)'로 표현되고 있다. 이를 문자적으로 번역하자면, "~로부터 그가 (떠나) 내려가서"가 된다. 틀림없이 이 표현은 유다가 떠나는 사건과 요셉이 형제들 곁을 떠나게 된 사건을 연결 짓고자 하는 의도에서 나온 것이 분명하다. 이를 위하여 동일한 동사의 어근이 사용된다. (가령 창세기 39장 맨 처음 대목을 보면, "요셉은 이집트로 끌려 내려갔다[후라드הוּרַד]"라고 되어 있다.) 창세기의 주제에 관한 측면에서 보면 이러한 연결 관계의 정당성이 존재한다. 창세기 전체에 흐르는 이야기는 물론 요셉에 관한 전반적인 이야기처럼 유다와 그의 자식들의 이야기는 장자상속제의 철칙이 역전되는 것과 관계가 있다. 작은아들의 운명이 아주 교묘하게 뒤틀리면서 마침내 선택을 받아 가문의 대를 이어가는 과정을 보여준다. 어떻게 보면 요셉의 이야기를 진행하다가 바로 이 지점에 다말과 유다의 이야기를 집어넣음으로써 족보상의 역설적 상황을 보여준다고 말할 수도 있다. 요셉은 열두 형제들 중 끝에서 두 번째였지만 자신이 어려서 꿈꾸었던 대로 자기 형제들을 위엄 있게 다스리는 자리에 오르게 되고, 형제들 중에서 넷째였던 유다는 창세기 38장 말미에서 상기시켜주듯 이스라엘을 다스릴 왕들의 조상이 된다.

어찌 되었든, 이 이야기의 바로 앞 단락은 자기 아들이 죽었다고 믿는 아버지의 애도 이야기로 마무리되었다. 창세기 38장은 유다가 숨 돌릴 틈도 없이 아들 셋을 줄줄이 낳는 이야기로 시작된다. 이 사건의 다른 대목에서도 그렇지만, 이 시점에서 우리의 관심은 가문의 씨가 전달되는 합당한 통로는 누구인가라는 가장 중요하면서도 동시에 궁금증을 불러일으키는 문제에 집중되어야 한다. (여기에서 '씨'라는 것은 은유적이면서 동시에 가장 직접적이고 육체적인 방식으로 묘사되었기 때문에 나도 모두 '씨'라고 문자적으로 번역했다.) 전혀 우연적이지 않은 세 개의 동사로 표현된 것처럼 유다는 한 여인을 보고, 데리고, 동침한다. 그 여인은 또한 그에 걸맞게 잉태하고, 아들을 낳고, (족보를 이어가는 과정의 종점이 되는) 이름을 짓는다. 그러고는 그 중간에 어떤 사건이 있었는지 따로 아무것도 언급되지 않은 상태에서 한 세대를 완전히 건너뛰어 유다의 첫 번째 아들 엘이 다말과 결혼하고, 아무런 합당한 이유가 제시되지 않은 채로("여호와의 눈에 악하였다"라고만 되어 있음) 엘이 죽는 장면이 나온다. 창세기를 보면 장자들은 그들이 첫 번째로 태어났다는 사실만으로 대개 악인이 되고 있다. 그래서 죽은 자를 "맏아들"이었다고 지적하는 것이 명예롭지 않았음에도 불구하고, 마치 그게 엘이 하나님에게 버림받게 된 이유를 설명해주는 듯 두 번씩이나 "맏아들 엘"이라는 표현이 나온다. 여기서는 "자연의" 이치 말고 인간적으로 이해도 안 되고 예측도 되지 않는 선택의 원리가 하나님의 원칙으로 작동한다. 그런데 둘째 아들 오난은 장자상속제에 따른 법률적 의무를 질외사정이라는 방식으로 거부하는 잘못을 범한다. 죽은 형을 대신해 형의 이름으로 형수를 임신시키는 의무를 거부함으로써 그 역시 죽임을 당하고 만다. 여기서 재미있는 것은 야곱이 요셉의 죽음을 추측하고 그 아들에 대하여 과장되게 애도하는 모습과 유다가 현실 속에서 그것도 연이어 두 아들을 잃고서도 아무런 반응을 보이지 않고 철저히 침묵으로 일관하는 모습이 대조되는 점이다. 유다가 아들을 애도하는 대신에 자기 뒤를 이을 마지막 아들을 지키기 위한 아주 현실적인 조치를 취하는 것만 기록되어 있다. 이 기막힌 대조가 야곱의 과도한 애도를 더욱 돋보이게 해준다면, 이것은 또한 유다가 진짜로 두 아들의 죽음에 대해 아무 반응도 보이지 않았는지 궁금증도 일게 한다. 그리고 두 개의 비슷한 행위 혹은 상황이 어떻게 성서 내러티브 속에서 서로 다른 쪽을 설명해주는 역할을 하는지도 보여준다.

성서의 서술자는 둘째 아들이 죽은 뒤 유다가 다말에게 하는 말을 직접 인용하면서 동시에 유다의 속마음을 들려주는 독백을 소개한다.(창 38:11) 그러나 이에 대해 다말이 어떻게 반응했는지에 대해서는 침묵한다. 이것은 다말이 아무 말 없이 순종했다는 의미일 수도 있고, 혹은 자식이 없는 여자에게는 법률적 권리가 아무것도 없음을 보여주는 것일 수도 있다. 그리고 이렇게 처리하면 그녀의 감정이 어떠했을지 독자들이 상상해볼 여지가 생기기도 한다. 그녀의 마음은 곧이어 일련의 행동들을 통해 드러나게 될 것이다. 이쯤에서 나오는 작지만 효과적인 단서는 유다가 잘못하고 있음을 전략적으로 보여준다. 유다가 다말에게 말하는 장면에서 다말은 "그의 며느리 다말"이라는 다소 거추장스러운 표현으로 지칭되는데, 그 표현은 유다가 자신의 아들들 중 한 명을 그녀에게 남편으로 제공할 법적 의무가 있음을 암시한다.

바로 이 시점에서 시간과 관련된 또 하나의 표현이 등장하면서 이야기가 다음 단계로 진행된다. 이때부터 이야기의 진행 속도가 급격히 느려지면서 아주 중요하고도 핵심적인 장면이 전개된다.

12. 그 후 오랜 세월이 흘러 수아의 딸인 유다의 아내가 죽었다. 곡을 하는 기간이 끝난 후 유다는 그의 친구 아둘람 사람 히라와 함께 딤나로 올라가서 자기의 양털 깎는 자에게 이르렀다.

이 구절 속의 모든 정보는 그다음 이야기의 진행에 꼭 필요한 요소들이다. 다말은 "오랜 세월" 동안 배우자 없이 지내왔고, 두 구절 이후에 나타나겠지만 자신이 의도적으로 방치되었다는 본인의 판단이 객관적인 근거를 갖고 있음이 드러난다. 유다는 아내를 잃었고 공식적인 애도의 기간도 다 마쳤다. 여기에서 곡을 하는 기간이 끝났음을 나타내는 이 구절[5]의 문자적 의미인 "위로받았다"는 말의 의미를 기억할 필요가 있다. 왜냐하면 이 부분은 야곱이 이전에 위로받기를 마다했다는 것과 뚜렷이 대조되기 때문이다. 따라서 다말은 유다가 성적으로 곤궁한 상태에 있다는 그럴듯한 결론을 끌어낼 수 있다. 이제 다말의 아주 대담한 계획이 펼쳐진다.

13. 다말은 "너의 시아버지가 양털을 깎으러 딤나로 올라간다" 하는 말을 전해 들었다. 14. 그가 과부의 의복을 벗고, 너울로 얼굴을 가리고, 몸을 휩싸고, 딤나로 가는 길에 있는 에나임 어귀에 앉았다. 이는 셀라가 이미 장성한 것을 보았는데도 자기를 그의 아내로 주지 않았기 때문이었다. 15. 유다가 그를 보았지만, 다말이 얼굴을 가리고 있었으므로, 유다는 그가 창녀인 줄 알았다. 16. 그래서 유다는 길가에 있는 그녀에게로 가서 말하였다. "괜찮다면 내가 너와 잠자리를 하고 싶구나." 그러자 그녀가 말하였다. "저와 잠자리를 하는 값으로 무엇을 주시겠습니까?" 17. 유다가 말하였다. "나의 가축 떼에서 새끼 염소 한 마리를 따로 보내마." 그러자 다말이 말하였다. "그것을 보내실 때까지, 담보물을 맡겨주시면 그러지요." 18. 그가 말하였다. "내가 너에게 어떤 담보물을 주랴?" 그녀가 말하였다. "가지고 계신 도장과 허리끈과 손에 있는 지팡이면 됩니다." 그래서 유다는 그것들을 그에게 주고서 잠자리에 들었고, 다말이 유

---

5) 이 부분의 개역개정판 번역은 "유다가 위로를 받은 후에"이다.

다의 아이를 임신하게 되었다. 19. 다말은 일어나, 집으로 돌아와서, 너울을 벗고, 과부의 의복을 도로 입었다. 20. 유다는 자기 친구 아둘람 사람 편에 새끼 염소 한 마리를 보내고, 그 여인에게서 담보물을 찾아오게 하였으나, 그 친구가 그 여인을 찾지 못하였다. 21. 그 친구는 거기에 사는 사람들에게 물었다. "에나임으로 가는 길가에 있던 신전 창녀가 어디에 있소?" 그러자 그들이 말하였다. "여기에는 신전 창녀라고는 하나도 없소." 22. 그는 유다에게 돌아가서 말하였다. "그 여인을 찾지 못하였네. 그보다도, 거기에 사는 사람들이 그러는데 거기에는 신전 창녀가 없다고 하네." 23. 유다가 말하였다. "가질 테면 가지라지. 잘못하다가는 창피만 당하겠네. 어찌하였든지, 나는 새끼 염소 한 마리를 보냈는데, 다만 자네가 그 여인을 찾지 못한 것뿐일세."

이 시점까지만 해도 다말은 수동적인 객체로서 유다와 그의 아들들에게 당하기만 하는 입장, 혹은 방치돼 있는 입장이었다. 그녀가 주어 역할을 한 동사는 순종하고 물러났다는 의미의 두 동사, "떠나가서 머물렀다"고 하는 11절 말미에 나오는 것들뿐이다. 14절을 보면 다말이 자기가 당하고 있는 불의가 무엇인지 분명히 인식하고 있었음이 드러난다. 이제 다말은 목표가 분명한 행동에 돌입해 지체 없는 행보를 보이기 시작하는데, 이는 연쇄 폭발을 일으키는 일련의 동사들로 표현되고 있다. 14절의 동사들을 보라. 그녀는 재빨리 벗고, 가리고, 몸을 휩싸고, 전략적 요충지에 가서 앉는다. 유다와 만난 후를 그린 19절에는, 다시 이전의 역할과 복장으로 돌아가는 그녀의 재빠른 움직임들을 표현하는 네 개의 동사들이 연이어 나오는 것을 볼 수 있다. (이 장면을 창세기 27장 14~17절에서 리브가가 취했던 재빠른 행동들을 보여주는 일련의 동사들과 비교해보는 것도 재미있겠다. 그 장면에서 리브가는 다른 종류의 속임수를 보여준다. 그녀는 이삭을 속여 장자의 축복을 둘째 아들 야곱에게 주기 위해 야곱을 꾸미고 있다.) 유다는 미끼를 덥석 문다. 그는 자기 며느리 다말이 자식도 없이 과부로 무한정 늙어가도록 방치했었지만, 자신의 성욕을 채우는 일은 조금도 지체할 수 없었다. 이 이야기에서 유일하게 꽤 긴 대화가 여기에 소개된다.(16~18절) 이 대화는 장사치들의 거래처럼 진행되고 있다. 히브리어의 "그가 말하였다"(바요메르-וַיֹּאמֶר)와 "그녀가 말하였다"(바토메르-וַתֹּאמֶר)가 서로 반복되면서 빠르게 진행된다. 유다는 우물쭈물하지 않고 단도직입적으로 여자에게 말한다. "내가 너와 잠자리를 하고 싶다."(문자적으로 번역하면, "나로 네게 들어가게 하라.") 이에 대해 다말은 아주 당찬 장사꾼처럼 대답한다. 결국 다말은 유다의 도장과 허리끈, 그리고 지팡이와 같은 아주 중요한 담보물을 받아내는 데 성공한다. 소지자의 법적 담보물 역할을 한 이런 물건들은 고대 근동에서 통용되던 개인의 주거래 신용카드나 다름없었다.

이제 거래는 끝이 났고, 이야기는 세 개의 동사들로 빠르게 진행되어 다말이 처음 결혼했을 때부터 품었던 하나의 목표, 즉 유다 가문의 씨를 이어가는 통로가 되어야 한다는 목표를 향해 전진해간다. 그가 주고, 그가 잠자리에 들어갔고, 그녀가 잉태하였다.(18절 후반) 아둘람 사람이 다말을 찾으러 와서는 에둘러서 신전 창녀6)가 어디에 있는지를 묻는다. 사실 유다가 거래했다고 생각했던 여자는 일반적인 창녀(조나-זוֹנָה)였지만 말이다.7) 그곳 사람들이 아주 적절하게 대답하기를 그곳에는 '케데샤'가 있었던 적이 없다고 말한다. 이 대답은 히라가 유다에게 보고하는 동안 다시 한 번 그 단어가 의도적으로 반복되면서 특별히 조명된다. 이 이야기의 서술자는 그

---

6) 케데샤(קְדֵשָׁה). 종교 의식의 일부로 남자들과 성관계를 맺는 여인.

7) 원주: 이 문제에 대해 학자들의 논쟁이 있지만, 고대 근동의 이방종교에서 남자 예배자들과 성관계를 맺는 특별한 신전 창녀가 있었다는 약간의 암시가 있다. 그들의 활동은 일반 창녀들이 추구했던 비도덕적인 금전적 동기는 없었던 듯하다.

장소에 있었던 다말이 결코 창녀(조나)가 아니었으며 자신에게 저질러진 불의를 자기 손으로 바로잡고자 하는 여인이었다고 생각하게끔 한다. 이제 이 이야기의 절정부로 들어갈 준비가 된 것 같다.

22. 석 달쯤 지난 후에, 유다는 어떤 말을 전해 들었다. "당신 며느리 다말이 몸을 팔았고[잔타 זָנְתָה] 거기다 그 창녀짓[제누님 זְנוּנִים]으로 말미암아 임신까지 하였소." 유다가 명하였다. "그를 끌어내서 불사르라!"

일단 유죄인 듯 보이는 이 소문을 접한 유다는 전혀 반성하는 기색이 아니다. 오히려 적나라한 야만성을 보여주며 원문에서는 그 무자비함이 보다 강하게 표현된다. 히브리어에서는 단어들이 합성돼 한 단어를 만들기도 하는데, 여기서는 그의 무시무시한 명령이 단 두 단어 '호찌우하 베티사레프 (הוֹצִיאוּהָ וְתִשָׂרֵף)'로 축소된다. 다른 곳에서와 마찬가지로 서술자의 의도와 그것을 이행하는 목적 사이에는 어떤 변수도 끼어들 여지가 없다. 본문 속의 그다음 두 단어는 유다의 명령이 거의 아무런 시간적 간격 없이 시행되는 것처럼 진행된다. 유다의 말에 무슨 마술적 능력이 있기라도 해서 말하자마자 바로 이루어질 분위기이다. 유다가 "호찌우하(그녀를 끌어내라)"라고 말하고, 바로 다음에 나오는 말이 "베히 무쩨트(וְהִיא מוּצֵאת)"이다. 이 표현은 잘 쓰이지 않는 현재 수동 분사로 표현된다. 이를 문자적으로 번역하면, "그리고 그 여인이 밖으로 끌어내어지고 있다"이다. 그러나 이 장면 다음부터는 다말의 입에서 승리의 함성이 터져 나온다.

25. 여인이 끌려 나오면서 시아버지에게 말하였다. "저는 이 물건 임자로 말미암아 임신하였습니다." 그리고 계속 말하였다. "부디 잘 살펴보십시 오[하케르-나]. 이 도장과 이 끈과 이 지팡이가 누구의 것입니까?"

26. 유다가 그것들을 알아보고[바야케르וַיַּכֵּר] 말하였다. "그 애가 나보다 옳다. 내가 그를 내 아들 셀라에게 주지 않았다." 그리고 다시는 그를 가까이하지 않았다.

창세기 38장에 삽입된 이 이야기의 마지막 네 절은 다말이 쌍둥이 아들을 낳음으로써, 사내아이의 어미가 되고야 말겠다는 그녀의 열망이 갑절로 성취되는 모습을 보여준다. 이야기 전체를 통해 나타나고, 더 큰 이야기 모음집에서 드러나는 패턴을 입증해주듯이 쌍둥이 중 두 번째로 태어나려던 아이가 결국은 먼저 "터뜨리고 나오고"(파로쯔פָּרֶץ) 있다. 그가 바로 베레스로서 이새의 아버지가 되며, 이새로부터 다윗의 가문이 탄생한다.

나는 틀 이야기[8]와 그 속에 들어가 있는 이야기 사이의 유사성이 다분히 의도된 것이라고 본다. 이런 의견을 회의적으로 본 독자들이 있다면, 전에 야곱과 그의 아들들이 써먹었고 이제 다말 이야기의 막바지에 똑같이 반복되면서 등장하는 정형화된 문구인 '하케르-나'와 '바야케르'[9]를 보면서 그러한 의심을 거두기 바란다. 게다가 이 동사는 요셉이 그의 형제들을 이집트에서 대면하는 이야기의 대단원에도 등장한다. 요셉은 그들을 알아보지만, 그 형제들은 요셉을 알아보지 못하는 장면 속에서 바로 이 단어가 중요한 역할을 담당한다. 창세기 37장과 38장의 끝부분에서 동일한 동사가 정확하게 동일한 형태로 반복된다는 것은 J라는 동일한 저자가 다른 전승 자료들을 삽입할 때 자동적으로 생겨난 결과가 아니고, 문학적 기법의 달인이었던 J가 여러 원본들 혹은 전승들을 치밀하게 접합시킨 결과라는 것이다. (혹은 다말의 이야기 자체가 사실은 저자가 특별한 의도를 가지고

---

8) 틀 이야기(Frame-story)는 한 편의 이야기 내부에 또 다른 이야기가 들어 있을 때 그 바깥에 놓여 있는 이야기를 말한다.

9) 두 단어 모두 같은 어근(נכר)에서 파생된 동사이다.

만들어낸 이야기일 수도 있다.) 그 정형화된 문구가 처음에는 속임수의 용도로 쓰였고, 두 번째는 정체를 드러내는 장면에서 사용되었다. 유다와 그의 형제들 이야기 다음에 유다와 다말의 이야기가 등장하는 것은 속이는 자가 속는다는 것을 보여주는 이야기의 전형이 된다. 유다는 요셉을 죽이지 말고 노예로 팔아버리자는 제안을 했던 사람이다.(창 37:26~27) 그런 점에서 그는 자기 아버지를 속일 당시 그 모든 형제들을 대표한다고 볼 수 있다. 그런 유다가 망측스러우면서도 꼭 맞아떨어지는 모양새로 보복 원리의 희생자가 됨으로써 다른 모든 형제들의 대리자 역할을 한다. 자기 아버지가 그렇게 당했던 것처럼 그 역시 옷 때문에 속임을 당했고, 자기 자신의 무절제한 육신을 통하여 하나님이 예정한 선택은 인간의 의지나 사회적 관례로 무효화될 수 없다는 점을 배우게 된다. 서술자의 가장 천재적인 면모가 드러나는 부분은 이전에 야곱이 요셉에 대한 사랑의 정표로 준 겉옷이 염소의 피(세이르 이집 שְׂעִיר עִזִּים)에 적셔진 것을 보고 속았던 것처럼 유다가 자신의 신분을 증명해주는 약속의 증거로 맡긴 담보물을 찾으려고 새끼 염소(게디 이집 גְּדִי עִזִּים)를 보냄으로써 스스로를 폭로하게 되는 장면이다. 유다의 이야기에서 다시 요셉의 이야기로 돌아오면서(39장), 마침내 우리는 성적인 무절제로 인해 수치를 당하는 이야기로부터 성적인 절제를 통해 패배처럼 보이지만 결국은 승리하게 되는 요셉과 보디발의 부인 이야기로 들어가게 된다.

요셉이 팔려 간 이야기와 다말과 유다의 이야기 사이에 있는 연결성을 암시하는 두 개의 동사에 대해 이미 1500년 전 미드라쉬(Midrash)[10]가 충분히 다루었다는 사실은 참고할 만하다. "찬양을 받으실 거룩하신 자께서

---

10) 히브리어 다라쉬(דָּרַשׁ 찾아 구하다)의 파생어로 '성서해석'을 의미하는 유대교의 용어. 성서의 구절들을 랍비들이 해설한 주석서.

유다에게 말씀하셨다. '네가 새끼 염소를 가지고 네 아비를 속였구나. 이제
는 다말이 새끼 염소를 가지고 너를 속일 것이다.' …… 찬양받으실 거룩하
신 자께서 유다에게 말씀하셨다. '네가 네 아비에게 **하케르-나**라고 말하였
구나. 이제는 다말이 네게 **하케르-나**라고 말할 것이다.'"(베레쉬트 라바
(Bereishit Rabba)[11] 84:11, 12) 이런 예를 보더라도 성서를 연구하는 문학
도들이 현대의 주석만큼이나 고대의 주석에서도 배울 부분이 많음을 알 수
있다. 이 둘 사이의 차이가 있다면, 궁극적으로 본문에 대한 전제가 다르다
는 것이다. 미드라쉬 학자들은 성서가 아주 정교하게 직조된 단일 작품이
라고 전제하는 데 비해, 오늘날의 학자들 대다수는 서로 연관성이 없는 별
개의 문서들을 짜깁기해놓은 문서라고 전제한다. (우리가 지금 다루고 있
는 부분에 대해서 원문 비평가들은 요셉 이야기와 유다 이야기의 출처가
동일한 문서일 것으로 보면서 다만 창세기 38장을 일종의 휴지부로 이해
한다.) 미드라쉬의 저자들은 "자세히 읽기"를 하는 현대의 독자들과 마찬
가지로 단어들 간의 작은 연관성이나 중요한 사전적 의미 차이들을 잡아내
는 데 조예가 깊었다.

내가 주장하는 문학적 접근법과 미드라쉬 사이에는 중요한 차별점 두
가지가 존재한다. 첫째로, 미드라쉬 작가들은 원문의 통일성을 전제로 했
지만, 성서가 연속되는 하나의 이야기라는 인식이 부족했다. 즉 성서의 이
야기들은 앞에 나온 이야기가 점진적으로, 그리고 때로는 체계적으로 그
뒤에 나오는 이야기에 의해 의미가 보다 분명히 드러나고 보강된다는 점을
간과했다. 이게 실질적으로 무슨 뜻인가 하면, 미드라쉬는 특정 구절이나
어떤 장면의 의미를 설명하기는 하지만 성서 내러티브를 이야기의 전개에
따라 연결해서 읽는 데는 실패했다는 것이다. 결과적으로 미드라쉬 작가들

---

11) 창세기에 대한 미드라쉬.

은 본문이 이야기하고자 하는 주제와 단절된 채 아주 작은 부분을 부풀려서 장황한 설교를 만들고 만다.

성서 해석에 관한 미드라쉬적 접근법이 성서의 문학적 통일성을 제대로 이해하지 못한다는 두 번째 측면은 미드라쉬적 해석이 도덕적 교훈에 집착한다는 점에서 찾을 수 있다. 위에서 인용한 베레쉬트 라바에서 소개된 표현에서도 볼 수 있듯이, 하나님이 친히 "새끼 염소"라는 단어와 "알아보다"라는 동사가 반복되고 있음을 지적하면서 자기 아버지와 며느리 모두에게 죄를 지은 유다를 꾸짖는다. 우리가 이미 보았듯이, 보복이라는 주제가 성서 본문상에서 암시되고 있다. 그러나 유다 자신이 그것을 의식하고 있었는지는 아무런 암시가 없다. 즉 성서가 그 이야기를 해나가는 실제적인 문학적 전개상에서, 청중인 우리는 유다가 확보하지 못한 정보를 누리는 특권을 지닌다. "새끼 염소"와 "새끼 염소", "알아보다"와 "알아보다"가 서로 연결된다는 것은 정작 주인공이 알아야 마땅하지만 모르고 있는 사실을 독자들이 알게 되는 극적 아이러니에 속한다. 여기서 유다가 무지한 상태로 이야기가 진행된다는 것은 대단히 중요하다. 왜냐하면 나중에 유다 본인이 자기 동생의 정체를 "알아보지" 못한 채로 이집트의 총리가 된 요셉을 만나게 되는 곤혹스러움을 통해 아주 고통스럽게 도덕적 교훈을 배워야 하기 때문이다. 그러나 미드라쉬에서는 본문 속의 현재에만 몰두하기 때문에 성서의 저자가 의도한 것 이상으로 지나치게 도덕적 교훈을 폭로하게 된다.

히브리 성서의 저자들이 이야기를 써나갈 때 보여주는 창의적인 기교의 핵심은 주인공들의 마음속 동기나 도덕적 성격, 그리고 심리 상태 등을 어느 정도 불확정한 상태로 모호하게 유지했다는 것이다. (나중에 성서 속 인물들을 살펴볼 때 보다 자세하게 이 불확정성의 문제를 다룰 것이다.) 아마도 서사 문학에서 처음으로 '의미'라고 하는 것이 통상적 의미에서나 "다시 보기"라고 하는 어원상의 의미에서나 끊임없는 개정이 필요한 하나의 과정으로 인식되었다.[12] 따라서 마지막까지 최종적인 판단은 유보하고, 여러 가지 가능성을 놓고 경중을 따져보며, 정보가 제공되지 않은 부분이 앞으로 어떻게 채워질지에 대해 계속 상상해볼 여지를 주는 것이다. 요셉 이야기의 의미를 따져보는 과정의 한 단계로, 창세기 37장에 나오는 형제간의 배신 장면과 38장에서 며느리가 벌이는 속임수 장면이 쉽게 드러나지 않게 간접적인 유비로 나란히 놓일 수밖에 없다. 이러한 평행 구조는 얼핏 암시되고만 있을 뿐 미드라쉬에서처럼 주제 면에서 아주 분명하게 종결되면서 자세한 설명을 보여주지는 않는다.

물론 유다와 다말의 이야기에 대한 이런 분석이 결코 이 문제에 관한 모든 것을 망라하지는 않는다. 그렇지만 이러한 시도는 성서 본문의 문학적 장치들을 보다 깊이 이해하려는 노력이 얼마나 유익한지 알려주는 좋은 예가 된다. 나는 이 같은 비판적 논의가 성서의 종교적 특성을 등한시하는 것이 아닐 뿐더러 보다 미묘한 방식으로 성서에 주의를 기울이게 한다고 말하고 싶다. 히브리 성서에 내재된 신학이 성서 속 인물들의 복잡한 도덕적·심리적 현실성을 통제하게 되는데, 이는 하나님의 목적이 언제나 역사 속에서 실현되어야 하고, 그 목적의 성취 여부는 주인공들이 어떻게 행동하는가에 달려 있기 때문이다. 성서 속 등장인물을 문학 작품 속 가공인물처럼 속속들이 살펴보는 일은 다면적이고 모순적인 그들 개개인의 인간성을 여러 측면에서 보다 예리하게 관찰하는 과정을 의미한다. 이들은 바로 성서 속 하나님이 이스라엘과 역사를 통해 실험을 하고자 선택한 도구이다. 하지만 이런 철저한 관찰은 단순히 이야기에 대한 상상이나 짐작을 바탕으로 이루어져서는 안 되고, 성서 저자가 사용한 용어를 정밀하고 비판적으

---

12) 개정은 영어로 revision인데, 어근학적으로 분석해보면 re(다시)와 vision(보기)의 합성어이다.

로 바라보는 시각을 통해서 수행되어야 한다.

사실 내가 이제 겨우 시범적인 수준으로 시도하는 성서에 대한 이런 문학적 분석이 아직 초기 단계라는 것 자체가 약간은 놀라운 일이다. 여기서 내가 문학적 분석이라고 부르는 것은 단테의 시나 셰익스피어의 희곡, 혹은 톨스토이의 소설과 같은 중요한 문학 작품들에 적용되어온 깊이 있는 분석과 해석의 행위들을 의미한다. 언어의 기교적 사용, 다시 말해 생각, 관습, 어조, 소리, 형상화, 구문, 서사적 시점, 구성단위 등 여러 가지 사항을 변형시키는 유희적 측면까지 면밀히 훈련된 시각으로 관찰하는 것을 뜻한다. 최근 수십 년간 그리스어와 라틴어 고전들에 대한 풍부하고 날카로운 분석 작업이 이루어졌고, 그 결과 앤드루 마블(Andrew Marvell)[13]의 작품에서 나타나듯 테오크리투스(Theocritus)[14]의 작품에서 보이는 서정시 양식이 지닌 미묘함과 플로베르(Gustave Flaubert)의 작품에서처럼 호메로스나 베르길리우스의 작품에 나타나는 서술 기법의 복잡성을 인식하는 법을 배웠다는 점을 생각할 때, 유독 성서에 대해서만은 이러한 비판적 접근이 전무했다는 게 얼마나 이상한 일인지 모르겠다.

성서 비평에 대해 이렇게 싸잡아 부정적인 언급을 하는 나를 두고 누군가는 내가 현대문학 이론가의 입장에서 고전학자들을 무조건 반대하고 왜곡하는 사람이라며 오해할 수도 있겠지만, 그것은 사실이 아니다. 물론 지난 몇 세기에 걸쳐 성서에 대한 방대한 학술적 연구가 이루어졌다. 본문비평부터 넓은 범위의 역사적 연대기 문제에 이르기까지 모든 사안에서 발생된 가설과 역가설이 끝도 없이 뒤죽박죽 섞여 있는 것을 가벼이 취급하기 쉬울 수도 있으나, 그런 이론을 내세우는 학자들이 대단히 외골수이거나

---

13) 17세기 영국에서 활동한 시인 · 정치가. 형이상학파 시인 중 유일한 청교도파.
14) 기원전 3세기 전반에 활동한 그리스의 목가(牧歌) 시인.

엄청나게 비뚤어졌다 해도 그 모든 작업들이 축적되어서 성서를 이해하는 데 큰 도움을 준 게 사실이다. 이런 모든 작업은 이를테면 '발굴'이라 부를 만하다. 말 그대로 고고학자들이 삽과 참고 자료들을 가지고 발굴 작업을 하는 것에 비교할 수 있다. 즉, 성서 속의 단어들이 갖는 본래적 의미, 혹은 특정한 본문이 사용된 삶의 정황, 보다 긴 본문을 탄생시킨 여러 잡다한 원문들을 찾아내기 위해 여러 가지 분석 도구들을 사용하는 것과 같다. 사실 원문이 탄생한 시점이 벌써 삼천 년 전임을 감안한다면 당연한 일이지만, 아직까지 많은 내용이 논란의 중심에 있다. 그렇다 해도 이제까지 학자들이 발굴한 자료들이 수많은 혼란과 모호함을 확실히 해결해준 바 있다.

간단한 예를 들어보자. 시리아의 해안가 라스 샤므라(Ras Shamra)에 위치한 고대 도시 우가리트(Ugarit)는 1929년에 처음 발굴되었다. 그곳에서 히브리 성서와 매우 흡사한 셈어 계통의 언어로 된 문서들이 많이 발견되었다. 그 가운데 어떤 것들은 성서의 본문과 문체나 시적 구성 등에서 놀라울 정도의 유사성을 보인다. 그중 우가리트 문서들은 전쟁의 신 바알과 바다의 신 얌 사이의 싸움을 서사적으로 자세히 묘사한다. 이를 통해 이제까지 어슴푸레하게만 보이던 시편과 욥기의 내용들이 갑자기 선명해지기 시작했다. 성난 바다의 광풍을 꺾거나 바다의 원시 괴물을 포박하는 하나님의 모습이 비유적으로 빈번히 나타나는 것은 이전의 서사적 전통이 반영된 결과이다. 욥기 7장 12절에서 욥이 "하얌 아니 임 타닌(הֲיָם־אָנִי אִם־תַּנִּין)"이라고 외칠 때, 그는 자신이 바다(얌 יָם)인지 아닌지를 묻고 있는 게 아니라, 가나안의 신화에 대해 비웃듯이 암시하기를, "내가 얌입니까? 내가 바다의 괴물입니까? 어찌하여 나를 감시하십니까?"라고 말하고 있다.

성서를 이해하는 과정에서 학문적 발굴 작업이 첫 번째로 필요하다는 점은 이제 분명해졌다. 그러나 몇 년 전만 해도 성서 본문에 대한 신학자들의 상상력에 의한 다양한 추측 외에는 '발굴'이라고 할 만한 작업이 거의 없었다. 허버트 한(Herbert F. Hahn)의 『구약성서 연구』15)는 그 분야의 체계적 연구를 총망라하고 있다. 이 책은 자료 분석에서 시작해 인류학, 사회학, 비교 종교학, 양식비평, 고고학, 그리고 신학에 이르기까지 그와 관련한 주요 영역을 아울러 정확히 서술한다. 그러나 문학에 조금이라도 관심이 있는 사람이라면 인식할 법한 문학적 문제에 대한 언급은 전무하다. 가끔씩이나마 상당히 중요한 문학적 비평을 행한 움베르토 카수토(Umberto Cassuto)나 루이스 알론소-쇠켈(Luis Alonso-Schökel)(전자는 주로 히브리어를 사용하고, 후자는 스페인어와 독일어를 쓴다)의 연구 내용은 별도로 취급할 가치가 없는 주변적인 것으로 평가받았음이 분명하다.

이 분야에서 가장 권위 있는 일반 참고 문헌으로 널리 인정받는 오토 아이스펠트(Otto Eissfeldt)의 대작 『구약성서 입문』16)은 문학적 관점의 필요성을 아주 잘 보여준다. 아이스펠트가 고찰한 내용들은 대부분 전적으로 발굴에 충실하다. 그러나 문학적 범주라는 측면에서 성서 자료의 속성과 그의 의견이 대비될 경우 그의 확실한 권위가 흔들리기 시작하는 것을 볼 수 있다. 그는 히브리 성서 중에서 시가서를 제외한 성서 내러티브를 신화, 우화, 전설, 전승, 일화, 동화 등으로 구분한다. 이런 논쟁적인 개념들을 그렇게 조심성 없이, 그리고 다른 학문 영역에서 어떻게 다루고 있는지 관심도 없이 쓰다니 매우 실망스럽다. 게다가 성서의 운율학에 대한 학자들의 다양한 이론들을 여덟 페이지로 정리해놓은 것을 보면 이 학자들이 성서 속의 시들을 설형문자 해독에 적합한 방법으로 보고 있음을 알 수 있다. 이러한 연구들은 운율을 분석하는 정교한 유사수학 체계를 만들어내거나 그

---

15) 원주: *The Old Testament in Modern Research*, 뉴욕, 1954, 호러스 험멜(Horace D. Hummel)이 1970년까지 서지학 부록 에세이를 통해 수정함.

16) 원주: *The Old Testament: An Introduction*, 애크로이드(P. R. Ackroyd) 역, 개정판, 뉴욕, 1965.

리스 운율학의 개념과 용어들을 대대적으로 차용함으로써 오히려 혼란만 더한다. 게다가 성서의 운율 체계를 설명하는 최근 경향을 보면 미국인 학자 데이비드 노엘 프리드먼(David Noel Freedman) 등이 제안한 음절 세기법이 눈에 띈다. 이 체계는 시의 행이 운용되는 방식에 대한 가장 무지한 오해를 드러낼 뿐 아니라 본래의 히브리어 모음 체계를 전적으로 확실히 복원할 필요가 없다고 전제한다. 이러한 모든 약점이 명백히 드러나게 된 데는 베냐민 흐루쇼프스키(Benjamin Hrushovski, 그는 후기 저작에서는 베냐민 하르샤프(Harshav)라는 이름을 쓴다)의 공이 크다. 그는 성서 구절을 '의미 – 구문 – 악센트'의 리듬으로 보며 놀랍도록 예리한 분석을 선보인다. 이 내용과 비교할 경우 프리드먼의 이론이 얼마나 부적절한지 분명해진다. 사실 베냐민은 성서학자가 아니라 시와 비교문학 분야의 권위자이다. 그의 분석은 『유대 백과사전 Encyclopedia Judaica』 1971년 판에 실린 히브리어 운율에 관한 공관복음서 논문에 들어 있다. 압축된 몇 개의 문단을 통해 흐루쇼프스키는 수세대에 걸친 혼란을 일거에 걷어내면서 이전의 학자들이 제시한 설득력 없는 구조나 부자연스러운 용어들을 쓰지 않으면서도 성서의 운율 체계에 대한 신뢰할 만하고 단순 명료한 일반 이론을 제시한다.

지난 몇 년간 특히 《세메이아 Semeia》(1974년부터 2002년까지 발간됨)라는 새로운 학술지를 중심으로 활동한 젊은 성서학자들 중에는 문학적 접근법에 점차 관심을 보인 이들이 많았다. 특정 본문에 대한 꽤 쓸 만한 문학적 비평이 등장하기 시작했지만, 아직까지는 이렇다 할 비평 성과가 나오지 않았고 히브리 성서의 시학을 다룬 만족할 만한 총론도 없는 실정이다. 다른 학문 분야에서도 그러한 것처럼, 구조주의의 유행이 이들 성서학자에게도 명백히 영향을 미치고 있지만 그다지 유익한 결과는 없었다. 그 외에 자주 눈에 띄는 부분은 현대의 문학 이론을 그 자체의 독특한 문법과 관습과 특수한 문학적 기법을 가지고 있는 히브리 성서에 단순히 합성하듯 그대로 적용하려는 무리한 시도들이다. 이런 부류의 학자들은 문학적 분석을 제대로 해보겠다며 용감하게 덤비기는 하지만, 마치 열심히 익히고 공들여 연습한 외국어가 여전히 억양이나 어조가 완전하지 않듯이 대학원 과정에서 수메르 법이나 우가리트 제례 용어들을 배웠음에도 불구하고 그 분석이 아직 반듯하지 않은 인상을 준다.

성서학자들이 쓴 최근의 책 세 권이 비록 부분적으로나마 이러한 비난에서 자유로울 것 같다. 마이클 피슈베인(Michael Fishbane)의 『본문과 짜임새』[17]는 다양한 성서 본문을 섬세하고 자세히 읽는 과정을 시도하고 있지만 보편적 비평 방식을 제안하지는 못한다. 또한 그의 책은 구조주의 혹은 민족시학적 개념들을 공식화하고 적용할 때 다소 장황한 면이 많고, 무엇보다도 시론보다는 설교론 쪽에 치우쳐 있다. 네덜란드인 학자 포켈만(J. P. Fokkelman)은 『창세기의 서사 기법』[18]에서 히브리어 산문에 나타난 정형화된 양식과 그러한 양식이 주제와 관련해 기능하는 방식을 탁월하게 분석해 보여준다. 이 책은 미국의 신비평주의와 유사한 스위스와 독일의 의미 해석학파(Werkinterpretation)의 문학 비평이론으로부터 강한 영향을 받았다. 그러나 포켈만 역시 해석상에서 과도한 면이 보인다. 양식이 아닌 것 같아 보이는 부분에서 양식을 찾아내기도 하고, 형식은 언제나 분명히 드러나야 한다고 대놓고 가정하기도 한다. 마지막으로, 이스라엘의 성서학자 시몬 바-에프랏(Shimon Bar-Efrat)은 히브리어로 쓴 『성서 이야기 기법』[19]이라는 책에서 성서 내러티브의 독특한 시론에 대해 최초로 장문의 깊이 있는 개론을 시도했다. 책의 도입부는 꽤 훌륭하다. 몇 개의 개

---

17) 원주: *Text and Texture*, 뉴욕, 1979.
18) 원주: *Narrative Art in Genesis*, 아선과 암스테르담, 1975.
19) 원주: *The Art of the Biblical Story*, (히브리어) 텔아비브, 1979.

별 장면을 읽어낸 그의 독법은 눈부실 정도로 탁월하고 히브리 성서의 이야기가 지닌 특정한 일반 원칙들을 주시하는 자세도 훌륭하다. 그러나 독자에 대한 불신 때문인지 아니면 주제와 관련한 자신의 입장 때문인지는 모르겠지만, 문학적 서사의 작동 원리 같은 기본적이고 분명한 내용을 지나치다 싶을 만큼 장황하게 설명하기도 한다. 최근에 나온 책들을 보면 올바른 성서 연구 분야 내에서 일어나는 변화 양상이 초기 단계에 있음은 물론 이 분야가 아직 갈 길이 멀다는 사실 또한 확인할 수 있다.

그리스어나 라틴어 문학과는 달리 성서에 대해 학술적으로 접근하는 문학적 관심은 오랫동안 부재했다. 그 이유는 기독교인과 유대교인 모두 수세기 동안 성서를 하나님의 직접적인 계시를 담고 있는 유일무이한 책으로 여긴 데 있다. 이러한 믿음은 그것에 반대하는 쪽에서나 여전히 그 믿음을 지키려는 쪽 양측에서 공히 감지된다. 19세기에 시작된 현대적인 성서 비평 1단계는 소위 성서의 단일성을 지속적으로 공격하는 관점에서 출발하였다. 이는 곧 성서를 여러 개의 구성 인자로 해체해서 그 각각의 조각들을 본래의 역사적 정황과 연결시킴으로써 무시간적인 진리로 둔갑한 성서 문서의 조각들에 역사성을 부여해보려는 시도였다. 이러한 시도는 기세가 수그러들지 않고 있다. 따라서 이 분야의 학자들 입장에서는 "특정 시편 하나가 한 편의 완성된 시로서 어떻게 기능하는가?"보다는 "이 시편이 가설상으로 복원된 성전 의례에서 어떻게 쓰였겠는가?"라는 질문이 여전히 더 절박한 것 같다. 다른 한편으로는 성서를 궁극적 진리의 계시로 여기는 오랜 믿음의 잔상이 아직 강하게 남아 있어서 성서 속 등장인물들의 성격이나 동기, 문장 구조 등에 대한 연구는 근본적으로 종교적 문서인 성서를 연구하는 올바른 방향이 아니라고 믿는 학자들도 많이 존재한다. 그들은 성서적인 인간관, 영혼에 대한 성서적 이해, 성서적 종말론 등에 대한 연구야말로 성서에 대한 올바른 접근이라고 믿고 있다. 미국이나 유럽에서 이루어지는 성서에 대한 학문적 연구 대부분이 신학교에서 진행된다. 사실상 문학적 절충 지대가 거의 없는 상태에서 미시적 분석에 치중하는 쪽과 거시적으로 성서를 보는 쪽의 상반된 입장이 제도적으로 강화되고 있다.

예외적이긴 하지만, 흐루쇼프스키의 논문처럼 일반문학 전공자가 히브리어를 배우고 보다 거시적인 문학적 관점으로 성서 자료에 접근하며 연구에 착수할 때 이런 일반론이 깨지게 된다. 이에 해당하는 유명한 예가 있다. 창세기와 『오뒷세이아 Odyssey』에 나타나는 현실이 서로 대척되는 방식을 자세히 비교한 에리히 아우어바흐(Erich Auerbach)의 『미메시스』20) 1장을 들 수 있다. 아우어바흐는 성서의 서사 방식이 이상할 정도로 간결한 이유가 원시적이라서가 아니라 아주 탁월한 예술성의 결과라는 사실을 이전의 그 누구보다도 분명히 증명했다는 점에서 그 공을 인정받아야 한다. 그런데 이러한 식견은 성서 속 문학적 양식의 구체적인 특징을 어떤 실질적 방법론에 의존하여 다룬 것이 아니라 그 자신의 통찰력 있는 비판적 직관의 결과이다. 그가 성서를 "온통 배경으로 가득한" 데다 의도적으로 간결하게 쓴 문서라고 지적한 것은 백 번 맞는 말이기도 하면서 동시에 지나치게 일반적이라고 할 수 있다. 성서의 각 부분은 저자와 저작 시기에 따라 혹은 어떤 주제에 맞춰 기록되었는가에 따라 구별되어야 한다. 이삭이 결박되는 이야기를 아우어바흐가 분석한 내용을 보면, 시선을 사로잡는 냉혹한 전경과 대단히 묵직한 배경이라는 틀 안에서 그 장면이 아름답게 그려져 있음을 확인할 수 있다. 그러나 이러한 분석은 심리적으로 복잡한 다윗의 이야기 모음을 설명할 때나 욥기와 같이 매우 정형화된 이야기(설화), 혹은 공예물이나 의상, 궁전의 관습과 같은 전경에 대해 자세히 묘사하는 에스더와 같은 후대의 작품들에 적용하려면 상당한 수정이 필요할 것이다.

---

20) 원주: *Mimesis*, 윌라드 트라스크(Willard Trask) 역, 프린스턴, 1953.

성서 내러티브의 특정한 시론을 정의하는 데 아우어바흐를 넘어선 내용을 선보인 이들은 므나헴 페리(Menakhem Perry)와 마이어 스턴버그(Meir Sternberg)라는 두 명의 젊은 이스라엘 문학도이다. 이들은《하-시프루트 Ha-Sifrut》라는 히브리 계간지에 네 편의 중요한 논문을 발표했다. 첫 번째 논문은 「아이러니로 본 다윗 왕」[21]이며, 이는 다윗과 밧세바 사건을 한 구절씩 따라가면서 탁월한 분석을 선보인다. 이야기의 저자가 말하는 것과 우리가 추측해야 하는 것 사이의 간극이라는 정교한 장치는 의도적으로 우리로 하여금 주인공들의 동기나 인지 상태에 관한 최소 두 가지의 상반된 복잡한 해석을 할 여지를 주고자 교묘히 꾸며낸 것이라고 설명한다. 이 논문에서 저자는 사무엘하 속의 이야기와 헨리 제임스(Henry James)의 『나사의 회전 The Turn of the Screw』 속에 담긴 의도적인 모호함 사이에 구조적인 유사성이 있다고 주장하는데, 논문이 발표되자마자 벌집을 쑤신 듯이 견해에 대한 엄청난 비판이 일었다. 이 논문을 비평한 이들이 가장 반복적으로 주장하는 내용은 성서의 이야기가 결국 의도 면에서 종교적이고 도덕적이고 교훈적이기 때문에, 우리 현대인들이 즐기는 아이러니나 말장난에 그렇게 치우칠 이유가 없었다는 것이다. (이러한 주장에 내포된 것은 "종교적인" 내러티브란 무엇인가라는 질문, 혹은 예술적 감각을 어떻게 종교적 깨달음과 연관시킬 수 있을까라는 질문 같은 다소 제한된 개념이다. 이 점은 나중에 다시 다루게 될 중요한 질문이다.) 페리와 스턴버그는 오만 단어가 넘는 공동 저작을 통해 반론을 제기했다. 자신들은 현대의 문학적 기준을 성서에 덮어씌운 것이 아니고 오히려 성서 내러티브 자체의 일반적 기준이 무엇인지, 문제가 되는 이야기가 그 기준을 어떻게

---

21) 원주: "The King through Ironic Eyes", 《하-시프루트》 1:2(1968년 여름호), 263~292쪽.

벗어나는지 꼼꼼하게 관찰했을 뿐이라고 설득력 있게 주장했다.[22]

　근래에 스턴버그는 히브리 성서에 나오는 디나의 강간 사건을 예리하게 분석한 결과를 단독으로 정리해 제시했다. 그는 명백한 방식부터 (대부분) 완곡한 방식에 이르기까지 다양한 수사학적 장치를 총체적으로 설명하면서 성서 내러티브가 그러한 수사학적 기교를 통해 성서의 등장인물에 대한 도덕적 판단을 드러낸다고 주장한다.[23] 스턴버그는 또 다른 장문의 논문에서 성서 저자들이 사용한 반복법을 여러 가지 예를 들어가며 솜씨 좋게 정리한다.[24] 성서의 내러티브 기법에 관심이 있다면 이 네 편의 논문에서 배울 점이 많다. 페리와 스턴버그의 꼼꼼하고 정밀한 독법은 비평가들에게 보내는 답가의 말미를 장식한 그들의 주장에 힘을 실어준다. "성서도 문학으로 본다면 문학적 분석의 틀만이 그것을 이해하는 유일한 방법이 된다. 실질적이든 상상에 의한 것이든 모든 다른 접근법은 쓸데없는 가설을 세우게 하고 실제 성서 이야기가 지닌 문학의 힘을 경험하지 못하게 만든다."

　페리와 스턴버그의 견해에서 배운 바가 많지만, 그들의 접근법에 대해 두 가지 면에서 사소한 의구심을 표하고 싶다. 어쩌면 한 가지는 명확한 설명이 아쉬워서 트집을 잡는 불만일 뿐이고, 다른 하나는 방법론에 대한 아쉬움이다. "문학으로서의 성서"라는 표현은 불필요하게 겸양적인 느낌이고 어떤 언어를 쓰든 문학을 얕보는 분위기를 풍긴다. 특히 영어권에서는 이 표현이 깊이 없는 대학 강좌나 엉터리 출판사의 패키지 상품 제목으로 쓰이면서 오염된 실정이다. (단테의 『신곡』이 성서의 많은 부분보다도 명백히 신학적이고 "종교적"이긴 하나, 단테의 위대한 시들이 차지하고 있는 확실한 문학적 위상을 감안하면 "문학으로서의 단테"라는 표현은 사실 불

---

22) 원주: 《하-시프루트》 2:3(1970년 8월), 608~663쪽.
23) 원주: 《하-시프루트》 4:2(1973년 4월), 193~231쪽.
24) 원주: 《하-시프루트》 7(1977년 10월), 110~150쪽.

필요하다.) 비평가들에게 답하며 페리와 스턴버그는 성서 이야기를 "상보성(相補性)과 긴장의 관계를 만들어내는 여러 목적의 교차로"라 규정했다. 그 뒤에 이어지는 "그런 목적들 중 하나는 '미학적' 목표다"라는 그들의 주장에 대해 비평가들 중 적어도 한 사람은 인정하는 입장이다. 성서의 문학적 성격을 여러 '목적' 혹은 '성향'(원문에는 메가모트(מגמות)로 되어 있음) 중 하나로 보는 관점보다는, 문학적 기법이 신학, 도덕, 혹은 역사철학적 시각과 완벽하게 융합된 것이라고 주장하고 싶다. 문학적 기법을 완벽히 이해하지 못한다면 후자 역시 이해할 수 없다. 미국의 시인이자 학자인 조엘 로젠버그(Joel Rosenberg)는 《리스폰스 Response》지에 발표한 글에서 성서에 대한 문학적 관점의 필요성을 뒷받침하는 아주 지적이고 일반적인 근거를 탁월한 방식으로 제시했다. "종교 문서로서 성서의 가치는 문학으로서 성서의 가치와 아주 긴밀한 불가분의 관계를 맺고 있다. 이 같은 명제는 문학이란 무엇인가라는 질문을 다른 방식으로 이해하는 힘을 키우길 요구한다. 이 자체가 우리를 애먹이는 과정일 수 있고, 어찌 보면 진땀 나게 만들어야만 하는 과정이기도 하다."[25] 역으로 누군가는 이 명제가 우리로 하여금 종교 문서란 무엇인가라는 물음에 대한 보다 골치 아픈 이해의 과정을 밟기를 요구한다고 덧붙일 수 있을 것이다.

내가 보기에 다른 점에서는 적절한 페리와 스턴버그의 분석에 방법론적으로 부족한 부분이 있긴 한데, 로젠버그의 논문이 바로 그런 결점을 분명히 지적한다. 그 둘은 마치 성서 내러티브가 초고부터 마지막 교정 작업까지 자신의 작품을 총괄한 한 사람의 독자적인 작가가 전담해서 써낸 현대 소설 같은 단일 제품인 것처럼 쓰는 경향이 있다. 다시 말해서, 그들은 역사

---

25) 원주: 「의미, 도덕, 그리고 미스터리: 토라에 대한 문학적 접근 Meanings, Morals, and Mysteries: Literary Approaches to the Torah」, 《리스폰스》 9:2(1975년 여름호), 67~94쪽.

적으로 많은 학자들이 가르쳐온 부분, 즉 성서 본문이 발전한 구체적인 정황과 그 내용이 빈번하게 합성되는 속성을 무시한다. 이에 반해 로젠버그는 역사 속에 쌓인 학문의 성과를 뚜렷이 인식한다. 그리고 역사학자들과는 다르게 그런 성과를 성서 저자들의 독특한 예술적 수단이라는 측면으로 본다. 학자들이 이전 원본으로 완벽하게 분석해낸 일련의 성서 내러티브인 모세오경을 다룬 로젠버그의 논평은 다음과 같다. "토라가 여러 문서들을 **인용**하고 있다는 것, 다시 말해 전체를 형성하는 구성 요소를 이루는 작은 부분들의 개수와 형태가 어떻든 간에 하나의 단일체로 여기도록 의도적으로 **짜깁기**된 문서가 존재한다는 점을 기억하면 실제로 토라에 대한 이해의 폭이 넓어질 것이다. 문학적 관심의 비중은 **최종** 편집자가 어떻게 하느냐에 달려 있다. 그의 예술적 수완에 대해서는 지금까지보다 훨씬 더 세심한 관심을 쏟아야 한다." 이 결론을 채택하면서 약간 주의할 필요가 있다. 이 결론에 의하면 최종 편집자는 무조건 최고의 문학 전문가라는 전제가 들어갈 수 있기 때문이다. 때로는 그런 경우도 있겠지만, 학자들이 짐작하다시피 최종 편집자는 그저 여러 출처의 이야기를 조합한 존재로 보이는 경우가 많다.

성서 본문의 서로 다른 원문들 간에 존재하는 모순점들이 어떤 문학적 기교에 의해서 완전히 극복될 수 있다고 가정할 이유는 분명히 없다. 그러나 초기 철기 시대의 똑똑한 히브리 작가가 진짜 모순으로 인식했던 게 무엇이었을지 우리가 아직 완전히 이해하지 못한다고 보는 편이 타당할 것이다. 동일한 사건을 두고 명백히 상반된 내용을 들려주는 이야기들이 최초의 독자들을 전혀 의아하게 만들지 않으면서 나란히 배치되어 있다는 사실은 우리가 더 이상 이해하지 못하는 어떤 다른 논리로 완벽히 정당화될 때도 있었을 것이다. (이러한 현상에 대한 논의는 7장에서 보다 자세히 다룰 것이다.) 내 생각에 로젠버그의 일반적 주장은 성서의 많은 이야기들을 꼼꼼히 읽어보면 타당성이 입증될 수 있다. 우리가 앞에서 상세히 분석한 창세기 38장을 학자들이 평가할 때 그 앞선 사건에서는 J문서[26]와 E문서[27]가 뒤섞인 이후 소위 야웨문서, 즉 J문서에 창세기 38장이 속한다고 본다. 그러나 그 본문이 원래 합성된 것이라 하더라도, 그것이 하나의 완전한 복합체로서 너무나 기가 막히게 직조돼 있다는 증거가 충분하다고 생각한다.

가공된 자료를 훨씬 더 치밀하고 구체적으로 구성한 글에 익숙해져 있다면, 페리와 스턴버그가 증명했던 바와 같이 복합적이면서도 간명하게 표현된 성서 본문의 세부 사항에 더 세심하게 주의를 기울이는 법을 배워야 한다. (전통적인 성서 해석은 나름대로 이러한 방법을 취해왔으나 그 전제는 지금의 성서학자들이 거의 받아들이지 않는 축자영감설이었다.) 성서의 내러티브는 간결하다. 그러나 그 간결성이 결코 균일하거나 기계적인 방식으로 구현되지는 않는다. 왜 성서의 서술자가 어떤 경우에는 그 주인 공들에게 동기를 부여하거나 심리 상태를 지정해주는가 하면, 또 어떤 경우에는 이런 면에 대해 말을 아끼는 것일까? 왜 어떤 행동은 최소한으로만 지적하고, 또 어떤 다른 행동은 어슷비슷 말을 바꿔가면서까지 자세히 기술하는 것일까? 기술된 사건들의 시간적 범위가 급격한 변화를 보이는 것은 무엇으로 설명할 수 있을까? 왜 어떤 지점에서 실제 대화가 소개되고 있으며, 어떤 선택 원칙에 따라 특정 단어들이 등장인물에게 할당되는 것일까? 별칭이나 관계 지정에 관한 용어들을 거의 쓰지 않는 본문 속에서, 왜 서술자는 이야기의 특정 지점에서 등장인물들이 누구인지 구체적으로 신

---

26) 오경의 모세 단일 저작설을 의심하면서 제기된 4문서설에 언급되는 문서 중 하나. 신을 야웨로 칭한다 하여 야웨문서(Jehovistic/Yahwistic Document)라 부르며, Jehovah의 앞글자를 따서 J문서라고도 한다.

27) 4문서설의 또 다른 문서로, 신을 엘로힘으로 칭한다 하여 엘로힘문서(Elohistic Document)라 부르며, Elohim의 앞글자를 따서 E문서라고도 한다.

원을 확인할까? 반복은 성서에 나타나는 익숙한 기법이지만 결코 자동적으로 따라 나오는 장치가 아닌데, 문자적인 반복이 나타나는 때는 언제이고 자주 나오는 전형적 문구에서 눈에 띄게 변화하는 부분은 무엇인가?

마지막으로, 화려한 수식이나 명백한 설명도 거의 없는 내러티브 기법을 이해하려면 다음의 두 가지 특징을 항상 기억해야 한다. 첫째, 내러티브의 유사성을 반복적으로 활용한다. 이를 통해 본문의 한 부분을 다른 부분에 빗대어 서술할 때 에둘러 설명하게 된다. 둘째, 풍부한 표현을 하는 구문의 기능이 눈에 띈다. 버지니아 울프의 소설에서 비유적 묘사가 그렇듯, 혹은 조지 엘리엇의 소설에서 분석이 그렇듯 구문은 아주 중요한 의미를 담고 있는 경우가 많다. 이러한 특징에 주목하면 성서의 이야기를 더 '창의적으로' 읽게 된다기보다는 한결 정확하게 읽을 수 있다. 그리고 히브리 원문에서는 이런 모든 특징이 식별 가능한 세부사항과 연결되어 있으므로, 문학적 접근은 사실상 역사학적 접근보다 훨씬 억측이 **덜하다.** 역사학적 접근법은 어떤 구절이 아카드어(語)의 거래와 관련한 단어를 포함하고 있는지, 아니면 수메르인들의 가족적 관습을 반영하고 있는지, 혹은 사본을 베끼는 사람의 실수가 끼어 있는지를 묻는다.

어쨌든 성서 원문이 오래되었고 그 본문의 특징적인 서사 절차가 많은 면에서 현대의 글과 다르다고 해서 성서 본문이 세련되지 못하다거나 단순할 것이라는 식의 무시하는 태도를 가져서는 안 된다. 츠베탕 토도로프(Tzvetan Todorov)가 예리하게 지적하기를, "원시적인 내러티브"라는 개념은 근대적 편협성에 의해 만들어진 일종의 정신적 착시 현상이라고 했다. 왜냐하면 고대의 특정한 내러티브를 보다 자세히 들여다볼수록 그것이 그 조직과 주제를 얼마나 복잡하면서도 섬세하게 다루었는지 인정하지 않을 수 없으며, 내러티브의 필연적 위상을 기교 넘치는 화법으로 어떻게 의식하고 있는지 더 확실히 확인하게 되기 때문이다. 토도로프는 오늘날의 학자들이 고대 원문의 어떤 대목이 다른 것들과 어울릴 수 없다고 너무나 자신 있게 선언한다면 그건 그들의 수준 낮고 검증되지 않은 미적 감각의 산물일 뿐이라고 말한다. 소위 원시적인 내러티브는 학자들 때문에 관습법에 예속돼 있다는 것이다. 문체 통일의 법칙, 비모순성의 법칙, 여담 금지의 법칙, 반복 금지의 법칙이 있는데, 이처럼 불명확하지만 보편적 측면이라고 알려진 기준에 의해서 오래전 내러티브가 합성되거나 불완전하고 논리적 맥락이 없는 것으로 판정된다고 본다. (만약 이러한 네 가지 법칙이 『율리시스 Ulysses』, 『소리와 분노 The Sound and the Fury』, 『트리스트럼 샌디 Tristram Shandy』, 『질투 Jealousy』 등의 소설에 적용된다면, 이 작품들은 조악하게 "편집된" 문학적 파편들로 취급받아 쓰레기통에 내던져질 것이다.) 토도로프의 주장에 의하면, 고대의 내러티브가 자체적으로 어떻게 작동하는지 의식하고 있었다는 사실에 주목할 경우 이와 같은 자기도취적 기준들이 일반적으로 얼마나 타당성이 없는지 드러내줄 것이다.[28] 토도로프는 자신의 논거를 『오뒷세이아』에서 찾고 있다. 그러나 원시적인 내러티브의 존재 자체에 대한 그의 질문은 히브리 성서를 보아도 똑같은 지지를 받을 수 있다.

성서의 종교적 시각에 깊이와 섬세함을 더해준 것은 산문픽션(2장 참조)의 가장 정교한 자원이 사용되었기 때문이라는 점을 우리는 반드시 이해할 필요가 있다. 우리가 살펴본 예에서 유다와 야곱-이스라엘은 단순히 그 국가 혹은 민족의 기원을 밝혀주는 인물이 아니다. (이는 일부 역사학적 연구 결과가 단면화한 결과이다). 그들은 강점과 약점을 두루 갖춘 모습으로 그려지면서 여러 모순으로 둘러싸인 개별적 인물들이다. 사랑에 눈멀고

---

28) 원주: 『산문의 시학 The Poetics of Prose』, 리처드 하워드(Richard Howard) 역 (이타카, 뉴욕, 1977), 53~65쪽.

뭐든 넘치는 것을 좋아하는 듯하고 과장된 면모가 보이는 야곱, 충동적이고 때로는 아주 까칠하지만 진실에 직면해서는 솔직할 줄도 아는 유다, 무시무시할 정도로 단호하면서 강철 같은 심장을 가진 다말. 이렇듯 섬세하게 등장인물들의 성격을 그려내면서 사회와 자연의 기존 질서 속에 개입하는 신의 선택 원리가 지닌 모순과 끝없는 파장을 암시한다. 성서의 이야기는 가장 간결한 수단을 사용하면서 우리로 하여금 인물이 가진 동기의 복잡성과 모호성에 대해 반복적으로 생각하도록 이끌고 있다. 왜냐하면 이것이 바로 신에 의해 창조된 인간, 즉 자유에 수반되는 결과들로 인한 기쁨과 고통을 겪어내야 하는 인간의 참모습을 보여주기 때문이다. 성서의 시가서에 대해서는 당연히 다른 방식의 고찰이 필요할 것이다. 그러나 거의 전반적으로 성서 내러티브는 인간이 시간이라는 매개체 속에서 변화를 거듭해가며 하나님을 직면하면서 살아야 하고 다른 인간들과 끊임없이 그리고 복합적으로 관계를 맺어야 한다는 기본적 인식을 구현하고 있다. 그리고 내러티브의 구성에 대한 문학적 관점이 갖춰진다면 무엇보다도 어떻게 이러한 인식이 그토록 강력하고 영속적인 인상을 남기는 이야기로 옮겨졌는지 확인할 수 있다.

2장 신성한 역사와 산문픽션의 기원

히브리 성서는 일반적으로 신성한 역사로 인정되고, 거기에는 그럴 만한 충분한 근거가 있다. 그런데 '신성한 역사'라는 표현은 성서를 문학적 분석 방법으로 접근하지 못하게 만드는 원인이 되는 경우가 많았다. 성서가 신성한 책이며 하나님의 뜻을 사람에게 알리기 위한 목적으로 하나님 자신의 말로 기록된 것을 독자들이 이해하는 텍스트라고 본다면, 그것을 어떻게 근본적으로 세속적이고 개인적이며 탐미적인 목적으로 쓰인 근대 서구문학을 이해하는 틀로서 설명할 수 있겠는가? 또한 만일 성서가 만물의 기원에 관하여, 그리고 실제로 일어났던 이스라엘 민족의 경험을 기록했다고 진지한 목소리로 주장하는 역사라면, 작가들이 일상의 사건 혹은 역사적 진실인 것처럼 만들어놓은 임의적 창작물인 산문픽션(prose fiction)[1]을

---

1) 산문픽션이란 노스롭 프라이(Northrop Frye)가 『비평의 해부 Anatomy of criticism』

분석하는 데 쓰는 용어들로 성서의 이야기를 분석하려는 것은 주제넘은 짓이 아니겠는가? 플로베르나 톨스토이, 혹은 헨리 제임스 등의 소설을 예로 들면, 우리는 이런 작가들이 남긴 창작노트나 편지 등을 통해서 그들이 의식적으로 가공의 이야기를 솜씨 좋게 지어낸 것을 알고 있다. 이들의 소설을 분석할 때 등장인물의 성격 묘사 기법, 대화의 전환, 전체적 구성 요소의 배열 등에 대해 논하는 것은 전혀 이상할 게 없다. 그러나 신학적인 목적으로 기록되었고, 역사적인 지향점을 지니면서 다수의 저자들이 개입한 일종의 집단 창작품인 성서를 이러한 시각으로 분석해보고자 하는 것은 성서를 억지로 '문학'이라는 틀 속으로 집어넣는 무리수가 아닐까?

이러한 반대 의견들은 근래에 여러 분석가들이 주장했다시피 역사란 우리가 지금까지 익숙하게 가정했던 것보다 훨씬 더 픽션에 가깝다고 인정한다면 어느 정도 누그러들 것이라고 본다. 역사와 픽션이 그 존재 방식과 표현 방식에서 공통점을 지닌다고 이해하는 게 중요하다. 그러나 역사를 쓰는 것이 픽션을 쓰는 것과 마찬가지라는 주장은 결코 옳지 않다. 이 두 가지 저작 행위는 서술 전략 면에서 분명히 많은 영역을 공유하고 있다. 역사가들이 풍부한 상상력을 활용하고 있고, 또한 활용해야만 한다는 점에서 픽

에서 장르 구분에 관한 이론을 개진하면서 소설(novel)과 거의 같은 의미로 사용되는 픽션 대신 사용한 명칭이다. 그는 문학의 장르 구분이 기본적인 제시(presentation) 방식에 의거한다고 보는데, 말이 관객 앞에서 직접 연행되는 경우, 듣는 사람 옆에서 이야기되는 경우, 노래로서 읊조려지거나 영창(詠唱)되는 경우 등이 상정된다. 이런 제시 방식을 취한 작품들은 서정·서사·극이라는 전통 장르가 어느 정도 포괄하므로 문제가 없다. 그러나 오늘날 책을 통해서 독자에게 이야기를 건네는 제시 방식이 보편화된 만큼, 현대의 장르 이론은 이것에 적합한 장르 명칭을 부여해야 한다는 것이 그의 문제의식의 출발이다. 이런 문제의식에서부터 그는 일차적으로 인쇄된 책의 장르를 나타내는 말로 픽션이라는 용어를 사용한다. 그가 보는 픽션은 의미를 띤 지속적 리듬이 지배적인 형식인데, 산문도 픽션도 아니면서 지속적인 리듬을 갖고 있는 작품들이 존재하는 까닭에 그러한 작품들과 구별되는 '산문픽션'이라는 용어를 만들었다. 『소설학 사전』, 문예출판사; 『문학비평용어사전』, 국학자료원 참조.

션 작가들과 닮아 보일 수 있다. 그러나 그들 사이에는 질적인 차이점이 분명히 존재한다. 예를 들면, 영국의 역사가 트리벨리언(G. M. Trevelyan)이 묘사한 영국 초대 총리 로버트 월폴(Robert Walpole)의 초상은 비록 작가의 해석과 얼마간의 상상력이 투영된 결과물이라 해도 역사적으로 입증된 사실에 근거하고 있다. 이에 비해 소설가 필딩(Henry Fielding)의 조너선 와일드(Jonathan Wild)2)라는 인물은 풍자적으로 월폴과 비교되지만 독립된 픽션 창작물로서 완전히 별개의 동력을 지니고 있다.

그러나 성서가 보여주는 신성한 역사는 현대의 역사 기술과 확연히 다른 모습이다. 일단 여러 가지 성서 내러티브들은 역사와의 관련성이라는 측면에서 매우 다양한 스펙트럼을 가지고 있다. 그런데 나중에 다시 논의하겠지만 성서의 이야기들은 현대적 관점에서 역사라고 규정할 만한 특성, 즉 문서로 입증할 수 있는 사실이라는 개념과 관련되지 않는다. 성서 저자들이 구전이든 기록이든 전통에 의해 전달된 기존의 확정된 내용을 그대로 따라야 한다는 주장이 종종 들린다. 사실 이러한 주장은 증명하기도 반박하기도 어려운데, 그것은 기원전 1000년 즈음에 존재했던 히브리 전통의 구체적 내용이 무엇인지 알 길이 없기 때문이다. 그러나 지금까지 전해 내려온 성서 본문들을 자세히 살펴보면 고대 전통의 전제적(專制的) 권위라고 하는 학술적 개념에 대해 어느 정도 의구심을 갖게 된다. 사실은 성서의 작가들이 전승을 문자화하는 과정에서 상당한 예술적 자유를 누렸다는 결론에 도달한다.

처음에는 이상하게 들리겠지만, 나는 산문픽션이 성서 내러티브를 설명하는 데 가장 적절한 틀이라고 주장하려 한다. 허버트 슈나이다우(Herbert

---

2) 필딩이 활동하던 당시 유명했던 도둑. 필딩이 그를 모델로 하여 『대인 조너선 와일드 전』을 썼다.

Schneidau)의 사변적이고 때로는 의문도 가는, 그러면서도 뭔가 암시하는 바가 있는 연구서 『신성한 불만족 Sacred Discontent』에서 그 주요 개념을 빌려온다면, 우리는 성서를 **역사화된** 산문픽션이라고 부를 수 있다. 가장 분명한 예를 들자면, 족장들의 이야기는 민족적 전승에 기반을 둔 복합적인 픽션이라 할 수 있으나, 작가들은 그 내러티브를 예상대로 흘러가게 하지 않겠다는 의지를 갖고 온갖 모순과 변칙을 가미해가며 감히 측량할 수 없는 하나님의 통제하에 존재하는 인간 삶의 불가해성을 보여주고 있다. 슈나이다우에 의하면 "창세기와 다윗의 이야기에서 우리가 목격하는 것은 전설과 신화의 세계가 보여주던 동기나 습관들을 차근차근 벗어난 새로운 종류의 역사화된 픽션의 탄생이다."[3] 내 생각에는 이러한 일반화의 범위를 창세기와 다윗의 이야기를 넘어서 성서의 거의 모든 이야기, 심지어 풍부한 전설들을 담고 있는 열왕기의 여러 부분들로도 확장할 수 있다. 슈나이다우의 책에 담긴 핵심 논점은 영원 회귀에 갇혀 있는 이교도적 세계관을 거부하는 성서문학의 저항에 관한 내용이므로, 픽션도 똑같이 주목받을 만하더라도 그보다는 역사화라는 것이 특히 강조된다. 실제로 앞으로 살펴보게 되겠지만, 특히 사사시대와 왕조시대로 들어가면 성서 내러티브에서 벌어지는 내용을 픽션화된 역사라고 설명하는 편이 더 정확할 때가 많다. 자, 이제 역사냐 픽션이냐 하는 주제를 더 살피기 전에 여기에서 잠시 산문픽션의 산문 구성요소에 대해 살펴보고자 한다.

고대 여러 민족들 중에서 유독 이스라엘만이 자기들의 신성한 민족사를 산문으로 표현해야 했었다는 점이 특이하고 문화적으로 의미심장한 부분이다. 성서를 묘사하는 여러 가지 모호한 문학적 용어들이 있다. 일군의 학자들은 성서를 고대 이스라엘의 "민족 서사시"라고 부르거나, 좀 더 구체적

---

3) 원주: 『신성한 불만족』(배턴루지, 루이지애나, 1977), 215쪽.

으로 창조 서사시와 출애굽 서사시가 구전으로 전해졌고 모세오경의 저자들이 그것을 바탕으로 기록했다고 주장한다. 그러나 이스라엘의 성서학자 쉬마르야후 탈몬(Shemaryahu Talmon)[4]이 주장하듯이, 성서를 보면 앞선 주장과는 정반대로 서사시적인 요소가 의도적으로 배제되어 있다. 히브리적인 이야기체의 산문 양식이 바로 그 주된 증거라 할 수 있다.

고대 히브리 작가들은 서사시 장르의 자리를 대신하기 위해 의도적으로 산문 형식의 서술 방식을 만들고 발전시켰다. 이것은 서사시가 이교도적 세계와 긴밀하게 연결되어 있고, 다신교의 숭배 사상과 특별한 관련성이 있어 보였기 때문이다. 서사시 암송은 공감 주술의 방법으로 우주적 사건을 재현하는 것과 마찬가지였다. 다신론적 종교들과 그들의 제사 의식을 전면적으로 배격하고자 하는 과정에서 서사시적 장르 자체가 히브리 작가들과는 무관한 것이 되어 버렸다.[5]

이러한 주장은 히브리 성서에서 신화적 요소가 완전히 "제거되었다"는 암시를 준다는 점에서 너무 단정적이다. 왜냐하면 사실상 신화적 요소의 흔적이 성서 본문 여러 곳에서 발견되고, 때로는 아주 노골적으로 드러나는 경우도 있기 때문이다. 어쨌든 내러티브를 전면적으로 강조하면 신화에서 멀어지게 된다. 성서에 대한 문학적 이해에서 결정적으로 중요한 것이 있다. 산문으로 다른 종류의 내러티브를 구성하려는 충동은 고대 히브리

---

4) 폴란드 태생의 성서학자. 히브리대학교의 성서프로젝트 편집장이었고, 사해 문서 연구에 매진했다.

5) 원주: 「성서 해석의 '비교방법론'― 원리와 문제점 The 'Comparative Method' in Biblical Interpretation ― Principles and Problems」, 《괴팅겐 의사당본 Göttingen Congress Volume》(레이던, 1978), 354쪽.

작가들이 그들의 유일신적 목적을 위해 만든 새로운 수단을 통해 아주 강력하고도 건설적인 결과를 낳았다는 점이다. 산문 형식의 서술을 구사하면 작가들은 표현 방식 측면에서 엄청난 범위와 유연성을 확보하게 되므로 허구의 인물들은 시간을 초월한 사건의 고정된 움직임으로부터 해방된다. 따라서 스토리텔링이 더 이상 제의적 재생이 아니라 인간의 자유를 표현하고 마음속의 동기와 감정의 복합체이자 도덕의 주체인 인간 남녀의 요상하면서도 모순적인 움직임을 묘사하는 것으로 바뀌게 되었다.

어느 정도 부정확한 부분은 내가 바로잡을 테지만, 어쨌든 허버트 슈나이다우는 탈몬의 역사적 제안을 멋지게 보충해주는 인류학적인 일반화를 통하여 문학적 형태에서 이런 경이적인 변화를 도모하는 잠재적 충동을 효과적으로 포착한다. 슈나이다우는 원시적 상상력과 신화적 표현 속에 분명히 드러나는 "유사성과 상호관련성의 세계"를 주장한다. "신화적 사고에서 그렇듯 위계적 연속성을 지닌 우주관은 아주 강한 은유적 경향을 보여준다. 서로 맞물려 얽혀 있는 구조는 전수할 수 있고 대체할 수 있는 특질과 이름으로 된 시적 환기법을 통해 일관성 있게 표현된다. 이 세상에서는 모든 운동이 종결의 원칙에 따라 자체적으로 완결되려는 경향을 보인다." 슈나이다우는 은유가 지배하는 신화적 세계와는 대조적으로, 은유에서처럼 유사성을 통해서가 아니라 단순한 관련성을 통해서 사물들을 연결하는 환유(換喩),[6] 즉 내러티브와 역사의 산문체 방식을 제안하면서 차근차근 진행되는 환유가 성서문학의 열쇠라고 본다. 이전의 위계적 우주관으로부터 벗어나는 것이 바로 문학이기 때문에, 성서는 더 이상 은유에 의존하지 않고 환유에 의존하게 된다. 슈나이다우는 이 모든 차이를 다음과 같이 간략히 정리한다. "신화는 종속적 은유인 반면에 성서는 병렬적 환유이다."[7] 즉

---

6) 연상되는 단어를 사용해 어떤 사물이나 개념을 다른 말로 표현하는 수사법.

신화가 동등한 것들을 일종의 종속적 체계 속에 배열하고 있다면, 성서는 일련의 인접어들이 어떻게 서로 연결되는지 분명히 밝히지 않은 채 나열하고 있다.[8]

이러한 일반적 비교 관찰은 성서의 문학적 시도가 지닌 독특한 본질을 고찰하는 데 중요한 통찰을 제공하지만, 몇 가지 개념은 오해를 불러일으킬 소지가 있다. 우선 지적해둘 것은 고대 근동의 내러티브 중에 정교하면서도 본질적으로 세속적인 성격의 문학 작품이 꽤 많이 존재한다는 사실이다. 물론 탈몬뿐만 아니라 슈나이다우가 보기에도 신화적 시가들은 성서가 회피하는 이교도 문학의 전형적인 예로 여겨질 것이다. 그가 이스라엘 이전의 이런 특정 내러티브를 모아 제시하는 전형적인 기능은 히브리문학이 신화를 거부하는 것에 강조점을 둔다는 근거가 되는 게 당연하다. 그러나 슈나이다우가 사용하는 또 다른 용어들은 여전히 문제가 있다. 종속적 배치와 병렬적 배치가 은유와 환유에 각각 논리적으로 들어맞을 수는 있을 것이다. 그러나 실제 구문의 형태를 보면 근동의 신화적 시가들이 주로 병렬적인 것처럼 보이는 반면에, 성서의 서사 산문은 작가의 의도와 특정한 내러티브 연결에 필요한 조건에 따라서 병렬 구조에서 종속 구조까지 다양한 변종을 보여주고 있다. 로만 야콥슨(Roman Jakobson)이 말한 은유와 환유의 도식적 구분은 엉성한 비유적 의미에서나 논의해볼 문제다. 왜냐하

---

7) 원주: 『신성한 불만족』, 292쪽.

8) 원주: 병렬은 진술의 주요소들을 "그리고"로 연결하여 단순히 평행하게 차례로 배열한 것을 의미한다. 종속은 진술들을 종속절과 주절로 배열하고, 두 절 사이의 관계는 "~할 때", "왜냐하면", "비록"과 같은 종속접속사로 명기한다. 따라서 "요셉은 이집트로 끌려 내려갔고 보디발이 그를 샀다"라는 문장은 병렬적이다. 동일한 사실을 종속적으로 표현하면 다음과 같다. "요셉이 이집트로 끌려 내려갔을 때, 보디발이 그를 샀다." (나의 예는 사실 창세기 38장 1절의 축약 버전이다. 첫 번째 버전은 원문이 읽는 방식이고, 두 번째 버전은 일부 현대 번역들이 병렬을 피하면서 그것을 번역한 방식이다.)

면 (추론할 수 있는 형이상학적 "일치"라기보다) 실질적 은유는 현존하는 고대 근동의 신화적 서사시에서는 결코 많이 쓰이지 않았기 때문이다. 어쨌든 슈나이다우의 가장 중요한 통찰은 이런 용어에 의존하지 않는다. 그의 핵심 의견은 성서가 신화적 세계의 안정된 마무리로부터 벗어나서 불확정성과 변화무쌍한 인과적 연결로, 그리고 역사 속에 존재하는 인생의 불확실성과 유사한 문학적 모호성으로 적극적으로 옮겨갔다는 것이다. 그리고 이러한 움직임을 두고 내가 사족을 덧붙이자면, 내러티브의 수단으로서 산문이 갖는 유연성은 최소한 근동이라는 배경에서는 필요 불가결한 것이었다.

신화와 "역사화된 픽션"을 다소 지나치게 대조시킨 듯한 이 이론에 한 가지만 더 보충하기로 하겠다. 문화권이 다르면 실제로는 동일한 목적지라도 대개 서로 다른 경로를 취하게 된다. 고대의 비옥한 초승달 지대를 지나 그리스 문명권으로 가보면, 헤시오도스의 작품이나 호메로스의 신화적 이야기 같은 아주 정교한 신화적 서사시들을 만나게 된다. 이들이 동기, 인물, 인과관계 등을 다루는 방식의 많은 부분은 성서가 보여주는 불확정성이나 모호성의 감각과 유사하다. 그러나 히브리 성서 저자들은 그들이 작업한 새로운 방식의 산문이라는 매개체에 특별한 공헌을 했고, 우리는 이 문제에 대해 이전보다 더 깊은 관심을 기울일 필요가 있다.

성서 내러티브 속에서 산문픽션의 양식이 어떻게 작동하는지 보여주는 기본적 예시로서 창세기 2장에 나오는 소위 원역사(primeval history)9)에 해당하는 하와의 창조에 대해 살펴보겠다. 이것이 적절한 예시가 되는 이유는 기원에 관한 설명, 보편적 인간의 모습, 인간과 닮은 신, 그리고 그에

---

9) 창조부터 족장사 이전까지 인류 전체의 범세계적인 역사를 지칭하며 창세기 1~11장이 이에 해당한다.

관한 고대 근동의 창조 설화 등으로 인해 현대 학자들은 이 이야기를 신화, 전설, 민간전승 등으로 분류하고, 정교하게 표현해낸 픽션으로는 생각하지 않는 것 같기 때문이다. 이 이야기의 바로 앞 절에서는 하나님이 최초의 인간에게 선악과를 먹으면 죽을 것이라고 경고하는 내용이 나온다. 이런 경고에 대한 인간 쪽의 반응에 대해서는 아무런 기록이 없다. 그 대신에 내러티브는 하나님이 자신의 피조물이 고독한 상태에 있음을 직접화법으로 한탄하는 독백으로 옮겨간다. 아마 그 사이에 이야기가 중단된 틈 자체는 인간에게 찾아올 미래의 짝에 관한 이야기, 그리고 금지된 지식을 소유하려는 이야기 사이의 연결 고리를 예상하는 암시 같다.

18. 여호와 하나님이 말씀하셨다. "사람이 혼자 있는 것이 좋지 않다. 내가 그의 곁에서 도와주는 배필을 만들어주겠다." 19. 여호와 하나님이 흙으로 각종 들짐승과 공중의 각종 새를 지으시고, 그 사람에게로 이끌고 오셔서 그 사람이 그것들을 무엇이라고 부르나 보셨다. 그 사람이 각 생물을 부르는 것이 다 그대로 이름이 되었다. 20. 그 사람이 모든 집짐승과 공중의 새와 들의 모든 짐승에게 이름을 붙여주었다. 그러나 그 남자 곁의 돕는 사람은 찾지 못하였다. 21. 여호와 하나님이 그 사람을 깊이 잠들게 하셔서 그가 잠들었고, 하나님이 그의 갈빗대 하나를 취하고 그 자리는 살로 채우셨다. 22. 여호와 하나님이 그 사람에게서 취하신 갈빗대로 여자를 만드시고, 여자를 그 사람에게로 데리고 오셨다. 23. 그 사람이 말하였다.

드디어 나타났구나. 내 뼈에서 나온 뼈요,
내 살에서 나온 살이로구나.
이것을 남자에게서 취하였으니

여자라고 부르리라.

25. 그러므로 남자는 아버지와 어머니를 떠나 그 아내와 합하여 둘이 한 몸을 이루는 것이다. 26. 남자와 그 아내가 둘 다 벌거벗고 있었으나 부끄러워하지 않았다.

일반적인 분류법으로 성서에 접근하면 이 전체 단락을 고대의 민간전승 혹은 여자의 존재기원론과 여자의 종속적 지위, 그리고 끊임없이 남자를 유혹하는 여자의 매력을 설명하려는 인과관계식 설화로 볼 것이다. 중간에 나오는 아담의 고백 부분(어떤 의미를 담은 요약이나 예식적인 기능을 하는 직접화법을 보여주는 성서 내러티브상의 일반적 관습)은 사실상 낡은 표현으로 보인다. 아마도 이렇게 문자화되기 훨씬 전부터 통용되던 아주 익숙한 인과관계식 표현이었을 것이다. 민담적 전승들이 본문의 배경이 되었을 가능성이 크지만, 나는 그것들이 성서 작가가 이야기의 재료를 가공해낸 수준의 대단히 만족스러운 예술적 감각을 제시하지는 않는다고 본다. 우리의 첫 번째 조상들에게는 당연히 어떤 개성을 부여하기 어려웠을 것이므로 그들은 창세기에서 후반에 나오는 야곱, 요셉, 다말 같은 인물들처럼 "허구적 인물"이라고 볼 수는 없다. 그러나 성서의 작가는 섬세한 언어적 조작과 내러티브적 기법을 통해 아담과 하와에게 특별한 내면을 부여할 수 있다.

도덕적으로 문제가 있는 이런 내면은 인간의 기원을 설명하는 원시적 창조 설화에서는 기대하기 어려운 면모이다. 이 부분을 더 자세히 들여다보기 이전에 바빌론의 창조설화인 「에누마 엘리쉬 Enuma Elish」에 나오는 인간 창조설(여기서는 여자를 따로 창조하지 않는다)과 성서의 창조론을 대략 비교해보도록 하겠다. 태고의 어머니인 티아마트(Tiamat)[10]를 물리친 마르두크(Marduk)는 이렇게 선포한다.

내가 피를 모으고, 뼈들을 만들 것이며,
인간으로 땅에 서게 할 것이다. 그의 이름은 '사람'이라 하리라.
내가 인류를 창조할 것이고
그들로 신들의 짐을 대신 지게 하여 신들이 쉴 수 있게 하리라.[11]

살과 뼈를 재료 삼아 조각 작업을 하는 의인화된 존재인 이스라엘의 하나님과 마르두크는 공통점을 지닌다. 그런데 아카드의 시가 속에 나오는 인간은 단지 수동적인 대상물일 뿐이고, 그의 유일한 존재 이유는 신들의 수고를 대신 담당하고 신들의 물질적 필요를 채워주는 것이다. 인간은 오로지 종속적인 기능을 담당하는 존재로서 신에게 봉사하기 위해서만 만들어졌다고 인식된다. 따라서 고도로 분화된 범위의 역사와 도덕 행위에 대한 인식은 인간의 창조에 관한 설명 속에 전혀 들어 있지 않다. 이것이 바로 신화적 세계관 속에서는 인간이 고정된 위계질서 속에 갇힌 존재라고 보는 슈나이다우의 의견을 드러내는 중요한 예이다. 이러한 인간관에서는 인간이 산문픽션의 주인공 역할을 할 수 없다. 여기에 적합한 형식은 신화적 서사시이다. 이 서사시는 주로 병렬적이면서 은유적이지 않은 병렬구들의 장엄한 열거로 표현되며, 절대화된 우주적 체계 속에 갇힌 인간의 운명적 위

---

10) 티아마트는 고대 바빌로니아 신화에 등장하는 최초의 신 중 한 명으로 염수(鹽水, 짠물)를 상징한다. 마르두크와의 싸움에서 패배한 뒤 그 사체가 둘로 나뉘어 각기 하늘과 땅을 만드는 데 사용되었다. 마르두크는 고대 바빌로니아 신화의 으뜸 신으로 '태양의 아들'이라는 뜻이다.

11) 원주: 『뮤즈 이전: 아카드 문학의 명시 선집 Before the Muses: An Anthology of Akkadian Literature』, 벤자민 포스터(Benjamin Foster) 역(베서스다, 메릴랜드, 2005), 469쪽.

치가 강조되듯 반복된다. (물론 신화적 서사시들이 이러한 고착성과 종결의 개념에 아주 깔끔하게 들어맞는 경우는 거의 없을 것이다. 그렇지만 「에누마 엘리쉬」는 히브리 작가들이 깨버린 신성한 내러티브의 일반적 기준을 반영하기 때문에 예를 들기에 적합한 작품이다.) 다시 창세기 2장으로 돌아가 보면 유일신론을 따르는 성서의 저자가 매우 다른 신학적 가정을 품고 있을 뿐 아니라 근본적으로 판이한 문학 형식을 취하고 있음을 분명히 볼 수 있다.

마르두크와 바벨론 신전의 다른 신들이 뱉어내는 훈계조의 말들과는 대조적으로, 성서의 하나님은 인간의 상태에 대한 당신의 인식과 의사를 아주 직접적으로 표현하고 있다. "사람이 혼자 있는 것이 좋지 않다. 내가 그의 곁에서 도와주는 배필을 만들어주겠다." (그렇긴 해도 하나님의 이러한 발언은 보충적 병렬법의 시적 운율에 매우 근접해서 형식상의 기품을 슬쩍 드러낸다.) 그다음 구절에는 매우 특이한 끼어들기가 보인다. 우리는 이전의 우주 기원론에 익숙해져 있어서, "그리고 하나님이 말씀하셨다"라는 정형화된 문구로 시작되는 하나님의 말씀에 의해 즉각적으로 무엇인가가 만들어질 것을 기대하게 된다. 그러나 여기에서 우리는 하나님이 주겠다고 약속한 배필이 만들어지기까지 최초의 인간이 모든 살아 있는 피조물에게 이름을 부여하는 내용의 두 구절이 지나가길 기다려야 한다. 이 이야기를 통합하는 공식 인증인 이 구절들(창 2 : 19~20)은 수미쌍관 구조의 특징을 보이면서, 내용상 핵심 구절인 '에제르 케네그도(עֵזֶר כְּנֶגְדּוֹ)'(문자적으로 번역하면, "그의 맞은편에 있는 조력자")라는 구절로 앞뒤가 싸여 있다. 고전적 미드라쉬에서는 이 두 구절의 전략적 효용에 관하여 다음과 같이 간결하게 표현한다. "하나님이 그것들을 짝을 지어 지나가게 하셨다. 그가 말하되, '모든 것이 다 짝이 있는데 나만 짝이 없구나.'"(베레쉬트 라바 17 : 5) 미드라쉬에서 이 작은 드라마적 구성이 특별히 흥미를 끄는 것은 그것이 성서 본문의 어디에 근거했을까 하는 점이다. 미드라쉬 주석가들의 문학적 분석은 주로 동사에서 힌트를 얻으며 이는 핵심 단어 반복, 미묘한 차이가 있는 특정 어휘 선택, 중요한 말놀이 등에 근거한다. 그러나 이 경우에는 미드라쉬가 본문의 특정한 어휘에 관한 것이 아니라, 오늘날 우리가 말하는 내러티브 해설 전략이라고 부르는 본문의 연속성에 착안한 것으로 보인다. 하와를 주겠다는 약속이 주어졌다. 그러나 세심하게 틀에 넣은 두 개의 절이 진행되는 동안 하와의 등장은 보류되고 그사이에 하나님은 인간이라는 피조물에게 임무를 부여한다. 인간은 만물에게 이름을 부여하는 독특한 역할을 수행하게 된다. 이러한 이야기 구성 방식 속에는 하나의 역설이 내포돼 있다. 인간은 모든 살아 있는 피조물보다 우위에 존재한다. 왜냐하면 오직 인간만이 언어를 생성할 수 있고, 언어로 배치할 수 있는 의식 수준을 가지고 있기 때문이다. 그러나 바로 그 동일한 의식으로 인해 인간은 다른 모든 동물의 세계와 달리 자신만이 고독한 존재라는 사실을 깨닫는다. (아마 인간의 고독은 여자가 창조되면서 어느 정도 완화되기는 하나 완전히 해소되지는 못했을 것이다. 왜냐하면 여자를 만드는 과정에서 남자에게 일종의 상처가 가해지고, 이후의 역사를 보면 남자는 여자를 갈망하면서, 마치 자신의 잃어버린 부분을 되찾으려는 듯 여자와 '한 몸'이 되고자 애쓰게 되기 때문이다.) 짝이 없는 인간이 짝을 이루고 있는 말 없는 짐승들에게 이름을 불러주는 모습이 대조된다. 이는 번역으로는 재생이 불가능한 섬세한 구문을 통해 드러난다. 20절은 실제로 아담이 "모든 집짐승에게 … 새들에게 … 모든 짐승들에게 … 사람에게" 이름을 주었다고 말하고 있는데, 순간적으로 최초의 인간을 모든 살아 있는 것들과 함께 앞에 나온 전치사의 동일선상의 목적어로 배치하는 듯이 보인다. 이러한 새로운 구조는 "찾지 못하였다"라고 하는 동사에 의해 뒤집히면서 인간을 그 앞에 나오는 모든 다른 것들과 반대되는 존재로 위치시킨다.[12] 자, 그렇다면 이제 우리는 미드라쉬에서 최초의 인간 아담이 자기 앞을 지나가는 피조물들에게 이름을 부여하다가 자신의 고독을 외친 대목을 상상해본 것이 근거 없는 추측에 의한 게 아니라고 주장할 수 있다.

21절 초반에서 마침내 하나님이 자신의 약속을 이행하기 시작할 때, 사람은 하나님의 마취제로 인해 의식 있는 행위의 주체에서 자력으로 활동할 수 없는 피동적인 대상으로 화하게 되는데, 이때 잠시 동안이지만 「에누마 엘리쉬」에 나오는 인간과 비슷해진다. 물론 여기에서 중요한 차이점은 수동적 대상인 인간의 모습이 앞에 나오고 언어의 주관자로서 임무를 수행하는 모습이 뒤에 나오면서 이야기의 앞뒤를 감싸고 있다는 것이다. 잠에서 깨어난 인간이 여자를 발견하자마자 마치 성서의 다른 곳에서 새로 아기가 태어나면 이름을 지어주는 절차를 밟는 것처럼 시라는 형식을 빌려가면서 그녀에게 이름을 부여한다. 23절의 시는 그것이 저자의 고유한 창작물이든 아니든 간에 이 이야기 주제와 너무나 아름답게 맞아떨어진다. 이중의 교차 대구 구조로 쓰인 이 시는 방금 이름이 부여된 여인을 여성형 지시대명사 '조트'(이 여인)로 지칭하며, 이 단어를 히브리 원문에서 시의 처음과 마지막 단어, 그리고 중간에 핵심 단어로 사용한다. 남자는 자기가 통치할 동물들에게 이름을 부여했고, 이제 외견상으로는 자기 통치권하에 있는 여자에게도 이름을 부여한다. 그러나 이 시를 보면, 남자와 그의 뼈와 살은 새로 등장한 이 여성의 존재에 의해 구문적으로 포위되어 있다. 이는 두 사람의 이후 역사를 통해서 볼 때 완벽하게 맞아떨어지는 수사학적 조율이다.

해설구인 24절은 인과관계식 주장을 설명하기 위한 고정 문구인 "그러

---

12) 히브리 성서 본문을 보면, 앞서 동물들이 "~에게"라는 전치사(레,ㄱ)와 함께 나열되고, 그 뒤에 아담도 전치사와 함께 등장하여 마치 아담도 이름이 부여되는 대상인 듯 보이지만, 뒤이어 아담을 주어로 하는 동사가 등장하면서 아담이 앞서 나열된 동물들과 다른 위치를 갖게 된다.

므로"(알켄 עַל־כֵּן)로 시작된다. 이 관용구는 작가가 문자 그대로 채용한 잠언의 일부였을 것이다. 그러나 이 추측이 맞더라도 작가가 자기 작품의 얼개 속으로 인과관계에 관한 언급을 이렇게 절묘하게 예술적으로 짜 넣었다는 것이 얼마나 대단한지 모른다. 욕구의 충족, 즉 "그 둘이 한 몸이 되는" 혼인의 상태에 대한 찬란한 이미지는 그 행위 자체를 생생하게 엿보게 하는 표현인 동시에 아주 대담한 과장법이다. 내 생각에 저자는 이 이미지가 주는 과장된 면을 나중에 플라톤이 『향연 The Symposium』에서 아리스토파네스가 연인들은 불가능한 원시의 합일을 회복하려 애쓰는 원시의 자아가 반으로 나뉜 존재들이라는 생각을 해냈다고 할 때와 마찬가지로 인식하고 있다. 왜냐하면 한 몸(히브리어에서는 "하나"라는 단어가 맨 끝에 나옴)이라는 말을 내뱉자마자, 이야기가 다음과 같이 진행되기 때문이다. "남자와 그 아내가 둘 다 벌거벗고 있었으나 부끄러워하지 않았다." 혼인을 통한 합일의 영원한 모델이 무엇인지 언급된 후에 그들은 즉시 둘로 드러나게 된다. 저자는 이를 일부러 어색하면서 뭔가 자연스럽지 않은 동격절인 "남자와 그 아내"라는 중첩어를 써서 강조하고 있다. 이는 산문 기법이 지닌 유연성 덕분에 어떻게 저자가 고대 근동의 서사시에서는 가능하지 않았던 변증법적 주제의 전환과 심리적 차이를 도입할 수 있는지 보여주는 작은 사례. 이렇게 해서 첫 남자와 첫 여자는 둘이 되었고, 둘이 됨으로써 뱀의 유혹에 흔들리기 쉬운 존재가 되었다. 이제 뱀은 다른 사람을 통하여 첫 번째 사람을 유혹할 수 있을 것이다. 벌거벗고도(아루밈 עֲרוּמִּים) 부끄럽지 않았던 그들이 들짐승 중에서도 가장 간교한(아룸 עָרוּם)[13] 자의 눈에 노출될 참이다. 뱀은 그들이 수치심을 느낄 원인을 제공하게 된다.

지금 시점에서는 이 전체 이야기 중에서 어느 만큼이 구전으로 고착된

---

13) '아루밈'과 '아룸'의 유사한 발음을 통한 말놀이를 지적하고 있다.

신성한 전승이었고, 얼마나 많은 부분이 여러 버전으로 존재했던 민담이었으며, 또 얼마만큼이 J문서 작가의 창작인지 알 길이 없다. 다만, 본문을 자세히 들여다보면 이 저자가 자신이 물려받은 원재료를 다룸에 있어 동기와 여러 관계들, 전개되는 주제들을 정의하는 데 심지어 원역사에 속하는 부분에서도 상당히 자유롭게 확신을 가지고 처리할 수 있었음이 드러난다. 이때 그는 미묘한 논리성을 가지고 있는데, 우리는 그것을 산문픽션이라는 내러티브 기법이 지닌 의식적인 예술적 기교와 연결 짓는다. (이후로 내가 "의식적인 예술적 기교"라고 말할 때는 예술적 창작 행위 속에 작가의 의도성과 무의식적 직관 사이의 복잡한 상호 작용이 있음을 전제한다. 성서의 작가도 이 점에서는 현대의 작가들과 마찬가지다.) 창세기의 초반 몇 장을 통해 드러난 최초의 남자와 여자는 전설이나 신화 속의 고정된 인물이 아니고 작가의 독특한 상상력 속에서 잉태된 개성을 갖춘 존재로 제시된다. 이때 작가는 그 인물들을 위해 만들어낸 간략하면서도 계시적인 대사들과 그들의 태곳적 행위들을 전달해주기 위해 차용한 다양한 표현 기법을 통해 인물들의 윤곽을 표현한다.

미리 짚어두고 싶은 게 있다. 내가 허구성을 강조한다고 해서 히브리 성서의 특징을 설명하는 역사적 충동을 깎아내리려는 것이 결코 아니라는 점이다. 자주 그렇게 언급되듯 이스라엘의 하나님은 무엇보다도 역사의 신이다. 역사 속에서 하나님 자신의 뜻을 구현해나가는 것이 히브리적 상상력을 부추기는 하나의 과정이다. 이 상상력은 결국 역사적 사건들 속에 등장하는 구체적이고 차별화된 인물에 대한 관심을 극대화시켜준다. 요점은 성서의 저자들이 역사를 실감나게 묘사하는 데 픽션이라는 중요한 수단을 재량껏 사용했다는 것이다.[14] 면밀히 살펴보면 성서의 내러티브는 원역사의

---

14) 원주: 야곱 리히트(Jacob Licht)는 최근 『성서의 스토리텔링 Storytelling in the

경우와 족장사 그리고 출애굽과 초기 정복 전쟁의 이야기들처럼 인과론과 도덕적 결과론의 측면에서 역사에 속한다고 주장하는 픽션이거나, 사사 시대 이후의 거의 모든 내러티브의 경우처럼 허구적 상상력이 부여된 역사라고 할 수 있다. 물론 이런 도식은 다채로운 성서 내러티브가 줄곧 보여주는 복잡하고 깔끔하지 못한 현실에 비해서는 훨씬 단순하다. 실제로 성서가 우리에게 던져주는 것은 고르지 못한 일련의 연속체이며, 사실에 입각한 역사적 세부 사항을 (꼭 그런 것은 아니지만 특히 후대의 역사에서) 순전히 전설 같은 "역사", 신화적 민담의 기묘한 흔적들, 인과관계에 관한 이야기들, 건국의 열조들에 대한 원형적인 픽션, 영웅들에 관한 설화와 하나님의 기적의 사람들, 민족사의 발전과 관련된 완전히 허구로 만들어진 그럴듯한 인물들, 그리고 알려진 역사적 인물들을 픽션화한 이야기들 등과 뒤섞어놓은 것이다. 이 모든 이야기들이 역사로서, 즉 실제로 일어났고 인류와 이스라엘의 운명에 지대한 영향을 미친 일들로서 제시된다. 여기에 유일한 예외가 있다면 욥기와 요나서인데, 욥기는 양식화된 면에서 철학적 우화임이 분명히 드러나 보이고("욥은 우화일 뿐이고, 그와 같은 사람은 존재하지 않았다"고 하는 랍비의 진술이 있음), 요나서는 풍자적이고 엄청난 과장법으로 인해 예언자적 소명과 하나님의 보편성에 대한 비유적 예화로 보인다.

성서 속 각양각색의 인물들이 수세기에 걸쳐 많은 작가들 손에 여러 형태로 각색되었지만, 나는 그들이 구상한 문학적 계획을 거칠게나마 일반화하는 시도를 해보려 한다. 내가 앞에서 언급했듯이 고대 히브리 작가들은

___

Bible』(예루살렘, 1978)에서 성서 내러티브의 "역사적 측면"과 "스토리텔링" 혹은 "미학적" 측면을 완전히 별개의 기능으로 생각할 수 있다고 주장하는데, 마치 점검을 위해 말끔히 분리해낼 수 있는 다른 색깔의 전기선 가닥과 같다는 것이다. 분리할 수 없는 것을 이렇게 안이하게 분리하는 것은 일부 성서학자들이 성서 문학의 문학적 기술의 역할에 대해서 얼마나 무지한지 보여준다.

역사적 사건들 속에서 하나님의 목적이 구현되는 것을 내러티브의 실제화 과정을 통해 보여주고자 한다. 하지만 이 실현 과정은 거의 평행을 이루는 변증법적 긴장 관계에 놓인 두 가지에 대한 인식 때문에 끊임없이 복잡한 문제로 남아 있다. 그 하나는 하나님의 계획과 실제 역사적 사건들의 무질서한 특징 사이의 긴장인데, 다시 성서적인 용어로 표현하자면 하나님의 약속과 표면적인 실패 사이의 긴장이다. 다른 하나는 하나님의 의지 혹은 섭리와 인간의 자유 혹은 고집스러운 본성 사이의 긴장이다.

우리가 위대한 업적들을 공통분모화해 본다면, 성서 속에 그려진 인간 본성의 깊이는 계획과 무질서, 섭리와 자유 사이의 이중적 변증법의 강력한 상호 작용의 함수라고 볼 수 있다. 성서 속의 다양한 내러티브들은 사실상 무질서와 계획이라는 양 극단 사이의 스펙트럼을 형성한다고 여겨질 수 있다. 구체적인 정치 활동, 전쟁에서의 승리와 패배와 같은 것을 비롯해 기존의 역사 중 고정화된 사실들이 포함되어야 하는 무질서 쪽으로 가면 사사기, 사무엘서, 열왕기 등이 있을 것이다. 이러한 부분들에서는 서술자들 혹은 때로 이야기 속의 인물들이 하나님의 언약에 대한 이해와 역사상 실제 상황에 대한 인식 사이의 격차를 어떻게 설명해야 할지 적나라하게 고민하는 모습이 나타난다. 스펙트럼의 또 다른 극단, 즉 계획의 축이 존재하는 또 다른 극단에 가까운 것은 에스더서이다. 바빌론 포로기 이후의 이 이야기는 이방에 잡혀간 유대인 공동체에게 영향을 미치는 정치적인 역사처럼 포장되어 있는데, 사실은 한 아름다운 아가씨가 지혜로운 노인의 가르침을 따라 왕비가 되고 자기 백성을 구원해낸다는 일종의 동화 같은 이야기이며 풍자적인 창작 내용이 가미돼 재미있게 윤색된 부분이 많다. 이 이야기는 은유적 기교를 많이 사용하고, 역사적 실재성에서 벗어나 있다. 이는 포로기 이전의 히브리 내러티브에서는 거의 나타나지 않는 특징이다. 그리고 역사화된 픽션이 보여주던 바와는 다르게 이스라엘이 어려움을 아주 깔끔하게 극복해낸 것으로 표현하고 있다.

이 스펙트럼의 중간쯤에 창세기가 자리할 것이다. 창세기 내용을 보면 알려져 있는 역사적 재료들이 개략적인 모습만 띠고 있어서 신의 계획을 설명하는 데 상당한 허용 범위가 주어진다. 하지만 이러한 계획은 인간의 반항적 본성에 대한 인식과 신의 계획 내에서 움직이는 다양한 인간 주체들 가운데 위험하고 오만한 개인으로 인해 지속적으로 도전받고 있다. 룻기는 개인성이 매우 다른 형태로 하나님의 섭리에 저항하는 모습을 보여준다. 룻, 나오미, 보아스는 아마도 이스라엘인들의 기억 속에 남아 있던 이름에 근거한 창작의 산물일 것이다. 아주 짧은 이 이야기 속에서 보여주는 말과 행동의 특징 덕분에 그들은 더 도식적으로 기획된 에스더와 모르드개와는 다른 방식으로 기억에 남는 인물들이 된다. 그러나 그럴듯한 개성으로 인해 그들 셋 역시 모범적인 인물상이 되고, 더불어 민족사에서 중요한 위치를 차지하기에 이른다. 룻은 굳건한 모습을 통하여, 보아스는 친절함과 정당한 법적 절차를 밟고자 한 충실함을 통하여 다윗의 선조로서 정당성을 부여받는다. 룻기는 우리가 가정한 스펙트럼에서 계획의 축 선상에서 창세기 근처에 위치시킬 수 있다. 룻기는 현실감 있는 심리 묘사를 담아내며 실제 사회제도를 다루고 있으므로, 가상의 역사적 소재를 사용하는 동화에 가까운 에스더서보다는 현실감 있는 역사화된 픽션이기 때문이다.

우리가 고찰하는 현상을 보다 뚜렷하게 볼 수 있게 도와준다는 전제하에 좀 더 과감한 추측을 해보겠다. 역사 속에서 인간들이 보여주는 여러 무질서한 행태와 신적 계획이 대립되는 사이에는 적절한 변증법적 긴장이 있다. 이러한 의식은 어떤 이야기들을 성서의 정경에 속하는 것으로 볼 것인가에 대한 암묵적인 기준 역할을 했을 것이다. 현재에는 고대의 히브리 문학 작품들 중 정경화되지 못하고 소실된 부분들에 대해서 정보가 빈약하다고 말하는 것은 그나마 절제된 표현이다. 오히려 성서 자체가 우리에게 주는 몇 가지 힌트들이 정반대인 두 방향을 가리키는 것 같다. 우선 열왕기의 경우, 당장 내러티브상에서 별로 자세하게 다뤄지지 않은 내용은 「유다 왕 역대지략」과 「이스라엘 왕 역대지략」[15]을 참조해서 찾아낼 수 있다는 의견이 여러 차례 나왔다. 이러한 책들이 정통 민족 전승에서 제외되고 보존되지 못했던 것은 그것들이 왕궁의 역사였으며, 성격상 당파성을 띠었을 것이고, 하나님의 계획이 역사를 통해 어떻게 펼쳐지는지 알려주는 차원의 통찰 없이 역사적 사건을 나열하듯 기록하는 우를 범했기 때문일 것이다. 다른 한편으로는 짧으면서 수수께끼 같은 암시가 민수기, 여호수아서, 사무엘서 등에 「야살의 책」과 「여호와의 전쟁기」에서 인용되는 것이 나온다. 「여호와의 전쟁기」는 전쟁의 주인공으로서 하나님이 함께한 승전의 기록들인 것 같고, 「야살의 책」은 두 군데의 인용문(수 10:13, 삼하 1:18~19)으로 판단해보자면 아마도 시가서로서 기적의 요소들을 갖춘 전쟁 서사시였을 것이다. 내가 감히 추측해보건대 이 두 책은 모두 너무나 전설적이거나 심지어 신화적이었고, 수긍할 만한 역사적 경험이 혼합된 재료가 충분한 평형추를 이루지 못한 상태에서 하나님의 계획을 그대로 따라가는 직접적인 내러티브에만 너무 치우쳤을 것이다.

이제 우리의 논의를 역사적 내러티브로 돌려서 그 이야기들을 역사화된 픽션이라고 말할 때 허구적 요소가 뜻하는 바를 좀 더 구체적으로 이해해보자. 고대 문학 가운데 가장 놀랍고 상상력 풍부한 성과물 중 하나로 꼽히는 다윗에 관한 이야기 모음은 역사와 픽션을 엮어놓은 교훈적인 내러티브의 대표적인 예가 된다. 다윗 왕 관련 내러티브는 비록 (다윗과 골리앗 이야기처럼) 어느 정도 민간전승적 요소가 가미돼 있긴 하나, 오늘날의 연구

---

15) 열왕기에 각기 십여 차례 언급되는 이 책들은 유다와 이스라엘 왕들의 사적과 행한 일을 기록한 역사적인 자료로 여겨진다.

결과가 대체로 인정하듯이 기본적으로 확실한 역사적 사실들에 기초하고 있다. 역사성을 부인하는 사람들이 소수 있지만, 실제로 사울 왕가에 대항해 내전을 치렀던 다윗이라는 인물이 존재했고, 그가 열두 지파 전체를 다스리는 확실한 통치권을 확보했으며, 예루살렘을 정복했고, 자신의 왕조와 왕국을 세웠고, 그의 아들 솔로몬에게 왕위를 물려주었다는 것은 최소한 그럴듯해 보인다. 이러한 개략적인 내용 이외에 다윗에 관한 다른 세세한 이야기, 즉 그의 결혼 생활이나 자녀들과의 관계에서 겪은 어려움 같은 내용들은 충분한 근거를 가진 것들이다.

그럼에도 불구하고 이런 이야기들은 엄밀히 말해서 역사 기술이 아니라 뛰어난 작가가 상상력에 기초해서 역사를 재구성한 것이다. 작가가 자신의 관점과 인물들의 심리 상태에 대한 탁월한 직관에 따르되 어느 정도 주제와 관련한 편견도 섞어 여러 글감을 정리해낸 창조적인 결과물이다. 여기서 한 가지 기억할 게 있다. 이 작가는 인물의 내적 독백을 지어내고, 필요하다면 어떤 감정이나 의도, 혹은 동기 등을 인물들에게 부여하고, 오직 현장에 있었던 인물들이 아니면 알 수 없었을 실제 대화 내용을 재현해내는 데서 아무런 제약이 없고, 이 분야에서는 정말 탁월한 역량을 발휘한다는 점이다. 다윗 이야기의 저자가 이스라엘 역사에서 차지하는 위치는 셰익스피어가 영국 역사에서 차지하는 위치와 비견할 만하다. 셰익스피어는 비록 헨리 5세가 아쟁쿠르 전투에서 패한 것으로 만들거나 영국군을 그곳으로 진격시킨 장본인을 다른 사람으로 바꿀 자유는 없었지만, 역사적 전승에서 얻은 힌트를 가지고 어린 할 왕자의 성장 소설을 만들어낼 수 있었다. 왕자가 성장하는 동안 주변에서 적수나 라이벌, 방해꾼, 혹은 조력자 역할을 할 인물을 창조해내고, 작가의 작품이라고 할 수 있는 왕의 말과 심리까지 만들어낸다. 즉, 작가는 역사적 소재를 가지고 인간의 가능성을 최대한 발휘해보는 것이다. 다윗의 인생을 쓴 저자는 다윗, 사울, 아브넬,

요압, 요나단, 압살롬, 미갈, 아비가일과 같은 여러 인물들에 대해서도 유사한 작업을 한다.

역사를 픽션으로 둔갑시키는 많은 예들 중에서 기억할 만한 것은 엔게디의 굴속에서 다윗과 사울이 만나는 장면(삼상 24장)이다. 다윗을 추적하던 미친 사울 왕이 어느 굴속으로 잠시 볼일을 보러 들어간다. 그런데 마침 그 굴속에는 다윗과 그의 부하들이 피신해 있었다. 다윗이 몰래 사울에게 접근하여 사울의 겉옷 자락을 조금 베어낸다. 다윗은 기름 부음 받은 왕에게 행한 이런 상징적인 훼손 행위로 인하여 마음에 찔림을 받고, 아무것도 눈치채지 못한 사울이 무사히 굴 밖으로 나갈 수 있도록 자신의 부하들을 엄하게 단속한다. 왕이 멀리까지 가자 다윗은 그를 따라 굴 밖으로 나온다. 다윗은 잘라낸 겉옷 자락을 손에 쥔 채로 사울을 부르고는 자기를 뒤쫓던 추적자를 향해 자기 생애 최고의 명연설로 꼽힐 만한 말을 한다. 그는 여호와의 기름 부음 받은 자에 대한 충성심과 경외심을 드러내면서 사울을 향하여 어떠한 악심도 없다고 (마음만 먹었으면 해칠 수 있었다는 증거로 겉옷 자락을 손에 쥐고) 외친다. 다윗은 또한 자신이 얼마나 비천한 존재인가를 다음과 같이 선포한다. "이스라엘의 왕이 누구를 잡으려고 이렇게 나오셨습니까?" 그리고 대칭을 이루는 말을 이어간다. "왕이 누구를 추격하시는 것입니까? 한 마리 죽은 개를 쫓아다니십니까? 한 마리 벼룩을 쫓아다니십니까?"(삼상 24:14)

꽤나 길었던 다윗의 연설이 끝날 즈음에 "다윗이 사울에게 이같이 말하기를 마치자, 사울이 말하였다"라는 구절에 이어, 저자는 사울의 대답을 들려주며 우리를 또 다른 긴장 속으로 몰아넣는다. 그런데 사울의 말은 다윗의 일장 연설에 비해 아주 짧으면서 인물의 성격을 다시 보게끔 하는 깜짝 놀랄 반전을 보여준다. "'내 아들 다윗아, 이것이 네 목소리냐?' 하고 사울이 소리를 높여 울었다."(삼상 24:16) 여기에서 논점은 단순히 저자가 아무런

"문서로 된" 근거도 없이 이런 대화를 만들어냈다는 것이 아니다. 투키디데스(Thucydides) 역시 여러 역사적 인물들의 다양한 입장을 표현해내기 위한 양식 기법으로서 이런 방법을 사용한다. 성서 이야기 속에서 만들어진 대화들은 특유의 도덕적·심리적 존재인 주인공들을 저자가 상상을 통해 이해한 내용과 극적인 방식으로 구성된 감정 가득한 인물들 간의 대화를 표현한 것이다. 저자는 이 모든 상상력을 동원하여 허구적 인물들을 창조해낸다.

성서의 다른 이야기에서도 그렇듯, 인물의 등장은 놀랄 정도로 예술적이면서도 간결하게 처리된다. 외부 환경에 대한 구체적 묘사, 배경, 몸짓 등은 최소한으로 다루어지고, 의미를 전달하는 부분은 주로 대사를 통해 표현된다. 다윗이 열정적이면서 유려한 어조로 자신의 정당성을 밝히는 웅변술을 펼치는 데 대해 사울은 목멘 목소리로 울면서 "내 아들 다윗아, 이것이 네 목소리냐?"라고 응답한다. 이 질문은 방금 자신이 들은 말에 너무 놀라서 나온 반응이거나, 혹은 다윗의 얼굴을 확인할 수 없을 만큼 먼 거리에 떨어져 있거나 흐르는 눈물로 인해 앞을 볼 수 없어서 나온 말일 것이다. 여기서 눈물 때문에 시야가 흐려진 것은 다윗의 사람됨을 제대로 직시하지 못하게 만드는 사울의 도덕적 불감증을 적절하게 상징한다고 볼 수 있다. 이 마지막 가능성과 관련해서, 어떤 이는 눈이 먼 이삭이 자기 아들 야곱에게 했던 말을 의도적으로 비슷하게 넣었다고도 본다. 창세기 27장 18절에서 이삭은 "내 아들아, 너는 누구냐?"라고 묻고, 이후 22절에서 "목소리는 야곱의 목소리인데"라고 선언한다. 노인과 젊은이가 한 공간에서 마주하는 것의 의미를 여러 가지 방식으로 복잡하게 만드는 이런 암시는 자신의 장자가 자기 뒤를 이어 왕이 되지 못할까 봐 초조함에 사로잡혀 있는 왕을 위해 창작의 권한을 갖고 있는 작가가 비상하게 생각해낸 것이지, 실제로 사울이 그 자리에서 했던 말은 아니다.

혹자는 다윗의 이야기들이 규칙을 증명하는 하나의 예외일 뿐이라고 반박할 수 있을 것이다. 말하자면 신학적 의미를 위해 강조되고 민간전승으로 채색된 실제 역사상의 사건들을 엮어놓은 일련의 역사서들 속에서 문학적 상상력이 빛나는 성취를 이룬 사례라는 것이다. 사사기에 나오는 무력 반란에 관한 긴 글을 생각해보자. 여기서는 어떤 인물의 성격을 복잡하게 묘사하거나 섬세하게 주제를 발전시키기 위해 진지하게 파고들 수가 없다. 그러나 이 속에서도 어떤 이야기가 어떻게 서술되고 있는지를 보면서 산문픽션의 여러 양상을 확인해보자. 먼저 사사기 3장에서 게라의 아들인 에훗의 손에 암살된 모압 왕 에글론의 사건을 살펴보겠다. 이 일이 사실이 아니라는 확실한 증거가 없는 상태이므로 충분히 그럴듯해 보이는 이 사건이 역사적 사실이라고 가정해보자. 즉, 거칠지만 명민했던 게릴라 지도자요, 전투에 능하다고 알려진 베냐민 지파 출신 에훗이라는 사람이 성서에 기록된 것과 비슷한 방식으로 에글론을 찌른 뒤 에브라임 산지의 이스라엘 사람들을 모아서 전쟁을 승리로 이끌었고, 그 후로 이스라엘은 오랜 기간 모압의 지배로부터 자유로울 수 있었다. 다만 사사기 3장 30절에 나오는 "그 땅이 팔십 년 동안 평온하였다"는 말에서 40의 두 배인 80이라는 정형화된 숫자는 분명히 역사적 사실과 일치하지 않는 것처럼 보인다.[16] 그러면 이 짤막한 정치사의 어느 부분에서 산문픽션의 자리를 찾아볼 수 있을까? 자, 이제 이 사건의 주요 부분을 들여다보자.

15. 이스라엘 자손이 여호와께 울부짖었고, 여호와께서 그들을 위하여 한 구원자를 세우셨으니 그는 곧 베냐민 지파 게라의 아들인 왼손잡이

---

16) 사사기 3장을 보면 사사 에훗 이전에 옷니엘 선지자에 대한 내용이 나온다. 그는 사십 년 동안 그 땅을 태평하게 했다는 기록이 있다.

에훗이다. 이스라엘 자손이 그를 통하여 모압 왕 에글론에게 조공을 보냈다. 16. 에훗이 길이가 한 자쯤 되는 양쪽에 날이 선 칼을 만들어 그의 오른쪽 허벅지 옷 속에 찼다. 17. 그가 모압 왕 에글론에게 조공을 바쳤는데, 에글론은 매우 살찐 자였다. 18. 에훗이 조공을 바친 뒤에 그 조공을 메고 온 사람들을 돌려보냈다. 19. 자기는 길갈 근처 돌 우상들이 있는 곳에서 되돌아왔다. 그리고 그가 말하였다. "왕이여, 제가 은밀히 드릴 말씀이 있습니다." 왕이 말하였다. "조용히 하라!" 그러자 모시고 섰던 자들이 모두 물러갔다. 20. 에훗이 그에게로 들어갔을 때, 왕은 시원한 다락방에 홀로 앉아 있었다. 에훗이 말하였다. "전해 드릴 하나님의 말씀이 있습니다." 그러자 왕이 그의 자리에서 일어났다. 21. 에훗이 왼손을 뻗쳐 그의 오른쪽 허벅지에서 칼을 뽑아 왕의 배를 찔렀다. 22. 칼자루까지도 날을 따라 들어갔고, 그가 칼을 배에서 뽑지 않았으므로 기름이 칼날에 엉겨 붙었다. [그리고 오물이 터져 나왔다.][17] 23. 에훗이 현관에 나와서 다락방 문들을 닫고 걸어 잠갔다. 24. 에훗이 나간 후에 왕의 신하들이 와서 보았더니 다락방 문들이 잠겨 있었다. 그들이 말하였다. "왕이 시원한 방에서 용변을 보고 계시는 것이 틀림없다." 25. 그들이 오랫동안 기다리다 보았더니 아무도 다락방 문들을 열지 않았다. 열쇠를 가져다가 문을 열고 보니, 그들의 군주가 땅에 쓰러져 죽어 있었다.

이 본문에서 곧바로 우리 눈에 띄는 부분은 호메로스의 『일리아스』에서는 일상적일 수 있지만 히브리 성서에는 전혀 어울리지 않는 내용, 즉 살인 도구와 수법을 자세히 묘사한 구절이다. 우리는 모압 사람들을 혼란에 빠

---

17) 원주: 이 부분은 히브리어 본문 상의 모호함이 있다. 이후의 본문 인용에서 모호한 부분들은 각괄호로 표시할 것이다.

뜨리고 반란을 성공으로 이끈 이 암살 사건을 실행해낸 에훗의 용감한 지략이 너무나 놀라워서 연대기 작자가 이 사건을 상세하게 기록하고 싶었을 것이라고 짐작해볼 수 있다. 각 장면마다 자세하게 묘사돼 있어서 그 일이 어떻게 실행되었는지 확실히 이해하는 데 도움이 된다. (물론 이 이야기가 우리보다는 고대의 청중들에게 훨씬 더 생생하게 들렸을 것이다. 지금 우리는 모압 왕들이 거처했던 가나안의 여름 별장이 어떻게 생겼는지 아는 바가 없어서 에훗이 어떻게 그곳에 들어가고 탈출했는지를 상상하기가 어렵기 때문이다.) 베냐민 지파의 왼손잡이 용사들은 용맹하기로 정평이 나 있었다. 에훗 역시 비장의 전략으로 왼손잡이라는 점을 이용한다. 사실 왕은 에훗의 왼손이 갑자기 움직이는 것을 보면서 칼을 쓰려는 움직임이라고 즉각 눈치채지는 못할 것이다. 에훗은 에글론 왕이 자신을 조공을 바치러 온 사신으로 신뢰할 가능성이 많으며, 왕에게 "은밀한 일"을 고하겠다고 말한 것을 이스라엘인 협력자로서 정보를 제공하거나 혹은 신탁을 전하겠다는 뜻으로 이해하리라 기대한다. 단검 혹은 짧은 칼(헤레브 חֶרֶב)은 왼손으로 빼기 쉽도록 에훗의 오른쪽 허벅지에 찼다. 그 칼은 옷 속에 감출 만큼 짧으면서도 에글론을 처리할 때 암살자와 피해자의 사이가 너무 가깝지 않아도 될 만큼은 길며, 동시에 한 번의 공격으로 치명상을 입히도록 양쪽에 날이 선 칼이다. 에글론은 자기 몸이 거치적거릴 정도로 살이 쪄서 자리에서 쉽게 일어나지 못해 손쉬운 목표물이 될 것이다. 그리고 에훗은 피가 자기에게 튀지 않도록, 그래서 아무런 의심을 받지 않고 현관을 통해 탈출할 수 있도록 칼을 죽은 자의 몸에 남겨두고 자리를 뜬다. 어떤 주석가는 심지어 죽을 때 경련으로 인한 항문 괄약근 확장까지 들먹이며 지저분한 부분까지 상세하게 암살의 과정을 설명하는 데 동원하는 기발함을 선보인다. 즉, 왕의 신하들이 방에서 나는 냄새를 감지하고는 에글론 왕이 뒷일을 보느라 문을 잠갔다고 생각하고, 그래서 에훗이 안전하게 빠져나갈 수 있을

만큼 오래 기다렸다는 것이다.[18]

만약 이것이 정치적 테러라는 역사적 행위에 대한 자세한 보고라고 한다면, 저자는 산문이라는 형식을 훌륭히 사용함으로써 역사적 소재를 강력한 주제의 형태로 승화시켰다고 할 수 있다. 먼저 눈에 띄는 부분은 단순히 모압 왕의 파멸을 자세히 설명한 내용이 아니라 그것을 풍자화해서 보는 예리하면서도 즐거움에 가득 찬 시각 자체이다. 이 사건을 보는 작가의 상상력을 엿보게 해주는 부분은 에글론 왕의 이름에 담긴 어원적 의미인데, 히브리어로 '에겔(עֵגֶל)'이란 말은 송아지를 의미한다. 침략자 모압의 왕은 결국 도살당할 준비가 된 살찐 송아지에 불과한 존재로 드러나고, 별명처럼 붙는 '바리(בָּרִיא)', 즉 "살찐"이란 단어도 희생 제물로서 주로 송아지와 붙어 다니는 '메리(מְרִיא)', 즉 '살찌운 가축'이란 단어의 말놀이이다. 에글론의 비둔함은 그의 몸이 육중해서 에훗의 급습에 취약했음을 나타낼 뿐 아니라 그가 우둔한 왕이었음을 상징한다. 심지어는 모압 왕을 기괴하게 여성화한 흔적도 엿볼 수 있다. 에훗이 왕에게로 "들어가니"라는 표현은 성적 접근에 쓰이는 관용어이고, 단검으로 찌르는 표현은 추잡하게 성적인 느낌을 준다. 또한 에훗이 에글론 왕 앞으로 가져오는 "은밀한 일"이라는 표현과 그 둘이 한 방 안에 문을 잠근 채로 있다는 것, 그리고 이야기의 말미에 갑자기 잠긴 문이 열리는 것으로 끝난다는 내용이 전부 의도적으로 성적인 암시를 주는 것으로도 보인다.[19]

에훗이 왕에게 은밀하게 전할 말이 있다는 주장은 에글론 왕의 "조용히 하라!"(이 말은 "쉿"이라는 의성어로 번역할 수도 있다)는 명령 덕분에 아

---

18) 원주: 예헤즈켈 카우프만(Yehezkel Kaufmann), 『사사기 The Book of Judges』(히브리어: 예루살렘, 1968), 109쪽.

19) 원주: 이야기에서 문을 잠그고 여는 것과 관련된 의미의 가능성에 대해서는 조지 사브란(George Savran)을 참고했다.

무런 검증 절차 없이 받아들여진다. 모압 왕은 에훗이 공손하게 "나의 주인이시여"(아도니 אֲדֹנִי)라고 부르지 않고 무뚝뚝하게 "왕이여"라고 자신을 부른 것을 눈치채지 못했거나 혹은 이러한 결례를 그저 에훗이 절박하다는 의미로 해석했을 수 있다. 그 둘이 따로 있게 되었을 때 에훗이 또다시 에글론에게 나아가서는 아예 왕에 대한 호칭도 생략한 채, "전해 드릴 하나님의 말씀이 있습니다"라고 단호하게 말한다. 이 말은 꽤 분명하지만, 그 속에는 한 편의 효과적인 극적 아이러니가 숨겨져 있다. 그 은밀한 것은 히브리어로 '다바르(דָּבָר)'이며 그 뜻은 말, 전언, 혹은 물건이다. 에훗의 옷 속에 숨겨진 은밀한 것이 사실은 하나님의 말씀이다. 즉, 하나님이 "세우신" 베냐민 지파의 용사가 이 비둔한 왕에게 가차 없이 절실한 깨달음을 주겠다는 전언이다. 에훗이 전하겠다는 정치적인 비밀이 실은 신탁이라고 들은 에글론은 계시를 받고자 하는 열망 때문에, 혹은 신탁을 전달받을 때의 어떤 관례적인 이유 때문에 자리에서 일어나고, 이제 에훗은 그를 찔러 쓰러뜨릴 수 있게 된다.

궁전 신하들이 비대한 군주가 침실의 변기에서 볼일을 보고 있다고 잘못 짐작했다는 것은 그들이 자기네 왕처럼 쉽게 속아 넘어가는 자들이라는 의미도 있지만, 왕과 그 신하들을 소재로 배설물과 관련된 유머를 하고 있는 것이다. 이 마지막 효과는 24절 말미에 나오는 신하들의 직접적인 발언과 23절과 24절에서 서사가 그들의 관점으로 바뀌는 것을 통해 더욱 고양된다. "왕의 신하들이 와서 보았더니 다락방 문들이 잠겨 있었다. ... 그들이 오랫동안 기다리다 보았더니 아무도 다락방 문들을 열지 않았다. 열쇠를 가져다가 문을 열고 보니, 그들의 군주가 땅에 쓰러져 죽어 있었다." 결론절의 구문은 그들이 마침내 미망에서 깨어나는 인지 단계를 훌륭하게 전달해주고 있다. 먼저 그들은 왕이 엎드려 있는 것을 보고, 그가 죽었음을 극적으로 깨닫는다. 전쟁에서 적이 비둔하다는 것은 언제나 매력적인 공격 목표가 되어 풍자의 단서를 제공한다. 그러나 여기에서 모압족의 어리석음이 드러나는 것은 주제와 관련해 이중적인 기능을 한다. 이스라엘의 전지하신 하나님이 세우신 구원자와 대면했을 때 이교도인 압제자가 얼마나 어처구니없게 무너지는지, 왕을 잃은 아둔한 모압인들이 뒤이은 전투에서 얼마나 무능력해지는지를 보여준다.

실제로 모압의 대군은 요단강 나루에서 죽임을 당한다. 그 재난의 장소가 암시하는 것은 적이 매복한 곳으로 그들이 순순히 따라 들어갔거나, 어쨌든 매복 중이던 이스라엘인들이 모압군을 전략적으로 대단히 불리한 상황에 빠뜨려 그들을 붙잡아둘 수 있는 곳으로 모압인이 제 발로 돌진해 들어가는 어리석음을 범했다는 것이다. 에훗이 에글론을 암살한 사건은 뒤이은 모압의 패배와 인과적으로 연관되어 있을 뿐 아니라 그것을 미리 보여주는 일종의 상징이다. 국왕 살해와 해방 전쟁과의 연관성은 동사 두 개의 말놀이를 통해 강화된다. 21절에서 에훗은 에글론의 배를 칼로 찌른다(타카 תָּקַע). 그리고 27절에서는 그가 도망치자마자 자기 군사들을 모으기 위해 숫양 나팔을 부는데, 이때 동일한 동사(타카)가 사용된다.[20] 이스라엘인들은 "모두 장사요 모두 용사"(29절)인 모압 사람 만 명을 죽인다. 그러나 '장사'란 말은 히브리어로 '샤멘(שָׁמֵן)'으로서 역시 '살찐'이란 의미가 있고, 결국 모압인들은 "이스라엘 수하에 굴복하게"(30절) 되는데, 이는 그들의 비둔한 왕이 에훗의 날랜 왼손에 당했던 것과 유사한 모습을 보여주는 셈이다. 이미 말했듯 이 모든 내용에서 보다시피 저자는 이야기를 더하거나 윤색하지 않고 역사적 자료들을 충실하게 전달했을 수 있다. 그렇지만 저자는 어휘와 문장 구성 선택, 관점의 작은 변화, 짧지만 전략적인 대화의

---

20) 원주: 이 말놀이는 루이스 알론소-쇠켈이 언급해왔는데, 그는 또한 에글론의 이름에서 에겔(송아지 עֵגֶל)에 관한 말놀이도 설명하고 있다. 「사사기의 스토리텔링 Erzählkunst im Buche der Richter」, 《비블리카 Biblica》 42(1961), 148~158쪽.

도입 등을 통해 내러티브를 조직해 강력한 가치 판단을 부여하거나 그 속에서 의미의 패턴을 발견하면서 역사적 사건을 상상 속에서 재현해낸다. 어쩌면 이 이야기는 역사화된 픽션이라기보다는 픽션화된 역사라고 보아야 할 것이다. 그 역사는 사건들의 의미나 느낌이 산문픽션의 기술적 자원을 통하여 구체적으로 실현되는 곳이다.

　성서라는 신성한 역사에 담긴 허구적 양상의 스펙트럼에 관한 개관을 정리하는 차원에서 결론적인 예를 들기 위해 창세기로 돌아가 보자. 이번에는 족장들에 관한 이야기부터 시작한다. 인류 최초의 조상에 관한 이야기와는 달리 이들의 이야기는 이스라엘의 민족사와 밀접하게 연관돼 있다. 분명 이런 연계성은 신빙성 있는 역사적 전승의 결과라기보다는 작가들의 공헌에 기댄 바가 크다. 현대의 학자들은 후대 작가들이 족장들을 초기 히브리 민간전승에 등장하는 허구적 인물들로 만들어냈으며, 특히 정복 전쟁 이후의 세대들에게 열두 지파 간의 정치적 서열을 설명하고자 이들을 만들어냈다고 추측했다. 그러나 우리가 몇몇 현대 학자들의 경향을 좇아서 족장들의 이야기 속에서 어떤 역사적 핵심을 확인하려고 해도, 사사기와 다윗의 이야기에서 보았던 예와는 달리 추정상의 사건이 벌어진 뒤 수백 년이 지나 그 내용을 집필한 저자들에게 역사적 자료가 거의 없었음이 확실하다. 그들이 물려받은 다양한 전승 내용 중 어느 정도를 실제로 역사적인 것이라고 믿었는지는 확실치 않다. 그러나 그들의 행위에 '창작'이라는 용어를 적용하지 못하게 경고한다 해도 그 이야기들을 조리 있게 전개할 때 자기가 확보한 자료를 다루며 상당한 구성력을 발휘했으리라는 점은 분명해 보인다. 내가 강조하고자 하는 핵심은 아주 오래된 창작물이나 모조품, 민간전승의 투사물 등이 그 자체로 개별 작가의 특수한 상상력에 의존하는 픽션이 아니라는 점이다. 족장사의 저자들은 원형적인 플롯을 변형하여 면밀하게 표현한 복합적인 인물들 간의 극적인 상호관계로 만드는 탁월한 상상력을 보여준다. 이 족장들의 이야기는 실제 역사적 정황들과 세밀한 인과적 관계를 갖도록 제시되고, (슈나이다우가 주장하듯이) 실제 역사의 진행에 관련한 변칙적인 "환유적" 특징이 드러나고 있으므로 "역사화"되었다고 할 수 있다. 이 이야기들은 민족의 원형으로서 개별적인 인간사의 독특한 특징을 지니도록 그려졌기 때문에 픽션이다.

성서 내러티브는 사실 픽션의 탄생에 관한 매우 교육적인 사례를 보여준다. 그것은 일반적 진술, 족보, 인물과 행위에 관한 단순한 요약에서 나아가 특정 장면과 인물들 간의 구체적 상호관계로 변화하는 매우 인상적인 전이 과정을 보여주는 경우가 많기 때문이다. 성서 저자들은 갑자기 이야기의 세부 내용을 상술한다든가, 인물들에게 특성을 부여하며 그들의 관계에 집중하는 대화를 만들어내 그들이 기록하는 각 사건들에 허구의 시간과 장소를 부여한다.

간단한 예를 하나 들어보자. 창세기 25장에서 에서가 야곱에게 장자권을 파는 장면이다.

27. 그 아이들이 자라서 에서는 노련한 사냥꾼이 되어 들에서 살고, 야곱은 조용한 사람이어서 장막에 머물러 살았다. 28. 이삭은 에서가 사냥한 고기를 좋아하므로 그를 사랑하였지만, 리브가는 야곱을 사랑하였다. 29. 야곱이 죽을 쑤었는데 에서가 들에서 돌아와 심히 허기져 있었다. 30. 에서가 야곱에게 말하였다. "내가 배가 고파 죽겠으니 그 붉은, 그 붉은 것을 빨리 먹게 해주어라." 그러므로 그의 이름이 에돔이라고 불린다. 31. 야곱이 말하였다. "지금 형의 장자권을 나에게 파시오." 32. 에서가 말하였다. "봐라. 나는 지금 죽을 지경이다. 그러니 장자권이 나한테 왜 필요하겠느냐?" 33. 야곱이 말하였다. "지금 나에게 맹세하시오." 에서가 맹세하고 장자권을 야곱에게 팔았다. 34. 야곱이 떡과 팥죽을 에서에게

주니, 에서가 먹고 마시고 일어나서 가버렸다. 에서가 장자권을 물리쳤다.

에서(에돔)와 야곱(이스라엘)은 가까이 사는 앙숙인 두 민족의 시조들이다. 성서는 "두 민족이 네 태중에 있구나. 두 백성이 네 복중에서부터 나뉠 것이다. 한 백성이 다른 백성보다 강하겠고, 형이 동생을 섬길 것이다"(창 25:23)라는 본문에서 그들의 탄생에 앞서 계시를 들려주며 두 민족에 대해 예언한다. 경쟁 관계인 두 형제의 이야기는 결국 정치적인 비유로 읽어내고, 이 쌍둥이들은 각 후손들의 민족적 특징을 구현한 대상으로 해석하며, 둘 사이의 다툼은 미래의 민족적 운명을 예견하는 것으로 이해할 수 있다. 붉은 팥죽을 먹고 싶어하는 불그레한 에서는 에돔의 조상으로서 어원적으로 붉다는 뜻의 '아돔(אדם)'과 연관 지을 수 있다. 그 민족은 동물적 성향과 혐오스러운 식욕과 관련된 민족성을 부여받았다. 스파이저가 제기한 것처럼 이러한 부정적인 성격 규정은 근동 문학에서 차용한 요소로 인해 확고해졌다. "온몸이 털투성이"로 태어난 붉은 에서는 아카드어 길가메시 서사시에 등장하는 엔키두(Enkidu)를 모방한 것처럼 보인다. 엔키두의 탄생이 바로 이런 식으로 기술되어 있으며, 그 역시 들에 거하는 무례한 인간으로 그려진다.[21] 그런데 이 이야기를 전적으로 민족적 원형의 충돌로 읽을 때 어떤 일이 일어나는지는 초기 랍비들의 주석을 보면 확실하게 드러난다. 에돔을 로마의 원형으로 해석하는 이 랍비들은 에서를 가차 없이 악한 짐승처럼 그려내는 반면, 장막에 거하던 야곱은 율법을 연구하면서 하나님의 오묘한 계시를 깊이 묵상하는 신실한 이스라엘의 모델로 해석했다. 이러한 해석이 보여주는 시대착오적인 시각보다는 자신들의 민족적·역사적 관점에서 비롯된 도덕적 이분법을 본문에 투사해 형제의 양극성을

---

21) 원주: 『창세기』, 《앵커바이블》(뉴욕, 1964), 196쪽.

해석하는 방식이 더욱 우려스럽다. 공들인 허구적 상상력을 동원해 인물들을 생각해낸 성서 본문 자체는 문제를 전혀 다르게 다루고 있다. 야곱과 에서의 전체 이야기에서 뽑아낸 이 짧은 단락에서도 그 점이 잘 드러난다.

　이 이야기는 사냥꾼 에서와 조용한 야곱을 의도적으로 대비하는 데서 시작된다. 그러나 누가 봐도 확실한 이런 대조는 27절에서 야곱에게 적용된 '탐(תָּם)'이라는 특이한 별명에 담긴 반어법의 가능성을 포함한다. 대다수의 번역자들은 문맥에 따라 그 의미를 제시했고, 영어로 "유순한", "평범한", 심지어 "수줍은"이라는 단어로까지 번역했다. 실제로 이런 뜻이 그 단어에 있는 것은 사실일 것이다. 그러나 이 단어는 성서에 사용된 '모든' 경우에 대개는 형용사적으로 또는 주격 형태로 자주 쓰이는데, 그 의미가 순진함, 소박함, 혹은 도덕적인 고결함이라는 점에 주목해야 한다. 창세기 20장 5~6절을 보면, 아브라함은 "온전한 마음으로"(톰-레바브 תָּם-לְבָב) 공언했다. 이는 예레미야가 "마음이 거짓되다"(아코브 하레브 עָקֹב הַלֵּב)라고 선언할 때와 대조된다.(렘 17:9) 이때 쓰이는 단어가 야곱의 이름(야아코브 יַעֲקֹב)과 같은 어근의 동사에서 나온 것이다. 이것은 에서가 야곱의 이름에서 그의 배반 행위를 상징하는 어원적 표시로 판단한 동일한 어근이었다. 이러한 용례를 보면 여기서 다루는 익숙한 반의어들이 두 단어 모두 마음을 뜻하는 단어에 관용적으로 합성된 것으로 보인다. 야곱(히브리어로는 "그가 속일 것이다"로 해석될 수 있음)이란 이름은 속이는 자로 번역될 수 있다. 그는 이제 속임수는 아니더라도 최소한 간교한 꾀를 써서 어떤 행위를 하려고 한다. 이야기를 시작하면서 도입부에 순진함을 암시하는 별칭을 선택함으로써 독자에게 잠시 시간을 주고 야곱의 도덕성에 대해 골똘히 생각하게끔 만든다. 이 수수께끼는 스무 장이 지난 뒤쪽에 산전수전을 겪으며 지쳐버린 나이 든 야곱이 오래전에 잃었던 자기 아들 요셉과 드디어 재회하고 바로의 궁전으로 들어가는 장면에서도 여전히 생각해볼 부분이다.

다음 구절(창 25:28)은 도덕적 추론을 이끌어내고 일종의 모호성을 암시하기 위해 동기를 억누르거나 여러 가지로 규정하는 성서의 기술적 과정을 거의 전형적으로 보여준다.[22] 이삭이 에서를 좋아하는 이유는 너무나 구체적이라서 거의 풍자에 가깝다. 이삭은 에서가 사냥한 고기를 좋아해서 그를 더 사랑했다는 것이다. 그와는 대조적으로 야곱에 대한 리브가의 사랑은 아무런 설명 없이 기술되어 있다. 짐작건대 리브가의 사랑은 단순히 그 아들이 제공하는 어떤 물질적인 보상에 기댄 것이 아니라 보다 합당한 근거를 갖고 있다는 뜻으로 이 부분을 해석할 수 있다. 그러나 리브가가 어머니로서 염려하는 부분에 부정적인 측면이 없는 것도 아니다. 알다시피 수동적이고 상당히 소심한 야곱이 이삭의 축복을 받기 위해 적극적으로 어머니의 조종을 받게 된다. 부모의 편애에 대한 이 짧은 구절은 남편과 아내의 특징을 재미있게 묘사하는 동시에 두 형제의 이야기 속에 구구절절한 설명을 효과적으로 삼간 부분이다.

이제 이야기가 대화 부분(창 25:30~33)으로 옮겨가면서 이 쌍둥이들은 허구의 등장인물로서 활기를 띠게 된다. 우리가 아는 한 성서의 히브리어는 직접화법에서 확연히 다른 말씨를 사용하지 않으며, 정상 문법에서 벗어나지도 않고, 특정 지역이나 계층 사람들이 쓰는 방언을 쓰지도 않는다. 그러나 성서의 저자들은 작중 인물에게 '표준' 히브리어를 쓰게 하면서도 그 인물의 특성에 따라 차별화되는 언어를 적용하는 방법을 찾아낸다. 에서는 팥죽을 달라고 하면서 동물을 먹이는 데 사용하는 동사(힐이트 הַלְעִיט)를 쓰고 있다. 이 말은 "내 위 속에 쑤셔 넣게 하라"고 표현해서 강한 말투로 번역할 수도 있다. 또한 그는 말로 표현 못 할 식탐으로 꽉 차서 팥죽이라는 단어조차 제대로 생각해낼 수 없어서 숨을 헐떡이며 그것을 가리켜 말하기

22) 원주: 성서 내러티브의 주요 측면 중 이 부분에 관한 논의는 6장을 보라.

를 "그 붉은, 붉은 것"[23]으로 부른다. 에서는 "내가 배가 고파 죽겠으니"라고 변명하고 있으며, 저자가 우리에게 앞에서 바로 알려주었듯이 그것은 분명한 사실이다. 첫 번째 예를 보면 에서는 32절("나는 지금 죽을 지경이다")에서처럼 과장하지 않으면서 자신의 실제 모습을 표현한다. 탐욕스러운 동물 자체인 에서는 지독한 식욕으로 인한 고통에 사로잡혀 있다. 에서는 그의 콧구멍으로 훅 들어온 팥죽 끓는 냄새 때문에 요동치는 배를 부여잡고 아우성치듯 말한다. 야곱은 법적 형식과 미래의 결과를 분명히 인식한 상태에서 명령형으로 그의 형에게 두 차례 이야기한다. "지금 나에게 파시오. 지금 나에게 맹세하시오." 야곱은 에서가 자기 동생에게 말할 때 사용했던 간청조의 공손한 표현인 '나(נָא)'[24]를 쓰지 않는다. 야곱이 에서에게 장자권을 팔라고 요구할 때 그는 신중한 수사학적 계산 하에 "나에게"라는 단어를 제안의 맨 끝에 붙이고 있다. 야곱 입장에서 다행스럽게도 에서는 당장의 고통에 사로잡힌 나머지("나는 지금 죽을 지경이다") 야곱의 계략에 신경 쓸 여유가 없다. 모든 거래가 끝난 후, 대화가 마무리되고 뒤이은 서술부로 돌아가 보면 일련의 동사들이 순식간에 나열되며 에서의 성급한 성격이 문체상으로 표현된다. "그가 먹고 마시고 일어나 가버렸다." 이는 에서가 자신의 장자권을 "물리쳤다"거나 혹은 경홀히 여겨서 무례하게 저버렸음을 보여준다.

분명한 민족적·역사적 의의와 관련하여 이 장면을 생생하게 허구적으로 재현하는 의미는 무엇일까? 두 형제가 사실 서로 오해하고 있지는 않으나, 허구적인 설명 과정에서 진의가 어느 정도 복잡하게 얽혀 있기는 하다. 이 에피소드에서 확실히 드러나듯 에서는 신의 선택을 받는 그릇, 즉 아브라

---

23) 히브리 원문에는 '붉은'이라는 단어가 두 번 연속(하아돔 하아돔 הָאָדֹם הָאָדֹם)해서 나온다.

24) 이 히브리어는 "간청하건대", "제발 부탁이오니" 등으로 번역된다.

함의 씨를 계승하는 장자권을 지닌 자가 되기에는 영적으로 적합하지 않은 인물이다. 그는 전적으로 순간의 욕구에 사로잡히고 몸의 다그침에 쉽게 굴복하는 노예 같은 사람이므로 하나님의 언약을 받들어 광대한 역사적 운명을 실현하는 민족의 조상이 되기에 역부족이다. 여기에 묘사되는 정황 속에서 에서가 장자권을 파는 행위는 그가 장자권을 유지할 가치가 없다는 점을 입증하는 증거나 다름없다.

그러나 저자가 야곱에 대해 구체적으로 표현할 때, 이 장면에서 드러나는 것은 단순히 이스라엘을 위한 조직적 옹호론이나 반에돔주의 그 이상이다. 야곱은 참으로 앞날에 대해 생각하는 사람이다. 그는 종종 장래를 걱정하는 모습을 보이며, 하나님, 라반, 밤중에 만난 불가사의한 적수 등과 장래의 문제를 두고 법적인 혹은 법과 유사한 용어로 신중하게 계약을 체결한다. 이런 면을 통해 야곱은 장자권을 차지하기에 적합한 사람으로서 자격을 부여받는다. 역사적 운명이란 결코 우연히 주어지는 것이 아니다. 먼저 그것이 어떻게 실행되는지 알아야 하고, 현재의 사건들을 넘어서서 먼 곳을 바라볼 수 있는 안목을 가져야 한다. 그러나 이렇게 꼼꼼히 계산할 줄 안다는 특징으로 인해 야곱이 보다 매력적인 등장인물이 되는 것은 아니다. 오히려 이 점 때문에 그의 도덕성에 의문이 들 수도 있다. 이 장면에서 애처로울 정도로 굶주린 충동적인 에서와 꾀 많은 장사치 같은 야곱을 대조해서 보여주는 기법이 전적으로 야곱에게 유리한 쪽으로 작용하지는 않는다.

사실 저자가 동생에게 붙여준 별칭인 "순진함"이라는 각도에서 조명해 보면 이 이야기에는 확실히 곤혹스러운 부분이 생긴다. 야곱이 에서인 척하면서 눈먼 아버지의 축복을 도둑질하는 그다음 장면(창 27장)은 야곱에게 한층 더 모호한 면모를 덧입혀준다. 그리고 이후의 서사 내용을 보면 야곱이 (어떤 의미에서) 자기 것을 취하면서 잘못을 범했다는 판단을 뒷받침해주는 부분이 나온다. 움베르토 카수토와 일찍이 고대 후기[25]의 다른 주석가들이 지적했듯이 야곱은 자기가 했던 일을 역으로 당하면서 권선징악의 제물이 된다. 그는 아무것도 보이지 않는 밤에 라헬 대신 레아를 아내로 취하게 되고, 자기를 속인 장인 라반한테 다음 날 아침에 오히려 비난을 듣는다. "작은딸을 큰딸보다 먼저 주는 것은 우리 고장에서는 하지 않는 일이네."(창 29:26) 만일 누군가가 족장사를 이후의 이스라엘 역사를 해석하는 전형으로 보는 시각만 고수한다면, 결국 야곱의 이야기를 쓴 저자나 편저자가 자기 민족의 정체성에 관해 완곡하지만 불리한 의문을 제기하는 정치적 불온분자들이라는 결론에 도달할 수밖에 없다. 사실 이스라엘이라는 이름의 시조가 된 영웅에 관한 이야기 속에 모호성을 끌어들여 의미를 전하려는 신학적 근거를 찾을 수도 있다. 윤리적인 유일신적 관점에서 보자면 언약적 특권이라고 하는 것이 자동적으로 도덕적 완전성을 부여하지는 않으며, 저자는 이러한 경고의 목소리를 청중들에게 전달하고자 했던 것 같다. 그러나 족장사에서 인물들이 보여주는 모든 특이점들이나 플롯의 전환 등을 도덕적·신학적 용어로, 또는 민족적·역사적 방식으로 정당화할 수 있다고는 생각하지 않는다. 아마도 이것이 성서에 관한 모든 해석학적 방법들과 내가 제안하고 있는 문학적 접근법 사이의 궁극적인 차이점일 것이다. 문학적 관점에서 보자면, 말놀이 같은 '미시적' 묘사에서부터 개별 인물들의 심리 같은 '거시적' 특징까지 문학 자체의 다양한 재미를 추구할 여지가 존재한다.

이것이 성서문학과 세속 문학 간의 필연적인 구분이 모호하다는 의미로 읽힐 필요는 없다. 성서의 저자들은 역사 속에 임하는 하나님의 사역과 이스라엘의 소망과 실패에 관한 엄정한 진리를 드러내기 위해 이야기한다는

---

25) 고대 후기는 서양사의 시대 구분으로서 대략 2세기에서 8세기까지로 보며, 고전 고대에서 중세로 넘어가는 이행기를 가리킨다.

것을 끊임없이 그리고 심각하게 의식하고 있다. 진리가 표현된 문학적 장치들을 주의 깊게 살펴보면 실제로 진리를 더 잘 이해할 수 있으며, 성서의 신성한 역사에 담긴 복합적인 구도의 미세한 요소들을 볼 수 있다. 문학적 상상력을 활용하면 그 자체의 동력을 개발하게 되며, 심지어 신학적 주제에 몰두해 있는 성서 저자들의 전통에도 영향을 미친다는 것을 강조하고 싶다. 창세기가 『창백한 불꽃 Pale Fire』[26] 같은 책은 아니지만, 성서를 포함한 모든 픽션은 어떤 의미에서 모두가 일종의 놀이다. 내가 생각하는 놀이는 본문의 의미 영역을 제한하기보다는 오히려 확장시킨다. 고대나 현대 픽션의 명작들은 매우 다양한 방식으로 진지한 오락성을 구현한다. 내러티브 관습과 언어의 특성, 그리고 상상 속에서 만들어진 개인과 상황의 변화가 어떻게 여러 경험 속의 섬세하고 변치 않는 진리들을 재미있거나 눈길을 끌거나 만족을 주는 방식들을 통해 구체화하는지 끊임없이 찾아낸다. 성서는 주된 동기가 단순히 재미를 주려는 것이 아니고, 지시 사항이나 최소한 꼭 필요한 정보를 전달하려는 것처럼 보이는 경우가 많은 일종의 문학이다. 그렇지만 만약 우리가 성서 내러티브의 창작자들 역시 다른 모든 작가들과 마찬가지로 픽션의 매개가 되는 유무형의 자원들을 탐구하는 데서 재미를 느꼈으며 때로는 그 탐험 놀이를 하다가도 예기치 않게 자신의 주제를 완벽히 포착해냈다는 것을 생각하지 못한다면, 우리는 성서의 이야기들이 전하고자 하는 내용 중 많은 부분을 놓치고 말 것이다.

---

26) 러시아 출신의 미국 소설가 블라디미르 나보코프의 소설.

3장 성서의 전형장면과 관습의 활용

어떤 종류의 예술 작품이든 논리적으로 읽어내려면 각 작품에 그대로 혹은 역으로 적용되어 있는 일련의 관습(convention)[1])을 상세히 알고 있어야 한다. 이러한 관습들이 아예 공개적으로 체계화되는 것은 문화사의 예외적인 순간에만 있는 일이다. 이를테면 프랑스 신고전주의나 스페인 안달루시아 황금기의 아랍 및 히브리 시문학이 대표적이었다. 그런데 작가와 청중 간에는 작품의 진행에 관한 일련의 암묵적 약속이 존재하고, 이 약속은 난해한 예술을 이해할 수 있게 해주는 문맥의 역할을 한다. 관습을 이해하고 있다면 우리는 중요한 의미 혹은 단순히 즐거움을 주고자 하는 의미의 반복과 대칭, 대조의 패턴을 인식할 수 있다. 있을 법한 것과 터무니없는 것을 정확히 구별할 수 있고, 작품이 진행될 때 방향을 가리키는 단서를 포착할

---

1) 문학에서 오랫동안 사용되어 하나의 독자적인 규칙이나 관례가 된 것.

수 있고, 예술적인 창작의 각 연결 고리마다 어떤 부분이 새로운 시도이며 어떤 면이 의도적으로 전통을 따르고 있는 것인지를 볼 줄 알게 된다.

성서 내러티브의 예술성을 이해할 때 오늘날의 독자로서 우리가 경험하는 가장 큰 어려움은 성서가 기록될 당시의 관습들을 이해할 실마리를 대부분 상실했다는 것이다. 이런 점에서 기존의 성서학자들은 별 기여를 못해 왔는데, 이러한 관습에 관한 연구에 가장 근접한 방식이 양식비평이라는 데 그 이유가 있다. 양식비평은 패턴의 규칙적인 반복에 초점을 맞추고, 어떠한 문학적 관습의 체계에서든 생겨나기 마련인 패턴의 다양한 변화에는 관심이 덜하다. 더군다나 양식비평은 이런 패턴들을 본문의 사회적 혹은 제례적 기능들, 역사적 발전 등에 관한 가정을 뒷받침하기 위해 탐구적인 목적으로 이용한다. 본문의 패턴 확인을 또 다른 차원에서 논의할 필요가 있으므로 이번 장에서 이 내용을 다뤄볼 것이다. 분명 중요한 부분인데도 내가 알기로는 아직 제대로 인식조차 되지 않은 성서 내러티브의 관습을 설명하기에 앞서서, 먼저 비문학적 주석들로 켜켜이 껍질이 뒤덮여버린 고대의 문학 작품들에 현대적으로 접근할 때 생기는 딜레마를 유비라는 방식으로 보다 분명히 밝히고자 한다.

만일 몇 세기가 지난 후 할리우드의 서부영화 중 딱 열두 편의 작품만 남는다고 가정해보자. 20세기 영화를 공부하는 학생들이 절묘하게 복원된 구식 영사기를 통해 이 영화들을 보고 있는데, 아주 특이한 현상이 반복되는 것을 눈치챈다. 열한 편의 영화에서 주인공 보안관이 하나같이 고도의 반사 신경이라는 이례적인 신경계 특징을 선보인다. 적들과 어떤 상황에서 대치하고 있든 상관없이, 그 보안관은 상대방이 이미 총을 꺼내서 겨누고 있는 상황이라 할지라도 언제나 재빠르게 총집에서 총을 꺼내 상대방보다 먼저 방아쇠를 당길 수 있다. 열두 번째 영화에서는 한 팔이 쇠약한 보안관이 나온다. 그는 6연발 권총 대신 등에 걸친 장총을 쓰는 사람이다. 자, 현실적인 기준으로 보자면 고도의 반사 신경을 가진 열한 명의 보안관들은 전혀 존재할 것 같지 않은 인물이다. 물론 어떤 학자가 옛날 서부 시대에는 실제로 이런 특이한 유전자를 가진 세습 계급 중에서 사람을 뽑아 보안관으로 충원했다는 의견을 제시할 수도 있다. 그러면 학자들은 이때부터 두 부류로 나뉠 것이다. 소위 Q라고 하는 서부극의 원형이 존재했고, 그 이후에 모방되었거나 불완전하게 재생산된 Q1, Q2 등의 후속 작품들이 만들어졌다고 주장하는 주류가 있다. 그리고 번개손을 가졌던 하늘의 신에 관한 옛날 캘리포니아 인디언 신화를 뒤섞고 강도를 낮춰서 세속적 버전으로 만든 것이 이 영화들이라고 주장하는, 보다 사변적인 성향의 비주류가 있다. 양쪽 모두 그 열두 번째 영화는 별개의 영화적 전통에 속한 것으로 해석한다.

이러한 역사적 가정들이 전혀 짚어내지 못하는 핵심 사안은 바로 관습의 존재다. 원래 서부극이 만들어진 시대에 그 영화들을 보고 있던 동시대 관객들은 관습이라고 하는 개념을 거론할 필요도 없이 그것을 즉각적으로 알아볼 수 있다. 우리가 서부극을 보는 재미의 많은 부분이 주인공에 대한 우리의 인식, 즉 어떠한 위험이 그에게 닥치더라도 그는 불사신처럼 살아 있고 자기를 괴롭히는 악당들보다 결국에는 훨씬 강한 남자라는 것을 증명해 내리라는 인식에서 비롯된다. 그가 결코 정복될 수 없는 남자라는 사실을 보여주는 익숙한 표식이 때론 불가사의해 보이는 변함없이 빠른 총 솜씨라는 인식도 한몫한다. 고도의 반사 신경을 지닌 보안관이 매번 등장하는 것은 우리가 보기에 무슨 설명이 필요한 수수께끼가 아니고 오히려 서부영화라면 당연히 그러해야만 하는 필수요소이다. 우리는 관습에 익숙하기 때문에 예외적인 내용의 열두 번째 영화를 보면서, 역사학자들 눈에는 띄지 않을 중요한 점을 자연스럽게 파악한다. 이 경우에 우리는 재빠른 총잡이라는 관습이, 의도적으로 억제된 관습이라는 방식을 통해 여전히 존재하는 것으로 인식한다. 이 보안관은 자기 역할을 제대로 수행하지 못할 결정적인 하자가 있어 보이지만, 우리는 그가 모름지기 주인공이라면 자신의 처지에서 최대한 능력을 발휘하는 법을 배우리라 기대한다. 왼팔로 훈련에 훈련을 거듭해 서부에서 가장 빠른 총잡이와 겨룰 수 있을 정도로 민첩하게 장총을 꺼내 겨누는 보안관이 되어, 거의 승산이 없는 상황을 남자다운 의지로 극복해내리라 기대한다.2)

성서의 서술자들이 동시대 청중들과 맺었던 암묵적 약속인 당시의 유사한 관습들 중에는 삼천 년이 지난 지금에는 도저히 알 수 없는 것들도 있다. 이 작업이 갖는 본질적인 어려움에 대해 솔직히 말해보겠다. 가장 중요한 문제는 단순히 히브리 성서가 기록된 지 몇 세기가 지났다는 데 있는 게 아니라, 남아 있는 작품의 양이 적다는 데 있다. 이렇게 적은 분량 속에서도 '미시적' 수준에서 주목할 만한 특정 내러티브의 관습들은 상당히 자신 있게 제시할 수 있다. 이를테면 글의 시작과 말미에 쓰이는 정형화된 문구와 같은 예들은 히브리 성서 속에서만도 열다섯 번이나 스무 번, 혹은 그보다 더 많이 찾을 수 있기 때문이다. 그렇지만 '거시적' 차원에서 드러나는 더 폭넓은 패턴을 결정하면서도 문체상의 형식적 문구(내가 지금 조사해보고자 하는 관습)에 딱 들어맞지는 않는 다른 관습들은 추측에 기대 찾아볼 수밖에 없다. 한정된 작품들 속에서 연구해야 하므로 기껏해야 대여섯 개 정도만 확실히 찾아낼 수 있다. 그럼에도 불구하고 나는 우리가 고대 관습의 필수 요소들을 찾아낼 수 있다고 믿는다. 그리고 관습들에 대한 우리의 질문이 문학적 목적 측면에서 상당히 높은 수준을 전제하고 있다면, 우리는 성서의 내러티브들을 더 잘 이해하게 될 것이다.

가장 중요한 논점은 성서 내러티브 속에서 여러 다른 인물들에 대해, 때

---

2) 원주: 이 단락을 쓰고 몇 년 후에, 존 웨인(John Wayne)의 서부영화 「리오 브라보 Rio Bravo」가 정확히 이 관습의 변이를 사용한 것을 발견했다.

로는 다른 상황에 놓인 동일 인물에 대해 거의 똑같은 이야기가 두세 번 혹은 그 이상으로 여러 차례 반복되는 것처럼 보인다는 당혹스러운 사실이다. 어떤 족장은 세 번씩이나 기근에 쫓겨서 남방으로 내려가게 되고 그곳에서 자기 아내를 누이동생이라고 속이다가 그 지방의 왕에게 아내를 빼앗길 위기를 간신히 넘긴 뒤 선물을 받아가지고 나온다.(창 12:10~20, 창 20장, 창 26:1~12) 하갈이 사라의 박해를 피해 광야로 도망치고 그곳에서 기적의 샘을 발견하는 이야기는 두 번 나온다.(창 16장, 창 21:9~21) 이 이야기 자체는 남편에게 사랑받지만 아이를 낳지 못하는 아내와 아이를 잘 낳는 후처 내지 첩 사이의 앙숙 관계를 다룬 여러 이야기의 특별한 변형인 것 같다. 이런 상황은 성서에 자주 나오는 또 다른 이야기를 암시한다. 하나님이 친히 개입하거나 천사 혹은 신탁을 통해 자손에 관한 신의 약속을 받은 여인이 오래도록 아이를 낳지 못하다가 주인공을 낳게 된다는 이야기이다.

반복되는 여러 가지 에피소드에 관하여 서로 다른 설명이 전개되었지만, 학자들 사이에서 가장 보편적인 서술 방법은 내러티브들 속의 외견상 복제된 것처럼 보이는 이야기들을 원전 자체의 중복[3]이라고 보거나 혹은 하나의 원전에서 나온 서로 다른 전승에서 뽑아낸 것으로 본다. 즉, 원전이 글이나 말로 전해지는 과정에서 동일한 부분이 반복되었다는 것이다. 몇몇 경우에는 이 의견이 중복에 대한 가장 설득력 있는 설명이라고 인정해야 한다. 예를 들어 하갈이 쫓겨나는 이야기는 같은 이야기가 두 번 반복되는 것으로 보인다. 중복이란 개념을 좀 더 진전시킨 연구로는 로버트 컬리(Robert C. Culley)의 『히브리 내러티브의 구조 연구』라는 저서가 있다.[4] 저자는 먼저 서인도 제도와 아프리카에서 행해지는 이야기 들려주기에 관

---

3) 원전을 필사하는 과정에서 동일한 이야기가 어떤 이유에 의해서든 두 번 기록된 경우를 말한다.

4) 원주: *Studies in the Structure of Hebrew Narrative*, 필라델피아, 1976.

한 최근의 민족지학적 연구 내용을 보여준 다음, 그와 동일한 원리가 성서 내러티브에도 존재한다는 잠정적 주장을 펼친다. 구연 방식을 연구하는 연구자들이 관찰한 바로는 하나의 이야기가 계속 되풀이되는 사이에 이야기 안에서 변화가 일어나고 어떤 경우에는 등장인물까지도 바뀐다. 컬리는 바로 이와 같은 현상이 성서에도 반영되어 있으며, 다소 왜곡돼 나타나는 성서 속의 반복되는 이야기들이 구전의 증거일 수 있다고 주장한다. 그는 자신이 주장하는 바를 시각적으로 보여주고자 유사한 이야기들을 서로 비교하는 표를 만들기까지 했는데, 플롯의 유사한 요소들이 다른 등장인물, 다른 상황들로 나타나는 것을 볼 수 있다. 나는 컬리가 만든 도표를 보면서 그가 자기도 모르는 새 위대한 발견을 했다는 생각이 들기 시작했다. 그의 표에 있는 병행구들이나 변형구들이 실제로 보여주는 것은 의도적으로 배치된 문학적 관습의 특징이었다. 유사한 에피소드들의 변형은 구전 과정에서 일어나는 뒤섞임과 같은 **우연의** 산물이 절대 아니다. 그리고 반복된 이야기들은 앞에 나온 날렵한 보안관에 관한 열한 편의 영화들이 한 영화를 본떠 만든 게 아니듯 어느 하나의 원형으로부터 베껴낸 '복제품'이 아니다.

성서 내러티브의 기본 관습을 밝혀내기 위해 호메로스 연구에서 한 가지 개념을 차용하고자 한다. 단, 몇몇 부분에서 그 개념을 전면적으로 수정해야 할 것이다. 호메로스 연구자들은 두 그리스 서사시 속에 반복적인 구성 방식을 보여주는 두드러진 요소가 의식적 관습으로서 분명 포함돼 있다는 데 대체로 동의한다. 그 관습 중 하나를 "전형장면(type-scene)"이라 부른다.[5] 이 개념은 호메로스의 시들이 지닌 구전 공식구적(oral-formulaic) 특성에 대한 이해가 있기 전인 1933년에 발터 아렌트(Walter Arend)의

---

5) 원주: 호메로스의 전형장면에 관련된 도서목록은 나의 친구이자 동료인 토마스 로젠마이어(Thomas G. Rosenmeyer)의 도움을 받았다.

『호메로스 작품 속의 전형장면 Die typischen Szenen bei Homer』이란 책에서 처음 소개되었다. 그 이후로 전형장면이라는 개념은 구술 구성 과정에서 특별히 필요한 것으로 인정되었고, 다수의 학자들이 호메로스의 서사시들에 담겨 있는 다양한 전형장면들이 여러 가지로 복잡하게 변형되는 것에 관한 연구에 매진했다. 간단히 말해서 아렌트에 의하면, 호메로스가 내러티브에 포함하게 되는 특정 상황은 정해져 있다. 그래서 시인은 일련의 모티프에 따라 그 정해진 상황을 구현해내야 한다. 이를테면 도착, 전언, 항해, 회합, 신탁, 주인공의 무장 등등의 상황이 있다. 예를 들어 '방문'을 다룬 전형장면은 다음의 고정 패턴에 따라 전개된다. 어떤 방문객이 다가온다. 누군가가 그를 알아보고 자리에서 일어나 서둘러 그를 맞이한다. 손님은 누군가의 손에 이끌려 방으로 가고, 귀빈석에 앉도록 안내받는다. 손님은 융숭한 대접을 받는다. 그가 어떤 음식을 대접받았는지 자세히 묘사된다. 호메로스의 작품 속에 나타나는 방문에 관한 묘사는 대부분 이와 같은 순서를 따른다. 이는 원본이 중복되었기 때문이 아니라 이 장면을 묘사할 때 그런 방식을 취하는 관습이 있기 때문이다.

물론 이런 관습이 전부 성서의 서술 방식에 적용되지는 않는다. 왜냐하면 서사시의 전형장면은 서술적인 세부 묘사를 포함하고 있지만, 성서는 그렇지 않기 때문이다. 그리고 전형장면은 일상적인 상황들을 보여주는 것인데, 성서는 대단한 활동이 벌어지는 공간으로서만 일상을 간단히 소개한다. 가령 성서에서 어떤 사람이 팥죽을 끓이는 장면이 등장할 때 독자는 그 장면이 결코 고대 히브리인의 요리법을 소개하려는 게 아니라, 그 팥죽이 아주 중요한 거래 수단으로 사용될 것이며 심지어 그 팥죽의 색깔조차도 상징적인 의미를 띠고 있어서 언급된다는 점을 확신한다.(2장 참조) 그럼에도 성서의 주인공들의 직업과 관련해 반복되는 이야기들 속에는 호메로스의 작품에 등장하는 전형장면과 유사한 부분이 있으며, 그 이야기들은 미리 정해진 모티프에 따라서 움직인다는 것을 짚어볼 필요가 있다. 성서 내러티브는 주인공들을 묘사할 때 그들 삶 속에서 결정적이고 의미심장한 지점만을 특징적으로 보여주기 때문에, 성서의 전형장면은 일상적 삶의 행위 속이 아니라 각 주인공들의 삶 속에서 수태와 탄생, 결혼과 죽음 같은 결정적인 순간과 관련하여 나타난다. 중요한 주인공들이라고 해서 전형장면이 모두 등장하지는 않지만, 특유의 전형장면이 없다는 것은 종종 그 자체로 중요한 의미를 갖기도 한다. 내가 확인한 바로는 성서에 가장 자주 등장하는 전형장면 중에 다음과 같은 것들이 있다. 주인공의 탄생에 관한 수태고지(이 용어는 고정된 관습의 요소를 강조하고자 일부러 기독교 도상학에서 빌려왔다)와 불임으로 고통받는 주인공의 어머니, 우물가에서 미래의 배우자를 만남, 들판에서 하나님의 현현을 경험, 생애 초기에 겪는 시험, 광야에서 위기를 맞고 우물이나 다른 생존 수단을 발견함, 죽어가는 주인공의 유언 등이다.

전형장면이라는 관습에 대한 나의 생각은 성서학자들이 오랫동안 논의해온 반복적인 고정된 패턴에 대한 다양한 개념들과 어느 정도 연관되어 있다. 그러나 문학적 관습으로서 패턴을 인식한다면 그 패턴들이 실제로 어떻게 작동하는지 새롭게 이해하게 된다고 본다. 성서문학 속의 반복되는 패턴을 설명하는 가장 영향력 있는 접근법은 독일어로 '유'(類, Gattung: '종류', '장르' 혹은 어떤 경우에는 '하위 장르')라는 개념이었다. 이것은 20세기 초 헤르만 궁켈(Hermann Gunkel)[6]이 처음 사용한 후로 양식비평적 분석에서 기본 개념이 되었다. 그러나 궁켈과 그의 추종자들은 이 개념을 갖고 여러 성서 본문 속에서 이른바 '생활환경'을 지정하고자 노력했는데, 이러한 시도는 수십 년의 연구 결과 문제가 매우 많다는 결론에 도달했다.

---

6) 독일의 성서학자. 문헌 비판학파에 대항하여 종교사학파를 구축하였다.

이것은 '유'가 단순한 것에서 복잡한 것으로 진화했음을 인식해 원문의 연대를 결정하려는 시도에 문제가 있는 것과 마찬가지다. '유'와는 대조적으로 문학적 관습은 특정한 사회적 또는 문화적 현실을 반영하는 경우도 있지만, 언제나 그러한 현실을 많은 부분 조정하고 양식화해서 제시하기 마련이다. 즉 문학적 관습 속에서 문화는 기교적인 글로 변형되었으며, 이것은 문화 속에서 글이 수행하는 기능에 대한 양식비평의 주장과는 사뭇 다르다. '유'의 개념 안에 공개적인 맥락과 기능이 있다고 보는 이런 가정에는 서로 다른 본문 속에서 공통적인 정형화된 문구를 확인하겠다는 의지도 포함돼 있다. 물론 정형화된 문구들이 있다면 일단 본문의 상황을 이해하기 위해 그 문구를 확인할 필요는 있다. 하지만 내가 설명하고 싶은 것은 공식화된 부분들이 각각의 새로운 본문에서 재구성되고 재배치되는 참신성 자체가 더 중요하다는 점이다.

특정한 전형장면 하나를 집중적으로 분석해보면서 성서 내러티브의 예술적 기교를 보다 면밀히 이해해보도록 하자. 이제 배우자 찾기라는 주제를 살펴보고자 한다. 이 주제와 관련해 정해진 패턴에서 특히나 재미있고 참신한 변형물이 많이 등장한다. 고맙게도 이 주제는 컬리가 표를 통해 보여주었던 '복제품'의 예 가운데 하나이기도 하다. 여기에서 내가 전제하는 것은 성서의 서술자와 전임자, 말하자면 그 이전에 말로 전해주었을 이야기꾼(그런 사람이 있었다는 가정하에서)은 주인공이 배우자를 만나는 장면에 이르면 말하는 사람이나 듣는 사람들이나 그 장면은 반드시 특정 상황에서 정해진 순서에 따라 전개되어야 한다고 알고 있었다는 점이다. 만약 그런 내용 중 일부가 바뀌거나 감춰졌다면, 혹은 그 장면 자체가 실제로 생략되었다면, 앞서 예로 든 한 팔이 쇠약했던 열두 번째 보안관이 관객에게 무엇인가를 전달했던 것과 마찬가지로 청중들은 확실히 어떤 내용을 전달받게 된다. 달라진 무엇인가가 소통되는 것이다. 배우자 찾기의 전형장면은 외지로 떠난 장래의 신랑감 혹은 그의 대리자가 등장하면서 시작해야한다. 그는 우물가에 있는 한 처녀 혹은 여러 명의 처녀들을 만나게 된다. 여기에서 "나아라(נַעֲרָה 처녀)"라는 단어는 그녀가 누구누구의 딸인지 소개되지 않는 한 반드시 등장한다. 그 우물에서 그 남자 혹은 여자가 물을 길어 올리는 장면이 나오고, 이후에는 그 처녀 혹은 처녀들이 이방인의 방문을 알리기 위해 집으로 급하게 달려간다. ('서두르다'와 '달리다'라는 동사들은 이 같은 전형장면에서 이 부분을 강조하기 위해 꼭 등장한다.) 대부분의 경우 그 이방 남자가 식사 자리에 초대되고 이후에 혼인이 성사되는 것으로 이야기가 마무리된다.

이 전형장면의 원형이 표현하고자 하는 바는 아주 분명하다. 주인공이 일가친척을 떠나 타지에서 배우자를 발견하는 이야기(사실 제일 유명한 혼인 장면 중 두 가지는 족내혼을 보여준다. 창 24:10~61, 창 29:1~20)는 젊은 남자가 이방 지역으로 길을 떠나는 것으로 표현된다. 이방 지역은 미래의 신부가 전혀 낯선 처녀라는 점을 지리적으로 상응하여 표현한 것으로 볼 수 있다. 우물은 당연히 다산의 상징이고, 동시에 여성성의 상징이기도 하다. (잠언 5장은 우물을 여성성에 대한 은유로 노골적으로 사용하는 시다.) 우물에서 물을 퍼 올린다는 것은 남성과 여성, 주인과 객, 은혜를 베푸는 자와 수혜자를 연결해주는 상징적 행위이다. 이방인과 처녀가 우물물을 매개로 연결되고 그 결과는 당연히 이 소식을 전하려는 달음박질, 손님 환대, 그리고 혼인이다. 이 전형장면의 플롯은 서로 전혀 모르던 양측이 결혼으로 맺어지는 과정을 극적으로 보여준다. 이러한 형식은 성서가 기록되기 전의 민간전승에서 비롯되었을 수 있지만, 이 점은 전형장면의 **문학적** 효용을 이해하는 데 지엽적인 추측의 문제에 불과하다. 어쨌든 모든 원작이 그렇듯 참으로 흥미로운 점은 관습의 형식이 아니라 그런 형식이 각각의 이야기에 적용되면서 갑자기 변경되거나 작가의 창의적인 목적에 따라 파격적으로 개조되기까지 하며 벌어지는 일이다.

배우자 찾기의 전형장면으로 성서에 처음 등장하는 이야기는 단연코 가장 상세한 내용을 다룬 버전이기도 하다. 아람-나하라임(메소포타미아)의 우물가에서 아브라함의 종과 리브가가 만나는 이야기이다.(창 24 :10~61) 이 이야기에는 우리가 앞에서 살펴본 관습의 모든 요소들이 다 들어가 있다. 아브라함은 자기 종을 이삭의 대리인으로 세워 메소포타미아의 고향 집으로 보내 아들의 신붓감을 찾아오도록 했다. 당시 사회적 풍습에 대한 이해와 문학적 관습의 필요조건이 조합돼 나온 인물인 이 종은 매일 마을 처녀들이 물을 길으러 나오는 저녁 무렵에 우물가를 찾아간다. 여기에서 바로 등장하는 나아라(처녀)가 바로 리브가다. 리브가는 이방인과 그의 낙타들에게 물을 떠준다. 종은 리브가의 집안에 대해 알기도 전에 그녀에게 보석들을 건넨다. 리브가는 그 이방인의 방문을 알리기 위해 집으로 달려가고, 오빠 라반이 그를 맞이하려고 나온다. 그 손님을 위한 식사가 차려지고, 협의가 진행되고, 마침내 리브가와 이삭의 약혼을 합의하는 것으로 이야기가 마무리된다.

전형장면을 보여주는 이 예에서 가장 인상적인 부분은 느리면서 거창한 진행이다. 이것은 성서 내러티브의 통상적 기준과는 다른 서사 방식이다. 자세한 내용이 상술되고 대화가 많이 사용되며, 무엇보다도 성서 작가들이 일반적으로 쓰는 동어 반복 기법이 매우 장황하게 사용된다.[7] 여기에서는 '지연' 전략이 중요하다. 이런 특별한 경우에 혼인 약조란 더없이 격식을 갖춘 과정으로 인식되기 때문이다. 나홀 족속의 두 가문 간의 정식 조약이므로 선물을 전달하는 부분이 자세히 묘사되고, 혼인 약속이 맺어지는 과정에서 정확한 외교적 용어들이 사용된다. 또한 라반의 성격을 묘사한 아주

---

7) 원주: 같은 말을 반복하는 기법에 관해서는 5장에서 자세히 다룬다.

간략하면서도 대단히 인상적인 설명을 볼 수 있다. "그리고 누이의 코걸이와 그 손의 팔찌를 보았을 때…… 라반이 말하였다. '어서 들어오시지요. 여호와께 복을 받으신 분이여.'"(창 24: 30~31) 그의 교활하고 욕심 많은 성격은 한 세대 후에 야곱이 아람-나하라임 근처의 우물가로 자신의 신붓감을 찾으러 올 때 중요한 의미를 갖는다.

이 모든 요소들은 여러 모티프를 관습적으로 배치해 정교하게 풀어내거나 내용을 첨가한 것에 불과하다. 그런데 이 장면에서 신랑과 신부의 역할은 원형에서 확실히 벗어나 있다. 우선 이삭이 등장하지 않는 게 눈에 띈다. 주인공 자신이 우물가의 처녀를 만나지 않고 대리인이 만나는 사례는 이 이야기가 유일하다. 사실 이삭의 삶 전체를 보았을 때 그가 모든 족장들 중 가장 수동적인 사람이었음을 기억한다면 대리인이 나섰다는 게 이상하지는 않다. 우리는 이미 이삭이 밧줄에 묶여 희생 제물로 바쳐질 뻔하다가 숫양이 대신 제물이 돼 목숨을 구한 사건을 안다. 또한 후에 아버지가 된 이삭은 들에 나가 사냥해서 양식을 구해다 줄 수 있는 아들을 편애하고, 나중에 다른 장면에서는 눈멀고 병약한 채로 침상에 누워서 다른 사람들이 어떻게 해주기를 바라는 모습을 보인다.

배우자 찾기 이야기에서 이방인 남자가 아니라 처녀가 우물에서 물을 긷는 장면은 신랑의 부재를 보완해주는 차원에서 유일하게 여기에만 나온다. 저자는 앞으로 리브가가 자신의 목적을 위해 과단성 있는 행동을 계속해나갈 것을 염두에 두면서 리브가의 이런 행위를 미리 부각시킨다. 네 개의 짧은 구절들(창 24:16, 18~20) 속에서 리브가는 열한 가지 동작과 한마디 말을 보여주는 주체로 나타난다. 우물로 내려가서, 물을 긷고, 물동이를 채우며, 붓고, 마시게 한다. 여기에서 주목할 점은 서둘러(마헤르מַהֵר) 내달린다(루쯔רוּץ)는 두 동사가 일반적으로 이방인의 방문을 알리는 장면에 등장하는데, 이 이야기에서는 리브가가 우물가에서 행동하는 모습을 묘사하는 데도 여러 번 사용한다는 것이다. 그리고 이렇게 급하게 서두르는 모습은 종이 이 순간을 라반에게 보고하는 구절(45~46절)에서 다시 한 번 반복 묘사되면서 강조된다. 후에 리브가는 자신이 편애하는 아들 야곱이 아버지의 축복을 받게 하려고 아주 결정적인 순간에 주도적으로 나서며, 그때 또다시 순식간에 이어지는 동사들의 주어로서 일련의 행동을 한다. 서둘러 재료를 가져다 요리를 하고 에서가 들에서 돌아오기 전에 야곱에게 옷을 입혀 들여보낸다. 리브가는 앞으로 가장 계산적이면서 또한 가장 능력 있는 여족장의 역할을 하게 될 것이므로, 그녀가 배우자 찾기 장면에서 주도적인 역할을 하는 게 전혀 이상하지 않다. 16절을 보면 리브가가 의심할 바 없는 순결하고 아름다운 처녀이므로 신붓감으로서 손색이 없다고 인정받는 내용이 나온다. 전혀 관습적이지 않은 명쾌하고 빠른 판단을 보여주는 서술이다. 그리고 그녀의 행동과 말을 통해 우리는 그녀가 얼마나 열정적이며 예절 바르고 자신감이 넘치는지를 볼 수 있다. 이 전형장면의 말미에 미래의 여족장이 떠날 때 가족들이 그녀에게 축복의 말을 전한다. 정형시풍의 의례적 수식어구가 삽입된 것은 예외적이면서도 적절한 구성이다. "우리 누이여 / 너는 천만인의 어머니가 되어라. // 너의 씨로 그 원수의 성문을 / 차지하리라."(창 24:60)

동일한 관습적 모티프가 얼마나 다르게 전개될 수 있는지 확실히 보여주는 예가 있다. 바로 배우자 찾기의 또 다른 전형장면인 야곱과 라헬의 만남이다.(창 29:1~20) 우물가에서 남녀가 만나는 이 장면에 나오는 이방인은 공식 외교사절이 아니라 분노한 형을 피해온 도망자다. 그는 낙타와 선물이 아니라 자신이 나중에 회고하듯이 지팡이 하나만 들고 등장한다. 우리는 말 그대로 야곱의 눈을 통해 순식간에 그 장면으로 들어간다.(2절) "그리고 그가 보았다. 보니[베힌네וַיַּרְא] 들에 우물이 있었고, 또 보니 그 곁에 세 무리의 양 떼가 누워 있었다."[8] 독특한 면이 있는 이 배우자 찾기 이야기는 가문의 약조라기보다는 진한 감정적 애착이 개입된 야곱의 개인사라는 성격이 강하다. ("그리고 야곱이 라헬을 위하여 칠 년 동안 일을 하였고, 라헬을 사랑하기 때문에 칠 년이 마치 며칠 같이 여겨졌다." 창 29:20) 따라서 여기에서는 우리가 야곱의 관점으로 우물가에 이르는 것이 적절하다. 이 이야기는 창세기 24장처럼 마을 안에 있는 우물가가 아니라 들판에 있는 우물가에서 전개된다. 이는 야곱과 그의 두 부인, 두 첩, 그리고 속이기를 잘하는 장인의 이야기가 양과 가축을 돌보는 경제 활동과 윤리적인 부분에 집중된 목축 활동을 배경으로 진행될 것이기 때문이다.

　야곱은 우물가의 목자들에게 그곳의 지명을 묻고는 자신의 외삼촌 라반에 대해 묻는다. 창세기 24장에 나오는 대화는 형식적이면서 동어 반복이 많고 느리고 장중하게 진행되는데, 이 장면의 대화는 그와 아주 상반되게 거의 회화체에 가까운 간단한 질문과 대답으로 빠르게 진행된다. 이런 구성은 목적 지향적인 저돌적 행동, 속임수, 대결 등을 보여주며 발 빠르게 진행되는 야곱 이야기의 예고편으로 적절하다. 이전에 미래의 신부가 등장하는 장면에서 사건의 즉각적인 연속성을 보여주기 위해 사용된 정형화된 문구 ("[종이] 기도하기를 **다 마치기도 전에** 보니 리브가가 나오고 있었다." 창 24:15)가 이곳에서는 야곱과 목자들 간의 대화를 가로막는 역할로 쓰인다. "**야곱이 목자들과 말하고 있는 사이에** 라헬이 당도했다."(창 29:9)

　이 이야기 속에서 미래의 신랑감은 물 긷는 일을 맡아서 할 뿐만 아니라, 우물 입구를 막고 있는 돌이라는 장애물도 극복해야 한다. 이처럼 관습적인 부분을 소소하게 변형해서 야곱의 성격을 일관되게 보여주고 있다. 태

---

8) 원주: 포켈만은 탁월한 저서인 『창세기의 서사 기법』에서 표지어 '힌네'(הנה, 킹 제임스 버전에서 일반적으로 '보라'라고 번역한다)는 종종 전지적 삼인칭 관점에서 인물의 직접적인 인식으로 변환되는 것을 표시하는 데 사용된다는 날카로운 통찰력을 보여줬다 (50~51쪽 참조).

어날 때 붙여진 야곱(야아코브 יַעֲקֹב)이라는 이름의 어원을 살펴보면 '발뒤꿈치를 잡는 자' 혹은 씨름하는 자라는 의미가 있다. 야곱은 항상 겨루는 자로서, 자신의 운명을 주도하며 스스로의 힘으로 자기 앞의 적수와 맞서 싸운다. 배우자 찾기의 장면에서 우물이 상징하는 것이 여성 혹은 다산성이라고 한다면, 이 장면에서 우물이 어떤 장애물로 막혀 있다는 것은 매우 적절한 설정이다. 이후에 야곱은 엄청난 노력을 기울이며 난관을 헤쳐 나간 후에 비로소 자기가 원하는 여자를 차지할 것이기 때문이다. 관련된 성서 관용구에서 확인할 수 있듯 심지어 아내를 얻은 이후 하나님은 요셉이 태어날 때까지 수년 동안 "라헬의 태를 닫으시는" 상황까지 벌어진다. 포켈만이 지적했다시피, 그 장애물이 돌덩이였다는 것도 사실 의미심장하다. 말하자면 돌들이 야곱의 힘겨운 생애를 따라다니는 모티프가 되고 있다. 벧엘에서는 돌로 베개 삼아 잠을 잤으며, 그곳에서 하나님의 현현을 보고는 돌기둥을 쌓아서 기념하고, 메소포타미아에서 돌아올 때는 자기 장인과 평화 협정을 맺으면서 돌무더기를 쌓아서 증거로 삼는다. 이것들이 분명히 상징만은 아니지만, 그 속에는 기본적으로 은유적인 의미가 들어 있다. 야곱은 돌을 베고 자고, 돌을 증거 삼아 이야기하고, 돌과 씨름하고, 절대 물러설 줄 모르는 것들과 다투는 자다. 그 반면에 아주 대조적으로 그가 가장 사랑했던 아들(요셉)은 희미하고 비현실적인 꿈이 암시하는 진실을 다루는 자로서 세상을 헤쳐 나가게 된다.

우물가에서 이뤄진 이 특별한 만남에서 이방인과 처녀가 직접 주고받은 대화는 기록돼 있지 않고, 무슨 내용이 오갔는지 간략한 소개만 있다. 목자들이 라헬의 이름을 언급하면서 그녀가 아직 우물에 도착하기도 전에 라반의 딸이라고 알려준다. 이 때문에 라헬은 '처녀(나아라)'로 불리지 않고 시종일관 "라헬"이라는 이름으로 불린다. 야곱이 그녀를 껴안고 울면서 자기가 그녀의 친족임을 밝히자 이야기 전개상 꼭 필요한 전형장면이 이어진다. 라헬이 자기 아버지에게 이 소식을 전하기 위해 달려간다(루쯔 ץורי). 라반이 달려 나와 손님을 맞아주면서 껴안는다. 그러나 금 고리를 쳐다볼 때 반짝이던 라반의 눈빛을 기억하는 우리로선 라반의 이러한 환대가 과연 얼마나 사심 없는 태도일지 자못 궁금해진다. 만약 라반이 야곱에게 한 첫 마디(14절)가 친족임을 인정한 것이었다면, 그다음에 기록된 말(15절)은 협상으로 들어가는 전주곡 역할을 하며 라반이 친족으로 찾아온 손님을 한 달간 무보수로 부려먹고 있었음을 덧붙여 보여준다.

이 시점에 와서야 우리는 라헬에 관한 정보, 즉 그녀가 매우 아름다운 처녀라는 사실을 접하게 된다. 이것은 리브가의 경우에 그녀가 우물에 도착하자마자 정보가 전달되었던 것과 대조된다. 두 이야기에 나타난 설명 방식의 작은 차이는 어떻게 동일한 내용이라도 차별성을 드러내고자 서로 전략적으로 다르게 위치시킬 수 있는지를 잘 보여준다. 리브가의 아름다움은 그녀가 주도하는 장면에서 그녀의 객관적인 정체성의 일부분이고, 그녀가 순결한 처녀이며 유서 있는 가문의 결혼 적령기 여성임을 증명하는 요소이므로 그녀가 등장하자마자 그 사실을 밝혀주는 게 적절하다. 반면에 라헬의 아름다움은 야곱이 그녀에게 특별히 애착을 보이는 이유로 제시되고, 결과적으로 두 자매가 야곱을 사이에 두고 무섭게 뒤엉키는 관계를 만드는 원인이 된다. 따라서 라헬이 아름답다는 이 중요한 사실은 라헬과 레아가 공식적으로 소개되는 장면(16~17절) 전까지는 유보되고, 그것이 신부의 값을 정하는 협의의 서막 역할을 한다. 라헬의 미모는 언니와 동생 간의 대결에서 특권과 은근히 연결되고, 또 역으로 레아의 "부드러운 눈"(이것이 레아의 외모가 가진 최대 강점이라고 볼 수도 있고 혹은 "약한 시력"이라는 약점으로 해석될 수도 있다)과 대조된다. 여기에서 우리가 분명히 이해할 수 있는 것은 배우자 찾기의 전형장면이 단순히 미혼의 주인공 남자가 기혼남이 되는 과정을 기계적으로 전달해주는 게 아니라 인물의 성격을 묘사하고 장래 일을 미리 보여주는 유연한 도구 역할을 하며 다양하게 변주된다는 점이다.

다음에 등장하는 배우자 찾기의 전형장면(출 2:15~21)은 가장 짧지만, 전형장면에 들어가는 모든 요소가 이 여섯 절 반의 짧은 구절 안에 다 등장한다는 사실로 관습의 힘이 증명된다. 이집트 출신의 모세가 미디안이라는 이방 지역으로 도망쳐 온다. 그는 그곳에서 우물에 물을 길으러 나온 미디안의 제사장 르우엘의 일곱 딸을 만난다. 이 이야기에서 이방인은 관습적인 내용에 필요한 대로 물을 길어 양 떼를 먹이기 전에, 적대적인 목자들을 쫓아내야만 했다. 처녀들은 아버지에게 이 소식을 전하기 위해 달려가는데, 그 내용은 이 전형장면의 짧은 버전에서는 따로 기술되지 않고 대신 아버지와 딸들의 생생한 대화 첫머리에서 르우엘의 입을 통해 간략히 다뤄진다. "너희가 오늘은 왜 이렇게 서둘러[미하르텐 מִהַרְתֶּן] 돌아왔느냐?"(18절) 이와 마찬가지로 환영 만찬 역시 직접적으로 소개되지 않고 대화 가운데 르우엘의 마지막 말 속에 암시되기만 한다. "왜 그 사람을 두고 왔느냐? 그를 불러다가 음식을 대접해라."(20절) 그 뒤에 오는 두 구절은 모세가 르우엘의 집에 머물게 되었고 그의 딸 중 십보라를 아내로 얻게 되었음을 간략하게 알려준다.

얼마 안 되는 이 구절들은 관습으로 다루기에는 너무 짧아서 별로 특징이 없다고 생각할 수도 있겠지만, 사실 이것이 모세의 배우자 찾기 전형장면에 꼭 맞는 형태라 하겠다. 우선 일곱 딸 중에서 십보라가 선택된 점에 의미를 더 부여하는 것은 이야기의 전체적인 균형을 깰 수 있다. 모세와의 관계나 그녀의 독립적인 성격이 그다음 이야기의 진행에 아무런 중요성을 갖지 않기 때문이다. (수수께끼 같은 피 남편 사건[9])만은 아주 이상한 예외로

---

9) 출애굽기 4장 24~26절에 언급된 사건.

치자.) 이 버전이 관습적인 내용을 간략하게 요약한 이야기처럼 보인다면 그 판단이 맞다. 왜냐하면 그것이 모세 자신과 그의 개인적 사생활을 멀찍이서 보도록 해주기 때문이다. 모세의 이야기는 전체적으로 양식화된 관점으로 진행되고 있는데, 다른 족장들이나 다윗의 이야기에서 볼 수 있듯 가정사를 깊이 들여다보도록 해주지 않는다는 특징이 있다. 이처럼 양식화된 이야기의 특성은 처녀들의 수가 진부하게 일곱 명이었다고 소개되는 것에서도 확실히 드러난다. 작가는 이런 식의 치밀한 계산으로 이 민담을 고풍스럽게 보이게 한다. 동시에 여기에서 물을 긷는 방식 또한 모세에게 딱 어울린다. 모세는 단순히 어떤 장애물을 만난 것이 아니라 자기가 쫓아내야 하는 원수들과 대면하고 있다. 이것은 이집트의 십장을 죽인 사람으로서 그리고 미래에 자기 백성을 구원해내고 광야에서 사십 년 동안 군대의 사령관 역할을 해야 할 사람에게는 전혀 이상할 것이 없는 그림이다. 작가는 '구원하다'라는 의미의 동사 '호시아(הוֹשִׁיעַ)'를 모세가 그 일곱 처녀들을 구출하는 장면에서 사용한다. 이것은 미래에 그가 민족의 구속자로서 '모시아(מוֹשִׁיעַ)'의 역할을 해낼 것에 대한 사전적인 암시이다. 우물에서 길어낸 물은 모세의 역할에 특별히 상응하고 있으며, 르우엘의 딸들은 물을 길어 올리는 육체적 행위를 상당히 강조하는 것처럼 보인다. 여기에서 딸들이 아버지에게 그 상황을 묘사하는 내용을 들어보자.(19절) "어떤 이집트 사람이 목동들 손에서 우리를 구해주고, 게다가 우리를 위하여 물까지 길어 ['달로 달라(דָּלֹה דָלָה)', 완료시제 동사 '달라' 곁에 부정사 '달로'를 반복함으로써 강조의 형태를 만들고 있음] 양 떼에게 먹였습니다." 물에서 목숨을 건진 아이였던 모세는 '물에서 건져졌다'는 의미의 이름을 얻은 바 있다. 지도자로서 모세는 적들을 삼켜버릴 광대한 바다에서 자기 백성을 기적적으로 구출해낼 것이고, 광야에서는 반석에서 물이 나오게 할 것이다. 그러나 불쑥 터져 나오는 성급함이 결국 그를 망치게 된다. 모세의 배우자 찾기 이야기는 많은 이야기를 해주지는 않지만 우리가 이 시점에서 주인공에 대해 꼭 알아야 할 내용을 들려준다.

이러한 이야기들을 읽는 당시의 독자들은 이야기가 관습적으로 어떻게 전개될 것인지 하나부터 열까지 전부 알고 있었기 때문에 각각의 경우에 그 전형이 충실히 지켜지든, 아니면 주인공과 관련해 특별히 필요해서 어떤 변화가 주어지든 간에 작가의 기교를 통해 관습이 어떻게 구현되는지 확인하며 남다른 재미를 느꼈다. 더군다나 어떤 경우에는 성서 작가들이 전형장면의 특징과 역할에 익숙한 독자들의 성향을 전제로 해서 전형장면을 간단히 암시만 하거나 변형된 형태를 제시하기도 했다. 간단한 암시 혹은 변형이 히브리 성서의 후반부에만 한정돼 나오는 건 아니다. 그리고 불임인 아내와 관련한 수태고지 같은 또 다른 전형장면은 모세오경 이후의 작품들 속에 여러 번 원형 그대로 등장한다. 그러나 우리가 지금 살펴보는 배우자 찾기라는 전형장면의 경우에는 철저하게 세부 내용을 다루는 세 개의 이야기들이 모두 모세오경 속에 들어 있다. 그러나 역사적 배경이 나중이거나 작품 자체가 후기에 쓰였다고 추측할 만한 후기 내러티브의 경우에는 주요 장면을 변형하거나 간단한 암시만 하고 넘어간다.

어떤 면에서 작품 자체가 전적으로 배우자 찾기라는 정황에 집중해 진행되는 성서 내러티브가 바로 룻기이다. 룻기는 이야기 전체가 배우자 찾기 서사인데도 정작 이야기 속에서 배우자 찾기의 전형장면을 발견하기가 쉽지 않다. 그러나 룻기의 저자는 모든 성서의 저자들 중에서도 저작의 형식적 기술 면에서 가장 탁월했던 사람이라고 할 수 있는데, 룻기 속에서 아주 천재적인 방식으로 배우자 찾기의 전형장면을 암시한다. 룻이 장래의 남편인 보아스와 처음 만나게 되는 곳은 곡식을 주우러 찾아갔던 들판이었다.(룻 2장) 보아스가 자신의 사환에게 묻는다. "저 여인은 뉘 집 처자(나아라)인가?" 보아스는 그녀가 모압 여인 룻이며 나오미와 함께 모압에서 온

자라는 대답을 듣는다. 그러자 보아스는 룻에게 직접 말을 한다.(8~9절) "여보시오, 처자. 이삭을 주우려고 다른 밭으로 가지 마시오. 여기를 떠나지 말고, 내 집의 일하는 처자들(나아로타이 נַעֲרֹתַי : 나아라의 복수에 일인칭단수 소유격 접미어가 붙은 형태)을 바싹 따라다니도록 하시오. 그 일꾼들이 곡식을 거두는 밭에서 눈길을 돌리지 말고, 그들 뒤를 따라다니시오. 내가 사내 녀석들(네아림 נְעָרִים : 남자 청년들)에게는 댁을 건드리지 말라고 단단히 일러두었소. 목이 마르거든 물단지에 가서 사내애들이 길어온 것을 마시도록 하시오." 이 수수께끼 같은 버전 속에서 저자는 배우자 찾기의 전형장면을 그려내면서 성별과 지리라는 두 가지 축을 정반대로 돌려놓는다. 우선 주인공이 남자가 아니라 여자라는 점이다. 그리고 그녀의 출신지가 모압이고, 따라서 그녀가 미래의 배필을 만나는 우물이 있는 '타지'는 유다가 된다. (이 이야기 전체에서 주제와 관련한 논의가 벌어지는 주된 이유는 '돌아오다'라는 동사가 반복적으로 사용되면서 복잡한 모호성을 보이는 데 있다. 룻이 베들레헴으로 "돌아왔다"고 나오는데, 사실 그곳은 룻에게는 낯선 곳이었고, 다만 그녀의 시어머니만 실제로 친정에 돌아온 것이었다. 그러나 이야기가 진행되면서 우리는 차차 룻이 자신의 새로운 운명을 찾아 미지의 고향으로 사실상 '돌아오고 있음'을 깨닫게 된다.) 처음에 보아스는 젊은 과부인 룻을 처녀(나아라)로 착각한다. 그리고 보아스는 룻을 자신의 집에서 일하는 처자들(네아로트 נְעָרוֹת)을 따라다니도록 하는데, 처자들은 전통적으로 전형장면에서는 물을 길으러 나오는 자들이다. 여기에서는 주인공이 배우자를 찾아 이방 땅으로 온 여자이기에 그 처자들을 대신해서 젊은 남자들(네아림)이 물 긷기라는 전통적 기능을 떠맡고 있다. 관습적인 요소를 아는 당시의 청중들로서는 혹시 룻이 그 젊은 남자들 중에서 배우자감을 만나는 것이 아닌가 잠깐 추측했을 수도 있다.

룻과 보아스의 계속되는 대화를 보면, 확실히 아브라함을 연상시키는 부분(11절)이 나와서 종래의 문학적 관습과 다르게 성별이 뒤바뀌었다는 점이 강조된다. 보아스가 이렇게 말한다. "댁은 친정아버지와 어머니를 떠나고 고향 땅을 떠나서 전에 알지 못하던 백성에게로 왔소."(창세기 12장 1절 참조. "너는 네가 살고 있는 땅과 너의 고향과 너의 아버지의 집을 떠나서……") 저자는 여기에서 룻을 일종의 새로 입적된 여족장으로 여긴다. 전반적으로 배우자 찾기의 전형장면을 떠올리게 하는 부분이 여족장들과의 특정한 연결성을 보여주는 동시에, 아브라함을 암시하는 이런 부분은 동쪽 지역을 떠나 가나안으로 왔던 족장 아브라함의 초기 삶과 룻을 연결시킨다. 리브가와 라헬의 경우에는 우물가에서 만난 처녀의 혈통을 확인하는 작업이 중요하게 다루어진다. 반면에 룻의 경우에는 보아스가 지적한 룻의 용기와 시어머니에 대한 그녀의 충성심이 신원 보증의 역할을 톡톡히 할 것이다. 대화의 말미에서 보아스는 볶은 곡식과 초에 찍은 떡이라고 하는 조촐한 시골식 밥상에 룻을 초대한다.(14절) 이 장면은 보통 관습에 따라 등장하는 우물가에서 물을 긷고 장래의 배우자감과 대화를 나눈 이후에 나오는 융숭한 접대를 의미한다. 룻기에는 소식을 전하기 위해 달려가는 장면이 나오지 않는다. 룻기의 어휘 목록을 보면 가다와 돌아오다라는 동사가 반복되다가, 매달린다거나 쉰다는 의미의 단어들로 옮겨간다. 이것은 룻이 아버지에게 의사 결정을 맡겨야 하는 젊은 처녀가 아니고, 또한 실제 혼인의 결말은 이 이야기가 마무리되는 마지막 장에 가서야 이루어지기 때문이다. 마지막 장에서는 나오미의 근족 중 보아스보다 더 가까운 친족과 역연혼10)할 의무를 거부하는 법적 의식을 치르고 나서야 마침내 혼인이 이루어진다. 어찌 되었든 고대의 청중들은 배우자 찾기라는 전형장면이 룻

_____

10) 남편이 죽고 자식이 없을 때 망자의 형제나 제일 가까운 친척이 그 미망인을 아내로 맞아야 한다는 관습.

의 이야기 속에서 참신하면서도 암시적인 방식으로 전개된 것을 감상하면서 그 이야기에 숨어 있는 단서를 발견해가며 꽤나 재미있어했을 것이다.

여기에서 우리가 명심할 것은 우리가 보고 있는 내용이 순전히 놀이의 재미를 목적으로 문학적 관습에 기술적인 조작을 가한 것이 아니라는 점이다. 물론 2장 말미에서 내가 주장했듯이 히브리 성서의 작가들이 하나님의 말씀이라는 신성한 본문을 기록할 때 상당히 재기발랄한 장기를 발휘하며 재미까지 주고자 노력했다는 점을 무시해선 안 된다. 전형장면은 단지 특정한 서사의 순간을 형식적으로 인지하는 방법이 아니다. 그것은 그 순간을 역사적이고 신학적인 의미의 보다 큰 틀에 결부시키는 수단이기도 하다. 하나님이 아브라함을 비롯해 그의 후손과 맺은 언약의 가문에서 첫 번째 부부가 된 이삭과 리브가가 이스라엘의 장래에 관한 어떤 전형적인 특징을 제시한다고 보자. 그렇다면 혼인이든 광야에서 생명을 위협받는 시험이든 혹은 축복의 선언이든 이 첫 번째 이야기 속의 중대한 시점과 후대 인물과의 연관성은 의미 면에서 연결되고 최초의 언약을 이뤄가는 데 한층 더 매진한다는 뜻을 내포할 것이다. 나는 앞서 언급한 논의에서 표현 수단이 얼마나 유연하게 쓰이는지 보여주기 위해 관습이 여러 가지 이야기 속에서 변형되는 요소들을 강조했다. 그렇지만 반복되는 사실은 전형장면의 활용에 있어서 변형만큼이나 중요하다. 그리고 성서의 유일신 사상보다 그 기원이 앞섰을 관습 자체는 유일신 사상을 뒷받침하는 도구로 기능하고 이스라엘의 역사 속에서 하나님이 정한 운명을 내러티브 내에서 반복적으로 구현하는 역할을 해왔다. 이런 식으로 룻의 이야기를 모세오경 속의 배우자 찾기라는 전형장면과 일직선상에 두면 하나님이 선택한 다윗 왕가를 생산하는 조상으로서 룻의 중대한 미래가 암시된다.

배우자 찾기의 전형장면에 대한 암시가 훨씬 더 단순한 형태로 나타난 예는 사울이 처음 등장할 때이다.(삼상 9:11~12) 종들과 함께 잃어버린 나귀들을 찾으러 나간 사울은 그 인근의 예언자에게 물어볼 작정을 하는데, 그가 바로 이후에 사울을 왕으로 성별해 기름 부을 사무엘이다. "그들이 성읍으로 가는 비탈길로 올라가다가 물 길으러 나오는 처녀들(네아로트)을 만나 그들에게 물었다. '선견자가 여기 계시느냐?'"(11절) 이 구절에서 눈에 띄는 것은 바로 배우자 찾기의 전형 중 한 장면이다. 처음에 주인공 남자가 타지(여기서 사울은 자기 지파의 영역을 벗어난 상태임)에서 자기 일을 하다가 그곳에서 우물물을 길으러 나온 처녀들을 만난다. 관습적 구성에 익숙한 독자라면 당연히 남자가 처녀들을 위해 물을 길어주고 뒤이어 처녀들이 이방인 방문 소식을 전하기 위해 집으로 달려가리라 기대할 것이다. 그러나 12절에서 실제 이어지는 이야기는 이러하다. "처녀들이 대답하여 말하였다. '네, 계십니다. 보십시오, 그분이 여러분보다 앞서 가셨습니다. 서두르십시오(마헤르 מַהֵר). 사람들이 오늘 산당에서 제사를 드리기 때문에 그분이 오늘 성읍에 들어오셨습니다.'"

전형장면은 여기에서 중단된다. 주인공 남자는 우물가에서 만난 처녀들을 벗어나 서둘러서 하나님의 사람을 찾아 나서고, 이로 인해 그의 불운이 시작된다. 이것은 재앙을 암시하기 위한 아주 의도적인 장치라고 볼 수 있다. 주인공의 혼인이 성사되지 못하고 미진하게 끝난 느낌이 사울의 이야기 속에 내포되어 있다. 전형장면에서 벗어났기 때문에 사울이 고립되는 격이다. 결국 왕위를 상실하고 이스라엘의 장래 통치자들을 위한 전달자 역할을 수행하지 못하며 결국은 자신의 칼에 찔려 죽는 사울의 불운을 예고하는 심상찮은 전조를 어렴풋이 전달한다. 만약 이러한 해석이 겨우 여섯 개의 히브리어 단어를 너무 쥐어짜고 있는 것 같다는 느낌을 준다면, 성서의 저자들이 얼마나 단어를 경제적으로 사용하는지를 다시 한 번 기억해야 할 것이다. 이런 뜻이 아니라면 이방 지역의 우물가에서 처녀들을 만났다는 내용을 특별히 자세하게 쓸 이유가 전혀 없다. 사울이 곧바로 사무엘을 찾으러 갔다고 쉽게 진행시킬 수도 있었고, 아니면 성서의 다른 이야기에서 나오듯 어떤 무명의 "남자"를 만나서 길을 물을 수도 있었을 것이다. 그러나 성서의 저자는 굳이 이방 지역의 한 우물가에서 처녀들을 만나는 장면을 썼으며, 처녀들이 이방인에게 대답할 때 굳이 "서두르다"라는 동사를 강조했다는 것은 어떻게 보아도 중요한 의미를 담고 있는 단서이다.

끝으로 이야기의 전형장면을 완전히 무시하는 경우는 인물과 주제에 대한 의도적인 설정이라고 볼 수 있다. 최소한 세 명의 아내들과 상당히 복잡하게 관계를 맺은 다윗의 예에서 저자는 다윗에 대한 역사적 자료를 자세히 살펴본 끝에 다윗의 결혼들이 관습과 다르다는 것을 알고는 배우자 찾기의 전형장면을 양식화해 쓰지 않았다. 상황은 그러하지만, 우리는 다윗이 연루된 세 가지 혼전 이야기들이 전부 유혈 사태를 포함하고 있으며 갈수록 도덕성의 문제가 심각해지고 있음을 볼 수 있다. 미갈을 신부로 취하는 대가로 이백 명의 블레셋인을 도륙한 일, 아비가일의 남편인 나발을 죽이겠다고 위협했고, 수월하게도 나발이 놀라서 죽어버린 일, 밧세바와 간통한 후 무고한 우리야를 죽였던 일 등이다. 이렇게 폭력을 통해 배우자를 차지한 이야기들은 배우자 찾기의 모티프인 우물가에서 물을 길어 올리는 평화로운 분위기와 의도적으로 비교되도록 쓴 것일까? 지금 시점에서 확신하기는 힘들지만 그럴 가능성은 있다고 본다.

보다 확실한 예를 들어보자. 삼손의 이야기(사사기 14장)를 보면 배우자 찾기 장면이 생략된 게 쉽게 눈에 띈다. 삼손의 모험담은 블레셋의 딤나로 내려가는 이야기로 시작된다. 젊은 주인공 남자가 이방 땅을 밟는 장면이 나온다. 그러나 이 이야기에는 우물이 보이지 않고, 손님 접대의 절차도 생략돼 있다. 대신에 그는 자기가 원하는 한 여자를 발견하고 즉시 집으로 돌아와서는 부모에게 자기를 위해 결혼식을 준비해줄 것을 퉁명스럽게 통고한다. 부모들은 내키지 않지만 혼담을 위해 딤나까지 삼손과 동행하는데,

도중에 삼손은 사자를 만나 갈기갈기 찢어 죽인다. 사자를 참담하게 죽여버린 사건과 그 후에 사자의 부패한 시체에서 꿀을 떠먹는 장면은 우물에서 물을 길어 올리는 보다 점잖고 평화로운 모습을 대체하는 부분이었을 것이다. 무슨 일이든 성급하게 덤벼드는 삼손의 성정은 여자를 보자마자 배우자 찾기의 전형장면에서 나오는 의례적 중재 절차를 무시한 채 여자를 취한 모습을 통해 이미 전달되었다. 그 결혼이 어떤 재난을 잉태할지 다 알려 주는 셈이다.

러시아 형식주의자들의 시대부터 줄곧 비평 영역에서 분명히 인정했듯이 문학적 창작 과정은 끊임없는 변증법적 과정이다. 말하자면 내용을 일관성 있게 전달하기 위해 기존 형식들을 써야 할 필요성과 그러한 형식이 독단적인 제한선이 되며 단순한 반복만으로는 의미 전달에 실패하기 때문에 형식을 깨뜨리고 재구성해야 할 필요성 사이의 변증법인 것이다. 곰브리치(E. H. Gombrich)는 『예술과 환상』이라는 책에서 이렇게 말했다. "어떤 상황에서든 하나의 상징이 등장하는 확률이 커질수록 정보 내용은 더 줄어든다. 뭐가 나올지 예상 가능할 때는 귀 기울여 들을 필요가 없다."11) 어느 문화권에서나 어린 시절부터 구성원들을 훈련시키는 특별한 인지 방식이 있으며, 어떤 작품을 읽든 문학 읽기는 이 방식과 관련이 있다. 성서를 읽는 현대의 독자로서 우리는 고대의 청중들에게는 제2의 본성과 같았던 이 해법을 다시 학습할 필요가 있다. 본문 중에 반복되는 부분을 발견하는 족족 원본에서 베낀 것이라거나 고정된 민간전승의 원형에서 나온 것이라고 격하하는 대신에, 이야기의 어떤 지점에 특정 패턴이 반복되는 게 뚜렷이 보이면 그것이 관습적으로 예정되었음은 물론 심지어 기대에 따르는 부분이며, 성서의 저자들은 그러한 예상에 맞서 단어와 모티프, 주제, 인물,

---

11) 원주: *Art and Illusion*, 뉴욕, 1961, 205쪽.

그리고 행위들을 새로운 방식으로 춤추게 만든다고 이해하게 될지도 모른다. 예술이라는 것은 관찰자의 마음속에 예상되는 그림자 같은 사전 이미지와 작품 자체에 실제로 드러나는 이미지 사이에서 움직이는 틈새에 존재하는 것이다. 이런 면이 바로 우리가 성서 속에서 좀 더 세밀하게 보아야 하는 부분이다.

지금까지 살펴본 관련 장면들을 원래 출발점이었던 방법론적 문제와 관련하여 마지막으로 살펴보겠다. 나는 본문 중에 등장하는 동일한 모티프들이 조금씩 달라지는 지점에 문학적 의도가 담겨 있다는 의견을 제시하면서 독자들이 이 점에 동의하길 바라지만, 여전히 누군가는 성서문학의 형식적 장치에 대한 나의 전반적 추론에 의문을 품을지도 모른다. 앞서 언급했듯이 대여섯 가지 예로는 문학적 관습의 가설을 세우기에 기반이 빈약해 보일 수 있다. 나는 그 점을 인정하면서도 성서에 대한 문학적 이해가 정확히 어떻게 작용하는지 보여주는 중요한 예로 '전형장면'을 제시했다. 전형장면은 내재적인 문제를 안고 있으면서도 꼼꼼한 분석을 통해 그런 어려움이 어떻게 극복될 수 있는지 보여주기 때문이다. 만일 내가 세밀한 문체상의 현상(이 부분은 뒤에 나올 다른 장에서 다룰 것이다)과 결부된 성서 내러티브의 형식적 기법 중 어떤 특징에서 예를 뽑아냈다면 다양하고 많은 단서를 예로 들 수 있기에 깔끔한 결론에 도달하기가 훨씬 쉬웠을 것이다. 마르틴 부버(Martin Buber)12)와 프란츠 로젠츠바이크(Franz Rosenzweig)13)가 **주도어**(主導語) **양식**(Leitwortstil, 어떤 주제를 발전시키고 재구성하기 위하여 핵심 단어나 어근을 반복적으로 사용하는 것. 5장 참조)이라고 최초로 명명했던 형식적 기법이 의도적인 기법으로 멋지게 입증될 수 있다.

---

12) 유대계 철학자·신학자(1878~1965). 히브리어 성서를 독일어로 번역했다.

13) 유대계 철학자이자 신학자(1886~1929). 『구원의 별』을 썼다.

이 기법은 수없이 등장하고 수백 가지 정교한 사례를 찾을 수 있기 때문이다. 그리고 다음 장에서 보여주겠지만, 대화 장면에서 두 명의 화자를 구별하기 위해 대조적인 화법을 쓰는 방식은 수십 가지 예를 통해 분석적으로 증명될 수 있고, 따라서 그것이 현대적 해석 기법의 산물이라고 하는 혐의에서 벗어나는 것 같다.

그렇지만 유효한 증거가 있다고 해서 문학적 입증이 아주 수월해지지는 않는다. 바로 그런 이유 때문에 전형장면이라는 사례를 특별히 연구할 만하다고 생각한다. 비록 일반 이론을 구축하기 위해 사용할 수 있는 예가 많지 않지만, 반드시 짚고 넘어가야 할 질문이 있다. 대체할 만한 다른 설명 방식이 있는가이다. 내러티브의 소재가 그렇게 반복적으로 등장하는 것을 설명할 수 있는 길은 내가 보기에 세 가지 가정밖에 없다. 첫째는 관습이라는 가정이다. 둘째는 원전을 옮기는 과정에서 생기는 문제, 즉 그것이 구전이든 기록이든 하나의 원형이 시간이 경과하고 다른 사람들에게 적용되는 과정에서 본모습이 망가졌다는 가정이다. 셋째는 사라의 수태고지 같은 하나의 이야기가 원형이 되어서 다른 모든 이들에게 적용되고 인용된 암시의 결과라는 가정이다. 마치 포프(Alexander Pope)의 『우인열전 Dunciad』이 『아이네이스 Aeneid』와 『실낙원 Paradise Lost』을 인용하듯이 말이다.

많은 성서학자들이 선호했던 전승 과정에서 반복되는 실수라는 견해는 간단한 이유로 무너질 수밖에 없다. 내러티브상의 반복적인 모티프를 다루면서 생기는 변형들은 X라는 사람에 관한 최초의 이야기가 우연히 Y나 Z에게 적용되듯이 무작위적인 것이 결코 아니기 때문이다. 그와는 반대로 이러한 변형은 우리가 살펴보았듯이 특정 내러티브의 특별한 주제 및 구조상 요구 조건 그리고 주인공에 맞춰 세밀하게 조율되어 있으며, 따라서 작가가 자신의 구성 목적에 따라 고쳐서 사용할 수 있는 공인된 내러티브의 틀이 존재했다고 결론 내릴 수 있다. 반면에 인용이라는 가정은 솔직히 충분한 예를 들어가며 설명하기에는 설득력이 없다. 하나의 이야기가 이전의 이야기를 인용할 때는 자주 그렇듯 핵심 단어와 구절들 속에서 분명히 원문의 흔적이 제시된다. 때로는 앞선 이야기에서 진술 전체를 가져다 쓰기도 한다. (사사기 19장에 나오는 기브아에서 일어난 끔직한 첩에 관한 사건 속에서 소돔 이야기가 그대로 인용된 것이 가장 명백한 예이다.) 하나의 전형장면이 동일한 또 다른 사건을 암시하는 것이 이론적으로는 가능하다. 그러나 전형장면의 경우에는 대부분 그렇게 꼭 집어서 인용한 증거를 찾기가 어렵다. 따라서 일반적인 설명으로서 인용이라는 가정은 억지스러운 면이 있다. 내 생각에는 전형장면의 어떤 예라고 해도, 심지어 시간적으로 가장 처음에 등장하는 것조차도 최초의 것이라고 간주해서는 안 된다. 대신에 이 모든 예들이 아마도 처음 시작은 문자 이전의 공감대, 즉 임신과 출산, 혼인, 시련 등이 서술되는 방식에 관한 히브리식 이해에 기초하고 있는 것으로 보인다. 물론 이런 패턴 중 어떤 부분은 인근의 고대 근동 문학에서 채택되기도 했을 것이다. 그러나 이런 추측이 확인된다고 하더라도 문제될 것은 없다. 왜냐하면 우리가 관심을 갖는 부분은 관습이 형성된 인과관계가 아니라 우리가 읽는 본문 속에서 그 관습이 완결된 모습으로 존재한다는 사실이기 때문이다. 따라서 가장 설득력 있는 가정은 서사의 모티프가 계속 반복되는 이런 흥미로운 사례들이 다른 내러티브 관습들처럼 문학적 관습을 반영한다는 것이다. 즉 화자가 이 관습에 힘입어 청자들에게 방향을 제시하면서 이야기가 어디로 흘러가는지 복잡한 단서를 주었고, 다른 유사한 이야기와 비교했을 때 얼마나 재미있게 바뀌었는지, 또는 얼마나 독창적으로 변형되었는지, 근본적으로 어떻게 달라졌는지 차이를 보게 해주었다.

이제 어떤 의미에서 논점은 우리가 처음 출발했던 문학적 관점에 대한 반대 의견으로부터 정반대 지점에 와 있다. 성서를 문학적 관점으로 읽는

데 대한 우려는 우리가 그런 식으로 성서를 터무니없이 현대화하고 원래의 문맥과 목적을 벗어나서 본질을 왜곡시킨다는 것이다. 이 점은 현대의 문학 분석가들이 쉽게 빠질 수 있는 함정이다. 그러나 주로 무비판적인 역사적·문맥적 접근법으로 한층 더 심하게 밀어붙이는 현대적인 관점이 있다. 고대의 작품들이 후대의 순서와 조직에 관한 논리적 가정에 부합하면서 시대를 초월하는 보편성을 가져야 한다고 주장하는 접근법이다. 우리가 따라가 보았던 얼핏 단순해 보이는, 그러나 이전에는 학자들이 제대로 인식한 적이 없던, 문학적 관습을 두고 벌인 이런 복잡한 작업들이 사실상 우리 현대인들로 하여금 고대 히브리 문서 앞에서 지적으로 겸손해지게 만드는 것 같다. 성서 내러티브는 그 간결성에도 불구하고 놀라울 정도의 예술적 정교함을 보여주며, 많은 경우에 우리에게는 거의 알려지지 않은 문학적 용법들을 변화무쌍하게 사용한다. 따라서 그러한 용법들이 무엇인지 밝혀내려는 노력은 매우 가치 있는 수고가 된다. 문학 작품의 역동성에 관심이 있는 사람에게는 이러한 성서의 예들이 매우 유익할 것이다. 왜냐하면 히브리 작가들은 더없이 단순한 외양을 갖춘 고도의 복잡성이 특징인 가장 압축적 매개체를 만들어냈기 때문이다. 이 전달 수단을 면밀히 연구하면서, 아마 조직적으로 더 정교한 내러티브들을 다룰 때보다는 용이하게 이와 같은 내러티브의 관습이 수행되는 방식을 볼 수 있을 것이다. 그러한 관습과 변용이 내러티브의 상황과 인물, 주제, 도덕적 관점 등을 어떻게 규정하는지 훨씬 더 뚜렷하게 이해할 수 있다. 성서 읽기와 관련해서 말하자면, 이제 우리는 이런 고전적인 내러티브를 예전보다 더 잘 감상하게 되는 것은 물론 무엇보다도 그것이 말하고자 하는 바를 잘 이해하게 될 것이다.

4장 서술과 대화

성서의 작가들은 서사적인 사건을 기록할 때 어떤 방식으로 이야기를 만들까? 앞으로 계속 나올 용어인 '사건'은 내러티브가 연속되는 과정에서 아주 중요한 연결점 역할을 한다. 이것은 사건들 사이의 연결 고리를 제공하거나 별개의 사건들이라고 구체적으로 표현하기에 부적합해 보이는 소재를 독립적으로 설명하기 위해 성서에서 자주 사용하는 서술 형식인 요약과는 다르다. 요약의 아주 극단적인 예를 들어본다면 "아르박삿은 셀라를 낳고, 셀라는 에벨을 낳고"와 같은 것이다. 이와 같은 족보를 서사적인 사건으로 생각하기는 힘들다. 왜냐하면 족보 속에도 무슨 일이 일어났었는가에 대한 정보는 있지만, 한 사람의 일생에서 단 하나의 필수 정보만을 추출해냈으며 서술하는 데 들인 시간과 서술의 대상이 된 시간 간에 너무나 큰 불균형이 존재하기 때문이다. 제대로 된 서사적 사건이 일어나는 순간이 있다. 우리가 특별한 장면을 정확히 식별할 수 있고, 이야기가 전개되면서 그 장면이 바로 눈앞에서 벌어지는 것 같은 착각이 들 만큼 이야기의 진행 속도가 느려질 때가 그런 순간이다. 뿐만 아니라 인물들 간의 상호작용, 혹은 인물들과 집단들 간의 상호작용이 동기, 숨겨진 목적, 인물의 특징, 정치적·사회적 또는 종교적 제약들, 그리고 도덕적·신학적 의미 등이 함께 전달되면서 그들의 말과 동작, 행위 등을 통해 드러난다고 상정할 수 있을 때도 마찬가지다. (어떤 소설에서는 요약이 이따금 사건으로 서서히 바뀔 때가 있는데, 성서는 이 두 가지 영역이 명백히 구분되는 경향이 있다.) 이런 순간들은 특정 사건이 아무리 많은 부분을 실제 역사적으로 발생했던 일을 바탕으로 삼았더라도 앞서 2장에서 설명했던 허구적 상상력이 충분히 작동하는 지점이다.

성서에서 서사적 사건들을 특징적으로 제시하는 방식은 그리스의 서사시와 연애소설, 그리고 후대의 서양 서사 문학의 설명 방식과는 현저한 차이를 보인다. 히브리적 설명 방식의 특징을 확실히 파악하고 있어야만, 강조되고 분명한 부분뿐만 아니라 미묘하고 간접적인 의미가 드러난 곳을 어디서 찾아야 할지 알 수 있다. 놉에 있는 성전에서 다윗이 아히멜렉과 만나는 장면(삼상 21장)은 하나의 사건을 성서적인 표현법으로 잘 제시한 예다. 다윗은 자신을 살해하려는 사울의 의도를 요나단에게 전해 듣고는 아무런 식량이나 무기도 없이 혼자서 놉으로 달아났다.

1. 그리고 다윗은 놉으로 가서 제사장 아히멜렉에게 이르렀고, 아히멜렉이 떨면서 다윗을 영접하여 그에게 말하였다. "어찌 하여 홀로 있고 동행하는 이가 아무도 없습니까?" 2. 다윗이 제사장 아히멜렉에게 말하였다. "왕이 내게 임무를 주고 말씀하셨습니다. '내가 너를 보내는 것과 네게 맡긴 임무는 어느 누구에게도 알리지 말라.' 그리고 제가 부하들에게 이러이러한 곳으로 오라고 말하였습니다. 3. 지금 제사장님의 수중에

무엇이 있습니까? 떡 다섯 덩이는 있습니까? 저에게 그것을 주시고, 아니면 무엇이나 있는 대로 주십시오." 4. 제사장이 다윗에게 대답하여 말하였다. "보통 떡은 내 수중에 없고 있는 것은 거룩한 떡뿐입니다. 그 젊은이들이 여자를 가까이하지만 않았으면 줄 수 있습니다." 5. 다윗이 제사장에게 대답하여 말하였다. "길을 나설 때 늘 그렇듯이, 우리는 여자와 가까이하지 않았습니다. 그리고 비록 이번 길이 예삿길로 가는 길이기는 하지만, 제가 출정할 때 부하들의 그릇은 정결했습니다. 그러니 오늘쯤은 그들의 그릇이 얼마나 더 정결하겠습니까?" **6. 제사장이 그에게 거룩한 떡을 주었다. 거기에는 주 앞에 차려놓은 떡 말고는, 다른 떡이 달리 더 없었기 때문이다. 그 떡은 새로 만든 뜨거운 떡을 차려놓으면서, 여호와 앞에서 물려낸 것이었다. 7. 그런데 바로 그날 사울의 신하 한 사람이 여호와 앞에 머물러 있었는데, 그의 이름은 도엑이었고 에돔 사람으로서 사울의 목자장이었다.** 8. 다윗이 아히멜렉에게 말하였다. "제사장님 수중에 지금 창이나 칼이 없습니까? 왕명이 급해서 내가 내 칼과 무기를 가져오지 못했습니다." 9. 제사장이 말하였다. "그대가 엘라 골짜기에서 쳐죽인 블레셋 사람 골리앗의 칼이 보자기에 싸여 에봇 뒤에 있습니다. 여기에 이것 말고는 다른 칼이 없으니, 이 칼을 가지고 싶으면 가지십시오." 다윗이 말하였다. "그만한 것이 없으니, 그것을 나에게 주십시오." **10. 다윗이 일어나 그날로 사울에게서 도망하여 가드 왕 아기스에게로 갔다.**

이 이야기 속에서 저자의 설명에 해당하는 부분은 성서문학의 정해진 관습에 따라 누가 말했는지 혹은 누가 대답했는지를 알려주는 "그가 말하였다"나 "그가 대답하여 말하였다"와 같은 정확한 형식적 표현들을 제외하고 모두 볼드체로 표시했다. 이렇게 볼드체로 표시한 부분들은 인물들의 직접 대화와 비교할 때 매우 보조적인 역할을 한다는 점이 바로 눈에 띈다. 이 에피소드는 다윗이 놉으로 피신하고 아히멜렉이 그를 맞이한 서사를 간단명료하게 알려주는 서두의 반 절짜리 보고와 나중에 다윗이 식량과 무장을 갖추고 블레셋의 가드로 피신했음을 알리는 간단한 종결절 사이에 끼어 있다. 고대 히브리인들은 이 마지막 절을 들을 때 그것이 이 장면의 마지막 구절임을 즉각적으로 알아차렸을 것이다. 왜냐하면 그 구절 속에 또 다른 장소를 향해 "일어나서 갔다"라고 하는 관용적 어구, 즉 하나의 내러티브를 마감하는 데 꼭 들어가는 성서의 관습적 표현이 들어 있기 때문이다.1)

이 두 개의 구절(삼상 21:1, 10)로 이루어진 틀 속에서, 대화의 흐름이 끊기는 데가 딱 한 곳이 있다.(6~7절) 여기에서 주목할 점이 있다. 이 두 절 중 앞에 나오는 절은 4절에서 아히멜렉이 성소에 다른 떡은 없고 오직 거룩한 떡만 있다고 말한 것을 문제의 그 떡이 새 진설병으로 대체되었다는 부가적 설명만 덧붙인 채로 거의 똑같이 반복하고 있다. 따라서 우리는 다윗이 사실 제례적 목적에 필요한 떡을 취하지 않는다고 이해할 것이다. 어찌 되었든 6절이 보여주는 바는 성서 내러티브의 일반적인 특징이다. 대화문의 주도권이 강하다는 특징이 매우 뚜렷하게 드러나 있어서 삼인칭의 서술 부분들을 잘 살펴보면 대화문에 묶여 있다는 게 드러난다. 그 앞뒤에 위치한 대화 속의 단어들이 서술에 그대로 반영된다. 따라서 서술은 기껏해야 대화에서 드러난 주장들을 확인해주는 역할로 강등되는 경우가 많다. 여기 나온 예와 같이 가끔은 설명적인 주석처럼 내용이 추가되기도 한다.

내러티브의 비율에 대해 살펴보면, 삼인칭의 서술은 훨씬 더 많은 부분을 차지하는 직접적인 대화 부분을 연결하는 다리 역할만 주로 담당한다.

---

1) 원주: 시몬 바-에프랏은 이 공식의 변이가 어떻게 내러티브의 마무리를 위한 독특한 관습을 구성하는지 잘 보여주고 있다. 그의 저서 『성서 이야기 기법』, 142~143쪽 참조.

내러티브의 관점과 관련해서는, 대화에서 나온 말이 삼인칭으로 다시 진술되면 그 말은 독자의 관심을 화자에게 돌려놓고 화자들이 강조하는 바에 주목하게 만든다. 그리고 무슨 일이 벌어지는지 서술되는 믿을 만한 설명 부분과 화자의 진술이 달라지는 방식을 유심히 보게 한다. (다음 장에서는 그러한 차이가 발생하는 예들 중에서 특별히 연구할 가치가 있는 두 가지를 소개할 것이다. 요셉과 보디발의 부인 이야기와 솔로몬이 왕위를 계승하는 과정에 있었던 밧세바와 나단의 개입에 관한 설명이다.) 달리 말하자면 성서의 작가들은 행동 자체에는 관심이 덜한 편이다. 단순히 행동보다는 그 행동에 대한 개별 인물의 반응이나 인물들의 행동 방식에 더 주목한다. 직접화법은 등장인물들이 연루된 행동과 그 인물들의 다양한 관계, 때로는 미묘한 차이가 있는 관계를 드러내는 주요 수단이 된다.

본문에서 6절이 다윗과 아히멜렉 사이에서 음식에 관한 문제가 마무리되고 무기에 관한 문제로 옮겨가는 극적인 대화가 벌어지는 두 지점 사이의 다리 역할을 한다면, 7절은 도엑이라는 인물이 성전에서 엿듣고 있음을 알리면서 대화를 의도적으로 끊어주는 역할을 한다. 도엑은 이 장면에서 어떤 행위의 주체로서 주어의 역할을 하고 있지 않다. 실제로 히브리어 본문에는 도엑에게 어떠한 동사도 붙지 않았다. 도엑이 성전에 "있었다"고 하는 '존재'와 관련한 히브리어의 현재형이나 분사형은 존재하지 않는다. 다만 하나의 긴 명사절에 상응하는 문구를 통해 도엑이 성전에 있음을 알려준다. 이런 방식은 초점이 누군가의 행동에 있지 않고, 그 사람 자체에 있다는 것을 보여준다. 그 사람이 사울의 신하이며 에돔인이라는 사실은 앞으로 진행될 이야기 속에서 그가 맡을 역할이 좋은 것이 아님을 암시한다.

우리는 처음 다윗이 성전에 도착했을 때 도엑이 거기 있었다고 들은 바가 없다. 성서의 내러티브는 종종 직접적인 관련성이 드러나는 순간까지 특정한 설명들을 유보해 두는 경향이 있다. 문제는 이 장면에서 직접적인 관련성이 무엇인가이다. 이야기 자체만 보면 왜 이 시점에서 도엑의 존재가 언급되어야 했는지가 분명하지 않다. 따라서 우리는 이렇게 대화가 중단된 부분을 읽을 때 확실히 방해를 받게 된다. 아니면 그저 어리둥절해지거나 혹은 꺼림칙한 느낌을 받는다. 뭔가 심상찮다는 추론은 도엑에 대한 언급 바로 뒤에 다윗이 무기를 요구하는 장면에서 더욱 굳어진다. 골리앗의 칼을 다윗에게 주었다는 사실이 도엑이 아히멜렉을 사울에게 고발(삼상 22:10)하는 데 있어 가장 치명적인 부분일 것이다. 그가 고발한 내용에는 음식 제공을 포함해서 아마도 제사장의 유죄를 입증하기 위해 도엑이 꾸며낸 것으로 보이는 제3의 요소가 들어가 있다. 즉, 다윗이 신탁을 구했다고 추정했으며 이 부분은 아히멜렉을 통해서만 행해질 수 있었다고 본 것이다. 도엑의 고발이 도화선이 돼 놉의 제사장들이 대량 학살당하게 된다. 여기서 도엑은 고발자일 뿐 아니라 집행자로서 에돔인의 역할도 한다. 따라서 칼과 창에 관한 대화 직전에 도엑이 등장한 것은 적절한 전조가 된다. (이 모든 것을 통하여 저자는 '염려하다'라는 동사의 어근인 '다아그(דאג)'를 에돔 사람의 이름에 반영하는 말놀이를 하고 있는 것으로 보인다.) 어찌되었든 대화의 문맥 속에서 긴장감을 조성하면서 성전에 도엑이 존재함을 알려주는 방식은 성서의 내러티브가 궁극적으로 직접적인 대화를 지향하고 있음을 잘 보여준다.

전체적으로 볼 때 성서는 간접화법을 잘 쓰지 않는 편이다. 예를 들어 우리가 살펴보고 있는 본문에서 사울이 다윗에게 명령을 내렸다는 부분(삼상 21:2)조차도 요약이나 간접화법을 통해서가 아니라, 다윗의 말 속에 인용의 방식으로 들어가 있다. 즉, 서사적인 사건에서 누군가의 발언이 들어갈 때는 직접화법으로 표현하는 것이 원칙이다. 이를테면 서술자가 "다윗은 자신이 사울의 겉옷 자락을 자른 것에 대해 양심에 찔림을 받았다"는 내용을 전하면서 간접화법 방식을 써서 "다윗이 자기 사람들에게 말하기를 하나님의 기름 부음을 받은 자인 자신의 주인 된 자를 자기 손으로 치는 것은 하나님께서 금하시는 것이라고 했다"라고 다른 전통의 서사 방식을 따르지 않았다. 대신에 직접화법을 써서 "여호와께서 내가 그런 일을 하지 못하도록 나를 막아주시기를 바란다. 나의 주이시며 하나님의 기름 부음 받으신 분을 내 손으로 치는 것은 여호와께서 금하시는 것이다. 왕은 바로 여호와께서 기름 부어 세우신 분이기 때문이다"라고 전한다.(삼상 24:6) 이 두 가지 설명 양식의 차이가 결코 사소하지 않다. 성서가 사용하는 방식은 결과적으로 다윗이 실제로 말하고 있는 모습을 전면에 드러내면서 다윗이 자기 사람들에게 확실히 영향을 끼치고 사울에 대한 자신의 입장을 규정하기 위해 자기 사람들에게 어떻게 말을 하고 어떤 언어를 사용하는 인물인지 생생하게 인식할 수 있게 한다. 앞에 가설로 제시한 간접화법의 예를 들 때 나는 단어나 어순이 바뀌지 않도록 조심했는데, 다윗의 선언은 그 구문 자체가 굉장한 긴장감을 담고 있다. 다윗은 먼저 "여호와께서 내가 그런 일을 하지 못하도록 나를 막아주시기를 바란다"라고 기원하며 말문을 연다. 그러고는 성서 내러티브의 일반적인 산문 구성과는 다르게 점층적인 효과, 즉 하나의 극적인 지점을 향하여 더듬어 올라가는 식의 내용들을 추가한다. "나의 주이시며, 하나님의 기름 부음 받으신 분을, 내 손으로 치는 것은 여호와께서 금하시는 것이다. 왕은 바로 여호와께서 기름 부어 세우신 분이기 때문이다." 이 문장의 형식을 통해 독자는 다윗의 발언에서 긴급함을 느낀다. '나는 왕의 신하이고, 그는 나의 주군이다. 그는 하나님의 기름 부음을 받은 왕이시고, 그렇게 택함 받은 거룩함은 내가 감히 침범할 수 없는 영역이다. 지금 이 자리에서 이 일이 가능하다고 해도 나는 하지 않을 것이다. 나는 나의 이 손을 들어 여호와의 기름 부음 받은 자를 죽이기 위해 칼을 잡지 않을 것이다.' 다윗의 연설을 직접화법으로 전달해서 생긴 이점은 현실감을 주는 직접성과 어느 정도 복잡한 모호성이다. 다윗이 자기 부하들에게 한 선언이 삼인칭으로 전해진다면 신뢰할 만한 서술자의 권위가 더해지는 면이 있을 것이다. 그러나 앞서 보았듯이 우리는 사람들 앞에서 말하고 있는 다윗을 직접 대면하게 된다. 이것은 우리로 하여금 그가 지금 하고 있는 말과 내면의 진짜 의도 내지는 실제 감정과 어떤 차이가 있지는 않았을까 하는 의문을 갖게 한다.

성서는 직접화법을 선호하는 성향이 매우 강해서 마음속 생각이 거의 대부분 독백 형태로 실제 말하는 것처럼 표현된다. 물론 사랑, 미움, 두려움, 질투와 같은 심정은 한 개의 적절한 동사로 표현될 수 있다. 이러한 감정들은 내면의 경험에 대한 요약이지, 내러티브로서 실제화된 것이 아니기 때문이다. 그러나 구체적인 가능성을 심사숙고하고, 감정들을 정리하고, 다른 대안을 찾아보고, 결의를 다지는 등 실제적인 과정이 내러티브상의 사건으로 벌어지는 순간에는 그 과정이 직접화법의 형태로 등장한다. 한 예로서 다윗이 사울의 줄기찬 위협으로 인한 위험에 대해 어떤 생각을 했는지 설명하는 장면이 있다.(삼상 27:1) "다윗이 속으로 말하였다. '이제 이러다가 내가 언젠가는 사울의 손에 붙잡혀 죽을 것이다. 살아나는 길은 블레셋 사람의 땅으로 피하여 들어가는 것뿐이다. 그러면 사울이 이스라엘 온 땅을 뒤지며 나를 찾다가 단념할 테니 내가 그의 손에서 벗어나게 될 것이다.'" 실제로 발화된 말과 발화되지 않은 생각 간의 형식적 유사성은 서두의 관용어구인 "다윗이 속으로 말하였다"라는 구절에 의해서 더욱 강화된다. 다른 여러 경우에 '말하다'라는 동사는 어떤 수식 어구 없이도 '생각하다'를 의미하고, 문맥을 통해서만 지금 내면의 생각을 말하는지 실제 대화를 말하는지 알 수 있다.

마음속 생각이 왜 실제 발언의 행태로 표현되어야 했는지 그 이유를 각각의 경우에 확실히 설명하기란 쉽지 않다. 누군가는 성서의 저자들이 마음의 생각과 현실이 어떻게 관계하는지 가정하면서 그 둘 사이에 뚜렷한 차이를 두지 않았다는 결론을 내리고 싶은 충동을 느낄 것이다. 성서 저자들은 만물의 창조 순서에서 언어가 우위에 있다는 강한 믿음을 갖고 있었다. 그들이 느끼기에 생각이란 그것이 말로 표현되기 전까지는 완전한 것이 아니었을 수 있다. 어찌 되었든 생각을 발언의 형태로 반복적으로 바꾸면 양식상의 명확성, 극적 긴장감, 그리고 대칭성의 효과를 만들어낸다. 다윗이 블레셋 땅으로 도망칠 것을 숙고하는 이 간단한 장면 속에서도 이러한 특성을 어느 정도 발견해낼 수 있다. 다윗은 자기 마음속의 독백을 반은 시간적이면서 반은 태도를 암시하는 강조어인 '아타(עַתָּה)'라는 단어로 시작한다. (이 단어를 킹제임스 성경은 "이제(Now)"라고 번역하고 있는데, 사실은 "자, 이걸 보자" 혹은 "이 상황에서는"이라고 번역하는 것이 보다 적절할 것이다). 이 말은 그가 결심하는 순간에 초점을 둔다. 그가 사울을 피해 도망 다니고, 사울에게 죽을 뻔하기도 하고, 미친 사울과 두 번에 걸쳐 표면상의 화해를 하는 등 일련의 사건들 끝에 대조적으로 위치하고 있다. 다윗의 마음속 독백을 시작하는 '아타'는 내러티브상의 전환점을 극적으로 알리는 역할을 한다. 다윗이 앞으로 다시는 보지 않게 될 사울로부터 멀리 떠나가고, 사울은 사무엘의 유령을 만나러 가고 뒤이어 죽음을 맞게 되는 이야기의 전환점이 여기서 드러난다. 다윗의 독백은 또한 대칭적으로 표현된 발언의 주제가 무엇인지를 명징하게 보여주고 있다. 그의 발언은 사울의 손에 죽을 것에 대한 예상으로 시작해서 사울의 손에서 벗어나리라는 생각으로 마무리된다. "벗어나다"라는 뜻의 '힘말레트(הִמָּלֵט)'라는 동사가 이 부분에서 주제어가 되면서, 다윗의 독백 중간에 히브리식 수사법에서 활용된 동사 앞에 부정사를 두어 강조하는 진술 방식으로 나타난다(힘말레트 임말레트[הִמָּלֵט אִמָּלֵט], 문자적으로 번역하자면, "벗어나서 도망쳐서"이다). 그리고 "내가 벗어나게 될 것이다"라는 말로 독백이 마무리된다. 게다가 이 독백 속에는 블레셋 땅과 이스라엘 영토 사이의 뚜렷한 대립이 설정돼 있다. 장래에 이스라엘의 왕이 될 자가 자기 민족의 적들 속으로 피신할 수밖에 없는 처지, 다시 말해 고통스러우면서 한편으론 애매하고 곤혹스러운 상황이 강조된다.

다른 무엇보다도 대화에 비중을 두는 성서 속 양식화의 편향적 특성이 가장 뚜렷이 극단적인 형태로 드러난 예는 대화 형식으로 신탁을 구하는 장면일 것이다. 그 특징이 잘 드러난 예를 살펴보자.(삼하 2:1) "이런 일이 일어난 뒤에 다윗이 여호와께 여쭈어 아뢰었다. '제가 유다의 어느 성읍으로 올라가도 되겠습니까?' 여호와께서 그에게 말씀하셨다. '올라가라.' 다윗이 아뢰었다. '어디로 올라가야 합니까?' 여호와께서 말씀하셨다. '헤브론으로 가거라.'" 여기에서 다윗이 신탁을 구할 때 어떤 구체적인 방법을 사용했는지는 분명치 않다. 일반적으로 사용하던 주사위 같은 것을 던진다든지, 제사장의 흉배에 붙은 보석을 통해 점을 친다든지 하는 방식들은 말로 하는 것이 아니었다. 그리고 다윗 자신은 어느 곳에서도 하나님과 직접적으로 대화를 나누는 예언자로 등장한 경우가 없기 때문에, 여기에 나타난 대화가 실제로 있었다고 볼 근거는 없다. (하나님이 다윗에게 그가 아니라 그의 아들이 예루살렘에 하나님을 위한 집을 지을 것이라고 알려주려 했을 때도 다윗에게 직접 말하지 않았고, 선지자 나단의 꿈을 통해 말했던 것을 기억해보면 좋겠다.) 성서의 저자는 다윗이 신탁을 구할 때 하나님이 실제로 이런 방식으로 다윗과 대화하지는 않았다는 것, 즉 그의 질문은 말이 아니라 어떤 성물을 통해 진행되었으며, 여기에 적힌 것은 형식이 아니라 그 신탁의 내용이라는 점을 독자들이 이해한다고 전제한다. 이러한 과정은 모방이 어떻게 이루어져야 하는지에 대한 우리의 일반적 이해 수준에 어긋난다. 왜 어떤 행위를 묘사할 때 그 행위 자체와는 전혀 다른 방식으로 표현할까?

이에 대한 대답은 성서가 대화를 – 통한 – 서술이라는 양식화의 편향을 띤다는 부분에서 찾아야 한다. 성서의 저자가 보기에는 신탁을 구하는 데 어떤 기술적 매개체가 사용되었는지는 중요한 문제가 아니었고, 따라서 그 것을 일일이 설명할 필요가 없었다. 그에게 중요한 것은 인간의 의지가 선 택의 문제에 부딪혔을 때 자신의 뜻을 따르느냐 아니면 하나님의 결정을 따르느냐이다. 기술된 언어는 정치적이거나 역사적인 대안들, 질문과 응 답, 조물주가 간헐적으로 드러내 보이는 계획에 반하는 피조물의 불확실한 태도 등 이러한 흐름을 정의하는 데 꼭 필요한 모델을 제시한다. 성서의 관 점으로 보자면, 모든 현실은 언어에 의해서 지탱되고 있기 때문이다. 하나 님은 말씀으로 천지를 지으셨다. 언어를 사용할 수 있다는 능력이 인간을 처음부터 다른 피조물들과 구별되는 존재로 만들었다. 각 사람은 언어를 통해 자신의 독특한 본성, 다른 사람들 혹은 하나님과 언약 관계를 체결하 려는 의지, 그리고 다른 사람을 조종하거나 속이거나 불쌍히 여기거나 상 대에게 반응하는 능력 등을 표현한다. 구어는 성서 속에 드러난 인간과 하 나님에 관한 모든 것의 기반이며, 언어 이전의 것이거나 비언어적인 것을 말로 바꿔 표현하려는 히브리적 성향은 결국 모든 사물의 본질에 도달하고 그 실체 속으로 밀고 들어가려는 방법이다.

　말이 지배하고 있는 이야기 방식에서 시각적 요소들은 필연적으로 거의 드러나지 않게 된다. 혹시 예외적으로 어떤 장면이 시각적으로 표현될 때 작가는 말로 나온 내용을 눈에 보이는 것으로 전달할 궁리를 한다. 예를 들 어 현대의 주석가들은 다윗이 성문에 앉아서 압살롬 군대와의 전투 소식을 기다리면서(삼하 18장), 불길한 소식을 들고 들판을 가로질러 그를 향해 달려오는 첫 번째 사람과 뒤에 달려오던 두 번째 사람이 첫 번째 사람을 따 라잡는 모습을 보고 있는 장면에 감탄했다. 여기에서 주목할 부분은 이 놀 랍고도 극적인 '롱숏'2)이 다윗과 파수꾼 간의 '대화'를 통해 우리에게 전달 되고 있다는 점이다.

다윗과 아히멜렉이 놉의 한 성전에서 만나는 장면으로 잠시 돌아가보자. 본질에 도달하고 실체 속으로 밀고 들어가는 일반적인 원칙이 내러티브상의 사건이 대화로 표현될 때 어떻게 분명히 나타나는지 확인해보기 위해서다. 우선 분명한 것부터 강조하고 시작하자면, 대화 자체로부터 주의를 빼앗는 요소는 어떤 것도 그 장면에 허용되지 않는다. 우리는 다윗과 아히멜렉이 어떤 옷을 입고 있는지, 그들의 외양이 어떤지 아무런 정보도 얻지 못한다. 그리고 심지어 도엑이 다윗과 아히멜렉에게 들키지 않으면서 그들 간의 대화를 엿들을 수 있는 장소가 어디인지에 대한 단서도 얻지 못한다. (후에 다윗은 성전에 도엑이 있었던 것을 알고 있었다고 말하는데, 그렇다면 왜 고발할 가능성이 있는 그를 그대로 두었을까?) 달리 말하자면, 성서 속의 장면들은 거의 전적으로 대화로 구성되어 있다. 여기에는 적어도 내러티브상의 특별한 시점에 어떤 인물의 중요한 부분은 그 인물의 말을 통해 대부분 표명될 수 있다는 가정이 전제된다.

나는 기록된 대화가 극적인 설득력을 띠긴 하지만 완전히 사실적이라고 여겨지지는 않는다는 점을 강조하고 싶다. 물론 우리가 지금 기원전 1000년 무렵의 통상적인 구어체 히브리어가 어떠했는지 알 길은 없다. 그러나 '양식화 편향'의 영향으로 특정 단어가 특정 화자에게 할당된다는 내적인 증거들이 이 본문 속에도 몇 개가 있고, 성서의 대화들 속에 상당히 많이 존재한다. 본문 속에서 눈에 띄는 예는 다윗이 아히멜렉에게 "이러이러한 곳에서" 자기 부하들을 만나기로 했다고 말하는 장면이다. 좀 더 문자적 모방에 치중하는 작가였다면 그럴듯한 만남의 장소를 만들어냈을 것이다. 참고로 대화의 후반부에서 아히멜렉이 구체적인 지명을 언급하는 점은 주목할만하다. 그는 골리앗이 패배한 장소인 엘라 골짜기를 언급한다. 만약에 작

---

2) 카메라를 피사체로부터 멀리 두어 전경을 찍을 수 있도록 하는 촬영 방법.

가의 의도가 다윗이 아히멜렉에게 집결지를 숨기고 있음을 암시하려는 것이라면, "내가 그들에게 말해둔 장소에서"라고 자연스럽게 표현했을 것이다. "이러이러한 장소에서"라는 표현을 썼다는 것은 전환을 공식적으로 밝히지 않은 채로 다윗의 발언 속에 저자의 의도가 명백히 드러나는 표현을 집어넣었다는 것을 보여준다. 저자가 심중에 담고 있는 것은 아히멜렉의 의심을 가라앉히고 그 제사장으로부터 자기가 원하는 바를 얻어내고자 이야기를 꾸며내려는 다윗의 명백한 욕구이다. 이러한 목적을 위해서는 "이러이러한"과 같이 양식적으로 에두른 표현, 즉 다윗이 자신의 이야기를 그럴듯하게 꾸미기 위해 지어낸 'X라는 장소'가 감쪽같이 믿을 만한 특정한 지명보다 효과적이다.

어찌 되었든 양식화 방식은 아히멜렉이 다윗에게 처음 건넨 말에서부터 드러난다. 성서에서 서사와 특히 대화문은 일반적으로 독자가 알아차리고 심지어 전문 학자들이 인지하는 것 이상으로 시구나 시구 비슷한 대칭 형식으로 자주 바뀐다. 아히멜렉이 처음 다윗에게 던진 질문은 히브리 시의 운율에 정확하게 일치한다. 각 단시에 세 개의 강세부가 있고, 성서의 시가 반드시 지녀야 할 의미론적 평행을 전형적인 형태로 보여준다. "어찌 하여 홀로 있고, / 동행하는 이가 아무도 없습니까?" 이렇게 형식성을 갖춘 첫 마디는 아히멜렉이 하기에 적절해 보이는 문구이다. 제사장으로서 권위와 위엄을 갖추고 무게감 있게 말하는 자로서 자기 정체성을 즉시 드러내 준다. 그와 동시에 시구로서는 표준적인 반복이 어쩌면 산문 대화체의 흐름 속에서 아히멜렉의 느림 혹은 둔함을 암시하는 것으로 보일 수 있고, 그것은 후에 그에게 치명적인 결과로 나타난다. 아히멜렉은 너무나 당연한 사실을 너무 여유 있게 반복해서 말하는 경향을 보인다. "보통 떡은 내 수중에 없고 있는 것은 거룩한 떡뿐입니다"라고 말하고는 말미에 가서 "여기에 이것 말고는 다른 칼이 없으니, 이 칼을 가지고 싶으면 가지십시오"라고 말한다.

반면에 다윗이 말하는 것을 보면 위기의 순간에 말의 모양새가 잘 갖추어지지 않고 급박하다는 느낌을 준다. 다윗의 대화문에서 반복적 요소는 화자가 손으로 더듬더듬 어떤 대상을 찾아가는 듯한 느낌을 주고, 시의 형식적 균형을 반영하지 않는다. "떡 다섯 덩이는 있습니까? 저에게 그것을 주시고, 아니면 무엇이나 있는 대로 주십시오." 이러한 극적 효과를 주는 반복은 다윗이 무기를 구하는 중요한 요청을 하는 순간에 한층 더 확실하게 드러난다. "제사장님 수중에 지금 창이나 칼이 없습니까? 왕명이 급해서 내가 내 칼과 무기를 가져오지 못했습니다." 다윗이 한 말 중에 마지막 단어들(단 네 개의 히브리어 단어)은 늘어진 문장 형태에서 간결한 대칭구로 옮겨가고 있다. "그만한 것이 없으니, 그것을 나에게 주십시오." 그러나 이 말은 너무 짧아서 아히멜렉이 앞에서 한 말과 같은 시적인 운율을 따질 수가 없다. 이 장면의 마지막에 나오는 다윗의 말은 둘이 만나서 대화를 나누는 내내 다윗이 하는 말 속에 특징적으로 드러났던 초조함과 단호함을 완벽하게 표현하면서, 이제 군은 결심을 품고 놉을 떠나는 이후 과정과 연결된다.

  형식적 양식화와 극적 모방의 두 축을 오가는 대화는 전조를 보여주는 행동을 잔뜩 하게 되는 개별 인물의 특성을 드러낸다. 물론 이 전체 이야기가 단 하나의 구절로 요약돼 전해질 수도 있었겠지만, 작가가 이 이야기를 대화 형식을 빌려 하나의 완전한 서사적 사건으로 만든다면 본질적으로 서로 다른 두 인간형이 운명적으로 교차하는 지점을 따라갈 수 있다. 생존을 위해 거짓말로 꾸며내고 자신을 뒤따르는 위험을 의식하면서 긴장하고 있는 젊은 다윗은 부탁한다기보다 오히려 명령하는 식이고 무슨 짓이든 할 태세가 되어 있는 반면에, 나이든 제사장(그에게는 이미 장성한 아들이 있었다)은 성전으로 갑자기 찾아든 손님으로 인해 당황한 상태다. 형식을 갖추느라 동작은 굼뜨고, 자기에게 덮쳐오는 비참한 운명의 그림자를 아직 감지하지 못하고 있다.

소설에 흔히 나오는 대화를 미리 내다보게 하는 첫 번째 좋은 예를 우리는 성서 내러티브 속에서 발견한다. 인물들은 주고받는 대화를 통해 그들 간의 미묘한 상호작용과 각자의 개성을 드러낸다. 말은 복잡한 사회적, 심리적, 그리고 때로는 정치적인 협상이 이루어지는 공간으로 이해된다. 이 모든 것들이 호메로스의 서사시들과는 확실히 대조를 이룬다. 호메로스의 시에서 주인공들은 아주 장엄하고 감동적으로 수십 줄이 넘는 긴 대사를 늘어놓는다. 거기에는 진짜 대화를 주고받는 것이 없고 개인적 특성에 대한 묘사도 훨씬 제한돼 있다.

성서는 대화를 사용함으로써 대화 속에서 인물들의 차별화된 개성을 표현하는 것을 하나의 원칙으로 삼는다. 성서의 저자들은 문학적 관습에 따라 모든 등장인물이 표준적인 문학적 히브리어의 격식에 맞게 말하게 만들면서 개인의 특징이나 개인적 습관 혹은 특이한 언어적 표현들은 단편적이고 간접적으로만 사용한다. 따라서 인물들 간의 차별성은 주로 대조를 통해 나타나게 된다. 대조적 대화법이 가능한 것은 성서 내러티브의 정해진 관습 때문이다. 아주 적은 수의 예외를 제외하고는 거의 모든 장면들이 한 번에 두 명의 등장인물만 보여준다. 이것이 때로는 한 사람의 개인과 하나의 목소리로 대변되는 한 집단 간의 대화로 나타나기도 한다. 다윗이 언어를 사용하는 데서 드러나는 특징은 꽤 다른 화법을 구사하는 아히멜렉과 병치했기 때문에 보다 분명하게 나타난다.

고대 히브리의 저자들은 이 대조적 대화법이 주는 표현상의 가능성을 반복적으로 파고든다. 몇 가지 친숙한 예를 들면, 장자권을 사고파는 장면(창 25장)에서 야곱의 철저히 계산된 율법주의식 언변과 알아듣기 힘들게 감정을 분출하는 에서의 말투, 보디발의 아내가 내뱉는 외마디의 성적 요구와 이를 듣고 아연실색해 거절하는 요셉의 장문의 도덕적 호소(창 39장), 다윗이 엔게디의 동굴 밖에서 한 간절한 연설 후에 사울이 울먹이면서

한 말(삼상 24장) 등이다. 마지막 두 예가 보여주다시피 대조적 대화에서 가장 일반적인 기법은 말이 많은 한 쪽과 말이 대단히 짧은 한 쪽을 병치하는 것이다. 말의 길이 자체에 특정한 의미가 정해져 있지는 않다. 문제는 두 주인공이 각각 어떤 인물이냐, 그들이 어떤 식으로 말을 하느냐, 그리고 그들이 서로를 만나는 상황이 어떠하냐에 달려 있다. 보디발의 아내가 건넨 짧은 성적인 유혹의 말은 양식화의 예를 아주 확실히 보여준다. 이에 대해 토마스 만(Thomas Mann)은 그녀가 그보다는 더 길게 말했을 것이 **틀림없다**고 보았는데, 아닌 게 아니라 그녀를 재촉한 적나라한 성적 욕망은 물론이거니와 자신의 히브리 노예를 향해 스스로 표현할 수 있다고 생각한 지엄한 어조 또한 전달되었을 것이다. "내 아들 다윗아, 이것이 네 목소리냐?"라는 사울의 짧은 대사는 감정에 압도된 인물의 상태를 반영한다. 이 순간의 사울은 미친 듯이 추격하던 것을 잠시 멈추고 다윗과의 유대관계의 원점으로 돌아갈 수밖에 없다.

대조적 대화법이 얼마나 폭넓게 사용될 수 있는지를 보여주는 네 개의 사례를 간략히 소개해 보겠다. 열왕기상 18장에서 엘리야는 아합에게 쫓기던 도중에 아합의 궁내 대신인 오바댜를 만나게 된다. 오바댜는 격노한 이세벨로부터 여호와의 선지자들을 은밀히 백 명이나 구해냈던 인물이다. 엘리야가 오바댜에게 명하여 왕에게 그가 여기 있다고 전하라고 한다. 이 궁내 대신은 비교적 긴 연설로 대답한다.(왕상 18:9~14) 그가 말하는 모습을 보면, 왕이 죽이려고 하는 적인 엘리야의 존재를 알려야 하는 것과 관련해 자신이 위험을 당할지도 모른다는 두려움을 표현하려는 듯 허둥지둥 계속 말을 반복하고 있다. 이처럼 두려움에 떠는 오바댜의 말에 대한 엘리야의 답변은 아주 간결하고 단호하다. "내가 섬기는 만군의 여호와께서 살아 계심을 두고 맹세하오. 나는 오늘 꼭 아합을 만날 것이오."(왕상 18:15) 이러한 대화의 대조 방식은 으스스한 희극적 요소를 지니고 있으며 두 화자의 성격 차이를 극적으로 보여준다. 한 사람은 하나님을 두려워하는 사람으로서 자기 양심에 따라 어느 정도 위험을 감수하며 행동하지만, 결국에는 보통 사람들처럼 두려워하고 주저한다. 또 한 사람은 하나님의 목적을 위해 일하는 대리인으로서 예언자의 권위에 힘입어 물불 가리지 않으며 비타협적으로 행동한다.

암논과 다말의 이야기(삼하 13)에 나오는 대화는 요셉과 보디발의 아내 이야기에 등장하는 표현과 기법들을 의식적으로 암시하는 것처럼 보인다. 암논은 자신의 배다른 동생에게 보디발의 아내가 요셉을 유혹할 때 사용했던 말, "나와 동침하자"라고 하면서 "누이"라고 하는 의미심장한 단어 하나만을 더하고 있다.(삼하 13:11) 다말은 이전에 요셉이 그러했던 것처럼 조목조목 이유를 들어 거절한다. 다말의 비교적 긴 답변을 보면 암논이 단념해야 하는 이유들을 두서없이 열거하면서 그를 설득하려고 안간힘을 쓰는 모양새다. 암논은 더 이상 다른 말을 하지 않고 강간이라는 행동으로 말을 대신한다. 강제로 그녀를 범하고 난 후에 암논이 다말에게 한 말은 단 두 단어인 '쿠미 레키(קומי לכי)', 즉 "어서 나가!"(삼하 13:15)였다.

길고 짧은 것이 수사학적 계산이나 솔직함과 관계가 있는 두 가지 예가 있다. 정반대의 성격을 띤 이 두 사례는 욥기의 액자 이야기(욥 1~2)와 압살롬이 들은 상반된 조언에 관한 이야기(삼하 17)에 각각 등장한다. 욥기에 나오는 하나님의 첫 마디는 사탄에게 한 "네가 어디서 왔느냐?"(욥 1:7)라는 무뚝뚝한 질문이다. 하나님은 저자가 욥의 인물됨에 대하여 처음에 말한 것을 그대로 반복할 때만 대칭적인 반복 기법을 사용한다. 이에 반해 비교적 길게 말하는 사탄은 시구 삽입, 속담 인용에 대한 애착을 드러내면서 설득력을 최대로 높이기 위해 논쟁에 대비한 문장 구성을 한다. 간단히 말해서, 사탄은 꾸밈없이 솔직하게 말하는 하나님 곁에서 검사 역할을 행하듯 의식적인 수사법에 능한 모습이다.

압살롬의 반역 사건 이야기에 나오는 아히도벨의 조언은 군사적으로 합당한 내용이다. 이는 약 40개의 히브리어 단어로 되어 있다. 그의 조언에는 온건한 명령형 동사가 연속으로 나온다. "부디 내가 사람들을 택하게……오늘 밤에 내가 일어나 다윗을 뒤쫓도록 허락하여 주십시오."(삼하 17:1) 이 말은 아히도벨의 조언이 갖는 분위기와 내용 모두를 완벽하게 표현해준다. 조금도 시간을 지체할 여유가 없으며, 유일한 방안은 다윗이 자기 군사를 다시 모으기 전에 그를 치는 것뿐이다. 문장 자체도 어떤 기발한 수사학적 묘책을 갖출 시간이 없음을 보여준다. 이와 대조적으로 후새의 조언은 길이로 볼 때 3.5배에 달하고, 그 자체로 모든 점에서 화려한 수사학적 기법을 보여준다. 설득력 있는 직유법(성서의 내러티브에서 비유적인 언어를 사용하는 대상은 서술자가 아니라 거의 대부분 등장인물들이다)을 많이 사용하며, 그중 몇 가지는 앞서 나온 다윗 이야기의 어떤 부분을 반복한다. 후새가 지적하는 군사적 가능성에 대한 압살롬의 반응은 화자의 정교한 단어 선택에 따라 매 구절 잘 통제된다.[3] 이 교묘한 수사법이 압살롬을 망하게 할 것이고, 따라서 초반의 대조적인 대화는 진리를 간단명료하게 전하는 아히도벨의 평이한 말과 속임수를 쓰는 후새의 말을 병치하여 소개한다. 그러나 수사법이 성서에서 항상 나쁜 것만은 아니다. 대조의 기법이 여기에서는 변증법적으로 바뀌면서 압살롬은 결국 왕위를 찬탈하려는 자가 되고, 다윗에게 충성을 다하는 후새는 적법한 왕을 복위시키기 위해 말로 속이는 능력을 발휘하고 있다.

내가 대화의 탁월함에 대해 언급한 내용에서 보다시피 성서의 내러티브를 집중해서 읽는 데는 몇 가지 일반적인 원칙이 있다. 어떤 서사적 사건이

---

3) 원주: 후새의 언변에 대해서는 시몬 바-에프랏이 훌륭한 분석으로 조망해주었다. 『성서 이야기 기법』, 32~43쪽 참조.

든, 특히 새로운 이야기가 시작되는 장면에서는 대화가 맨 처음 등장하는 시점이 특별히 주목받아야 할 것이다. 대개는 등장인물이 처음으로 하는 말이 그 인물의 성격을 보여주며, 주로 무슨 말을 했느냐보다는 어떤 식으로 말하고 있느냐가 성격을 설명하는 중요한 순간을 구성한다. 대화가 어떻게 그리고 언제 시작되는지 기다려야 할 필요성만큼이나 흥미로운 것이 또 하나 있다. 그것은 어느 부분에서 대화의 비중이 높아지는가 하는 것이다. 작가가 왜 어떤 대목에서 혹은 한 장면 속의 특정한 순간을 주인공의 목소리 대신에 자신의 서술로 표현하는지 질문해볼 만하다. 성서에서 작가 자신의 설명 부분이 담당하는 주요 기능에 대해 간략하게라도 살펴보면 히브리 저자들이 이야기를 전개할 때 사용하는 특별한 리듬을 더 잘 느낄 수 있다. 서술로 시작해서 어느 순간 대화로 옮겨갔다가 또다시 짧게 혹은 길게 서술 형식으로 돌아간다. 하지만 언제나 중심은 등장인물이 나누는 확연히 눈에 띄는 대화문에 있다. 그들의 대화는 서로가 상대를 파악하게 하고, 자신과 하나님과의 관계를 드러내거나 확증하는 수단이 된다. 말의 힘을 통해 이 같은 서사가 전개된다.

서술이 가장 보편적으로 사용되는 경우는 어떤 장면을 보여주기보다는 역사적 사건들의 전모를 요약해주는 역사서일 것이다. 예를 들어 열왕기는 거의 끊임없는 서술로 전개된다. 이는 열왕기가 전쟁과 정치적 음모, 국가적 차원의 종교적 죄와 그에 따른 역사적 결과들을 연대순으로 기술하는 데 목적이 있기 때문이다. 자신의 운명을 깨닫기까지 누군가와 혹은 상황과 맞서서 투쟁하는 개성 강한 인물들을 만들어내는 허구적 상상력은 이러한 분야에는 적합하지 않다.

역사화된 픽션에서 상대적으로 짧은 기록이 중요한 구성 요소가 되는 경우도 아주 재미있다. 사무엘하 10장과 11장은 그러한 대조적 구성을 잘 보여준다. 10장은 이스라엘이 아모리인과 아람인 연합군에 대항하여 싸우는 장면을 기술한다. 10장의 전반부는 적대 관계가 형성되는 외교적 사건으로 시작해서 첫 번째 전투를 앞두고 요압이 이스라엘 군대를 격려하는 내용으로 끝나는데, 서술 중간에 간간이 대화문이 끼어 있다. 후반부에는 요압의 첫 승리와 예루살렘 귀환, 이스라엘에 대항하는 동쪽 동맹군의 정치·군사적 움직임, 그리고 그 연합군의 영토를 성공적으로 공격하는 이스라엘의 승리 등이 연속적으로 서술된다. 그런데 이 후반부에서 실제 사건이 진행된 시간과 그것을 서술하는 시간 사이의 불균형이 아주 두드러진다. 여러 달에 걸쳐 전개된 복잡한 사건들이 단 몇 절로 소개되면서 서사적 사건에 대한 제대로 된 설명이 나오지 않는다. 예를 들어 전쟁에서 거둔 승리가 다음과 같이 아주 간단하게 요약된다. "그런 다음에 요압이 그의 부대를 거느리고 아람 사람들과 싸우러 나아가니, 그들이 요압 앞에서 도망하여 버렸다."(삼하 10:13)

그런데 10장에 나오는 이 전쟁사 뒤에 곧바로 이어지는 내용이 11장의 다윗과 밧세바 사건이다. 도덕적이고 심리적인 의미와 그런 의미가 지닌 가능성으로 빼곡히 차 있는 이 인상적인 이야기는 요압이 암몬 족속의 수도인 랍바를 에워쌌다는 사실을 알려주면서 시작한다. 사무엘하 11장은 "그리고 해가 바뀌어 왕들이 출전할 때가 되자"라고 하는 아주 기가 막힌 전환 구절로 문을 연다. 이것은 앞서 기록한 민족적, 역사적 사건들의 시각과 다윗의 간음 및 살인 사건을 확실하게 연결해준다. 서사의 관점이 다윗에게 옮겨가 집중되면서 독자들은 몇몇 주석가들이 적절히 지적했다시피 무언가를 떠올리게 된다. 곧 이스라엘의 왕이 낮잠을 즐긴 후 이웃집 옥상에서 목욕하는 미녀를 훔쳐보는 동안, 10장에 언급된 마지막 전투를 비롯해 과거 수차례에 걸쳐 자기네 군주인 다윗이 몸소 진두지휘해 그 뒤를 따랐던 이스라엘 군대는 암몬의 먼지 자욱한 전쟁터에서 국가의 안위를 위해 목숨을 걸고 싸우고 있다는 사실을 말이다.

11장의 처음 몇 구절은 아직 서술 형식이 두드러지긴 하지만 특정한 행동에 초점이 맞춰져 있다. 다윗은 왕궁 옥상에서 거니는 중이고, 밧세바는 자기 집 옥상에서 목욕을 하고 있다. 다윗은 먼저 이 아름다운 여인이 누구인지 알아보려고 사람을 보내고, 다음에는 그녀를 자기 침실로 불러오도록 지시한다. 이 시점에서 성서에 자주 등장하는 전개 방식이 사용된다. 하나의 행동과 그 행동의 중대한 결과, 즉 다윗과 밧세바의 동침에서 그녀의 임신으로 이어지는 이야기를 요약해주는 시간 이동이 특징적으로 나타난다. 5절 끝부분에 밧세바가 왕에게 사람을 보내어 "내가 임신하였습니다"라는 단 두 마디를 전하는 대목에서부터 이 이야기의 결말 부분까지는 대화를 통한 서술이 주로 사용된다. 중요한 부분을 차지하는 이 이야기는 사실 대화에서 발화된 것과 발화되지 않은 것을 통해 어떻게 모호성이 설정되는지, 그리고 등장인물들이 자기가 되풀이해서 말하거나 보고하거나 다른 사람의 말을 왜곡하는 것을 통해 자신을 어떻게 드러내는지 가장 풍부하고도 예리하게 보여주는 성서 속 사례 중 하나다. 앞 장에서 전쟁에 관해 간추려 말하는 서술 방식은 앞서 말한 내용과 비교해 일종의 구조적인 대조를 보여준다. 일련의 사건과 그 결과로 다윗의 궁전에 닥칠 재난과 관련한 복잡한 의미를 부여하기에 앞서 이야기 진행 속도라는 면에서 변화를 주고 있다. 그러나 보다 중요한 점은 10장에서 보여주는 장기적 관점이 그 뒤에 나오는 이야기를 위한 해석의 틀을 제공한다는 것이다. 즉, 왕에 대한 참된 도덕적 평가는 정치적·역사적 결과와 무관할 수 없다는 점을 시작부터 우리에게 상기시킨다.

대화가 주도하는 서사적 사건을 설명하는 가운데 서술 형식을 더 작은 규모로 사용하기로 결정할 때 고려해야 할 사항은 꽤나 여러 가지다. 이러한 고려 사항을 일일이 찾아서 정리하는 것은 지루한 일이겠지만, 대화를 둘러싸거나 혹은 대화와 뒤섞이면서 존재하는 서술의 기능에 크게 세 종류가 있다는 데 주목한다면 성서 내러티브의 원동력을 이해하는 데 도움이 될 것이다. 그 세 가지는 다음과 같다. 첫째, 플롯의 전개를 위해서는 꼭 필요하지만 대화를 통해서는 쉽게 혹은 적절히 표현하기 어려운 어떤 행동(다른 행동들은 거의 전해지지 않는다)을 전달한다. 둘째, 플롯에 부수적인 자료를 전달하는데, 성격상 설명적인 자료라 행동들이 포함되어 있지 않으므로 엄밀히 말해서 종종 플롯의 일부가 아닌 자료를 전달한다. 셋째, 등장인물들이 한 직접적인 대화에 나온 진술에 초점을 맞춘다거나 그 말을 그대로 반복하거나 입증하거나 반박한다. (나는 이런 경우를 대화와 연계된 서술이라고 부른다.) 몇 가지의 예를 통해 이런 다른 기능이 실제로 어떻게 쓰이는지를 보여주겠다. 먼저 대화와 연계된 서술부터 살펴보자. 앞에서 놉의 성전에서 있었던 사건을 통해 이러한 예를 이미 보았기 때문이다.

서술상에 드러난 말과 실제 대화에서 되풀이된 말 사이에 아무런 차이가 없는 경우 혹은 그 반대의 경우, 일반적으로 그 반복이 주는 효과는 화자가 말을 할 때 선택한 특정 단어를 강조하는 것이다. 요압의 동생 아사헬은 달음질이 빨랐는데, 이 재주 덕분에 전쟁터의 노련한 싸움꾼 아브넬을 쫓아간다.(삼하 2:19~21). 서술자는 이 장면을 말하면서, "아사헬이 오른쪽으로나 왼쪽으로 빗나가지 아니하고 아브넬을 뒤쫓았다"고 전한다. 잠시 후 달아나던 아브넬이 아사헬을 발견하고는 "너는 오른쪽으로나 왼쪽으로나 가서 젊은이나 하나 붙잡아"라고 소리친다. 여기서 추격이라는 사실은 플롯에 꼭 필요한 요소로서 내가 행위라고 부르는 것이며, 대화를 통해 전달하기에는 어딘지 어색한 면이 있었을 것이다. 그러나 좌나 우로 치우치지 않았다는 전체 절은 성서 내러티브의 경제성의 기준으로 볼 때 꼭 필요하지는 않다. 여기서 내가 주장하는 바는 그것이 곧바로 이어지는 대화와 어느 정도 연결되기 때문에 씌어졌다는 것이다. 다시 말해서 아브넬의 진술에서 느껴지는 언어적 기대감으로 인해 독자는 경솔한 아사헬을 향해 던진 아브넬의 요청의 말에서 극적 긴장감을 최고조로 느낀다. 그의 묵직한 말이 의미하는 바는 이렇다. 너는 지금 물불 가리지 않고 추격에 임하고 있다. 네가 만약 이쪽으로나 저쪽으로 조금만 치우쳐서 간다면 너는 얼마든지 영광을 차지할 기회를 얻을 것이다. 그러나 만약 내 뒤를 추격하는 이 지독한 직진 행로를 고집한다면 필연코 죽게 될 것이다. 좌우로 치우치지 않는다는 이 일상적인 관용구는 반복의 기법을 통해 생존의 기하학이라는 구체적인 이미지로 전환된다.

대화와 연계된 서술은 등장인물이 사실을 바꿔 말하는 용어와 객관적 보고 사이에서 작지만 중요한 불일치를 보여주는 경우에 쓰일 때가 훨씬 많다. 열왕기상 21장 13~15절에서 이세벨의 선동으로 나봇이 돌에 맞아 죽었을 때, 기본적인 내러티브상의 사실들은 다음 순서로 되풀이된다. 먼저 서술자는 "무리가 그를 성읍 밖으로 끌고 나가서 돌로 쳤고, 그가 죽었다"라고 전한다. 그다음 절에서 왕의 심부름꾼들이 이세벨에게 보고할 때는 이렇게 간략하게 바꿔서 말한다. "나봇이 돌에 맞아 죽었나이다." 이세벨은 아합에게 이 사실을 의기양양하게 전하면서 아합이 탐내던 포도원을 당장에 취할 수 있다고 말머리를 단다. 그런데 여기서 이세벨은 앞서 전달된 말을 자기식으로 바꿔 말한다. "나봇이 살아 있지 않고 죽었습니다." 이 사소한 동어 반복은 아직도 주저하는 자기 남편에게 나봇이 실제로 처리되었다는 확신을 주려는 의도일 수도 있고 혹은 단음절로 된 "죽음"(메트 מֵת)이라는 단어를 한 순간이나마 뒤로 물리려는 뜻이었을 수도 있다. 이세벨이 당연히 의도적으로 생략한 내용은 나봇이 어떻게 죽었는지에 관한 추악한 사실이다. 나봇은 이세벨이 날조한 혐의를 뒤집어쓴 뒤 돌로 쳐 죽이라는 판결을 받았다. 대화와 연관해서 예상되는 부분이 있으므로 인물의 성격적 특징이 강조된다.[4]

대화와 연계된 서술 중에 또 다른 종류는 대화를 그대로 똑같이 옮기지 않고 다만 그러한 언급이 있었다는 사실만을 전달하는 것이다. 이런 범주에 들어가는 가장 단순하면서도 보편적인 예는 대화 중에 화자의 말을 직접 인용하는 정형화된 구절인 "그리고 그가 말하였다", "그리고 그가 대답하여 말하였다"와 같은 것들이다. 물론 이러한 구절들이 매우 기계적인 장치이긴 하나 미리 주의를 받은 독자는 정형화된 구절들이 앞선 진술, 또는 화자가 이어서 내놓으려는 대답에 부합해서 변화하는지를 고려하게 된다.

실제로 대화를 도입하는 이러한 전형적 구절이 반복적으로 변형되면서 흥미로운 표현적 기능을 한다. 꽤 여러 경우에서 우리는 다음과 같은 순서를 발견한다. "그리고 X가 Y에게 말했다." 그다음에는 우리가 당연히 기대할 수 있듯이 X의 말이 따라 나온다. 그리고 Y의 답이 없는 상태에서 "그리고 X가 Y에게 말했다"라는 대화를 소개하는 처음의 공식구가 다시 반복되면서 X의 말이 더 나온다. 대화의 상대방은 이제 무엇인가 반응을 보일 수도 있고 아닐 수도 있다. 방금 묘사한 이러한 패턴을 보이는 경우는 거의 언제나 당황하거나 놀라거나 혼란스러워하거나 그와 유사한 어떤 상태 때문에 Y가 X에게 응답하는 데 문제가 있음을 뜻한다. 수십 개에 달하는 이러한 사례는 이것이 분명 하나의 공인된 관습이었다는 설득력 있는 증거가 된다.

예를 들어, 몹시 화가 난 그랄 왕이 아브라함에게 왜 사라를 누이라고 속여서 자기로 하여금 왕궁으로 데려가도록 했는지를 묻는 장면이 다음과 같이 묘사된다.(창 20:9~10)

아비멜렉이 아브라함을 불러서 그에게 말하였다. "네가 어찌하여 우리에게 이렇게 하느냐? 내가 무슨 잘못을 네게 저질렀기에, 나와 내 나라

---

4) 원주: 일탈된 반복의 사용에 대한 좀 더 정교한 사례들은 5장에서 다룰 것이다.

가 이 크나큰 죄에 빠질 뻔하게 하였느냐? 네가 나에게 해서는 안 될 일을 저질렀도다." 아비멜렉이 또 아브라함에게 말하였다. "도대체 무슨 생각으로 이런 일을 저질렀느냐?"

이 예에서 보다시피, 아비멜렉의 두 번째 대사는 아브라함의 옹색한 침묵에 뒤이어 처음에 한 말을 간략하게 그러나 똑같이 분노를 담아 되풀이한 것이다. 아브라함이 마침내 대답하는데 좀 복잡하기도 하고 뭔가 투명하지 않은 해명을 한다. 사라가 어떤 의미에서는 실제로 자기의 누이이기도 하고 아니기도 하다는 설명이다. 이렇게 대화를 시작하는 정형화된 구절이 반복되면 독자는 아브라함이 대답하는 데 뭔가 어려움이 있다는 암시를 받는다. 성서 내러티브를 접하는 현대의 독자들은 이런 특정한 구절을 읽을 때 형식적인 단서를 민감하게 포착해야 한다.

앞서 살펴보았다시피 인용이 더 일반적인 원칙이긴 하지만 앞에 나온 말을 실제로 다 인용하기보다는 요약해서 전달하는 경우가 꽤 많다. 다시 말하지만, 내러티브의 어떤 특정한 변곡점에서 저자가 대화를 쓰지 않고 대신 요약을 하는지 의문을 품을 필요가 있다. 이러한 차이가 나타나는 이유는 내러티브마다 다르지만 다음과 같은 경우들이 있다. 서술의 어떤 지점에서 속도를 낼 필요가 있을 경우, 혹은 지나친 반복을 피하고 싶을 경우(만일 저자가 이미 세 번이나 같은 것을 반복했다면 네 번째는 피하고 싶을 것이다), 그리고 발언의 내용을 감추거나 품위 있게 전달하거나 혹은 옮길 가치가 없다고 느끼는 경우 등이다.

어린 목동 다윗이 자기 형들에게 줄 양식을 집에서 가지고 이스라엘 진영에 도착하자마자(삼상 17:23), 서술자는 사전에 아무런 대화를 인용하지 않았으면서도 다음과 같이 말한다. **"(다윗이) 형들과 이야기하고 있는 동안에** 보니, 마침 블레셋 사람 쪽에서 가드 사람 골리앗이라는 장수가 그 대열에서 나와서 **전과 똑같은 말로 싸움을 걸었고** 다윗이 그 소리를 들었다."
이 구절에는 인용되지 않은 말에 대한 두 가지 언급이 나온다. 하나는 시작
부분에, 다른 하나는 끝부분에 있다. 첫 번째 경우는 작가가 다윗이 형들과
재회하면서 나누는 잡담에 관심이 없다는 것을 보여주고 있다. 잠시 후 다
윗이 이스라엘을 모욕하는 블레셋인을 맹비난할 때 다윗과 그의 맏형인 엘
리압 사이에 오갔던 실제 대화는 작가가 전해준다.(28~29절) 이는 건방진
어린 동생을 참을 수 없는 형의 모습을 생생하게 묘사해주고, 그러한 대치
가 다윗의 갑작스러운 등장을 다루는 전체 이야기와 주제상 관련돼 있기
때문이다. 다윗이 처음 형들과 만나는 장면을 이야기하는 데서는 단지 말
하고 있었다는 것만이 중요했고 실제로 무슨 말이 오갔는지는 중요하지 않
다. 그에 반해 앞서 인용된 골리앗의 도발하는 발언은 간접적으로 언급은
되지만 여기에 인용되지는 않는다. 그 이유는 저자의 생각에 그러한 불경
스러운 욕설로 우리(이스라엘인들)의 귀를 괴롭게 하는 것은 한 번이면 족
했기 때문이다. 어찌 되었든 지금 시점에서는 이스라엘 군인들 가운데 다
윗 한 사람에게 이야기의 초점을 확실히 맞추면서 이제 다윗이 그 거대한
블레셋인과 직접 싸우겠다고 하는 전례 없는 제안을 하는 순간을 향해 나
아갈 필요가 있다.

　마지막으로, 말한 사실을 보고하거나 말한 내용을 요약한 것에 대한 보
완은 자주 나오는 형식은 아니지만, 이는 독자가 어떤 말을 듣기를 기대하
는 대목에서 등장인물이 말을 삼갔다는 사실을 서술자가 알려주는 경우이
다. 다른 사례를 들어 살펴보게 될 텐데, 성서가 보다 일반적으로 사용하는
방법은 아무런 설명 없이 한쪽 편 화자의 입을 닫아두고 독자로 하여금 왜
대화가 가로막혔는지를 생각해보게 하는 것이다. 서술 과정에서 실제로 누
군가의 침묵이 따로 분리된 듯 설정돼 있다면, 말을 거부하거나 피하고 있
다는 사실 자체가 플롯의 연결상 중요한 고리 역할을 한다는 추론이 가능

하다. 사울 집안의 군사령관 아브넬이 사울의 후계자인 이스보셋을 맹렬히 꾸짖는 장면에서 서술자는 수고스럽게도 다음과 같은 설명을 덧붙인다. "이스보셋은 아브넬이 두려워서 그에게 다시는 말 한마디도 하지 못하였다."(삼하 3:11) 보충 설명이 붙은 이 침묵은 정치적인 중요성을 띤다. 겁많은 이스보셋이 왕이 되기에는 적합하지 못하다는 점을 증명하며, 아브넬이 다윗의 편으로 돌아서게 되는 원인을 설명하기 때문에 언급할 만한 가치가 있는 내용이다. 이보다 훨씬 더 눈에 띄는 예는 암논이 다말을 강간한 후 다윗과 압살롬이 모두 침묵했던 것을 꼭 집어서 지적해놓은 대목이다.(삼하 13:21~22) 왕으로서 다윗이 말을 못한다는 것은 가정 문제와 정치 영역에서 무능함을 드러내면서 이 시점 이후로 자기 집과 그의 통치 영역에 덮쳐올 재앙과 직접적으로 연결된다. 압살롬이 성범죄를 저지른 자에 대해 언급을 거부한다는 것은 정반대의 의미로 심상치 않은 조짐을 보여준다. 때가 되면 본때를 보여주겠다는 내면의 결의를 명백히 나타내며 결국에는 살인과 반역으로 끝나는 이야기의 전조가 된다.

성서에서 서술을 사용하는 이유와 관련해서 다른 두 경우 중 하나는 꼭 필요한 서사 자료를 기록하는 것이다. 이는 따로 설명할 필요도 없는 부분이다. 성서 내러티브 속에는 사실상 '자유 모티프'5)란 존재하지 않는다. 고대 히브리 작가는 이를테면 등장인물이 느릿느릿 양팔을 뻗었다는 것을 단순히 사람들이 하는 익숙한 행위를 모사하는 재미를 위해서 썼다고는 절대 이야기하지 않을 것이다. 그러나 죽기 직전의 야곱이 요셉의 두 아들을 축복하기 위해 두 손을 내밀었을 때 두 손을 엇갈렸다는 것은 의도적으로 지

5) 원주: 자유 모티프와 한정 모티프의 구분은 토마솁스키(Boris Tomashevsky)가 먼저 주장했다. 여기서 한정 모티프란 플롯을 본질적으로 바꾸지 않고는 삭제할 수 없는 세부 항목을 뜻한다. "Thematics", *Russian Formalist Criticism*, L.T. Lemon & M.J. Reis edt.(링컨, 네브래스카, 1965), 66~95쪽.

적한다. 왜냐하면 그러한 행동은 중요한 의미를 갖고 있기 때문이다. 즉, 오른손으로 축복을 받는 특권을 큰아들이 아니라 작은아들에게 준다는 뜻이다. 따라서 언급된 모든 내용은 이야기의 전개에서 꼭 필요하다고 전제할 수 있다. 그런데 가끔은 행동들이 전달되는 속도 속에 특별한 단서가 들어 있기도 하다. 성서의 서술은 본질상 동사들이 주도하는 경향이 있고 사이사이 갑자기 아주 집약적으로, 또는 여러 개의 동사들이 연속해서 하나의 주어에 연결돼 등장하는 경우가 있다. 이것은 어떤 행위가 강도 높게 집중적으로 이뤄지고 빠르게 진행되거나 오직 한 가지 목표만을 향해 나아가는 상태를 나타낸다(리브가가 이삭을 속이기 위해 음식을 준비할 때, 다윗이 전쟁터에서 골리앗을 물리칠 때).

서술의 마지막 남은 기능은 우리가 '해설적 정보'라고 생각하는 부분이다. 전형적인 성서의 이야기들, 예를 들어 룻기의 시작 부분과 욥기의 시작 부분, 사무엘서의 시작 부분, 사무엘상 9장에서 사울에 관한 이야기가 시작되는 부분, 사무엘하 12장에 등장하는 가난한 자의 암양 새끼에 대한 비유가 시작되는 부분 등은 주인공이나 등장인물들의 이름, 그들의 지리적 위치, 중요한 가족관계, 그리고 어떤 경우에는 주인공의 도덕적, 사회적, 혹은 신체적 특징 등을 간략하게 소개하는 것으로 시작된다. 여기에서 눈여겨볼 점은 이 초반의 설명에는 원칙적으로 동사가 사용되지 않는다는 것이다.

예외적으로 '~이다'를 나타내는 be동사가 쓰일 때가 있지만 내가 관찰한 바로는 원문에는 거의 나타나지 않는다. 초반의 해설 부분은 선시간적(pretemporal) 성격을 띠며 시간상의 특정한 시점에 관계되지 않는 정보를 정적으로 나열하고, 본격적인 이야기가 시작되기 전의 사실을 제공한다.

많은 예에서 이러한 선시간적 구절들 뒤에는 진짜 동사들을 수반하는 전환구가 따라 나온다. 그러나 동사들에 수반되는 부사구들의 의미에 따라(이 부사구들이 없으면 성서의 동사는 그 시제가 모호하다)[6] 그 동사들은 반복적 혹은 습관적인 것으로 해석되어야 한다. 이것이 의미하는 바는 행위와 무관한 도입부가 나오고 사건들이 등장하는데, 이것은 관습적으로 양식화된 행동의 배경 역할을 하며 오직 반복을 통해서만 실제 플롯에 기여한다는 것이다. 마지막으로 서술은 구체적인 시점(제라르 주네트[Gérard Genette]는 이 시점을 반복성이 없다는 의미에서 "단기적[singulative]"이라고 부른다)[7]에 일어나는 일련의 행동들을 보고하는 것으로 옮겨가며, 당연히 이 시점 이후에는 일반적으로 대화가 등장한다.

자잘한 해설은 이야기 중간 적절한 시점에 밝혀질 때까지 유보된다. 라헬의 아름다움은 그녀가 처음 등장했을 때가 아니라 야곱이 라헬을 사랑했다는 사실이 드러나기 직전에 언급된다. X가 Y를 사랑했다, 미워했다, 존경했다, 긍휼히 여겼다 등과 같은 단순한 형식, 혹은 X가 괴로워했다, X가 기뻐했다와 같이 상관관계가 없는 진술에서 드러나는 태도를 노골적으로 알리는 내용은 본질적으로 설명적인 주장이다. 즉, 이와 같은 표현은 우리에게 어떤 행위를 전달해주는 것이 아니라, 어떤 행동에 색깔을 입히고, 영향을 주며, 이유를 제시하는 내적인 조건들을 알려주는 것이다. 소설이라면 분명 이러한 구분에 대해 이의를 제기할 수도 있을 것이다. 왜냐하면 보통 등장인물들이 느끼는 것이 실제로 일어난 일들이기 때문이다. 예를 들어 버지니아 울프의 작품이나 헨리 제임스의 후기 소설들을 보라. 그러나 나는 성서 내러티브에서는 이러한 구분이 일반적으로 발화된 말과 실제의 행동에 단단히 밀착해서 적용된다고 본다.

서술 중간에 설명을 목적으로 신체적 특징을 조목조목 들려주는 유사한 예가 있다. 다윗의 등장을 다루는 서로 다른 두 가지 버전 중에서 두 번째

---

6) 성서 히브리어의 동사에는 과거, 현재, 미래와 같은 시제 구분이 없다. 다만 현대 히브리어는 시제를 새로 만들어서 사용하고 있다.

7) 원주: 『수사 3 Figures Ⅲ』(파리, 1972), 146쪽.

본문에 그런 서술이 나온다.(삼상 17:42) 여기에서 다윗의 불그스레함(혹은 붉은색 머리칼. 원어가 어느 것을 의미하는지는 불분명하다)과 그의 잘생긴 외모에 대해서는 골리앗이 싸움터에서 다윗을 발견할 때 비로소 언급된다. 당연히 그런 결정적인 순간에 그와 같은 외양적 특징은 골리앗의 눈에 확 띌 수 있고, 그 자체가 예상치 못한 일격에 앞서서 당하는 모욕일 수 있다. 아직 어린 소년이고 눈에 띄게 머리털이 붉은 예쁘장한 사내아이(이것이 골리앗의 시각을 그대로 따라 정리한 원문상의 정확한 순서이다)가 블레셋의 가장 싸움 잘하는 전사와 대항하는 자리에 나타났다. 전면적인 묘사는 거의 이루어지지 않지만, 아주 예외적으로 골리앗에 대한 설명이 나오긴 한다. 그를 묘사하는 네 개의 절이 있다.(삼상 17:4~7) 이야기의 시작 부분에 그의 갑옷과 무기, 그리고 그의 키, 장비의 크기와 무게를 자세히 열거한다. 이렇게 물리적 사실들을 예외적으로 자세히 소개하는 목적은 뻔하다. 골리앗은 철과 동으로 무장한 사람이자 터무니없다 싶을 만큼 엄청나게 영웅적인 모습으로 형상화돼 행동에 임한다. 힘 하면 떠오르는 진부한 개념에 어울리는 이 거대한 영웅적 인물이 한 영리한 목동의 물맷돌에 쓰러지는 장면이 유독 두드러져 보인다.

성서에 나오는 내러티브의 다양한 설명 방식을 한데 모아 개괄적으로 살펴보기 위해 사무엘의 탄생에 관한 이야기를 살펴보자. 여기에는 복잡한 이야기의 시작 부분에 나오는 설명, 서술, 그리고 대사가 서로 영향을 미치며 순서에 따라 잘 정리돼 있다.(삼상 1장)[8]

1. 에브라임 산지 라마다임 소빔에 에브라임 사람 엘가나라 하는 사람이

---

8) 원주: 이 장에 잘 정리된 해설은 나의 제자 카나 크론펠트(Chana Kronfeld)가 쓴 한나 이야기에 관한 통찰력 있는 세미나 논문의 도움을 받았다. 그녀는 또한 여기서 전형장면의 기능을 자세히 논하는데, 내가 주장하게 될 것과는 다른 강조점을 보여준다.

살고 있었다. 그는 여로함의 아들이요, 엘리후의 손자요, 도후의 증손이요, 숩의 현손이었다. 2. 그에게 두 아내가 있었는데, 한 사람의 이름은 한나요, 한 사람의 이름은 브닌나였다. 브닌나에게는 자식이 있고, 한나에게는 자식이 없었다.

이 이야기는 아주 명백하게 선시간적 해설로 시작한다. 주인공과 그녀의 남편, 또 다른 부인, 그들의 고향, 그리고 남편의 족보 등이 소개된다. 여기에 사용된 유일한 동사는 be동사이다. '가지다'라는 뜻의 이 단어는 히브리어에서는 관용적으로 "누구에게 속하다"라고 쓰인다. 잠시 동안 엘가나가 주인공인 것처럼 소개된다. 성서문학의 남성 중심적 관습상 여자가 아니라 남자를 먼저 소개하고 그 남자를 기준으로 해서 관계를 설명해야 한다. 그렇지만 앞으로 전개될 한나의 이야기에서는 여자가 주인공이고, 그러한 방향 설정은 일찌감치 2절부터 나타난다. 성서의 여자 주인공이 등장할 때면 전형적으로 나타나는 내용, 즉 잉태하지 못하는 여인에게서 태어날 영웅의 탄생에 대한 수태고지로 시작된다. (여기에서 한나의 괴로움은 사라와 하갈, 라헬과 레아의 경우처럼 사랑은 덜 받지만 자식은 잘 낳는 다른 부인의 상황과 병치하는 데서 더욱 두드러진다.) 선시간적 해설은 이렇게 간략하게 마무리되고, 서술은 반복적 시제가 쓰인 전환 문장(3절)으로 이어진다. "이 사람이 매년 자기 성읍에서 나와서 실로에 올라가 만군의 여호와께 예배하며 제사를 드렸는데, 엘리의 두 아들 홉니와 비느하스가 여호와의 제사장으로 거기에 있었다." 습관적인 행위를 언급하면서 미래에 사무엘에게 도전받게 될 부패한 두 제사장도 소개한다. 이로써 해설은 끝나고, 이제 중심 플롯이 전개될 것처럼 보인다. 그다음 구절들이 어떤 구체적인 순간을 가리키는 것처럼 보이는 내용으로 시작되기 때문이다.

4. 그리고 그날이 돌아와서 엘가나는 제사를 드리고 제물의 분깃을 그의 아내 브닌나와 그의 모든 아들딸에게 나누어주곤 하였다. 5. 그러나 한나에게는 갑절을 주었으니 이는 한나를 사랑하였기 때문이다. 그리고 여호와께서 한나의 태를 닫아놓으셨다. 6. 여호와께서 한나의 태를 닫아놓으셨으므로 그의 적수인 브닌나가 한나를 화나게 하려고 몹시 괴롭히곤 하였다. 7. 그리하여 매년 이런 일이 거듭되었다. 한나가 여호와의 집에 올라갈 때마다 브닌나가 한나의 마음을 늘 그렇게 괴롭혔으므로 한나는 울기만 하고 아무것도 먹지 않았다. 8. 그의 남편 엘가나가 한나에게 말하였다. "왜 울기만 하고 먹지 않으려 하오? 어찌하여 그대의 마음이 슬픈 것이오? 내가 그대에게 열 아들보다 낫지 않소?"

"그날이 돌아와서"라는 구절은 욥기의 액자 구조 속에 등장하는 천상의 회의 장면에서도 소개된다. 이 정형화된 문구는 이제 본론이 시작되었음을 알려주지만, 7절은 희생 제물의 분량과 두 부인 간의 다툼에 관련한 소소한 드라마가 매년 재현되었음을 명확히 짚어준다. 이 구절 속에 소개된 행동은 이른바 유사 단기적 시제(pseudo-singulative tense)로 기록된다. 우리는 임신하지 못하는 한나가 놀림을 당하며 겪는 고난이 단 한 번 일어난 일이라고 순간적으로 생각할 수 있다. 하지만 그게 아니라 그녀가 이 고통을 매년 겪어야 한다는 사실이 분명해진다. 두 부인 간의 충돌을 간략하게 다루는 내용이 대화 속에서 눈에 띄게 다뤄진다. 주기적으로 일어나는 일로서 상태가 드러나는 것이다. 어찌 되었든 사랑하는 부인을 위로하려는 엘가나의 감동적인 노력이 비록 주기적으로 반복되는 행동이라 해도 이 부분에 대한 해설의 극적 결론으로 직접 인용되면서 강조된다. 이것은 엘가나가 엘리 제사장이 등장하도록 이 장면에서 떠나야 하기 전에(대화에 관한 관습상의 조건에 따르면 한 번에 단 두 사람만이 등장할 수 있다) 한나에 대한 자신의 극진한 사랑을 보다 극적으로 표현하기 위한 방법이기도 하다. 여기에서 한나가 남편의 반복적인 호소에 아무런 반응을 보이지 않고 있다는 점에 주목해야 한다. 이 해설 속에서 한나는 브닌나의 악한 말이나 엘가나의 선한 말에 대하여 아무런 대꾸도 하지 않으면서 고통을 감수한다. 그러다 그녀가 마침내 입을 열었을 때 그 첫 대상은 하나님이었다. 이는 한나의 존엄성과 운명을 예고하는 공식적인 표징이다. 이제 더 이상 구체적인 장면을 보여주지 않고 내러티브는 핵심적 사건으로 들어간다.

9. 그들이 실로에서 먹고 마신 후에 한나가 일어나서 자리를 떴다. 그때에 제사장 엘리는 여호와의 전 문설주 곁 의자에 앉아 있었다. 10. 한나가 마음이 괴로워서 내내 통곡하면서 여호와께 기도하였다. 11. 그리고 한나가 서원하여 아뢰었다. "만군의 여호와여, 만일 주께서 주의 여종의 고통을 돌보시고 나를 기억하사 주의 여종을 잊지 아니하시고 주의 여종에게 아들을 주시면, 저는 그 아이의 한평생을 여호와께 바치고 삭도를 그의 머리에 대지 않겠습니다." 12. 한나가 여호와 앞에 계속 기도하는 동안에 엘리가 한나의 입을 지켜보고 있었다. 13. 한나가 속으로 말하고 있어 입술만 움직이고 음성은 들리지 아니하므로 엘리는 한나가 취한 줄로 생각하였다. 14. 엘리가 그에게 말하였다.

"언제까지 술에 취해 있을 것이오?

포도주를 끊으시오!"

15. 한나가 대답하여 말하였다. "아닙니다, 제사장님! 저는 마음이 슬픈 여자일 뿐입니다. 포도주나 독주를 마신 것이 아닙니다. 다만 여호와 앞에 제 마음을 쏟아놓았을 뿐입니다. 16. 당신의 여종을 악한 여자로 여기지 마시기 바랍니다. 너무나도 원통하고 괴로워서 이렇게 지금까지 기도를 드리고 있습니다. 17. 엘리가 대답하여 말하였다. "평안히 가시오.

이스라엘의 하나님이 그대가 간구한 것을 이루어주실 것이오." 18. 한나가 말하였다. "당신의 여종이 당신께 은혜 입기를 원하나이다." 그리고 한나는 물러가서 음식을 먹고 다시는 얼굴에 슬픈 기색을 띠지 않았다. 19. 다음 날 아침, 그들은 일찍 일어나 여호와 앞에 경배를 드리고 나서, 라마에 있는 집으로 돌아왔다. 엘가나가 그의 아내 한나와 동침하니 여호와께서 한나를 기억하여 주셨다.

앞서 보았듯 비통한 한나는 매년 또는 계절마다 올리는 제사 후에 먹고 마시는 흥겨운 잔치에 번번이 참여하지 않으려고 한다. 이 잔치는 해설을 중심 내러티브에 묶어주는 십자수 역할을 한다. 연결에 관한 또 다른 직유를 들자면, 희생 제사 후에 갖는 이 잔치는 마치 영화의 두 신 사이에 삽입된 '**잘못된 장면연결**(faux raccord)'처럼 기능한다. 먼저 우리는 엘가나의 반복되는 대화를 통해 해마다 잔치가 치러진다는 것과 한나가 연례행사처럼 먹기를 거부하며 운다는 사실을 알게 된다. 그런 다음, 이 가족이 그 같은 잔치를 막 끝내는 장면이 나오고, 눈물 흘리며 금식하던 한나가 하나님에게 기도하면서 이제 홀로 특별한 순간을 맞는 장면을 보게 된다. 이로써 그녀는 역사 속으로 들어가게 될 것이다. 작가는 오직 두 개의 절만 할애하는데, 첫 번째 절에서는 한나와 엘리 제사장의 시공간상 정보를 알려주고, 두 번째 절에서는 한나를 애통함 속에 계속 울고 있는 인물로 그린다. 그런 연후에 작가는 한나의 직접적인 발언 속으로 본격적으로 들어가는데, 이를 통해 그녀의 사람됨과 운명이 가장 선명하게 드러날 것이다. 이제 한나의 이야기가 시작된다. 일방적인 대화(물론 성서에는 인간과 하나님 간에 양방향으로 대화가 오가는 경우가 여럿 나온다)로 진행되는 이 이야기를 두 번째 인물은 우연히 엿듣기보다는 목격한다. 한나의 기도는 직접적이며 꾸밈이 없다. 말을 하면서 시적인 균형 같은 건 고려하지 않았다. 한나는 보다, 기억하다, 잊지 않다, 주다와 같은 일련의 중첩되는 동사들을 줄줄이 쏟아낸다. 이런 단어들은 그녀의 절박한 기도가 갖는 간절함을 점증적으로 보여준다. 이 기도문에 쓰인 유일한 기술적 '장치'가 있다면 그것은 순진하게도 **"내가 주기에 당신이 준다**(도 우트 데스 do ut des)"[9]는 공식화를 뒤집은 다음과 같은 표현이다. "만일 주께서 주의 여종에게 아들을 **주신다면**, 내가 그를 여호와께 **바치겠나이다**." 이 서약의 의미는 나실인[10]에게 전형적인 표현인 "삭도를 그의 머리에 대지 않겠습니다"라는 말을 통해 분명히 드러난다. 종합적으로 보자면, 이 기도는 아이를 낳지 못해 신에게 필사적으로 매달리는 소박하고 신실한 시골 아낙네가 했을 만한 그런 기도이다.

그다음에 이어지는 한나와 엘리의 대화는 우리가 다른 곳에서 살펴보았던 대조를 통한 인물 구별의 원칙을 활용한다. 한나의 순진한 발언이 끝나자 엘리는 형식 면에서 예언자의 맹렬한 비난 발언의 도입부와 유사한 시적 대구법을 써가며 오해에서 비롯된 질책의 말을 한다. "언제까지 술에 취해 있을 것이오? / 포도주를 끊으시오!" (여기서 우리가 눈여겨볼 것은 엘리가 규칙적인 운율에 맞춘 둔감한 진술로 대화를 시작하는 두 번째 제사장이라는 점이다.) 한나가 응대하는 태도는 제사장을 대하는 소박한 에브라임족 아낙네다운 공손한 모습인 반면, 그녀의 말은 앞서 기도문에서 드러났듯이 간결하고 직접적인 단어들이 길게 엮인 구문이다. 엘리는 즉시 한나의 솔직한 고백에 감화돼 훨씬 부드러운 어조로 하나님께서 그녀의 기도에 응답해주시기를 간구한다. (문법적으로 엘리의 말은 하나님이 그녀의 기도를 들어줄 것이라는 **예언**으로 해석할 수도 있다.) 한나는 "당신의

---

9) 신과 인간의 상호수수(相互授受)의 관념.

10) '나실(ריזָנ)'이라는 히브리 단어는 '바쳐진 자', '헌신한 자'를 뜻한다. 구약성서에서는 자신을 하나님을 위해 구별된 존재로 이해하고 이것을 일정한 생활방식으로 드러내는 사람을 '하나님께 헌신한 사람', 곧 나실인이라고 한다.

여종이 당신께 은혜 입기를 원하나이다"라고 예를 갖춘 전형적 어구로 대화를 마무리한다. (신유대출판협회 번역본에서는 현대적 용법을 감안하여 보다 덜 문자적으로 번역했다. "당신은 여종에게 더없이 친절히 대해주시는 분입니다.") 그다음 이어지는 내용은 성서 내러티브의 속도에 영향을 주는 사안의 긴급함에 따라 진행된다. 먹고(한나의 내면이 평안을 얻었다는 표시), 돌아가고, 동침하고, 임신하는(하나님이 한나를 "기억"함) 이야기가 뒤따르고, 그다음 구절에서는 사무엘의 탄생이 이루어진다. 일어나서 집으로 돌아감으로써 하나의 내러티브가 공식적으로 마무리된다.

해설, 서술, 그리고 대사가 모두 엮여서 수태고지라는 전형장면에서 요구되는 틀 안에서 자기 역할을 수행한다. 특정한 관습적 장치의 역할은 이 장면의 예술적 효과를 충분히 이해하기 위해 꼭 언급해야 한다. 물론 이렇게 사용되는 관습은 태어날 아기가 역사 속에서 중요한 역할을 담당할 것을 암시한다. 오직 큰일을 담당할 인물이 태어나는 과정에만 이처럼 하나님이 임신의 자연스러운 절차에 개입한다. (열왕기하 4장에 나오는 수넴 여인이 낳은 아이의 경우가 유일한 예외이다. 수태고지의 전형적인 요소들이 등장하지만, 태어난 아이는 이름도 없고 장래에 큰일을 하지도 않았다.) 앞서 살펴보았듯이 전형장면의 기본적 요소들은 정해진 패턴을 따른다. 부인들 간의 불화, 임신하지 못하는 아내를 향한 남편의 각별한 애정 등이 이에 해당된다. 수태고지의 전형장면에서 가장 핵심적인 모티프는 불임인 부인이 신탁을 받는다는 것이다. 하나님의 사람으로부터 예언을 받거나 천사가 언약을 전해준다. 아들을 낳게 되리라는 내용이고, 때로는 아이의 장래에 대한 분명한 예언도 추가되며 대개 다음과 같은 전형적 문구가 사용된다. "내년 이맘때에 네 품에 아들이 있을 것이다."

다른 수태고지 이야기와 비교했을 때, 한나의 이야기에서 흥미로운 점은 이례적으로 애매하게 진술된 언약이다. 한나의 기도는 나오지만 하나님의 즉각적인 응답은 없다. 한나의 이야기에서는 임신을 못하는 어머니의 고통이 특별히 두드러지게 강조된다. 추측건대 이제 태어날 이 고독한 지도자의 권위를 백성들이 따르지 않으며 결국은 그가 경고하는 왕정 체제를 선택하는 과정과 관련이 있을 것이다.

　수태고지의 틀을 취한 특별한 형식도 사실상 역설적인 면이 있다. 처음에는 한나가 무엇을 하는지 터무니없는 오해를 했던 제사장 엘리가 후에는 그녀의 기도가 이루어지기를 기도하거나 이루어지리라는 약속을 준다. 그의 의도가 무엇이었든 간에 일단 한나에게는 그녀의 현재 상황을 받아들일 충분한 위로가 되었던 것 같다. 만일 그의 말이 위안이 되는 예언이었다면, 그는 하나님의 뜻이 무엇인지 전혀 모르면서 전해준 사람이 된다. 왜냐하면 한나는 자기가 무엇을 위해 기도했는지 엘리에게 말하지 않았고, 단지 크나큰 고통 중에 자신의 슬픈 마음을 하나님께 토로했다고만 말했기 때문이다. 결과적으로 중보자로서 제사장의 역할이 무너진 것이다. 엘리가 한나에게 들려준 전반적인 간구 혹은 예언은 사실 쓸데없는 말이다. 하나님이 임신이라는 사실을 통해 응답을 준 부분은 한나가 아들을 달라고 간구하며 구체적인 말로 진심을 다해 탄원한 기도이다. 또 다른 수태고지의 전형장면에서 좋은 소식을 전해주는 천사들이나 하나님의 사람들과 비교했을 때, 여기에 나오는 제사장은 아주 주변적이며 약간은 바보 같은 역할을 맡고 있다. 이처럼 비꼬듯 엘리의 권위를 깎아내리는 이유는 당연히 사무엘의 이야기와 관련 있다. 엘리의 가문은 꺾일 것이고, 엘리의 부정한 아들들은 성전에서 자기들의 자리를 잃고 사무엘이 그들을 대신할 것이다. 또한 하나님의 음성을 들으며 성전에서 분명히 자기 자리를 찾을 자도 엘리가 아니라 바로 사무엘이 될 것이다. 다시 말해, 계시라는 개념이 사무엘의 이야기에서 가장 중요하다. 앞으로 사무엘의 권위는 이전 제사장들처럼 제사를 드리는 기능이나 그 이전의 사사들 혹은 그 이후의 왕들처럼 군사적인 능력을 통해서 나오는 게 아니라, 예언자적 체험과 즉각적이면서도 직접적인 하나님의 말씀에 근거한다. 한나의 내밀한 침묵의 기도, 그리고 한나와 하나님 사이의 중보자로서 공허한 말을 하는 마음씨 좋은 제사장의 둔감함은 예언자적 능력 면에서 가장 탁월했던 사무엘이라는 모범적인 인물을 소개하기 위한 수태고지의 예로 적합하다.

성서에서 하나의 서사적 사건을 연출하기 위해 이처럼 협의된 방법을 활용하는 비결은 작가가 각각의 허구적 상황을 설명할 때 작가의 개입을 최소화하면서 도덕적·심리적 깊이는 물론 이야기의 두드러진 전개 방향을 함께 전달하려는 작가의 욕구에 있다. 매우 간결한 내러티브의 제한된 규모와 관련하여 고대 히브리 작가들이 성취하고자 궁리했던 부분은 플로베르가 예술 소설에서 "단순히 대사를 엮어서 짜고 인물을 대비시켜 극적 효과를 성취"[11]하고자 한 야심과 유사하다. 플로베르의 경우 작가의 무념무상이라는 이상, 즉 어디에나 존재하나 작품 속에서는 눈에 띄지 않겠다는 욕구는 신적인 전지전능함을 닮으려는 꿈에서 비롯된다. 말하자면 재현된 세계 속에 존재하는 혐오스러운 인간 현실에 의해 직접 오염되는 것에 대한 공포와 이전 반세기 동안 유럽 문학을 손상시킨 과도한 감정 표출에서 벗어나야 한다는 필요성에서 비롯된 것이다. 이와 달리 성서 내러티브에서 보이는 작가의 감정 배제는, 궁극적으로는 인간의 인식 영역 밖에 있지만 그럼에도 윤리적인 하나님의 통치하에 존재하는 인간의 삶을 신학적으로 적절하게 표현하는 수단에 대한 직관에서 나온 것 같다.

인간은 누구나 자신의 말과 행동을 통해 스스로의 운명을 고민할 자유를 확보해야만 한다. 문학 형식상으로 보자면, 이 말은 작가가 각각의 인물이 대사나 행동을 통해 자기 자신을 표출하고 드러낼 수 있도록 허락해야

---

11) 원주: 「루이즈 콜레에게 보내는 편지 Letter to Louise Colet」, 1853. 10. 12.

하며, 여기서 작가의 주관적 해석이나 판단을 지나치게 주장해서는 안 된다는 뜻이다. 성서의 서술자는 자기가 소개하는 인물의 사연에 공개적으로 간섭하지 않는다. 이것은 마치 하나님이 각 사람 고유의 의도, 감정, 추측을 격렬하게 뒤섞어 개개인의 인격으로 만들고, 개인의 특성이 언어라는 투명한 창을 통해 드러나게 하면서 단 한 번뿐인 덧없는 인생 동안 스스로 발견해가도록 내버려 두는 것과 마찬가지다.

인물들이 각자의 말을 통해 교차하는 지점은 인간의 곤경을 규명하는 내러티브에서 다른 무엇보다도 중요하다. 그런데 그 같은 교차가 종잡을 수 없는 곳에서 벌어지진 않는다. 지금까지 우리는 전형장면과 같은 양식화한 관습이 내러티브가 더 크게 발전하며 흘러갈 방향과 그것이 갖는 암묵적 가치와 관련하여 어떻게 주제에 관한 단서를 제공할 수 있는지 살펴보았다. 한층 더 구체적으로 주제의 방향을 제시하는 요소들은 거의 모든 성서 이야기에 나타나는 특징인 반복의 장치들을 섬세하게 사용하는 데서 확보된다. 단순한 반복처럼 보이는 이 미묘한 정밀화 과정 전체를 좀 더 관찰해볼 필요가 있다.

5장 반복의 기법

성서에는 동일한 문구가 수도 없이 반복적으로 등장한다. 확연히 눈에 띄는 이런 특성은 현대의 독자가 성서 내러티브의 창의적이고 섬세한 면모를 이해하기 어렵게 만드는 방해요소이다. 동일한 문구를 끊임없이 반복하는 이런 습관은 반복되는 요소를 자제하는 서술 방식에 익숙한 독자에게 어렵게 느껴질 수밖에 없으며, 특히 다른 기법은 도리어 엄격하게 자제하는 내러티브라면 더욱 그렇다. 반복은 평범한 현대인의 시각에서 성서 내러티브를 매우 '원시적'으로 보이게 하는 특성일 것이다. 이는 현대인들에게는 낯선 사고방식을 반영하며, 현대인들에게는 전혀 친숙하지 않은 방식으로 경험을 배열하는 접근법일 수 있다.

  좀 더 느긋하고 단순한 삶의 리듬을 지녔던 고대 근동에서는 모든 가르침, 모든 예언, 모든 기록된 행위가 준수되고 성취되고 다른 쪽에 전해졌던 것처럼 문자적으로 엄격히 단어 하나하나를 반복해야 했던 것으로 보인다.

일부 사람들은 어쩌면 반복 자체를 본래적으로 즐기는 '동양적' 감각이 성서에 내재된 미학에 깔려 있을지도 모른다고 막연히 추측해왔다. 극단적인 예가 열두 지파의 족장들이 성소로 가져오는 예물들을 기술하는 민수기 7장 12~83절이다. 각 지파는 동일한 예물들을 드리는데, 지파와 족장의 이름만 바뀌면서 같은 구절들이 동일한 순서에 따라 열두 번에 걸쳐 열거된다. 전체 단락에서 참을성을 요구하는 이 반복 장치를 저자와 독자가 일정 부분 즐겁게 여겼으리라 전제하는 듯하지만, 그보다는 반복되고 있는 특정한 예물 목록에 일종의 제의적이고 역사적인 기능이 있었으리라 가정하는 것이 좀 더 안전해 보인다. 즉, 자신들의 조상이 여호와에게 드린 모범적인 예물의 세부 목록을 듣고자 기다리는 각 지파의 구성원들을 상상해볼 수 있을 것이다.

많은 주석가들이 좀 더 구체적인 역사적 관점에서 성서 내러티브가 갖는 반복의 특성을 그것의 구전적인 기원, 그것이 나오게 된 민담의 배경, 우리에게 전달된 문서의 복합적인 특성의 측면에서 설명해왔다. 이 세 가지 설명 중 마지막 것은 가장 흥미롭지 못할뿐더러 설명해주는 예도 가장 적다. 그 예들은 기록자의 실수로 절이 우연히 반복되는 경우도 있으나, 자세히 연구해보면 반복이 있는 대부분의 경우는 상당히 의도적인 것임을 알 수 있고, 이는 상대적으로 짧은 문장들의 반복뿐 아니라 병행되는 전승들을 모두 열거한 것으로 보이는 전체 이야기의 반복도 포함한다. 이에 대해서는 7장에서 다룰 것이다.

민간전승이라는 개념은 이에 비해서는 좀 더 많은 예를 가지고 있지만, 그럼에도 이를 방법론적으로 지지하는 사람들이 기대하는 만큼 반복의 발생에 대해 충분한 설명을 들려주진 못한다. 반복이 주로 민간전승적 기능을 위해 사용되는 것으로 보이는 드문 예 중 하나가 기원을 설명하는 두 가지 이야기가 경쟁하는 경우이다. 이들은 같은 사실에 대한 다른 설명이며 서로 본문에서 대표성을 갖기를 원했던 것으로 보인다. 그래서 "사울도 선지자들 중에 있느냐?"라는 속담(마샬 מָשָׁל)을 설명하기 위해 그가 한 무리의 선지자들을 만나고 광적인 황홀경 속에서 선지자 무리에 참여했던 두 개의 다른 이야기가 보고된다. 사무엘은 두 번의 만남을 다소 다른 방식으로 주재한다. 첫 번째는 사울이 기름 부음을 받은 직후이며, 이 만남은 그를 왕으로 즉위시키는 과정의 일부이다. 이때 사무엘은 사울에게 여호와의 영이 임하고 그가 "새 사람"이 될 것임을 강조한다.(삼상 10장) 그러나 두 번째 만남에서는 사무엘이 사울로 하여금 다윗을 쫓던 것을 멈추게 하는 장면이 나오고, 사울이 예언자적 광기 속에서 벌거벗고 비틀거렸던 사실이 강조된다.(삼상 19장) 물론 이런 반복에서도 의도적인 패턴이 있다고 주장할 수 있다. 사울을 새 사람으로 만들고 왕이 되도록 한 동일한 신적 능력이 후에 사울에게서 다윗으로 선택이 옮겨가면서 사울을 벌거벗게 하고 그를 깎아내렸다는 설명이다. 그러나 서로 다른 정황에서 이런 동일하고 기묘한 행동이 내러티브에서 반복된다는 것은 불가능하지 않을까 의심해볼 수 있다. 어떤 이는 인물과 주제에 대한 기술적인 처리보다는 수수께끼 같은 민담에 대해 서로 대립되는 기원론 사이에서 생긴 압력이 반복을 결정했다고 결론지을 수도 있다.1) 그렇더라도 이 두 개의 경쟁적인 기원론은 사울에 관한 내러티브의 시작과 끝에서 서로 대조를 이루며 책 지지대처럼 등장하여 훌륭한 대칭을 이루고 있기 때문에, 이들이 편집 과정에서 전략적으로 위치가 정해졌을 수도 있다는 추론을 가능하게 해준다.

많은 경우에 민간전승이라는 배경은 반복되는 구체적 자료보다 그 반복이 취하는 형식과 이야기의 구조 속에서 더 잘 인지된다. 성서의 이야기들이 사건, 반복, 변이 혹은 반전을 동반하는 두 번째 반복 등 익숙한 민담의

---

1) 원주: 이러한 복제에서도 예술적 목적을 고려했을 가능성에 대해서는 7장에서 다룬다.

형태를 되풀이해서 취하는 것을 여러 곳에서 발견할 수 있다. (이런 형태는 「골디락스와 곰 세 마리」2) 혹은 「룸펠슈틸츠헨」3)과 같은 어린이 동화를 통해서 볼 수 있다.) 때때로 이런 패턴에는 도식적 단순성이 뒤따르기도 하는데, 그런 경우에는 민간전승의 관습이 반복에 대한 적절한 설명이 될 수 있다. 열왕기하 1장에서 아하시야 왕은 엘리야에게 장군과 그의 군사들을 세 차례 보낸다. 처음 두 번은 불이 하늘에서 내려와 그 군대 전체를 태워 버린다는 같은 구절이 반복된다. 그러나 세 번째에서 엘리야가 불을 한 번 더 보내려 하는 순간에 그대로 반복되던 패턴이 깨진다. 세 번째 보내진 장군이 자비를 요청하고 엘리야가 여호와의 사자의 권고로 그 요청을 허락하기 때문이다. 여기서 반복은 일종의 점증력을 가질 수 있다. 그러나 민담의 굳어진 패턴이 어떤 경로를 통해 어떻게 형태가 바뀌고 세련되게 다듬어졌는지 알기는 어렵다. 한 번 – 두 번 – 세 번 – 변화라는 민담의 반복 구조는 의도적인 기교에 의해서 어디에서든 새로운 모습을 갖게 되기 때문이다.

마지막으로, 반복적인 해설 방식에 대한 일반적인 설명으로서 성서 내러티브가 지닌 구전적인 맥락이 제시되어 왔다. 일부 학자들이 가능성을 제안했듯이, 성서 내러티브들이 반드시 오랜 기간 지속된 구전 전통에서 비롯되었으리라고 생각할 필요는 없다. 왜냐하면 어떤 경우에서든 그것들 모두는 주로 입으로 읽히기 위해 기록되었을 것이기 때문이다. 성서 자체의 몇몇 암시가 보여주듯이, 내러티브들은 사람들이 돌려가며 읽었던 것이

---

2) "Goldilocks and the Three Bears." 영국에서 구전되다가 책으로 출판된 동화. 여주인공 골디락스가 곰이 사는 오두막에 들어갔다가 생긴 해프닝을 다룬 이야기로, 동화에서 아빠 곰과 엄마 곰과 아기 곰이 같은 말을 차례로 반복해서 말한다.

3) "Rumpelstiltskin." 독일에서 구전되다가 그림형제에 의해 수집된 동화. 난쟁이 룸펠슈틸츠헨이 곤란한 상황에 빠진 처녀를 도울 때마다 대가를 요구하는데, 이때 같은 패턴의 말을 반복한다.

아니라, 통상적으로 두루마리에 기록된 것을 청중을 향해서 낭독했을 것이다. (모인 이들 중 다수는 아마도 글을 읽지 못했을 것이다.) 두루마리를 펼친다는 것은 어떤 면에서 감겨 있는 영화 필름을 펼치는 것과 비슷한데, 그 이유는 일반적으로 두루마리 안에 소개된 시간과 사건의 순서를 중단하거나 바꿀 수 없기 때문이다. 그리고 특별한 검토를 위해 어떤 특정한 행위나 진술에 주의를 집중시키는 단 하나의 편리한 방법은 그것을 반복하는 것이었다.

구술 전달의 필요성은 좀 더 단순한 조건 속에서 상상해볼 수 있다. 만일 당신이 청중들이 모인 곳 바깥쪽에 서서 듣고 있는 유대인 목동이라 가정해보자. 열 가지 재앙에 대한 이야기를 듣다가 하나님이 모세에게 나일 강을 피로 변하게 하라고 지시할 때(출 7:17~18) 몇 구절을 놓칠 수도 있다. 그러나 지시 사항이 거의 즉각적으로 서술된 행동으로 이행되면서 동일한 어구로 반복될 때 당신은 놓쳤던 부분을 쉽게 들을 수 있다.(출 7:20~ 21) 만일 당신이 낭독자와 충분히 가까이 있어서 모든 말을 다 들을 수 있다 해도, 당신은 여전히 만족감을 즐길 수 있을 것인데, 처음에는 미래의 사건에 대한 하나님의 준엄한 예언의 각 마디마디가 언급되고, 그 후에는 성취된 사실로서 다시 언급될 것이며, 이때 반복은 때때로 동의어 대신 사용되는 멋들어진 변이를 보여주기도 하기 때문이다. (18절에서 이집트 사람들이 그 강물 마시기를 싫어하리라[닐루 리슈토트 וְנִלְאוּ לִשְׁתּוֹת]라고 했던 것이 21절에서는 이집트 사람들이 나일 강물을 마시지 못했다[로 야클루 리슈토트 לֹא־יָכְלוּ לִשְׁתּוֹת]로 달라졌다.) 다른 곳과 마찬가지로, 여기서 추론할 수 있는 결론은 이야기의 근간이 되는 역사상과 완벽하게 일치하는 이야기를 말로 전달하는 게 물리적으로 어렵다는 것이다. 성서의 내러티브는 시작하는 창세기부터 끝나는 역대기에 이르기까지[4] 하나님의 말씀이, 그리고 다소 모호한 방식으로나마 인간의 말이 어떻게 역사적 사실이 되었는가에 대한 설명이다. 명령이나 예언이 있은 후 그것의 성취가 즉시 뒤따르는 식으로 계속 반복되는 양식은 역사적 인과관계에 대한 성서의 내재된 관점을 확인시켜주는 것으로, 언어를 통해 자신을 드러낸 유일신 하나님의 확고한 권위를 내러티브 장치로 옮긴 것이라 할 수 있다.

성서 내러티브의 반복이 갖는 이렇듯 커다란 함의에 대해서는 더 깊이 고찰해볼 것이다. 그러나 먼저 마치 기계적인 장치처럼 보이는 이 기법의 복잡성과 다양성에 대해서 자세히 알아볼 필요가 있다. 저자들은 어느 시대 어느 곳에서든 그들의 표현수단과 상속받은 관습의 형식적 제약에서 벗어나 예술성을 발현할 기회를 만들어왔고, 이는 성서의 저자들에게서도 확실하게 드러난다. 만일 구두 전달의 필요성과 유서 깊은 스토리텔링의 전통이 동일한 어구의 빈번한 반복을 요구하는 서술 방식을 결정했다면, 성서 내러티브의 저자들은 반복의 패턴에 약간의 전략적인 변이를 가함으로써 해설, 분석, 예시(豫示), 주제의 강조 등의 목적을 어떻게 충족시킬 수 있을지 그 방법을 영리하게 찾아냈고, 여기에 절제된 말로 극적인 효과를 내는 방법까지 가미했다.

지금까지의 설명으로는 성서가 사용하는 반복이 절대적인 특수성을 지니는 것처럼 여겨질 수 있다. 사실은 그렇지 않은 것이, 호메로스의 서사시부터 귄터 그라스(Günter Grass)의 소설에 이르기까지 서술상에 패턴이 있는 작품이라면 무엇이든 반복 장치의 전체 스펙트럼 가운데 적어도 일부는 존재할 수밖에 없기 때문이다. 성서가 특징적으로 반복을 사용한 경우를 살펴보면, 후대에 다른 곳에서 기록된 단편과 장편 소설, 희곡과 서사시에서 익숙하게 찾아볼 수 있는 반복 기법과 매우 닮아 있음을 알 수 있다. 『리어 왕 King Lear』은 반복 장치를 폭넓은 범위에서 장황하고 현란하게

---

4) 히브리 성서는 기독교 성서와 다르게 배열되어 역대기가 성서의 마지막에 위치한다.

사용한 작품이기 때문에 효과적인 유비 대상이 될 수 있다. 브루스 카윈 (Bruce F. Kawin)은 반복 기법을 사용한 내러티브에 대한 연구서인 『반복해서 말하기』[5]라는 책에서 그것들을 편리하게 분류해놓았다. 『리어 왕』에서 사용되는 가장 분명하고도 일반적인 반복은 문자적인 것이 아니라 상황적인 것이며, 특히 이는 여러 개의 이중 플롯의 병행에서 구체화된다. 성서는 대칭을 이루는 이중 플롯을 사용하지는 않지만 지속적으로 유사한 상황을 비교하고 모티프를 반복하는데, 이는 서로에게 도덕적·심리적 설명을 제공해준다(창세기에서 형제들 간의 다툼과 형이 동생에게 밀려나는 일을 연결해놓은 것처럼). 이런 병행과 반복되는 모티프들의 사용은 내러티브 문학에 편재하기 때문에, 그것이 성서에 존재한다는 것을 특별히 밝힐 필요는 없을 것이다. 다만 성서 이야기의 한 양상으로서 항상 신중하게 연구할 필요가 있다.

『리어 왕』에 등장하는 반복의 스펙트럼 중 또 다른 극단은 동일한 장면에서 같은 단어를 반복하는 것인데(가령 미친 리어 왕이 "죽여, 죽여, 죽여, 죽여……"라고 말하거나 코델리아의 시체를 보고 "안 돼, 안 돼, 안 돼, 안 돼, 안 돼"라고 한 것), 카윈은 이를 적절히 "순수한 강조 구문"이라고 기술한다. 일종의 정신적 충격으로 인한 말 더듬기의 표현으로서 극적 정당성을 가질 법한 이런 극단적인 반복의 가능성은 상대적으로 드문데, 특히 비드라마적인 문학에서 더욱 그렇다. 그러나 성서에서는 이런 일이 때때로 발생하며, 이와 관련하여 쉽게 떠오르는 장면은 다윗이 압살롬의 죽음을 알게 되었을 때이다.(삼하 19장) 다른 곳에서는 죽음의 소식에 대해서 감동적인 애가로 응답했던 시인이자 왕인 다윗이 여기서는 그저 "압살롬, 압

---

5) 원주: *Telling It Again and Again: Repetition in Literature and Film.* (이타카, 뉴욕, 1972)

살룸, 내 아들아, 내 아들아" 하며 흐느낄 뿐이며, 두 절에 "내 아들아"가 여덟 번 반복된다.(삼하 18:33, 19:4)

『리어 왕』에서 좀 더 폭넓게 발견할 수 있는 것은 수많은 희곡과 소설에서 그렇듯이 특정한 핵심 단어(동사 "갈라지다(crack)"와 같이)의 반복이다. 이는 다른 상황에서 반복적으로 등장하면서 주제를 이루는 관념이 되며, 카윈이 말했듯이 "이전 맥락에서 획득한 의미를 현재와 미래의 맥락으로 전이시키면서 희곡의 관심사와 행동들을 극도로 복잡하게 만들고 서로 얽히게 만든다."

이와 같은 단어-모티프는 수많은 주석가들이 인식했던 것처럼 성서 내러티브 기법 중 가장 흔한 특성 중 하나이다. 그러나 성서의 산문에 등장하는 핵심 단어의 반복은 주제를 발전시켜 나가는 역할에서 다른 내러티브 전통에서 그런 핵심 단어의 반복이 하는 것보다 훨씬 더 중심적인 역할을 담당하는 뚜렷한 관습으로 굳어졌다. 히브리 저자들이 이런 관습을 발전시킨 것은 그들의 언어가 가진 구조에 기인했을 수 있다. 히브리어는 세 개의 자음으로 된 어근이 동사와 명사 모두에서 어원적 핵심을 담고 있어서, 그것이 성, 수, 격에 따라 활용되고 어형 변화를 하더라도 항상 명백하게 드러난다. 또한 어쩌면 서양 언어보다 훨씬 더 많이 반복을 허용하는 히브리어 관용구의 패턴에서 기인했을 수도 있다. 이미 반세기도 더 전에 나온 독일어 성서 번역본의 해설적 서문에서 마르틴 부버와 프란츠 로젠츠바이크는 이런 의도적인 단어의 반복이 성서 산문의 특유한 관습을 이루고 있음을 최초로 인식하고, 이를 **주도어 양식**이라 불렀다. **주도 동기**(Leitmotiv)라는 모델을 통해 **주도어**(Leitwort)를 만들어냈던 것이다. 이 현상에 대한 부버의 설명은 여전히 가장 신뢰할 만하다고 평가받는다.

주도어란 하나의 본문이나 연속되는 본문들, 혹은 본문의 배열 내에서 현저하게 반복되는 단어 혹은 단어의 어근을 말한다. 이러한 반복을 따라가 보면 본문의 의미를 해석하거나 파악할 수 있다. 적어도 의미가 좀더 확연하게 드러나게 될 것이다. 이미 말했듯이 반복은 단순히 단어 자체의 반복일 필요는 없고 단어의 어근이 반복될 수도 있다. 사실 단어들의 바로 그 차이가 반복이라는 역동적인 행위를 종종 강력하게 만들 수 있다. 나는 이것을 "역동적"이라고 칭하는데, 서로 관련된 소리들이 이런 방식으로 결합되는 사이에 일종의 움직임이 발생하기 때문이다. 눈앞에 전체 본문이 배치되어 있다고 상상해보라. 단어들 사이에서 앞뒤로 움직이는 파동을 느낄 수 있을 것이다. 본문의 내적 리듬과 일치하는 계산된 반복, 혹은 그 리듬에서 만들어진 반복은 표현하지 않고도 의미를 전달하는 가장 강력한 수단 중 하나이다.[6]

물론 **주도어**의 활용은 원본에 비해 번역본에서는 그다지 분명하게 드러나지 않을 것이다. 부버와 로젠츠바이크는 모든 **주도어들**을 보존하기 위해서 자신들의 독일어 번역 성서를 극단적인 길이로 만들었다. 그러나 불행히도 대부분의 현대 영어 번역들은 유려해 보이기 위해서 그리고 소위 신중함을 추구하기 위해서 계속해서 동일한 단어를 영어의 다른 동의어들로 번역하는 등 극단적인 반대 방향으로 가고 있다. 그럼에도 불구하고 핵심 단어들의 반복은 많은 성서 내러티브에서 워낙 눈에 띄기 때문에, 번역본에서도 매우 쉽게 찾아볼 수 있다. 특히 킹제임스 성경을 보는 사람은 더 잘 확인할 수 있다. (또한 이 책에 사용된 나의 번역에도 반복의 패턴이 최대한 충실히 반영되어 있다.) 여기서 잠깐 하나의 에피소드에서 반복되는 단

---

6) 원주: 《베르커 Werker》 제2권, 『성서의 규범 Schriften zur Bibel』(뮌헨, 1964), 1131쪽(저자의 번역). 히브리어로는 『성서의 규범 Darko shel miqra』(예루살렘, 1964), 284쪽.

어가 제한된 단위 내에서 주제를 설명해주는 주된 수단으로 활용된 상대적으로 단순한 예를 하나 인용하도록 하겠다. 아말렉 사람들과 그들의 모든 소유를 멸절시키라는 명령을 이행하지 않은 것에 대해서 사무엘과 사울이 대치하고 있는 이 장면(삼상 15장)에서는 "듣다," "목소리," "말"이라는 핵심 단어들이 일련의 변이를 일으키며 엮여서 나타난다. 사무엘이 사울에게 하나님의 목소리를 들으라고 명하는 것으로부터 시작한다. 왕이 승전하여 돌아왔을 때 선지자는 들려오는 양의 소리(콜 קוֹל)와 소의 소리를 듣고 경악한다. 사무엘은 우레 같은 소리로 비난하면서 시적 운율에 따라 사울에게 여호와께서 원하시는 것은 "여호와의 목소리를 듣는 것이며, / 이는 듣는 것이 희생제사보다 낫기 때문이며, / 귀를 기울이는 것이 수양의 기름보다 낫기 때문이다"(삼상 15:22)라고 말한다. 그리고 뉘우친 사울이 그가 여호와의 말씀을 어기고 대신 백성들의 목소리를 청종했다고 사과한다. (여기서 백성의 소리(vox populi)는 여호와의 소리(vox dei)의 반대 주제가 된다.) 더욱이 다음 장에서 사울이 버림받고 다윗이 선택되는 장면으로 이동하면서, 저자는 재빠르게 그의 핵심 단어를 "듣다"에서 "보다"로 변경한다. 왕이 듣는 것에 실패한 이후, 선지자는 왕이 되기에 적합한 사람을 찾기 위해서 보는 것을 익힌다.[7]

그러나 단어 모티프들은 좀 더 큰 내러티브 단위에서 주제의 발전을 유지시키기 위해서, 그리고 서로 상관없어 보이는 에피소드들 사이에서 유용한 연결을 만들기 위해서 더 전형적으로 사용된다. 마이클 피슈베인은 야곱 이야기 모음이 주도어들과 주제들을 반복함으로써 "신중한 작문 기법을 보여주는" 일련의 "대칭적 구조"를 이룬다고 설득력 있게 주장하였다. 창세기에서 이 자료를 조직하는 데 가장 결정적인 두 단어는 "축복"과 "장

---

7) 원주: 사무엘상 16장의 이런 측면에 관한 논의는 7장 245~247쪽 참조.

자권"이다. (히브리어로 축복(베카라, בְּרָכָה)과 장자권(베코라, בְּכֹרָה)은 말놀이가 된다.) 이 핵심 단어들은 다른 부차적인 단어 모티프들과 함께 사용되면서 주제가 같은 내러티브 단위들을 연결하는 역할을 하는 한편, "음모를 꾸미는 내용과 역설적인 대비를 이루는 포괄과 질서라는 형식적 구조"[8]를 만들어낸다. 피슈베인이 야곱 이야기 모음에서 발견한 대칭 구조가 다른 확장된 내러티브들에서 보이지 않을지라도, 길게 이어지는 본문에서 몇 안 되는 핵심 단어들이 중요하게 반복되고 있는 것은 어느 부분을 보아도 똑같이 눈에 띈다. 아마도 요셉의 이야기에서 가장 두드러질 것이며, 여기서 주도어는 "알아보다", "남자", "주인", "노예", 그리고 "집"이다.

『헨리 4세 Henry IV』 1부에서 셰익스피어가 "시간"이라는 단어의 다중적 함의를 고심하는 것, 『톰 존스 Tom Jones』에서 헨리 필딩이 "신중"을 다양한 방식으로 아이러니하게 다루는 것, 혹은 좀 더 음악적인 서술 형식으로 조이스가 몰리 블룸의 독백에 "그래(yes)"라는 단어를 가지고 마술을 부리는 것에 익숙한 독자라면, 내러티브에서 통일의 기능을 하면서 동시에 전개의 핵심이 되는 이 같은 문학적 장치를 알아볼 것이다.

성서의 특징적인 전략으로서 **주도어 양식**의 관습에 속하는 가장 분명한 예는 동사의 반복에 집중하는 것이다. 그러나 또한 성서에는 현대 문학의 감각에 걸맞은 방식으로 반복이 반쯤은 모습을 감추고 잠재적으로 작용하는 헨리 제임스의 "융단 속의 무늬"[9]가 되는 예들도 많다. 예를 들어 삼손은 불에 관한 동사와 사상주의적(imagistic) 모티프에 조용하지만 효과적으로 연결되어 있다.(삿 14~16장) 그를 묶는 데 실패한 각종 줄들은 그가 힘으로 그것을 끊어버릴 때 불에 타버린 삼으로 비유된다.(삿 15:14) 서른

---

8)『본문과 짜임새』, 40~62쪽.

9) 헨리 제임스의 단편 『융단 속의 무늬 Figure in the Carpet』에 등장하는 표현으로서 당사자 외에는 알아보기 힘든 비밀을 뜻한다.

명의 블레셋 사람들은 삼손의 첫 번째 아내에게 만일 그녀가 삼손이 낸 수수께끼의 답을 알아내 그들에게 알려주지 않으면 불태워 죽이겠다고 위협한다.(삿 14:15) 삼손이 그의 첫 번째 장인의 행동 때문에[10) 남편의 자리를 빼앗겼을 때 그는 여우의 꼬리에 횃불을 달아 블레셋 사람들의 곡식 밭에 풀어놓는다.(삿 15:4~5) 이에 대해 블레셋 사람들은 즉각 그의 처가로 가서 그 여인과 장인을 불살라버리는 것으로 대응한다.(삿 15:6) 사로잡힌 삼손이 자신과 수천 명의 적들 위로 다곤 신전을 무너뜨릴 때 그 극적인 장면에서 실제 불은 등장하지 않지만, 불은 삼손 자신의 환유의 이미지가 된다. 맹목적이면서 통제 불가능한 힘으로 참혹한 파괴의 흔적을 남기고, 마침내 자신을 가로막는 것은 무엇이든지 그것과 함께 자기 자신까지도 태워 버리고 만다.

성서의 내러티브 속에는 정교하게 통합된 반복의 체계가 숨어 있다. 어떤 것은 개별적 음소, 단어 혹은 짧은 구절들이 실제로 반복되는 형태를 띠기도 하고, 다른 것은 행동, 이미지, 생각들과 연결되기도 한다. 후자의 경우는 우리가 독자로서 '재구성'하는 내러티브 세계의 일부를 이루지만 내러티브를 구성하는 본문에 반드시 언어적으로 엮여 있는 것은 아니다. 물론 이 두 가지 반복은 효과 면에서 어느 정도 차이가 있으나, 히브리 저자들은 종종 서로를 강화시키고 통합된 전체를 만들어내기 위한 목적으로 이들을 함께 사용했다. 이제 성서 내러티브 속에서 구조화하고 집중시키는 역할을 하는 여러 수준의 반복 장치들을 가장 작고 기본적인 것부터 가장 크고 복잡한 것까지 제시해보겠다.

1. 주도어(Leitwort). 풍부한 반복을 통해서 어근의 의미 영역이 탐색된

---

10) 삼손의 아내를 다른 사람에게 주었다.

다. 어근의 다른 형태들이 배치되고, 때때로 유사한 소리(말놀이), 동의어, 반의어 등으로 확장된다. 그 언어적 지위로 인해 주도어는 의미는 물론 주제와도 직접적으로 관련된다. (예를 들면 룻기에서 **가다**와 **돌아오다**, 발람의 이야기에서 **보다** 동사와 그것의 시적 동의어들.)

2. 모티프(Motif). 하나의 구체적인 이미지, 감각적 성질, 행동 혹은 물체가 특정한 내러티브에서 내내 반복된다. 간헐적으로 주도어와 연결되어 있을 수 있다. 내러티브의 한정된 맥락 없이는 그 자체만으론 아무 의미가 없다. 초반에는 상징적이거나 혹은 내러티브에 형식적인 일관성을 부여하기 위한 수단으로 사용될 수 있다. (예를 들면, 삼손 이야기의 불, 야곱 이야기의 돌과 흰색과 붉은색, 모세 이야기 모음의 물, 요셉 이야기의 꿈과 감옥과 구덩이와 은.)

3. 주제(Theme). 내러티브가 지닌 가치 체계의 일부인 어떤 생각(이는 도덕적, 도덕-심리학적, 법적, 정치적, 역사철학적, 신학적일 수 있다)은 반복되는 특정한 양식 속에서 분명해진다. 종종 하나 혹은 다수의 주도어들과 연결되기도 하나, 그것들과 일치하는 것은 아니다. 모티프와 연결되기도 한다. (예로서 창세기에서 장자권이 바뀌는 것, 광야 이야기에서의 복종과 반역, 요셉 이야기에서의 앎, 추방과 약속의 땅, 사무엘과 열왕기에서 왕을 폐위하고 선택하는 것.)

4. 연속적인 행동(Sequence of actions). 이것은 세 번 또는 네 번 연속되는 반복의 형태로 민담에서 가장 흔하고 분명하게 나타나는 양식이다. 하나에서 다음으로 넘어갈 때마다 무엇인가가 강화되거나 증가하고 대개 절정이나 반전으로 마무리된다. (예로서 열왕기하 1장에서 세 명의 장군들과 그의 군대들이 불이 내려 죽는 위협을 받은 것, 욥이 재산을 잃는 재앙을 세 차례 겪고 나서 자식들이 죽는 네 번째 재앙을 당한 것, 발람이 나귀를 세 번 가게 하려 했으나 실패한 것.)

5. 전형장면(Type-scene). 이것은 영웅의 일대기에서 위기의 순간에 발생하는 에피소드로서, 모티프들이 고정된 순서로 연속되는 것으로 이루어진다. 종종 어떤 반복되는 주제와 연결되기도 한다. 경우에 따라 되풀이되는 용어나 구절이 특정한 전형장면을 인지하는 데 도움을 주기도 하지만, 특정한 주도어에 묶이지는 않는다. (예를 들어 영웅 탄생의 수태고지, 우물가에서 배우자와의 만남, 광야에서 받는 시험.)

여기에 소개한 구조화 장치들 중 처음과 마지막 장치, 즉 주도어와 전형장면은 성서의 문학적 관습을 특징적으로 반영한다. (물론 다른 내러티브 전통 속에서도 이와 비슷한 유비를 찾아볼 수 있다.) 반면 다른 세 가지, 즉 모티프와 주제,[11] 그리고 연속적인 행동은 광범위한 스펙트럼을 갖는 내러티브 작품들 속에 풍부하게 존재하는 것들이다. 지금 살펴보는 반복의 활용은 성서와 다른 내러티브 문학이 상당 부분 공유하는 것이다. 그럼에도 성서 내러티브에서 반복이 가장 도드라져 보이는 까닭은 일반적으로 그것이 활용될 때 보이는 노골성과 형식성과 함께, 우리가 초반에 문제 제기했던 것처럼 문자 그대로 반복하는 사례가 비정상적으로 많이 나타나는 특성때문이다. 이런 식의 반복이 지닌 예술성을 이해하려면, 오늘날의 독자는 책을 읽을 때 가장 빈번하게 사용하는 인지 습관과 반대되는 습관을 길러야 한다. 즉, 상당한 밀도로 명확히 서술된 소설적 자료를 담고 있거나 문체

---

11) 원주: 안타깝게도 이 두 용어가 사용되는 방식에 대해서 문학이론가들과 문학비평가들 사이에 엄청난 혼란이 있다. 나는 모티프가 구체적인 데 반하여, 주제는 가치를 포함하고 있고 따라서 약간의 추상화 작업이 이루어진다고 생각한다. 내가 제안하는 견해가 일상적 언어 사용법에 상당히 근접해 있다고 본다. 모티프와 주도동기 사이에는 이해할 만한 연관성이 있기 때문에, 몇몇 이론가들이 모티프를 의도적인 되풀이와 연결시키고 이야기에서 독립적인 요소를 명명하는 데 사용하지 않는 것이 내게도 합리적인 것처럼 보인다.

와 구조에서 시적인 것 이상의 뚜렷한 모방적 요소들을 만들어내고자 골몰하는 내러티브라면, 반복은 적어도 부분적으로 감추어져 있어서 독자는 얼룩덜룩한 양식 속에서 반복적으로 모습을 드러내는 미묘한 실마리, 다시 말해 외관상 다른 것들 속에서 무언가 연상시키는 번뜩이는 유사성을 **추적**하고 찾아내야 한다. (서구 문학에서 이런 경향에 반하는 가장 확실한 예외는 거트루드 스타인(Gertrude Stein)이나 알랭 로브그리예(Alain Robbe-Grillet)의 작품처럼 극단적인 양식 실험을 감행한 경우인데, 여기에서는 형식적인 반복이 눈에 띄는 구조적 원리가 된다.)12) 반면, 형식상 대칭을 이루면서 고도의 문자적 반복을 드러내는 극히 유사한 내러티브를 만나면, 유사해 보이는 것들 속에서 작지만 차이를 드러내는 부분과 확연한 반복에 의해서 규칙적인 패턴이 기대되는 상황에서 갑자기 새로운 의미가 출현하는 지점이 어디인지 주의 깊게 살펴보아야 한다.

대부분의 문화권에서 문학적 표현의 틀로 운문이 산문보다 시대적으로 앞서기 때문에, 반복을 이런 방식으로 사용하는 개념적 모체 역시 아마도 성서의 운문에서 찾을 수 있을 것이다.13) 이런 연관성들은 추측에 불과하지만, 내가 염두에 두는 것은 본질적으로 다음과 같다. 성서 운문의 평행법(parallelism)14)은 거의 유사한 뜻을 지닌 반행들(half-lines) 또는 시구들

---

12) 거트루드 스타인(1874~1946)은 미국의 시인이자 소설가로 대담한 언어적 실험을 시도한 것으로 알려져 있다. 알랭 로브그리예(1922~2008)는 프랑스의 소설가 겸 영화감독으로 누보로망의 기수로 평가된다.

13) 히브리 시를 분석하는 데 사용되는 몇 가지 전문 용어들을 정리한다. 시 문장의 '절(verse)'에서 단일 리듬이나 악센트를 가지는 단어 또는 구를 '푸트(foot)'라고 한다. 이러한 푸트는 행 또는 절을 이루는 가장 기본적인 단위다. 두 개의 푸트가 모여 '반행(half-line)'을 이루고 두 개의 반행이 모여서 하나의 '행'이 된다. 보통은 두 행이 모여 한 절을 이루지만 세 개의 행이 모여 한 절을 이룰 때도 있다.(안디옥신학교 대학원 홈페이지 참조)

14) 문학 작품, 특히 희곡에서 줄거리의 구성, 인물, 대사 따위를 서로 조응시켜 항상 평행적으로 전개하는 방법(네이버 국어사전 참고). 흔히 대구법이라고도 옮기는데, "비슷한 어

(詩句 versets)을 지속적으로 반복하는 구조를 가지고 있는데, 엄밀히 따지면 이는 결코 진정한 반복이 아니다. 그 까닭은 우연히도 반복에 사용된 단어가 진정한 의미의 동의어가 아니고 따라서 모든 진술을 새로운 진술로 봐야 하기 때문만은 아니다. 오히려 이것은 시적 평행법의 의식적·직관적 기술이 겉보기에 되풀이하는 방식으로 시의 논지를 발전시키고자 하기 때문이다. 말하자면 외관상 시의 첫 구절(verset)을 반복하는 형식으로 그것의 의미를 강화하고, 구체화하고, 보완하고, 수식하고, 대조하고, 확장하는 것이다. 물론 성서의 산문은 양식상으로 보면 이와 정반대 방식으로 작동하여, 반복의 표준을 창의적인 동의어를 사용하기보다는 같은 단어를 되풀이하는 것에 두었다. 그러나 어떤 경우든 이상적인 독자(본래는 청중)라면 지속적으로 반복하는 것처럼 보이는 곳에서 끊임없이 생겨나는 차이에 깊은 주의를 기울였을 것이다.

그 같은 주의는 이제부터 다룰 성서 내러티브의 주된 관습을 이해하기 위해 특히 중요하다. 지금까지 우리는 주도어, 모티프, 주제, 연속적인 행동을 다루면서 근본적으로 **되풀이되는** 반복에 대해 관심을 기울여 왔다. 이것들은 공히 이야기의 전개가 내러티브의 단선적인 흐름 속에서 반복을 통해 강조되는 측면을 지닌다. 그러나 성서의 반복에는 또 다른 종류가 존재한다. 이는 동사나 모티프, 주제, 행동을 반복하는 것이 아니라 구절을 반복하는 것이다. 여기서는 다른 인물에 의한 것이든, 서술자에 의한 것이든, 혹은 서술자와 한 명 또는 그 이상의 인물의 연합에 의한 것이든 진술 전체가 반복되는데, 이는 얼핏 보기에는 동일한 말의 반복처럼 보이지만, 그 안에 작지만 중요한 변화가 포함되어 있다. 성서 내러티브의 심리적, 도덕적, 그

조나 어세를 가진 어구를 짝지어 표현의 효과를 나타내는 수사법"(『표준 국어대사전』 참조)이란 뜻풀이가 협소하다고 판단하여 평행법이라 옮겼다.

리고 극적 복잡성의 많은 부분이 이 기법을 통해서 만들어진다. 이것은 내가 알기론 다른 문학들에서는 찾아볼 수 없는 것으로 성서 저자들이 발전시킨 고유하면서도 종종 아주 미묘한 내러티브의 장치이다.

이것이 실제로 어떻게 작용하는가는 몇 개의 예에서 분명해질 것이다. 넓게 보아 성서 내러티브에서 중요한 변이를 수반하는 반복이 등장했다면 도입된 변화는 앞서 나타났던 행동과 태도의 강화, 절정으로의 발전, 가속을 가리킬 수 있으며, 혹은 반대로 예상치 못했던, 어쩌면 불안을 일으키는 새로운 인물이나 플롯의 나타남을 가리킬 수도 있다. 둘 중에 전자의 범주는 좀 더 단순하며, 고대의 내러티브에서 기대할 수 있는 점증적 반복 장치와 관련되기 때문에 하나의 예로 충분할 것이다.

열왕기상 1장에서 아도니야가 왕위를 주장하자 선지자 나단이 밧세바에게 다음과 같은 조언을 한다. "가서 다윗 왕께 들어가셔서 이렇게 말씀하십시오. '나의 주 왕께서 전에 당신의 종에게 일러 **너의 아들 솔로몬이 내 뒤를 이어 왕이 되고 그가 내 왕좌에 앉을 것이다**라고 맹세하지 않으셨습니까? 그러고 나서 왜 아도니야가 왕이 되었습니까?'"(왕상 1:13) 나단은 밧세바를 안심시키면서 그녀가 다윗에게 말하는 동안에 그도 들어가서 그녀가 미처 다 못한 말을 채울(그가 사용한 동사의 문자적 의미이다) 것이라 말한다. 이제 이 전체 이야기에서 흥미로운 측면 중 하나는 다윗이 실제로 솔로몬을 지지하여 그런 약속을 했었는지, 아니면 나단과 밧세바가 당시로선 자기 주변에서 무슨 일이 벌어지는지조차 제대로 알지 못하는 듯이 보이는 늙고 기력 없는 왕에게 경건한(?) 사기를 치고 있는지 알 방법이 없다는 것이다. (성서 내러티브에서 생략은 반복만큼이나 교묘하기 때문이다.) 밧세바는 다음과 같이 다윗에게 말함으로써 그녀에게 주어진 지시사항을 수행한다.

17. 내 주여, 당신 스스로 당신의 하나님 여호와를 통하여 당신의 종에게 맹세하시기를, "네 아들 솔로몬이 나를 이어 왕이 될 것이고 그가 나의 왕좌에 앉을 것이다"라고 하셨습니다. 18. 그리고 이제 보소서 아도니야가 왕이 되었고, 내 주 왕께서는 그것을 알지 못하고 계십니다. 19. 그리고 그가 수소와 살찐 가축들과 양을 많이 잡고 왕의 모든 아들들과 제사장 아비아달과 군사령관 요압을 초청하였으나, 당신의 종 솔로몬은 그가 초청하지 않았습니다. 20. 그리고 내 주 왕이시여, 온 이스라엘의 눈이 당신을 향하여 누가 내 주 왕을 이어 왕좌에 앉을지 말씀하시기를 바라보고 있습니다. 21. 그리고 내 주 왕께서 그의 조상들과 함께 누울 때 나와 내 아들 솔로몬은 죄인이 되고 말 것입니다.

이는 탁월한 연설로서, 밧세바는 나단이 그녀에게 해주었던 말을 반복할 뿐 아니라 가장 설득력 있는 독창성을 발휘하여 이를 확장하고 있다. 11절에서 단 두 단어의 지시였던 말라크 아도니야후(מָלַךְ אֲדֹנִיָּהוּ), 곧 아도니야가 왕이 되었다는 말은 왕위 찬탈자가 자신의 연회에 초청한 초대 목록의 나열, 왕의 공표를 숨죽이며 기다리는 온 이스라엘에 대한 묘사, 그리고 다윗이 행동 개시에 실패했을 때 곧 맞게 될 그녀와 그녀 아들의 운명에 대한 애처로운 환기 등으로 활짝 만개한다. 밧세바는 나단이 지시한 내용을 그대로 반복하는 중에도 하나의 작지만 흥미로운 내용을 추가한다. 그녀는 다윗이 솔로몬의 왕위 계승에 대해서 "당신의 하나님 여호와를 통하여" 맹세했다고 주장한다. 이는 맹세에 최고 수준의 엄숙함을 부여하는 것이다. 아마 나단은 하나님의 사람으로서 그분의 이름을 헛되이 언급하는 것을 꺼렸을 수 있고(특히 약속에 관한 이 모든 이야기가 거짓말일 경우에 당연히 그러하다), 그래서 그의 지시에서는 이 구절이 빠져 있다. 다윗은 특별히 점증하는 이 반복에서 반보를 더 내딛어 밧세바에게(물론 그녀와 나단에게서 그가 그런 맹세를 전에 했었다고 설득당한 후에), "내가 이스라엘의 하나님 여호와를 통하여 그대에게 맹세했듯이 '그대의 아들 솔로몬이 나를 이어 왕이 될 것이고……'"(왕상 1:30a)라고 선언하는데, 그 엄숙한 맹세로 공식적인 선포의 마지막을 장식하고 있다. 사실 다윗은 밧세바가 그에게 했던 말에서 한 걸음 더 나아가 "그가 나를 대신하여 내 왕좌에 앉을 것이다"(왕상 1:30b)라고 보태는데, 이는 아직 아버지가 살아 있음에도 불구하고 솔로몬이 즉시 왕위를 이을 것이라는 의미가 된다.

나단은 밧세바가 다윗이 죽은 후에 맞게 될 처지를 상기시키는 그 시점에 자신이 그려놓은 시나리오에 충실하게 등장한다. 다윗이 밧세바에게 직접 한 맹세에 대해서 그가 아는 것이 당연하게 여겨질 수 없었기 때문에, 그는 빈틈없이 소위 그 맹세와 정확히 동일한 어구를 사용해서 말하다가 (실은 자신이 방금 밧세바에게 지시한 것이지만) 그것을 아도니야에 대한 신랄한 질문으로 변경한다. "내 주 왕이시여, 당신께서 '아도니야가 나를 이어 왕이 될 것이고 그가 나의 왕좌에 앉을 것이다'라고 말씀하셨나이까?"(왕상 1:24) 그러고는 답을 기다리지 않고 왕위 찬탈자가 정치적으로 개최한 연회에 대한 설명으로 밀어붙인다. 여기서도 점증적 반복의 양식에 따라 밧세바의 말에는 없었던 특정한 세부사항 몇 가지가 등장한다.

25. 그가 오늘 내려가서 수소와 살찐 가축들과 양을 많이 잡고, 왕의 모든 아들들과 군사령관들과 제사장 아비아달을 초청하여 거기서 그들이 그 앞에서 먹고 마시며 그들이 말하였습니다. "아도니야 왕이여 영원하옵소서." 26. 그러나 당신의 종 나와 제사장 사독과 여호야다의 아들 브나야와 당신의 종 솔로몬은 그가 초청하지 않았습니다.

나단의 말과 밧세바의 말의 차이는 놀랍게도 각자의 역할과 부합한다.

밧세바의 표현은 자기 아들에게 행해진 불의, 모자를 위협하는 일촉즉발의 위험, 왕의 강력한 말에 절대적으로 의존하는 백성을 강조하면서, 고민하는 어머니와 애원하는 아내의 모습을 드러낸다. 나단은 자신이 보탠 말을 통해서 아도니야의 위협이 지닌 좀 더 총체적인 정치적 측면을 예리하게 지적한다. 그가 공유된 각본을 반복할 때는 왕을 참칭하는 자에게 매수된 자가 군사령관 요압뿐 아니라 모든 군사령관들로 확대되어 있으며, 그는 아도니야에 의해서 제외된 다윗의 충신들의 목록 전체를 가지고 "당신의 종 나"를 강조하면서 시작하여(밧세바는 그녀의 설명에서 나단을 신중하게 제외시켰다) 대칭을 이루는 짝으로서 "당신의 종 솔로몬"으로 목록을 마무리한다. 나단은 결정적인 요소로서 "아도니야 왕이여 영원하옵소서"라는 짧은 문장을 아도니야의 무리가 먹고 마시는 장면에 추가한다. 이 장면은 아직 자리를 지키고 있는 왕의 분노를 돋우기 위해 계산된 것이다. 이 만남의 마지막에서 밧세바는 찬탈자의 추종자들과 절묘한 대조를 이루면서 늙은 왕을 향하여 "내 주 다윗 왕은 영원하옵소서"라고 말한다. 반복되고 추가되는 이 모든 과정이 가져오는 효과는 주장의 강도를 높여가면서 다윗을 압도하는 것이라 할 수 있다. 점증적 반복이 좀 더 도식적으로 사용될 때는 단순히 최초의 발언을 진취적으로 강화하거나 꾸며주는 기능을 하지만, 여기서는 극적이고 심리적인 정당성을 최대치로 끌어올린다. 이런 반복은 분명하게 설명할 필요 없이도 그 장면에 연루되어 있는 각 인물의 독특한 성격의 측면을 전달해주고, 사건의 진행 과정에서 변화를 초래하는 효과적인 수단이 된다. 여기서도 성서의 다른 부분과 마찬가지로 말이 사건을 발생시킨다는 것을 확실하게 보여준다.[15]

---

15) 원주: 열왕기에 대한 탁월한 역사-언어학적 주석인 존 그레이(Jonh Gray)의 주석(필라델피아, 1963)은 여기서 빈번한 반복에 대해 설명해야 했는데, 평행의 하나로서 라스 샤므라 신화를 인용하고 "이런 반복은 물론 대중적인 내러티브의 특징이고 통속 문학에서

변이되는 반복의 의도가 열왕기상 1장에서처럼 점진적인 효과일 때는 눈에 띄게 많은 새로운 요소들이 반복되는 진술에 추가될 수 있다. 보다 전형적인 경우를 보면 처음의 인상을 어떤 방식으로 반전시키려는 의도가 있을 때 한 구절의 대체, 은폐, 혹은 추가를 통해서 혹은 반복되는 내용의 순서를 전략적으로 바꿔줌으로써 인식의 전환을 가져올 수 있다. 이런 방식으로 생략이 사용된 단순한 예가 열왕기상 12장에 나오는 르호보암의 이야기일 것이다. 르호보암의 젊은 친구들은 세금을 낮추어 달라는 백성들의 요구에 다음과 같은 말로 대답하라고 조언한다. "내 새끼손가락이 내 아버지의 허리보다 굵다. 만일 내 아버지가 너희에게 무거운 멍에를 메게 했다면, 나는 너희의 멍에를 더할 것이다. 내 아버지는 가죽 채찍으로 너희를 때렸으나, 나는 전갈 채찍으로 너희를 칠 것이다."(왕상 12:10~11) 르호보암은 그의 조언자들의 말을 백성들에게 그대로 반복하여 전하면서 이 강경노선을 정해진 대로 처참하게 따르지만, 눈에 띄는 것은 자신의 새끼손가락과 아버지의 허리를 과장되게 비교하는 부분은 생략하고 있다는 것이다. (왕상 12:14) 이는 그의 위상과 고인이 된 솔로몬의 위상에 대한 여론을 들끓게 함으로써 자신이 결정한 무거운 세금을 감해줘야 하는 상황이 초래되는 것을 피하기 위한 현명한 결정이었다.

반복 속에서 나타나는 변이는 때때로 인물의 특성이 아니라 플롯의 전개를 암시하기 위해 사용되기도 한다. 이것이 만들어내는 효과는 전적으로 성서 내러티브 기법의 특성이다. 우리에게 좀 더 익숙한 암시에서는 최후의 결말이 행동이나 이미지 혹은 서술자의 주장을 순간적으로 강조하는 데서 예견된다. 『적과 흑』의 서두에서 쥘리앙 소렐(Julien Sorel)은 어느 교회에 들어갔다가 루이 장렐(Louis Jenrel)이라는 사람의 처형을 보도한 인쇄

───────────────

발견된다"라는 언급에서 더 나아가지 않는다. 이것이 전통적인 성서학자들의 특징이다.

물 조각을 발견한다. 그것은 자신의 이름을 철자 순서만 바꾼 이름이다. 그리고 그가 떠날 때 붉은 커튼을 통해서 들어오는 햇살이 성수를 피처럼 보이게 만드는데, 이는 암시할 때 사용되는 전형적인 트레몰로(tremolo)[16]의 하나이지만 다행히도 스탕달의 소설에서는 그 경우는 아니다. 이에 반해 성서에서는 간결하게 줄여서 말하는 것이 표준적이고, 사건이 장래에 전환되는 경우 특정한 반복의 양식 속에서 어떤 모호한 구절이 좀 더 확실한 구절로 대체될 때 생기는 불안정한 미묘한 불일치에 의해 암시된다. 독자에게 전달되는 것은 모호하지만 강렬한 어떤 경고가 아니라 다가올 것들에 대한 잠재적인 암시이다.

예를 들어 마노아의 아내(삿 13장)는 천사에게서 그녀가 아들을 잉태하리라는 말을 듣고는 하나님이 주신 약속을 남편에게 거의 그대로 반복한다. 그러나 그녀는 수태고지의 마지막 구절에 중요한 변경을 가한다. 천사는 "이 아이는 태에서부터 하나님께 드려진 나실인이 될 것이고, 그는 블레셋에게서 이스라엘을 구원하기 시작할 것이다"(삿 13:5)라고 말했다. 미래의 삼손의 어머니는 이 말을 반복하면서 "이 아이는 태에서부터 그의 죽는 날까지 하나님께 드려진 나실인이 될 것이다"(삿 13:7)라고 말한다. 약속은 압제자 블레셋으로부터 이스라엘을 자유롭게 하는 것으로 끝나고 있는데 (분명하게는 단지 구원의 **시작**이라고 하지만), 여기서는 "구원"에 대한 언급은 하지 않고 대신 죽음으로 끝을 맺고 있다는 점이 확실히 불안감을 조성한다. 태에서부터 죽는 날까지라는 말은 '평생'을 의미하는 유명한 표현이고 중립적인 방식의 표현이다. 그러나 이 맥락에서는 그녀가 정치적 구

---

16) '떨린다'는 의미의 음악 용어로, 한두 음을 빠르고 규칙적으로 연주하는 주법을 말한다. 16세기 말 이탈리아의 작곡가 클라우디오 몬테베르디가 고안했으며 그의 작품 「탄크레디와 클로린다의 전투」에서 처음 사용했다.

원에 대한 명백한 약속을 함구하는 대신, 다시 말해 해방자로서의 아이의 미래를 암시하는 절을 모두 생략한 대신, 아드 욤 모토(עַד יוֹם מוֹתוֹ) 곧 "그가 죽는 날까지"라는 세 단어의 구를 삽입함으로써 대체된 구가 예언에 대한 암묵적인 해석이 되도록 만들었다. 그리고 예언에 없던 부정적 힘의 암시를 마지막 "죽음"이라는 단어로 복구시켰다. 아내의 말에 해방 혹은 구원이라는 개념이 부재하다는 것은 마노아가 뒤이어 하나님의 사자에게 "이 아이의 행위와 그의 행동은 어떻게 됩니까?"17)라고 물었을 때 강조되는 듯이 보인다. 천사는 그의 말에 담긴 두 가지 질문에 대해서 이미 모두 마노아의 아내에게 답을 주었었다. 그러나 아이가 미래에 할 행동에 대한 중요한 정보는 마노아에게 전한 그녀의 보고에 삭제되어 있었다. (더욱이 그의 아내와 천사는 아들의 머리카락을 자르지 말라는 핵심적인 사항은 언급하지 않는데, 마치 그들만 공유하고 마노아에게는 알리지 않아야 할 비밀처럼 보인다.) 요약하면, 단 한 구절의 불일치가 장차 구원만큼이나 파괴를 일삼게 될, 강하지만 영적으로는 의심스러운 이스라엘의 구원자를 위한 장면을 섬세하게 만들어준 것이다.

변형된 반복이 예고 장치로서 활용되는 예를 하나 더 들어보자. 이 사례는 반전으로 귀결되는 민담의 정확한 반복 패턴이 어떻게 현란한 예술적 기교와 함께 사용되면서 내러티브에 훨씬 더 강렬한 긴장의 순간을 만들어 내는지 보여준다. 사무엘하 3장에서 사울의 군사령관이었던 아브넬은 다윗 집안과의 오랜 내전을 끝내기로 결심하고 전사이자 왕인 이 남자와 협의하기 위해 헤브론에 있는 다윗의 성으로 찾아온다. 아브넬이 그의 모든 백성들로 하여금 언약을 받아들이고 다윗을 왕으로 인정하도록 설득하겠

---

17) 한글 개역개정에는 "이 아이를 어떻게 기르며 우리가 그에게 어떻게 행하리이까"(삿 13:12)라고 번역되어 있어 부모가 이 아이를 어떻게 양육해야 하는지 묻는 것처럼 읽힌다.

노라 맹세한 타협적인 논의를 마치고 연회까지 치른 후의 장면이다.

21. 다윗이 아브넬을 보내니 그가 평안히 갔다[וַיֵּלֶךְ בְּשָׁלוֹם 바옐레크 베샬롬] 22. 그리고 이제 다윗의 신하들과 요압이 적을 쳐서 많은 전리 품을 가지고 돌아오니, 아브넬은 다윗과 함께 헤브론에 있지 않았는데, 다윗이 그를 이미 보내어 평안히 갔기 때문이다. 23. 요압이 그와 함께한 군사들과 돌아왔을 때, 어떤 이들이 요압에게 말하였다. "넬의 아들 아브넬이 왕에게 왔다가 왕이 그를 그냥 보내셔서 평안히 갔습니다." 24. 그리고 요압이 왕에게 가서 말하였다. "무슨 일을 하신 겁니까? 보소서, 아브넬이 당신에게 왔었습니다! 왜 당신은 그를 보내어 가버리게 하셨습니까?[바옐레크 할로크 וַיֵּלֶךְ הָלוֹךְ]"

평안히 떠나간 것이 빠르게 세 번 등장한 후, 요압이 베샬롬(בְּשָׁלוֹם 평안히)을 가다의 뜻을 강조한 부정사 형태인 할로크(הָלוֹךְ 가버리다)로 대체한 것은 마치 종이 울린 후에 칼이 달그락거리는 소리처럼 들린다. 요압은 "그가 평안히 갔다" 대신에 "그가 가버렸다"라고 말하는데, 이는 부분적으로는 다윗이 자신의 손안에 넣었던 아브넬을 놓아주었다는 생각에 분이 끓어올랐기 때문이고, 부분적으로는 이렇게 떠나가는 게 마음 편한 일이 되지 못하게 하겠다는 의도가 확고했기 때문이다. 요압은 정탐을 위해 왔을 수도 있는 적에게 지원과 격려를 한 다윗을 즉각적으로 꾸짖고, 아브넬을 헤브론으로 다시 부르기 위해서 서둘러 사자들을 보낸다. 적군의 사령관이 당도하자 고대 근동에서 가장 거친 요압은 아브넬을 성문 안으로 데려가 칼로 찔러 죽임으로써 전쟁에서 아브넬에게 죽임을 당한 자신의 동생 아사헬의 원수를 갚는다. 이 에피소드의 빠른 결말에 도달할 즈음에 이전의 기억을 되살려보면 가다 동사의 부정사를 사용함으로써 일련의 반복이 깨진 것이 단순히 동사의 의미를 강화한 것이 아닐 수 있다는 의심에 다다른다. 즉, 죽음의 완곡어법으로 사용될 수 있는 그 단어의 다른 의미가 아브넬에게 적용될 수 있도록 주의를 끈 것일 수도 있다. (성서의 용례에서 두 번째 의미가 사용된 예는 욥기 27장 21절, 예레미야 22장 10절이 있다.) 어쨌든 이런 이야기에서 인물의 의도와 내러티브 구조의 정밀함을 모두 이해하기 위해서는 첫눈에 정확하게 공식적인 패턴처럼 보일지라도 한 단어의 변화까지 경계해서 보아야 한다는 것이 분명해졌다.

혹자는 어구의 반복에 의도적으로 작은 변형을 주는 정교한 기법에 대해 사실은 때로 문자 그대로 반복하고 때로 비슷한 말로 반복했던 고대 문서들의 우연한 산물이라고 반박할 수도 있다. 사실 이것이 이스라엘의 성서학자 야이르 호프만(Yair Hoffman)이 제기한 반대 의견의 핵심이다. 그는 여기에 소개된 내용과 유사하게 반복을 의도적인 기술로 보는 견해를 피력한 마이어 스턴버그의 논문을 반박한 적이 있다.[18] 호프만은 어구의 반복이 변형된 성서의 예들 속에서 확실한 문학적 "의미"를 추론할 수 없기 때문에, 그런 기법의 존재는 경험적으로 증명할 방법이 없으며, 그러므로 상상력에 의존하는 이러한 독법은 그만두어야 할 것이라고 결론짓는다. 이 주장이 놓친 부분이 있다. 극소수의 문학적 기법만이 작가들에 의해서 불변하는 것으로, 그렇기 때문에 예외 없이 의무적으로 따라야 하는 것으로

---

18) 원주: 호프만, 「관습과 전략: 성서 내러티브의 반복 Between Conventionality and Strategy: On Repetition in Biblical Narrative」(히브리어), 《하-시프루트》 28(1979년 4월), 89~99쪽. 스턴버그의 소논문은 「성서 내러티브의 반복의 구조 The Structure of Repetition in Biblical Narrative」(히브리어), 《하-시프루트》 7(1977년 10월), 110~150쪽이다. 덧붙일 것은 스턴버그와 나는 반복이라는 성서의 관습에 대해 매우 독립적으로 유사한 이해를 발전시켰고, 현재 장의 초기 버전은 1976년에 소논문으로 출판되었다. 심지어 우리 두 사람은 창세기 39장에서 미세하게 변이된 반복의 사용에 대해서 매우 유사한 이해에 각자 도달했고, 우리가 사실상 동일한 문학적 대상을 관찰하고 있다고 인식하게 되었다.

취급된다는 점이다. 소네트는 열네 행이어야 한다는 것도 필수 조건인 건 맞지만(사실 열다섯 줄로 된 소네트가 실제로 작성되었다), 그보다 훨씬 더 전형적인 관습은 19세기 소설에서 공식적인 '성격 소개'(외모와 도덕적 성품 등에 대한 간략한 밑그림)를 통해서 소설 속의 인물을 소개하는 것이라 할 수 있다. 그 시대의 소설에서도 이 조건에 어긋나는 온갖 종류의 일탈을 발견할 수 있을지 모르겠지만, 이것은 새로운 인물이 소개되는 부분에서 추측컨대 약 70퍼센트가량 나타날 정도로 분명하게 인지되는 관습이라는 것이 일반적인 견해이다. 그리고 이런 관습의 배경에 기대어 볼 때, 개별 작가들이 어떻게 자신의 기술을 드러내는지 더 잘 볼 수 있게 된다. 그렇다면 반복되는 구절에서 작은 변형을 보이는 성서의 모든 예들 역시 중요한 의미를 지닌다고 주장하는 것은 당연하다. 그 중요한 의미는 충분한 예들에 존재한다는 것을 설득력 있게 밝힐 수 있으며(여기서 70퍼센트는 극히 조심스럽게 추정한 수치이다), 예들은 변형된 반복 구절이 저자들에게 사용되고 그들의 독자들에게 인지되었던 기술적 관습이었다는 추론을 정당화할 것이다.

호프만은 성서가 반복을 사용할 때 문자 그대로 엄격성을 유지하는 것과 느슨하게 유지하는 것 사이를 오가는 것은 역사적 환경의 작용이라는 흥미로운 주장을 펼친다. 즉, 엄격하게 형식을 반복하는 것은 이스라엘 동쪽 메소포타미아와 북쪽 우가리트의 문학적 규범인 반면, 남쪽에 위치한 이집트 문학은 그런 관습에 지배받지 않았다는 것이다. 호프만은 이와 유사하게 초기의 성서 내러티브는 문자 그대로의 반복이 훨씬 더 많고 고대 근동 문학의 선례들에 근접하며, 후대 즉 포로기 이후의 내러티브는 고대 후기 근동 문학의 변화에 맞추어서 반복의 규범으로부터 벗어나고 있다고 주장한다. 호프만은 엄격한 반복과 느슨한 반복 사이의 변형이 생기는 것은 지리적 기준이 옮겨지고 역사적 시대가 바뀌는 것에 따라 과도기를 겪은 성서 내러티브의 결과라고 주장한다.

역사적 연구가 어쩌면 이 흥미로운 가설을 확인해줄 수 있을지도 모른다. (물론 이 도식에서 이집트의 역할은 좀 문제가 있지만 말이다.) 그러나 그 연구가 이런 식의 구절 반복이 기술적인 관습으로 존재했었다는 사실을 반박할 수는 없다. 그 어떤 문학 작품군이든 그 관습은 해당 작품군이 형성되었던 문학사의 정황을 자연스레 반영하기 마련이다. 성서 문학에서 내러티브 창작의 황금시대, 즉 오경과 전기 예언서[19]의 주된 내러티브들이 생산되었던 때는 대략 기원전 10세기부터 7세기경이었다. 이 시기의 히브리 저자들이 그들이 물려받은 반복 규범에서 어떤 유연성을 느꼈으리라는 것은 충분히 짐작할 수 있다. 왜냐하면 그들은 초기 고대 근동 사회부터 후기 고대 근동 사회까지 광범위한 문화적 변화와 격변에 사로잡혔기 때문이다. 잠언을 제외한다면 제안된 이집트 영향설은 다소 의문스러운데, 잠언은 내러티브의 반복이 화제가 되지 않는 책이다. 어쨌든 만일 이것이 사실이라면, 본질적인 핵심은 저자들이 보통 그렇듯이 그들이 자신의 문학적-역사적 상황의 모호성 속에서 이것을 도리어 독특한 기술을 만드는 계기로 삼았다는 것이며, 그 결과 유연성과 절묘함에서 탁월한 효과를 가진 전략적인 변형을 가미한 어구 반복의 관습을 고안해냈다는 것이다. 실제로 히브리 내러티브의 이 위대한 시대가 만든 복합체의 성취는 부분적으로 이 관습의 원천에서 기인한 것인데, 이 관습은 적어도 얼마 후에 포로기 이후 히브리 저자들에 의해서 거의 버려지거나 사용법이 잊혀졌다.

---

19) 전기 예언서는 여호수아, 사사기, 사무엘상·하, 열왕기상·하를 의미한다. 히브리 성서는 기독교 성서와 책 분류법이 달라서, 토라(오경)·예언서·성문서의 삼분법으로 되어 있다. 예언서는 다시 전기 예언서와 후기 예언서로 세분되며, 전자에는 기독교 성서에서 역사서로 분류되는 책들의 다수가, 후자에는 기독교 성서에서 예언서로 분류되는 책들의 대부분이 포함된다.

결론으로서, 정교하게 편성된 반복 장치의 조합이 전체 이야기 안에 복잡한 구조를 제공해주는 좀 더 정교한 예시 두 가지를 통해서 그 성취의 특성을 보다 분명하게 밝혀보자. 두 가지 예는 되풀이되는 서술의 범위에서 상호 보완적인 양극단을 보여준다. 하나는 반복되는 핵심 단어들과 행동들을 기반으로 하면서 특정한 주제구와 대화의 일부분만 그대로 반복되고 있고, 다른 하나는 문자적인 반복, 상호교차, 그리고 어순을 정교하게 재배치한 복잡한 직조 방식을 보여준다. 첫 번째 예는 반복이 되풀이되는 기법을 설명해준다. 두 번째 예는 되풀이되는 기법이 탁월하게 사용되지만 주로 구절 반복을 보여주는 예시로서, 여기서는 겉보기에 다시 말하는 것처럼 보이지만 미묘한 차이가 발생하는 것에 주목하도록 만든다.

첫 번째 예인 이방인 선지자였던 발람 이야기(민 22:2~24:25)는 본문이 너무 길어서 여기서 모든 구절을 다 논할 수 없기 때문에 요약 분석을 통해서 그것이 어떻게 작용하는지 살펴보겠다. 두 번째 예인 보디발의 아내가 요셉을 유혹하는 이야기(창 39장)는 보다 압축적인 본문이고 여기서 반복을 사용하는 방식 때문에 본문의 세세한 부분까지 면밀하게 주의를 기울일 필요가 있다.

발람 이야기에서 가장 처음 등장하는 히브리 단어는 "보다"라는 동사이다.(민 22:2) 이 단어는 몇 가지 동의어와 함께 예언 혹은 환상의 특성에 관한 이 이야기에서 주된 주도어가 되고 있다. 먼저 모압 왕 발락은 이스라엘이 아모리 사람들에게 행한 일을 본다. 후에 발람은 극적으로 이어지는 환상 속에서 자기 아래로 펼쳐져 있는 이스라엘을 광대한 공간적 전망에서 보게 되고("내가 바위 위에서 그들을 보며 / 작은 산에서 그들을 바라보니"[민 23:9]), 이것은 그의 마지막 예언에서 미래를 예견하는 시간적 전망으로 변한다("내가 그를 보아도 지금의 일이 아니며 / 내가 그를 바라보아도 가까운 일이 아니다"[민 24:17]). 발람은 자신의 마지막 두 예언 앞에 전문적인 예지자 곧 환상 중에 예언하는 자로서 자신의 역량을 공식적인 문구로 서두에 밝힌다("브올의 아들 발람이 말하며 / 눈을 감았던 자가 말하며 / 하나님의 말씀을 듣는 자 / 전능자의 환상을 보는 자 / 엎드려서 눈을 뜬 자가 말한다"[민 24:3~4]). 환상을 보는 자의 의식에서 장황하게 나열된 이 모든 말들은 앞선 발람의 사건과 역설적인 대조를 이루는데, 발람은 그의 나귀도 분명히 보았던 천사를 하나님이 "그의 눈을 열어줄 때까지"(민 22:31) 보지 못했었다.

하나님만이 환상을 보게 하는 유일한 근원이라는 확고한 주장은 축복과 저주의 배열과 관련된 반복적인 구절 모티프에 의해 보완된다. 발락은 이스라엘에게 해를 끼치기 위하여 발람을 초청하러 사람을 보낸다. 그는 이방인으로서 이교적인 무지함으로 발람에게도 말하듯이 "그대가 복을 비는 자는 복을 받고 / 저주하는 자는 저주를 받을 줄"로 믿는다.(민 22:6) 하나님은 즉시 문제를 바로잡고자 직접 밤의 환상으로 발람에게 나타나 동일한 두 개의 동사 어간을 사용하여 말씀하신다. "너는 그 백성을 저주하지 말라. 그들은 복을 받은 자들이다."(민 22:12) 모든 일련의 변화는 발람의 환상 구절과 발람과 발락 사이의 분노한 대화 모두에서 저주-축복의 대립을 환기시킨다. 적절한 주제의 결론이 발람에 의해서 그의 첫 번째 예언의 서두에서 명확하게 내려진다. "발락이 나를 아람에서 이끌고 와서 / 모압의 왕이 동쪽 산에서 나를 이끌고 와서 / 가라, 나를 위하여 야곱을 저주하라. / 그리고 가라, 이스라엘에게 선고하라. / 하나님께서 저주하지 않았는데 내가 어떻게 저주할 수 있고, / 여호와께서 선고하지 않으셨는데 내가 어떻게 선고할 수 있겠는가?"(민 23:7~8) 이 구절들은 시에 사용되는 평행법의 운율적 반복이 산문에서 사용되는 구절의 주제적 반복과 어떻게 효과적으로 어울릴 수 있는지 흥미롭게 보여준다. 발람은 예언자일 뿐 아니라 시인이라는 점이 중요한데, 왜냐하면 이야기는 궁극적으로 말이 그 말의 힘의 근원과 더불어 축복과 저주를 주거나 승인할 수 있는지에 관계되기 때문이다.

볼테르(Voltaire)와 다른 이들의 불평과 달리, 논쟁이 많은 성서의 유일신론이 어떻게 고급 희극(high comedy)을 만들 수 있는지 예시해주는 것은 발람 이야기 중에서도 특히 평행을 이루는 행동 구조이다. 발람은 발락의 초대에 응하기 위해서 자신의 나귀를 타고 출발한다. 민담에서 친숙한 패턴을 따라 동일한 사건이 세 번 발생한다. 나귀는 발람에게는 보이지 않는 칼을 휘두르는 천사를 피하고, 그때마다 타고 있는 사람을 더욱 당황하게 만든다. 처음에는 밭으로 들어가고, 다음에는 담에 짓누르고, 마침내 나귀는 그의 밑에 엎드린다. 발람이 화가 나서 나귀를 때리자, 세 번째에 하나님이 "나귀 입을 열어서"(다른 곳에서 발람은 "여호와께서 내 입에 넣어준 말"만 할 수 있다고 반복적으로 주장한다) 나귀가 "내가 당신에게 무슨 짓을 했기에 나를 이렇게 세 번이나 때립니까?"(민 22:28)라고 불평한다. 저자는 세 번이라는 것에 주의를 집중시킨다. 이 숫자가 이 이야기의 후반부에서 중요하기 때문이다. 화가 난 발람은 나귀가 말하는 기적적인 상황을 거의 알아채지 못한 듯이 보이며, 마치 그가 자신의 나귀들과 매일 집에서 언쟁하는 것에 익숙한 사람처럼 대답한다. "왜냐하면 네가 나를 우롱했기 때문이다. 내 손에 칼을 가지고 있었다면, 난 너를 죽였을 것이다."(민 22:29). (미드라쉬 베미드바르 라바[BeMidbar Rabbah][20] 20장 21절은 발람이 지금 자신의 말만으로 한 나라를 멸망시키겠다고 가고 있으면서 정작 나귀 한 마리를 죽이기 위해서는 칼이 필요하다고 말하는 아이러니를 예리하게 지적한다.) 그 동안에도 보이지 않는 천사는 손에 칼을 든 채 옆에 서 있다. 마침내 하나님이 무장한 천사가 길을 막고 있는 것을 발람에게 보여주었을 때, 그제야 성난 예언자는 무죄한 나귀에게 잘못했음을 뉘우친다.

---

20) 민수기에 대한 미드라쉬이다.

이 에피소드에서 눈이 열려 하나님의 천사를 보는 나귀는 발람과 발락과의 관계에서 발람의 역할을 하고 있는 게 분명해 보인다. 짝을 이루는 두 이야기 사이의 평행은 다시 발람의 예언에서 동일한 사건이 세 번씩 대칭적으로 등장하고, 그때마다 더 크게 발락을 당황시킨다는 사실에 의해서 강조된다. 발람의 예언자적 표상에서, 처음에는 이스라엘이 먼지처럼 펼쳐져 있고, 그 후에는 사자처럼 웅크리고 있으며, 마지막에는 별처럼 일어난다. 이에 최악의 저주를 내려주길 기다렸던 모압 왕은 말을 듣지 않는 나귀에 대해 발람이 맹목적인 화를 냈던 것처럼 점차 무력한 화를 낼 뿐이다. 이런 민담의 패턴에서 반복적인 행동이 연속되는 것은 물론 기계적인 결과물이다. 여기서 성서 저자의 천재성이 일부 드러난다. 성서의 저자는 베르그송(Henri-Louis Bergson)이 그 원리를 공식화하기 삼천 년 전에 이미 인간사에서 기계적인 요소가 희극의 일차적인 출처라는 것을 인식했다. 발락과 발람의 반복은 발람과 나귀의 반복에 비해서 훨씬 더 정교하다. 세 번에 걸쳐서 발람은 매번 발락에게 일곱 개의 제단을 만들고 일곱 마리의 소와 일곱 마리의 양으로 각 제단에 제물로 드리라고 지시하고, 제정신이 아닌 왕은 높은 전망이 있는 이 산 저 산으로 옮겨 다닌다. 매번 수고하며 준비하지만 결과는 발락의 좌절감을 더욱 키울 뿐이다. 이교사상은 전문가 계층이 규정된 일련의 절차를 신중히 따름으로써 신의 능력을 다룰 수 있다는 기계론적 세계관에 반응하는 반면, 성서적 관점에서 현실은 인간의 모든 노력을 넘어서 전능한 하나님의 의지에 의하여 통제된다. 현실에 대한 서로 대립되는 개념을 가진 이 둘 사이의 대조는 이야기의 기술적인 반복 패턴에서 훌륭하게 이루어진다. 반복되는 각 예에서 모압 왕과 그가 고용한 예언자는 동일한 준비 절차를 거치고, 매번 발람은 상승하는 절에서 하나님이 그의 입에 넣어준 말을 하는데, 그 절들의 구성은 점차 고조되는 강력한 환상의 반복과 인간이 하는 헛된 행위의 기계적인 반복이 대조되는 것으로 이루어진다. 전체 이야기에서 신학적인 주장과 내러티브의 기술은 아름답게 완성된다.

민수기 22~24장에서 서술자는 폭넓고 대담한 필치로 반복의 패턴을 배치한다. 반면, 창세기 39장의 서술자는 좀 더 정밀하고 보다 섬세하게 서로 연결돼 있는 일련의 움직임 속에서 반복의 패턴을 암시해준다.

1. 그리고 요셉이 이끌려 이집트로 내려갔고, 파라오의 친위대장인 보디발이 그를 거기로 데려간 이스마엘 사람의 손에서 요셉을 샀다. 2. 그리고 여호와가 요셉과 함께하였고, 그는 형통한 자[אִישׁ מַצְלִיחַ 이쉬 마츨리아흐]가 되어 그의 주인 이집트 사람의 집에 있었다. 3. 그리고 그의 주인은 여호와가 그와 함께하는 것을 보고 그의 손으로 하는 모든 일을 여호와가 형통하게[마츨리아흐 מַצְלִיחַ] 하는 것을 보았다. 4. 그리고 요셉이 그의 눈에서 은혜를 찾아[21] 그를 섬기자 주인이 요셉에게 그의 집을 담당하게 하고 그가 가진 모든 것을 요셉의 손에 두었다. 5. 그가 그의 집과 그의 소유를 요셉에게 담당하게 한 때부터 여호와가 요셉을 위하여 이집트 사람의 집을 축복했고, 여호와의 축복이 그의 집과 밭에 있는 모든 소유에 임했다. 6. 그리고 그가 그의 소유를 요셉의 손에 두었고 그가 먹는 음식을 제외하고는 아무것도 간섭하지 않았다. 그리고 요셉은 용모가 잘생기고 보기에 아름다웠다.

이 여섯 절은 요셉이 자기 주인의 아내를 만나기 위한 서문의 틀로서 내러티브의 정보에 관한 것뿐 아니라 공식적인 주제를 알려주는 장면을 구성한다. 되풀이되는 동사 모티프들은 클래식 심포니의 제1악장 시작 부분에

---

21) 그에게 은혜를 입어.

서 음악적 주제를 설명해주는 것과 같은 기능을 한다. 요셉은 형통하고(자동사 마츨리아흐 מַצְלִיחַ) 하나님은 그를 형통하게 하신다(사역동사 마츨리아흐 מַצְלִיחַ). 하나님은 반복해서 요셉과 "함께하는데", 이는 명백히 그의 형통함과 인과적으로 관계되는 조건이며, 사람부터 그가 만지는 모든 것에까지 축복이 이르게 하는, 그 자체로서 축복인 조건이다. "모든(콜 כֹּל)"이라는 단어가 다섯 번에 걸쳐 언급되는데,[22] 이는 분명히 성서의 반복 기준을 초과하는 수치로서, 과한 반복 자체가 주제를 드러내고 있음에 주의를 기울이게 만들어준다. 요셉이 구현하고 있는 축복 혹은 형통의 범위는 거의 무제한이다. 모든 것이 번성하고, 모든 것이 그에게 맡겨진다. 축소된 규모지만 그 자신의 위대한 꿈이 확인되고, 이집트의 총리가 될 그의 영광스러운 미래의 전조를 보게 된다. 이 서문의 틀에서 외견상 부조화를 이루는 듯한 마지막 구절은 히브리 병치법에서 연속되는 평행 문장 중 하나로 결론을 맺고 있는데, 이는 요셉이 이 한 가지 자질 때문에 너무 많은 고통을 겪게 될 수 있다는, 축복 가운데 있는 경고의 표시이다. 이제 보디발의 아내가 등장하는 장면을 살펴보자.

7. 그리고 이런 일이 있은 후에 그의 주인의 아내가 요셉에게 눈을 치켜뜨고 말하였다. "나와 자자." 8. 그는 거절하였다. 그리고 그가 그의 주인의 아내에게 말하였다. "보소서, 내 주인께서는 집 안에서 무엇이든 간섭하지 않고, 가지신 모든 것을 내 손에 맡기셨습니다. 9. 이 집에서는 그도 나보다 크지 않고, 그가 내게 금한 것이 없지만 당신은 예외이니 당신은 그의 아내이기 때문입니다. 그러니 내가 어떻게 이 큰 죄를 행하여 하나

---

22) 우리말 개역개정에는 '범사에', '다', '모든' 등으로 다르게 번역되어 있으나, 히브리 성서는 동일한 단어를 사용하고 있다.

님께 죄를 지겠습니까?" 10. 그녀가 요셉에게 날마다 말하였으나 그는 듣지도, 그녀와 자지도, 함께 있지도 않았다. 11. 그러던 어느 날 그가 그의 일을 하기 위하여 집에 들어왔고 그 집 안에는 집 사람들이 하나도 없었다. 12. 그러자 그녀는 그의 옷을 잡고 말하기를 "나와 자자" 하였다. 그는 그의 옷을 그녀의 손에 남겨두고 도망쳐서 나왔다. 13. 그녀는 그가 그의 옷을 그녀의 손에 남겨두고 밖으로 도망간 것을 보자, 14. 집 사람들을 소리쳐 불러서 그들에게 말하기를 "봐라, 주인이 우리를 농락하려고[혹은 우리를 모욕하려고] 우리에게 히브리 사람을 데려다 놓았구나. 그가 나를 욕보이려고 왔지만, 내가 큰 소리로 고함쳤다. 15. 그랬더니 내가 소리를 높여 고함치는 것을 그가 듣고, 자기 옷을 내 곁에 남겨두고 도망쳐서 나가버렸다" 하였다. 16. 그리고 그녀는 그의 주인이 그의 집으로 돌아올 때까지 자기 곁에 그의 옷을 두었다. 17. 그리고 그녀가 그에게 이 일을 말하였다. "당신이 우리에게 데려온 히브리 노예가 나에게 들어와 나를 농락하려고 했어요. 18. 그리고 내가 소리를 높여 고함칠 때 그가 내 곁에 자기 옷을 남기고 밖으로 도망쳤어요." 19. 그의 주인이 "이런 일을 당신의 노예가 나에게 저질렀어요"라고 말하는 아내의 말을 듣고 격노하였다. 20. 요셉의 주인이 그를 잡아서 감옥집에 가두니, 그곳은 왕의 죄수들이 갇혀 있는 곳이었다. 그가 그곳 감옥집에 있었다.

전체 이야기에서 어떤 전조나 설명도 없이 대화가 처음 등장하면서 아내의 성적인 요구가 적나라하게 단도직입적으로 드러난다. 단 두 단어(히브리어에서)가 그녀가 날마다 요셉에게 말한 전부인 것처럼 나타나고(10절), 이는 단어의 명백한 의미가 그 남자를 잡는 물리적 행동으로 옮겨질 때까지 계속된다.(12절) 이와 대조적으로, 요셉의 거절(8~9절)은 유창한 열변으로, 극적으로도 적절하고 주제와도 잘 들어맞는다. 그는 충실한 노예로서, 제안받은 도덕적 스캔들에 대하여 단호하게 저항하고 있다. "모든" 이라는 핵심 단어는 서문의 틀에서 채택되어 요셉에게 맡겨진 책임의 포괄성을 강조하는 데 사용된다. 요셉의 신뢰와 함께 연결되어 있는 또 다른 주제 단어는 "집"으로, 이 역시도 서문의 틀 구절에서 다섯 번 등장하며, 위 본문에서는 요셉의 입에서 두 번 나온다. 이것은 요셉의 나머지 이야기에서 매우 중요하다. 16절에서 주인이 귀가할 때, 그는 "그의 집으로 복귀하며," 이것은 주인의 역할과 그의 아내가 암암리에 요셉에게 같이 자자고 부추기던 그 집에 대한 권리 침해가 분명하다. 저자는 말의 반복이라는 또 다른 전략을 통해서 이 주제를 강화하는데, 간통하려는 아내를 가진 그 이집트 남자를 "그의[요셉의] 주인"으로, 성욕이 왕성한 그 여인을 "그의[보디발의] 아내"로 계속해서 언급한다.

그러나 전체 구와 절의 반복이 이야기에서 중요해지는 부분은 성폭력의 시도에 대한 설명 부분이다. 요셉이 달아날 때(12절) "그는 자신의 옷을 그녀의 손에 남겨두고" 밖으로 나간다. 이것은 6절 "그가 그의 소유를 요셉의 손에 두었고"의 정확한 메아리로서 아이러니하게도 신뢰의 정황을 배우자의 배신의 정황으로 비튼 것이다. (히브리 성서를 보면 이 장에서 나타나는 손[야드 יָד]은 모두 단수이다.)[23] 13절은 12절의 마지막 문장을 문자 그대로 반복하고 있는데(강조를 위해 반복된 한 동사를 제외하고), 여기에는 두 가지 이유가 있다. 반복은 그녀의 손에 있는 옷이 결정적인 증거가 된다는 것에 우리의 관심을 잡아두며, 이후에 그녀가 "소리쳐 부르는" 장면이 뒤따른다.(14절) 그리고 이것은 내러티브의 진행이 정지되는 시간을 제공하면서, 그동안 독자는 그녀가 이 불명예스러운 상황에서 빠져나가기 위해 무

---

23) 영어 번역본에는 이것이 복수(hands)로 번역되어 있기 때문에 저자가 보충 설명을 한 것이다.

슨 궁리를 할 수 있을지 듣기 위하여 기다린다. 그녀가 집 사람들에게 한 이 야기는 영리하게 그들의 동정심을 유발하는 동시에 성적인 위협을 가하고 그들 모두를 모욕한 외국인을 거부하게 만들면서(레짜헤크 바누[우리를 농락하려고 לְצַחֶק בָּנוּ]라는 말장난에서 그는 "우리를 농락하고 / 데리고 놀고 / 조롱하려고" 데려온 사람이 된다), 이 위험한 이방인을 그들 가운데 데리고 온 남편까지 비난하도록 그들을 자극하려는 의도가 있다. 그녀는 바로 전에 서술자가 두 번 사용했던(12~13절) 동일한 구절을 사용하되, 그 순서를 바꾸어 자신의 말에서 사용함으로써(14~15절), 이제 그녀가 소리 질러 부른 것은 요셉의 도망보다 앞서게 된다. 그녀의 뻔뻔한 거짓말은 아무 설명 없이 전달된다. 그녀의 뻔뻔함은 앞서 나온 서술에서 그녀가 반복하는 한 구절에서 한 단어를 바꿈으로써 보다 뚜렷하게 드러난다. 누군가의 손에 무언가를 남기는 행위가 특별히 강조되는데, 이는 그것이 서문의 틀 구절에서 강조되었던, 요셉의 손에 남겨짐, 주어짐, 맡겨짐이 반복되었던 것을 떠오르게 하기 때문이다. 12절과 13절에 나오는 보디발의 아내의 말에서는 범죄의 증거였던 "그녀의 손에(베야다 בְּיָדָהּ)"가 15절에서는 조용하게 "내 곁에(에쯜리 אֶצְלִי)"로 바뀌는데, 이는 요셉이 강간하기 위한 준비로서 매우 자발적으로 옷을 벗은 것처럼 보이게 하고자 함이다. 요셉은 그의 형들이 피 묻은 옷을 그의 아버지에게 가져갔을 때 그랬던 것처럼 다시 잘못된 증거인 옷과 연결된다. 아내는 자신의 남편이 돌아오면 그에게 반복할 이야기를 위해 준비된 소품으로서 신중하게 옷을 "자기 곁에" 둔다.(16절) (미드라쉬 베레쉬트 라바 87장 10절은 옷을 곁에 둔 것에 대한 이야기를 설명할 때 그녀가 시간을 보내면서 그것에 키스하고 어루만졌다는 다소 상상력이 가미된 관찰 내용을 보여준다.)

마침내 그녀가 자신의 남편에게 말할 때, 그녀가 반복한 말은 사실상 한 번 더 심사숙고하여 재배열된 구절들이다. 그녀가 종들에게 말할 때는 히브리 사람을 데리고 와서 그들을 농락하게 만든 그녀의 남편을 경멸하는 언급으로 시작했다. 이제 그녀는 "히브리 노예가 나에게 들어와"라는 충격적인 말로 시작한다.(17절)[24] 이 표현은 성서에서 자주 사용되는 관용어구로서 그 자체만으로 "나와 관계를 가졌다"는 의미로 쉽게 오해될 수 있다. 그 후에 그녀는 "당신이 우리에게 데려온 그가, 나를 농락하려고"라고 한정한다.[25] 이전에는 단 두 개의 성적인 단어만을 썼던 이 여인이 여기서는 구문을 애매하게 만들 줄 아는 간교한 여인으로 드러난다. 그녀가 종들에게 한 말에서는 남편이 "우리를 농락하도록" 그 히브리인을 데려온 것이었다. 이제 이 짧은 절 전체를 직접 그녀의 남편에게 반복할 때는 그 절이 두 가지 방법으로 읽힐 수 있도록 배치한다. 이는 "당신이 우리에게 데려온 그 노예가 나를 농락하려고 나에게 들어왔다"로 읽을 수도 있고, "나를 농락하려고 당신이 우리에게 데려온 그 노예가 나에게 들어왔다"로 읽을 수도 있다. (히브리 성서 본문에는 의미를 분명하게 해주는 구두점이 없다.) 두 번째 독법은 분명히 남편에 대한 날 선 질책이며, 이는 그가 엉뚱하게 그런 성적 위협이 되는 자를 집에 데려와서 문제를 초래했음을 암시한다. 그러나 아내는 영리하게 이 말을 직접적인 비난으로 받아들일 수도 있고, 암시적이며 온화한 질책으로 받아들일 수도 있는 문장으로 만든다. 또 주목해야 할 점은 그녀가 다른 종들(혹은 노예들)에게 말할 때는 요셉을 "사람"이라고

---

24) 이 설명은 히브리 성서의 본문을 기준으로 하고 있다. 한글번역본은 "히브리 종이 나를 희롱하려고 내게로 들어왔으므로"라서 "내게로 들어왔다"는 부분이 문미에 들어가지만, 원문에서는 "그가 나에게 들어왔다"는 표현이 먼저 등장한다.

25) 한글번역본에서는 다른 여지없이 한 가지 의미로 해석되지만, 히브리 성서의 본문은 다르다. 본문대로 배열하면 "(그가) 들어왔다" "나에게" "히브리 종이" "당신이 우리에게 데려온 (자)" "나를 희롱하려고"가 된다. 본문에 명확한 문장부호가 없기 때문에 각 단위를 어떻게 결합시키느냐에 따라 중의적인 해석이 가능하다. 이를 부분적으로 살리기 위해서 중간에 쉼표를 삽입했다.

부르는 반면, 그녀의 남편에게 재진술할 때는 신중하게도 그 히브리인을
"노예"라고 확인시킴으로써 주인으로 하여금 신뢰가 깨졌고 가장 낮은 자
가 가장 높은 자를 공격했다고 여기게 만들어 분노를 유발시킨다.[26]

또 다른 측면에서, 그녀는 남편에게 하는 말에서 한 번 더 구절의 순서를
허위로 재배열하여 반복한다. "내 손에"를 "내 곁에"로 치환하고, 자기 자신
이 크게 소리쳐서 불렀다는 거짓된 주장을 한다. 재미있는 것은 그 비명이
이제는 더 이상 독립된 구절 "내가 큰 소리로 고함쳤다"로 나타나지 않고
"내가 소리를 높여 고함칠 때(덕 있는 여자로서 당연히 내가 그랬을 때)"라
는 종속절로 축소되어 그랬으리라 여겨지는 행동이 된다. 이 대화에서는
반복을 통한 인물과 관계의 규정이 눈부실 정도로 효과적이다. 남편은 어
리석게도 그녀가 냉정하게 계산했던 그대로 반응하고, 요셉은 감옥에 던져
지고, 이야기를 마무리하는 세 개의 틀 구절들이 등장한다. 이는 서두에서
의 틀 구절들과 균형을 이룬다.

21. 그리고 여호와께서 요셉과 함께하시고 그에게 인자하심을 베풀어
감옥집 간수장의 눈에서 은혜가 주어졌다.[27] 22. 감옥집 간수장이 감옥
집에 있는 모든 죄수들을 요셉의 손에 두었고, 그들이 거기서 하는 모든
일을 요셉이 하였다. 23. 그리고 감옥집 간수장은 그의 손에 맡긴 것을
아무것도 살펴보지 않았으니 여호와께서 그와 함께 계셨기 때문이다.
그가 무슨 일을 하든지 여호와가 형통하게 하셨다.

---

26) 원주: 나는 마이어 스턴버그가 반복의 구조에 대한 그의 소논문에서 "사람"에서 "노
예"로 바뀌는 이 작지만 결정적인 변환을 인지한 것에 감사한다. 동일한 절에서 그는 구문의
모호성이 부당하게 이용되고 있다는 점에서 나와 유사한 관찰을 했다. 「성서 내러티브의 반
복의 구조」, 142쪽.
27) 교도관에게 은혜를 받게 했다.

이 마지막 구절들은 형식을 갖춘 작문의 백미이다. 비록 요셉은 다른 종류의 구덩이에 던져졌지만, 마지막 요약에서 그의 운명 자체를 한 번 더 드러내는 동사 모티프들이 축복의 리듬을 명확하게 해준다. 전에 "그는 그의 주인 이집트 사람의 집에 있었던"(2절) 것처럼 "그가 감옥집에 있었다."(20절)[28] (나는 베이트 소하르[בְּבֵית סֹהַר]를 감옥집이라고 번역했다. 약간 어색하지만, 히브리어에서 이야기의 결론까지 계속 요셉의 존재에 의해서 집과 그 위에 수여되는 축복의 모티프를 지속하기 때문에, 그 길을 유지하기 위함이다.)[29] 하나님은 다시 한 번 요셉과 "함께하고" 그래서 그는 이집트인 주인(간수장)의 눈에서 은혜를 찾는다.[30] 여기서는 관용어구에 약간의 변화가 생겨서 문자적으로 이집트인 주인의 눈에서 은혜가 "주어진다." 다시 한 번 "모든" 것이 그에게 맡겨지고, "그의 손에" 위탁된다(보디발의 아내의 "손안에" 남겨졌던 옷을 바로잡는 마지막 반전). 6절에서, 보디발은 그가 요셉에게 두었던 신뢰 때문에 "아무것도 간섭하지 않았다." 여기서 간수장도 정확히 동일한 이유로 "아무것도 살펴보지 않았다." 전적인 신뢰라는 이 본질적인 패턴은 파라오가 이집트 전체의 치리(治理)를 요셉의 손에 두었을 때 궁극적인 확인을 받게 될 것이다. 이집트에서의 요셉의 활동과

---

28) 한글번역본(개역개정)에는 2절과 20절 각각의 후반부가 전혀 다르게 번역되어 있지만, 히브리 성서 본문에서는 동일한 문장 구조를 이루고 있다. 한글번역본에는 "그가 그의 주인 애굽 사람의 집에 있으니"(2절)와 "요셉이 옥에 갇혔으나"(20절)로 되어 있다.

29) 소하르는 구약성서 전체를 통틀어 요셉 이야기의 이 부분에서만 사용된다. 모두 베이트 하소하르(בְּבֵית הַסֹּהַר)의 형태로 나타나고 감옥을 의미한다. 로버트 알터는 이 단어를 베이트(히브리어로 '집')와 소하르로 구분하여 감옥집이라고 번역한 것이며, 그 이유는 설명한 바와 같이 집이라는 모티프가 요셉 이야기에서 갖는 중요성 때문이다.

30) 요셉이 보디발에게 은혜를 입는 장면에서 "그의 주인의 눈에서 은혜를 찾는다"(4절)는 표현이 사용된다.

관련하여 소개되는(2절) 여호와가 요셉과 함께한다는 공식은 이제 에피소드의 결론을 맺는 절의 말미에서 반복되며, 이야기의 맨 마지막 단어는 가장 적합하게도 **마츨리아흐**, 곧 "형통하게 하셨다"이다.

이 모든 기술적 반복의 변형된 예들은 서로 다른 방식으로 성서 내러티브의 기본 가정을 반영한다. 성서 이야기에서 언어는 그저 서술된 사건들을 담는 투명한 봉투나 미적인 장신구가 아니라 서술되고 있는 대상의 통합된 일부이자 역동적인 구성 요소이며 지속적인 차원의 하나로 인식된다. 하나님은 언어로 세상을 창조한다. 또한 언어를 통해서 인간의 역사에 대한 자신의 계획을 드러낸다. 성서의 비전을 알게 해주는 언어를 통해 의미의 궁극적인 일관성에 대한 최상의 확신이 존재한다. 신의 가르침에 수렴하거나 혹은 이탈하는 결정적 순간마다 우리는 성서 내러티브 속에서 인간의 말과 행동이 어떻게 펼쳐지는지 확인한다. 반복은 끊임없이 그들의 삶을 말들의 복잡한 무늬 속으로 집어넣는다. 우리는 무엇이든 일어나게 하는 말의 힘을 되풀이해서 깨닫는다. 하나님 혹은 그의 중재자들 중 하나 혹은 순수한 인간 중 하나가 말한다. 인간은 계시의 말을 반복하여 실현할 수도 있고, 반복하여 삭제할 수도 있으며, 반복하여 변형시킬 수도 있다고. 그러나 항상 씨름해야 할 최초의 긴급한 메시지가 있고, 이는 그것이 지닌 구체적인 언어적 공식화 능력 속에서 그 자체가 잊히거나 간과되는 것을 허락하지 않는다. 인간적인 차원에서 보면, 주인은 말을 하고(영적·사회적 위계는 이런 식의 양식화에 내재한다) 그의 종은 실행을 통해 반복하도록 요구받는다. 그리고 가장 빈번한 경우는, 어떤 행동이 화자의 입으로 보고된 다음 그 이야기의 주인공이 그 행동을 사실상 동일한 용어로 상술하는 것이다. 이때 "사실상"과 "정확히" 사이의 불일치는 인물의 문제적인 주관적 관점을 정교하게 평가하는 척도가 된다. 인간 행위자들이 그들 자신의 의도나 잘못된 편견에 따라 반복을 새로운 언어 형태로 바꾸면, 언어가 어떻게 계시의 도구일 뿐 아니라 위장과 속임수의 도구가 될 수 있는지 보게 된다. 그러나 이렇게 왜곡된 형태 속에서도 언어는 스스로를 역사로 바꾸는 힘을 반복적으로 증명한다. 역사의 실체는 때로 인간과 그들의 행동인 것 같기도 하고 때로 그들이 사용하는 언어인 것 같기도 하다.

성서의 인물들과 사건들은 발언과 서술 사이의 반복을 통해 일어나는 이러한 지속적인 상호작용 외에도, 주제가 되는 단어와 구절들의 구도 속에서 끊임없이 되풀이되는 더욱 정교한 반복의 그물에 걸려 있다. 어떤 행동이나 몸짓도 중요하지 않은 것이 없고, 사건들의 연속은 결코 우연이 아니다. 요셉은 아마도 노예 상인에게서 영주의 저택으로, 감옥으로, 궁전으로 정신없이 빨리 옮겨갔을 것이다. 그 모든 과정을 통해 동사 모티프들의 강한 구두점은 우리에게 그가 향하고 있는 방향, 그의 힘든 여정의 목적에 대해 되풀이해서 신호를 준다. 성서의 거대한 풍경 속에 서 있는 인간들은 기억할 만한 충동과 종종 맹렬한 자기 확신을 가지고 자유로운 행위자로서 행동한다. 그러나 그들이 취하는 행동들은 모두 궁극적으로 하나님의 포괄적인 계획에 대한 대칭과 반복 속에 빠져든다. (계획의 포괄성은 P문서에서 가장 뚜렷하고, J문서와 다른 자료들에서는 보다 간헐적인 것 같다고 말해야 할 것이다.) 마지막으로, 성서 내러티브 기술에서 광범위하게 찾아볼 수 있는 반복들을 통해 분명하게 드러나는 것은 인간의 자유와 역사에 대한 신적 계획 사이에 존재하는 피할 수 없는 긴장이다.

6장 인물 설정과 침묵의 기술

성서는 인물에 대한 설명이 빈약하고 표현 방식도 미숙해 보인다. 그럼 에도 어떻게 깊이 있고 복잡한 인물 표현이 가능할까? 성서 내러티브는 동기를 세밀하게 분석하지도 않고, 심리 작용을 상세하게 표현하지도 않는다. 감정, 태도, 혹은 의도에 대한 그 어떤 암시도 최소한으로 제공할 뿐이다. 오로지 외모, 특이한 습관과 몸짓, 인물들의 옷차림과 장신구, 자신들의 운명을 이끌어가는 물리적 환경 등에 대해 최소한의 힌트만을 준다. 성서에는 소설이나 그리스 서사시와 사랑 이야기 등의 서구 문학 전통을 통해서 우리에게 익숙하게 제공되었던 미묘한 개인적 특성에 대한 모든 정보가 결여되어 있다. 그렇다면 저자는 이 간결한 본문을 통해서 어떻게 리브가, 야곱, 요셉, 유다, 다말, 모세, 사울, 다윗, 룻과 같은 인물들을 하나님 명령의 전달자 역할을 수행하는 전형적인 배역 이상으로 그려내며, 각기 다른 생생한 인물로서 수많은 세대의 상상 속에 새겨져 지워지지 않는 인물들로 묘사한 것일까?

에리히 아우어바흐와 다른 학자들이 지적했듯이, 빈약하게 묘사된 성서 내러티브의 전경은 도리어 수많은 해석의 가능성을 담지한 커다란 배경을 함축한다고 말할 수 있다. 그러나 여기서 중대한 쟁점은 '어느 정도' 확정된 구체적인 방법일 것이다. 비록 성서 내러티브가 후대 픽션에서라면 장황하게 기술되었을 부분에서도 종종 침묵하지만, 이는 분명한 목적하에 선택적으로 침묵하는 것이다. 다른 인물들에 대해서, 혹은 이야기상에서 다른 상황에 놓여 있는 같은 인물에 대해서, 혹은 인물들의 생각, 감정, 행동의 서로 다른 측면에 대해서 침묵하고 있다. 성서 저자들은 상대적으로 단순한 인물 처리 방식을 보여주는 메소포타미아와 시리아-가나안의 고대 문학을 이어받는 듯이 보이지만, 사실상 인간의 개성을 창의적으로 표현하기 위해서 새롭고 놀랍도록 유연한 기교를 사용해서 글을 썼다.

본래 예술이란 고립된 상태에서 만들어지진 않으므로, 이런 문학적 기교들은 틀림없이 성서의 유일신교에 내재된 인간 본성의 개념과 결부되었을 것이다. 비록 각기 다른 성서 자료들에서 유일신교의 모습이 다양하게 나타나긴 하지만 말이다.[1] 모든 인간은 전지하신 하나님에 의해 창조되었으나, 불가해한 그의 자유에 내맡겨져 있다. 근원적 원리로는 하나님의 형상으로 만들어졌으나, 성취된 윤리적 사실로는 그렇지 않다. 그리고 각 개인은 피조된 세계의 최고와 최악을 아우르는 역설 덩어리들이다. 이들을 문학적으로 표현하기 위해서는 특별히 주의 깊은 정교함이 필요하다. 성서

---

1) '4문서설'은 모세오경이라 불리는 성서의 처음 다섯 권에 대한 단일 저작설이 의심받으면서 제기되었다. 하나님의 이름을 각기 다르게 부르는 본문을 분류하는 것에서 시작된 4문서설은 독일의 성서학자 벨하우젠(Julius Wellhausen, 1844~1918)에 의해 집대성되었으며, 모세오경이 J(야웨문서), E(엘로힘문서), D(신명기), P(제사장문서)가 편집되어 완성된 것이라고 본다.

의 인물들을 표현할 때 대조하거나 비교하는 기교적인 전략을 의도적으로 취하는 것은 어떤 의미에서 인간에 대한 성서의 시각을 명시한 것이다.

이 모든 내용이 예시를 통해서 보다 분명해질 것이다. 성서 인물들 가운데 가장 복잡하고 정교하게 나타나는 다윗의 이야기 중에서 관련 있는 일련의 단락들을 집중적으로 다루어보자. 다윗에 대한 문학적인 묘사를 전반적으로 숙고하려면 엄청난 지면을 할애해야 할 것이다. 그러나 성서가 어떻게 기교 넘치는 선택성을 발휘해 표면적인 부분을 뚜렷하게 그려내는 동시에 다의적으로 해석되는 깊이까지 다루며 등장인물을 보여주는지 보기 위한 정도라면, 다윗과 그의 아내 미갈 사이에 펼쳐진 관계를 따라가보는 것으로 충분할 것이다. 이 관계는 그와 사울과의 관계, 미갈 이후의 아내들과의 관계, 그리고 그의 부하들과의 관계도 포함한다. 미갈은 베들레헴이라는 시골 마을 출신의 젊은이였던 다윗이 전쟁 영웅으로 등장하고 백성들의 환호를 받은 직후에 소개된다.(삼상 18장) 이에 바로 앞서 하나님의 영이 이제는 다윗과 함께하며 사울을 "떠났다"는 것과, 문제 많은 왕이 다윗을 최전방 사령관으로 전쟁에 출정시킴으로써 자신의 면전에서 "그를 떠나보냈다"는 것이 적절한 말놀이를 통해서 고지된다. 다음의 본문은 길긴 하지만 인용할 가치가 있다. 다윗과 미갈의 관계에 대한 첫 번째 설명이며, 등장인물의 성격 묘사 방식을 깔끔하게 구별해 보여주는 작은 틀을 제공하기 때문이다.

14. 다윗은 나갈 때마다 이기고 돌아왔다. 여호와께서 그와 함께 계셨다. 15. 사울은 다윗이 크게 승리하는 것을 보고 그를 두려워하였다. 16. 그러나 온 이스라엘과 유다는 다윗을 사랑하였으니 그가 앞장서서 싸움터에 나가기 때문이었다. 17. 사울이 다윗에게 말하기를, "내 맏딸 메랍을 네게 아내로 주겠다. 오직 너는 나를 위하여 용기를 내어 여호와의 싸움

을 싸우라"고 하였다. 그리고 사울은 "내 손을 그에게 대지 않고 블레셋 사람들의 손을 그에게 대게 하리라"고 생각하였다. 18. 다윗이 사울에게 말하였다. "제가 누구이며, 제 혈통이나 제 아버지 집안이 이스라엘에서 무엇이기에, 제가 감히 왕의 사위가 될 수 있겠습니까?" 19. 그런데 사울은 딸 메랍을 다윗에게 주기로 하고서도, 정작 때가 되자, 그의 딸을 므홀랏 사람 아드리엘과 결혼시켰다. 20. 사울의 딸 미갈이 다윗을 사랑하였다. 누군가가 이것을 사울에게 알리니, 사울은 잘된 일이라고 여겼다. 21. 사울이 생각하였다. "딸을 다윗에게 주어서, 그 딸이 다윗에게 올무가 되게 하고, 블레셋 사람들의 손으로 그를 치게 해야겠다." 그래서 사울은 다윗에게, "다시 그를 사위로 삼겠다"고 말하였다. 22. 사울이 신하들에게 지시하였다. "너희는 다윗에게 '보라, 왕이 너를 좋아하신다. 그리고 모든 신하도 너를 좋아하니, 왕의 사위가 되어라'고 슬쩍 말하여라." 23. 사울의 신하들이 이 말을 다윗의 귀에 들어가게 하니, 다윗은 "나는 가난하고 천한 사람인데, 어떻게 내가 왕의 사위가 될 수 있겠소? 그것이 그렇게 쉬운 일로 보입니까?" 하고 말하였다. 24. 사울의 신하들이 전하였다. "다윗이 이러이러하게 말하였습니다." 25. 사울이 말하였다. "너희는 다윗에게 이같이 전하라. '왕이 신부 값으로 아무것도 바라지 않으며, 다만 왕의 원수의 보복으로 블레셋 사람의 포피 백 개를 원하신다' 하여라." 사울은 이렇게 하여, 다윗을 블레셋 사람의 손에 죽게 할 셈이었다. 26. 사울의 신하들이 이 말을 그대로 다윗에게 전하였다. 다윗은 왕의 사위가 되는 것도 좋겠다고 생각하였다. 그래서 결혼할 날이 되기도 전에, 27. 왕의 사위가 되려고, 자기 부하들을 거느리고 출전하여, 블레셋 사람 이백 명을 쳐죽이고 그들의 포피를 가져다가 요구한 수대로 왕에게 바쳤다. 사울은 자기의 딸 미갈을 그에게 아내로 주었다. 28. 사울은 여호와께서 다윗과 함께 계시다는 것을 알았고, 자기 딸 미갈마

저도 다윗을 사랑하는 것을 보고서, 29. 다윗을 더욱더 두려워하게 되어, 마침내 다윗과 평생 원수가 되었다. 30. 그 무렵에, 블레셋 지휘관들이 군대를 이끌고 침입해 와서 싸움을 걸곤 하였는데, 그때마다 다윗이 사울의 장군들보다 더 큰 전과를 올렸기 때문에, 다윗은 아주 큰 명성을 얻었다.

성서에서처럼 신뢰할 만한 제삼자의 서술에는 인물의 동기, 태도, 도덕적 성품에 대한 정보를 전달하는 방법이 일종의 등급에 따라 나뉜다. 그 수준이 올라갈수록 명확도와 확실성이 더해진다. 인물은 행동이나 외모, 몸짓, 태도, 의상을 통해서 드러날 수 있고, 한 인물이 다른 인물에게 건네는 말이나 인물의 직접화법을 통해서 드러날 수 있으며, 내적 독백으로 요약 혹은 인용되는 내면의 말이나 인물들의 태도와 의도에 대한 해설자의 진술을 통해서 드러나기도 한다. 이때 서술자의 진술은 전적으로 그의 주장이거나 의도적인 설명일 수 있다.

가장 낮은 수준의 것은 행동이나 외모로 드러나는 인물인데, 이는 독자에게 상당한 추론의 영역을 남겨준다. 중간 수준은 인물 자신의 직접화법이나 그에 대해 말하는 다른 사람의 직접화법을 포함하는 것으로, 추론하게 하기보다는 주장을 판단하게 만든다. 인물 자신의 언급이 그/그녀가 누구인지 그리고 그/그녀가 무슨 일을 하는지 충분히 직접적으로 밝힐지라도, 사실 성서 저자는 발언 내용이 화자보다는 상황을 더 반영한다는 것을, 열린 창문보다는 닫힌 셔터에 가깝다는 것을 헨리 제임스나 마르셀 프루스트만큼 잘 알고 있다. 내면의 말을 전할 때는 인물에 대한 상대적 확실성의 영역으로 들어간다. 즉, 의도 뒤에 숨겨진 동기에 대한 의문의 여지는 있을지라도 어찌 되었든 인물의 의도에 대해서는 확실성이 있다. 마지막으로 가장 상위 수준에서는 그 인물이 무엇을 느끼고 의도하며 추구하는지에 대한 서술자의 확실한 언질을 듣게 되며, 이 부분에서 독자는 확실한 정보를 얻는다. 그러나 성서의 내러티브는 바로 앞선 예문이 보여주듯이 그 자체의 목적 때문에 태도에 관해 설명할 수도 있고 혹은 많은 부분을 제외하고 이야기함으로써 독자로 하여금 그 이유가 무엇일지 생각하게 만드는 수수께끼를 남긴다.

이 모든 것들을 생각하면서 다시 사무엘상 18장의 본문으로 돌아가 보면 작가가 단일한 혹은 '원시적'인 방식으로 인물을 설정하지 않고 한 인물에서 다음 인물로 나아갈 때 그를 보여주는 방식을 기가 막히게 변화시키고 있음을 쉽게 이해할 수 있다. 다수의 성서 이야기들처럼 이 본문도 다음과 같은 형식적 틀을 갖고 있다. 다윗은 싸움터에서 크게 승리를 거두었으며, 이는 하나님이 그와 함께한다는 것에 대한 증거이자 결과이다. 그의 성공은 사람들이 그를 매우 좋아하게 만들었으며, 이 사실은 이 이야기의 시작 부분과 끝부분 모두에서 드러나고 있다. 추측건대, 어린 나이에 곤경 중에 큰 성공을 이룬 또 다른 인물인 요셉의 이야기를 전하는 창세기 39장보다 이 이야기가 후대에 기록되었다면, 다윗의 이야기는 요셉의 이야기를 넌지시 내비치는 듯이 보이는데, 후자도 이야기의 시작과 끝부분에서 영웅의 성공, 하나님이 그와 함께한다는 것과 그의 형통함을 강조하는 유사한 구조를 가지고 있기 때문이다. 어찌 되었든 액자를 구성하는 절들은 이 부분에서 다윗이 새롭게 이룩된 이스라엘 왕좌의 주인공으로 하나님에 의해 선택되었음을 알려준다. 그러나 그 자신의 도덕적 성격에 대해서는 아무런 언급이 없다. 성서 저자들이 가지고 있는, 철저하지만 보편적인 인식들 중 하나는 선택받은 인물과 그의 도덕적 성격 사이에는 종종 긴장이 존재하며, 때로는 완전한 모순이 존재한다는 것이다. 그러나 작가에게 이런 긴장을 모호한 상태로 유지시키는 것은 개인으로서의 다윗과 공인으로서의 다윗 사이에 존재하는 복합적인 측면을 암시하는 데 매우 중요하다. 따라서 다윗은 이야기 내에서 완전히 불투명한 상태로 존재하는 반면, 사울은 완전히 투명하게 드러나 있고 미갈은 어둠에 둘러싸인 듯 부분적으로 투명하게 드러난다.

사울을 보여주는 방법은 확실성의 단계 가운데 가장 상위 수준에 속한다. 서술자는 다윗에 대한 사울의 감정, 즉 다윗에 대한 두려움과 그 원인을 있는 그대로 우리에게 알려준다. 다윗이 전쟁터에서 놀라운 승리를 거두었기 때문에 "사울은…… 보고 그를 두려워하였다."(병렬) 17절에서 사울은 다윗에게 듣기 좋은 말을 하지만, 다윗을 죽이기 위해 계획을 꾸미던 속내가 드러나게 되면서 바로 진심이 폭로된다. (히브리어에서는 외적인 것에서 내적인 것으로의 이러한 전환이 좀 더 부드럽고 정확하게 진행되는데, 이는 동일한 동사 '아마르(אָמַר)'가 실제의 말과 생각 또는 의도를 전하는 데 모두 사용되기 때문이다). 사울과 다윗이 나누는 혼담에 관한 그다음 21절의 논의에서는 이 순서가 깔끔하게 뒤집힌다. 계략을 꾸미는 왕의 내면 독백이 앞서 등장하고, 이후에 그의 희생물이 될 사람에게 하는 듣기 좋은 말이 뒤따른다. 사울의 말은 자신들이 공범이라고 인지하지 못하는 그의 심복들의 입으로 다윗에게 전달되며, 여기서 독자는 그 말 뒤에 감추어진 의미를 정확하게 알게 된다.

성서의 다른 부분과 마찬가지로, 이제 말이 속임수의 수단으로 활용되는 방식에 관심이 집중된다. 서술자는 사울이 무엇을 할 작정인지 잠시라도 잊지 않게 하고자 25절 후반부에서 사울이 신부 값으로 무엇을 요구하는지 전한 직후에 자신의 목소리를 통해서 왕의 진정한 의도가 무엇인지 말해준다. 이렇게 분명하게 알려주는 것은 마키아벨리적인 책략가가 되어보려는 사울의 시도가 너무도 뻔히 드러나 보임을 암시하는 것일 수도 있다. 사울은 매우 단순한 인물이고, 날쌔게 찌르기보다는 어설프게 달려드는 쪽이므로 왕좌를 지킬 수 있을 만큼 충분히 '정치적'인 인물이 못 되었다. 다윗은 사울의 계책을 이미 꿰뚫어 보고서도 모든 위험을 극복하고 신부 값을 가져올 자신이 있어서 이 게임에 참가하기로 마음먹었던 것일까? 이런 질문은 독자가 등장인물들을 판단하는 중요한 결정 사항 중 하나다. 이때 본문은 어떤 확실한 결론을 내릴 충분한 정보를 제공하지 않은 채 독자로 하여금 인물에 대해 생각하도록 유도한다.

미갈은 이름과 중요한 관계(사울의 딸)와 감정(다윗을 사랑함)을 알리면서 갑자기 등장한다. 두 번이나 언급된 이 사랑은 특별한 중요성을 지닌다. 여자가 어떤 남자를 사랑한다고 명확히 전하는 이야기는 성서 내러티브를 통틀어 이것이 유일한 예로 꼽힌다. 그런데 사울의 두려움과 달리, 미갈의 사랑은 동기에 대한 설명이 전혀 없이 기술된다. 물론 설명할 수 없다기보다는 저자가 독자로 하여금 추측해보기를 원하는 것이다. 사람들이 다윗을 사랑한 것은 그가 전쟁에서 큰 승리를 했기 때문이다. 미갈도 같은 이유에서 그를 사랑했을 수 있다. 아직 알려지지 않은 성품 때문에, 혹은 후에나 추측할 수 있을 그녀 자신의 성격적 측면 때문일 수도 있다.

그동안 다윗을 드러내기 위해 사용된 방법들은 확실성의 척도에서 볼 때 의도적으로 낮은 수준과 중간 수준으로 제한되어 있다. 다윗이 전쟁에서 어떻게 싸웠는지 알고, 다른 사람들이 그를 어떻게 생각하는지도 알고 있다. 그러나 미갈의 경우처럼 감정에 대한 기술도 없고, 사울의 경우처럼 내면의 이야기와 의도가 드러나지도 않는다. 주어진 것은 다윗의 말뿐이다. 먼저는 사울에게, 그 후에 사울의 신하들에게 한 말이다. 이 말들은 엄밀히 공적인 일이고, 다윗이 그들에게 하려고 선택한 말들도 적당히 외교적인 성격을 띤다. 다윗 이야기 전체에서 가장 인상적인 것 중 하나는 그가 밧세바와 간통한 후 우리야를 간접 살해하는 심각한 한계점에 도달하기 전까지는 그가 하는 거의 모든 말이 공적인 상황에서 나오며 정치적 동기가 있는 것으로 이해된다는 것이다. 흔들리는 다윗의 개인적인 음성이 들려오

기 시작하는 것은 밧세바와의 사이에서 태어난 아기가 죽고 난 이후이다.[2]

다윗이 사울 혹은 사울의 신하들에게 대답할 때 그는 무엇을 느끼고 실제로 무슨 생각을 하고 있었을까? 그는 갑자기 왕의 부름을 받은 베들레헴의 가난한 양치기로서 순수하게 자신을 낮추는 자였을까? 그는 요구되는 왕궁 언어의 과장된 양식을 따라 단순히 왕 앞에서 자신을 낮추는 표현을 한 것일까? 혹은 왕의 의도는 짐작하지만 사울의 생각보다 자신이 더 강하다는 자신감을 가진 채, 왕가와 결혼하고자 하는 자신의 갈망이 정치적인 야심으로 보일 것을 우려하여 자신의 자격 없음을 강조하면서 이를 드러내지 않으려 한 것일까? 서술자는 그의 공적인 말에 아무런 설명을 하지 않음으로써 다윗에 대한 이런 다양한 '독법들'이 난무하도록 내버려둔다. 성서에서 정치적 수완으로 따지면 가장 뛰어난 인물이 이토록 변화무쌍하며 다중적인 내면을 지닌 존재임을 이런 식으로 암시하고 있다. 이런 생각들 중 하나 혹은 모두가 다윗의 말을 설명할 수 있다. 서술자는 명확하게 확정짓지 않는 방식을 택해 각각의 주장에 대한 가능성을 열어두는 것이다.

이후에 이어지는 다윗과 미갈의 이야기도 불투명성이라는 계획된 효과를 지속적으로 유지하면서 전쟁 영웅이자 왕인 다윗을 보여준다. 이 이야기는 간략하게 다루도록 하겠다. 다음 장(사무엘상 19장)에서 사울은 다윗과 미갈의 집에 심복들을 매복시켜 다윗이 아침에 나올 때 죽일 것을 명한다. 알려지지 않은 방법으로 이 정보를 알게 된 기민한 미갈은 다윗에게 다음과 같은 급박하고 함축된 말로 경고한다. "당신은 오늘 밤에 피하지 않으면, 내일 죽습니다."(삼상 19:11) 이 뒤에 바로 나오는 것은 다윗의 대답이나 그의 감정에 대한 암시가 아니라, 미갈의 재빠른 행동과 다윗이 그녀의

---

2) 원주: 학자들의 견해는 여전히 다소 빈약한 문체적, 양식비평적 기반에서 사무엘하 9장에서 시작하는 별개의 '전승 내러티브'가 있다고 가정하는 경향이 있다. 그러나 전체 다윗 이야기의 통일성을 주장하는 창의적 개념의 증거들이 내게는 더 설득력 있게 보인다.

지시를 따랐다는 사실이다. "미갈이 다윗을 창문으로 내려 보내니, 다윗이 거기에서 떠나 도망가서 피했다."(삼상 19:12) 미갈의 급박한 지시에 담긴 동사는 하나인 데 반해 다윗의 행동을 묘사하는 데 세 개의 동사가 사용되었다는 것은 다윗이 오직 자신을 구하는 중대한 일에 마음을 집중했음을 강조한다.

그간에 미갈은 영민하게 자기 집 우상(드라빔 תְּרָפִים)을 침상에 뉘어 옷으로 덮고 염소 털로 엮은 것을 머리에 씌워 다윗인 체 꾸며서 다윗의 도망을 숨긴다. 이 부분은 명백히 라헬을 암시한다. 라헬은 야곱과 함께 자기 아버지 라반에게서 도망칠 때(창 31장) 라반의 드라빔을 훔치고, 그가 자신의 장막을 뒤지러 오자 그것을 낙타 안장 밑에 감춘다. 이 드라빔의 암시는, 야곱이 드라빔을 도둑질한 자가 누구인 줄 모르고 저주를 내려 라헬이 죽은 것처럼 미갈도 같은 운명이 될 것임을 보여주는 전조가 된다.(창 31:32) 분명한 것은 이 암시가 자기 남편에 대한 헌신 때문에 자기 아버지에 대한 충성을 저버린 여인으로서 미갈의 이미지를 강화한다는 것이다. 다윗이 자신의 손아귀에서 빠져나간 것을 알고, 사울이 자기 딸의 반역에 대해 질책하자, 미갈은 자신이 했던 말과 지난밤에 했던 행동들을 다윗에게 돌리면서, "나를 놓아주게. 어째서 내가 당신을 죽이게 만드는가?"(삼상 19:17)라는 말로 다윗이 자신을 협박했다고 꾸며댄다.

여기서 다윗이 미갈에게 했다고 전해진 유일한 말도 단지 그녀가 자신을 보호하기 위해 꾸며낸 말에 지나지 않는다는 점에 주목할 만하다. 지금까지 그들의 관계는 문자 그대로나 비유적으로나 일방적인 대화였다. 처음에 그녀가 다윗을 사랑한다는 말이 두 번 전해졌고, 미갈에 대한 그의 마음가짐에 대해서 추론할 수 있는 모든 것은 이 결혼이 정치적으로 유용했다는 것이다. 이제 미갈은 자신의 사랑과 그 사랑을 지지하는 실질적인 지성을 위기의 순간에 자신의 말과 행동을 통해 강력하게 표현하고 있다. 반면에 본문은 다윗의 개인적인 측면에 대한 접근을 봉쇄한다는 원칙을 충실히 유지하면서 그를 침묵 속에 감싸두고, 그저 치명적인 위험에서 벗어나고 도망하고 피한 사람으로만 드러낸다.

다윗은 그의 친구 요나단의 도움으로 사울의 살해 의도를 마지막으로 한 번 더 시험한 후에, 사울에게 버림받은 어려운 형편의 군사들과 함께 황폐한 땅으로 떠난다. 이제 미갈은 이 장면부터 사라진다. 그녀에 대한 잠깐의 언급이 사무엘상 25장 말미에 다윗이 다른 두 명의 아내를 취하는 이야기와 연결되어 나타난다. 운 좋게 과부가 된 아비가일은 성서에서 매우 적극적이며 실천적으로 그려지는 또 다른 여인으로서 다음의 연속적인 동사들과 함께 다윗의 뒤를 따라나섰다. "아비가일이 서둘러 일어나 나귀를 타고 길을 떠나니, 그 뒤로 그 여인의 몸종 다섯이 따라나섰다. 아비가일은 이렇게 다윗의 시종들을 따라가서, 그의 아내가 되었다."(삼상 25:42) 이후에 다윗의 혼인관계에 대한 변화(시제상 대과거로 이해해야 할 것)가 뒤따르며, 여기에서야 서술자는 마침내 다윗이 도망하는 중에 미갈에게 무슨 일이 생겼는지 알려준다. "다윗은 이미 이스르엘 여인 아히노암을 아내로 맞이하였기 때문에, 이제는 두 사람이 다 그의 아내가 되었다. 그리고 사울이 그의 딸 다윗의 아내 미갈을 갈림에 사는 라이스의 아들 발디에게 주었다."(삼상 25:43~44) 마지막으로 관찰될 때까지 힘차게 행동을 주도하는 인물로 나타났던 미갈은 이제 자신의 아버지에 의해서 이 남자에서 저 남자에게로 옮겨지는 사람이 되어 활력이 넘치는 아비가일과 대조된다. 불법으로 의심되는 사울의 행동은 "다윗의 아내"라는 명칭을 사용함으로써 암시되는 듯하다. 사울이 누군가 다른 사람과 자신의 딸을 결혼시킨 동기는 당연히 정치적인 것이며, 억지스럽지만 다윗이 더 이상 왕가와 인척관계가 아니라는 것, 그러므로 왕위에 대한 권리가 없다는 것을 보여주기 위함이다. 미갈이 이 결혼에 대해서 혹은 다윗의 부재와 그녀가 전해 들었을 그의 새

아내들에 대해서 어떻게 느끼는지에 대해서는 언급되지 않는다. 본문은 발디의 감정과 그의 정체에 대해서도 비슷하게 침묵한다. 나중에 그는 기억에 남을 만한 장면과 함께 잠시 등장한다.

다윗의 개인적인 반응이 무엇인지 잘 보이지 않도록 베일로 가려놓는 전략은 몇 장 이후에 그들의 주거지인 시글락을 침노한 아말렉 사람들에게 다윗의 부하들의 아내와 아이들과 함께 아비가일과 아히노암이 포로로 잡혀갔을 때 다시 약 올리듯 등장한다.(삼상 30장) 전쟁에서 돌아온 다윗과 그의 부하들은 자기네 마을이 불타고 아내와 아이들이 잡혀간 것을 발견한다. 이때 다윗의 반응은 더없이 교묘하고 모호한 방식으로 전달된다. "다윗과 그의 부하들은 목놓아 울었다. 모두들 더 이상 울 힘이 없어 지칠 때까지 울었다. 다윗의 두 아내인 이스르엘 여인 아히노암과 나발의 아내였던 갈멜 여인 아비가일도 사로잡혀 갔다. 군인들이 저마다 아들딸들을 잃고 마음이 아파서, 다윗을 돌로 치자고 말할 정도였으니, 다윗은 큰 곤경에 빠졌다."(삼상 30:4~6)

우선 모두가 슬퍼하는 장면이 그려지는 가운데 울 기력이 없도록 우는 이들 중에 다윗도 자연스레 함께하고 있다. 이후에 주어지는 정보는 다윗의 두 아내도 포로들 중에 있다는 것이며, 히브리어 본문상 문장이 앞 절과 나누어지지 않고 아내들의 이름이 병렬되어 이어지기 때문에, 이는 쉽게 원인과 결과로 읽힐 수 있다. "다윗의 두 아내도 사로잡혀 갔다. …… 다윗은 큰 곤경에 빠졌다." 여기서 "큰 곤경에 빠졌다"(바테쩨르 레 ל, וַתֵּצֶר לְ)라고 번역된 관용구는 고뇌의 감정을 의미하거나 곤경이나 육체적 위험에 빠진 객관적인 상황을 의미할 수 있는데, 이어지는 절인 "백성들이 그를 돌로 치고자 했다"에서 모호성이 급전환되면서 두 번째 의미로 밝혀진다. 다윗이 자신의 아내들을 잃은 것에 대해 마음 깊은 슬픔을 보였다고 여겨진 곳에서, 자기 자신과 위기에 처한 상황 모두를 구하려 분투하는 구석에 몰린 정치 지도자로서 다윗을 대면하게 된다. 다윗은 신속하게 아말렉에 통렬한 반격을 하여 포로들을 구출해낸다. 이것은 다윗에게 개인적인 감정이 전혀 존재하지 않았다는 게 아니라, 사적인 인물을 전략을 통해서 공적인 인물로 대체시켰다는 결론을 이끌어내며, 이로써 개인으로서의 다윗은 불투명한 채 남겨지게 된다.

미갈은 일련의 중요한 정치적 변화의 결과로서 이야기에 다시 등장한다.(삼하 3장) 사울이 죽고 나서, 끔찍한 내전을 치른 후 사울의 군사령관이었던 아브넬은 다윗과 평화협정을 맺고자 한다. 다윗은 협상의 전제조건으로 "블레셋 사람의 포피 백 개로 나(다윗)와 정혼한" 그의 아내 미갈을 돌려달라고 요구한다.(삼하 3:14) 피비린내 나는 이 기억을 상기시키는 것은 다윗이 미갈의 아버지(사울)가 요구했던 신부 값을 모두 지불했기 때문에 그녀에 대해 합법적인 권리를 가지고 있음을 강조한다. 그리고 이 강조는 미갈을 돌려달라는 그의 요구가 어떤 개인적인 연결고리 때문이 아니라 미갈이 사울의 백성들에게 충성을 요구하는 자신의 입장을 강화시켜줄 수단이 될 수 있으리라는 정치적 고려임을 암시한다.

사울의 아들이 다윗의 요구에 즉시 응한다. "그러자 이스보셋이 사람을 보내어, 미갈을 그의 남편인 라이스의 아들 발디엘에게서 빼앗아 오게 하였다. 그때 그 여인의 남편은 계속 울면서, 바후림까지 자기 아내를 따라왔다. 아브넬이 그에게 말하였다. '돌아가시오!' 그러자 그가 돌아갔다."(삼하 3:15~16) 성서의 뛰어난 경제성이 이렇게 탁월하게 제시된 경우는 거의 찾아보기 어렵다. 라이스의 아들 발디에 대해 알려진 것은 이것이 전부다. 그는 어둠 속에서 나타나 자기 아내를 위해 울며 그녀를 따라가다가 자신이 이길 수 없는 권세가에 의해 다시 어둠 속으로 영원히 사라진다. 그는 두 번에 걸쳐 거의 연속적으로 미갈의 남자/남편(이쉬 אִישׁ)이라 불린다. 이 명칭은 적어도 그의 감정을 감안할 때 합당하다. 이는 다윗이 앞선 구절에서 사용한 나의 아내/여자(이슈티 אִשְׁתִּי)와 대조되면서 아이러니한 반향을 일으키는데, 다윗의 경우에는 미갈과의 관계가 법적이고 정치적일 뿐 전혀 감정적이지 않기 때문이다. 신중하게 계산된 공적인 언어로 말하는 다윗과, 겉으로 드러나는 행동으로 공공연히 사적인 슬픔을 표현하는 발디의 대조는 날카롭다. 수년 동안 발디의 아내로서 살아왔던 미갈에 대해서는, 그녀가 무능력한 두 번째 남편에게 감사나 사랑이나 연민을 느꼈을지 혹은 경멸을 느꼈을지 알 길이 없다. 다만 이제 그녀가 대해야 할 다윗에 대한 감정이 그리 좋지는 않을 것이라 추측할 수 있을 뿐이다.

다윗과 미갈의 실질적인 재결합에 대한 내용은 전적으로 숨겨져 있다. 이는 저자가 최절정의 정치적 사건들(아브넬의 살해, 내전의 종결, 예루살렘의 정복)을 다룰 때까지 독자가 좀 더 오래 궁금해하기를 원하고, 이렇게 지금 서로 간의 마음가짐에 대한 정보를 두 사람이 마지막으로 대면할 때까지 남겨두길 원하기 때문이다. 인물을 표현하기 위해서 어떤 방법을 채택할지에 대한 저자의 뛰어난 확신은 미갈과 다윗의 마지막 만남의 순간까지 어디에서도 그들 사이의 대화가 발견되지 않는다는 놀라운 사실에서 분명해진다. 성서의 특성상 서술의 부담을 대화가 상당 부분 줄여주는데, 서술자가 이와 같이 말을 주고받는 장면을 넣지 않았다는 것은 특별히 눈에 띄는 일이기 때문이다. 마침내 대화가 이루어졌을 때, 폭발이 일어난다.

다윗은 자신이 세우는 왕조의 수도가 될 산성을 여부스족에게서 빼앗고, 자신의 가족과 측근들을 정착시켰으며, 여호와의 궤가 예루살렘으로 들어오는 잔치 행렬을 직접 이끈다.(삼하 6장) 이 장면에서 미갈이 불만스러운 구경꾼으로 등장한다. "여호와의 궤가 다윗 성으로 들어올 때 사울의 딸 미갈이 창으로 내다보다가 다윗 왕이 여호와 앞에서 뛰놀며 춤추는 것을 보고, 마음속으로 그를 업신여겼다."(삼하 6:16) 해설에 뛰어난 기술과 감각을 가진 서술자는 미갈이 느끼는 감정을 이유는 배제한 채 정확하게 짚어준다. 설명이 빠진 부분은 그 뒤의 대화로 일부분 채우면서 다시 여러 가지 해석의 가능성을 열어준다. 미갈의 마음속에 차오르는 다윗에 대한 멸시의 원인으로 어느 정도 가능성이 있는 것들은 다윗이 방금 대중들 앞에서 보여준 품위 없는 모습, 자신은 홀로 둔 채 영광의 순간을 즐기고 있는 그에 대한 질투, 자신이 눈길 받지 못하는 아내이며 임시 처소에 방치된 상황, 여러 해 동안 다윗이 그녀에게 무관심했던 것과 그가 다른 아내들을 취한 것과 자신에게 헌신적이었던 발디와 헤어지게 한 것에 대한 분노, 그리고 사울의 왕조를 영원히 대체하고자 하는, 이제 "다윗 성"에 궤를 안치함으로써 분명하게 드러난 다윗의 왕조에 대한 그의 야심 등이다. 이들 부부 간의 거리는 각자를 지칭하기 위해 선택된 호칭에서 매우 잘 드러난다. 미갈은 "사울의 딸"이며, 그녀는 다윗을 "왕"으로 보고 있다. 뒤이어 묘사되는 다윗에 대한 미갈의 태도는 다윗이 뛰놀며 춤추던 당장의 상황에 고정된 듯하고, 그 상황이 그녀가 업신여기는 특별한 이유인 것 같지만, 성서의 저자는 즉각적인 자극에 대해 누군가 감정적인 반응을 보인다는 건 이전부터 복잡한 사연이 있을 수 있음을 심리학을 아는 현대인만큼 잘 알고 있다. 저자는 미갈의 조롱에 대해 처음 이야기할 때 그 이유를 설명하지 않음으로써 그녀의 조롱 섞인 분노의 말이 '선을 넘었음'을 효과적으로 암시해주며, 그것이 언급되진 않았으나 간접적으로 미갈과 다윗의 관계를 암시해주는 모든 것을 대변하고 있음을 보여준다.

뒤이은 세 구절은 창을 내다보며 업신여기고 있는 미갈을 남겨두고, 갖가지 제사를 드리고 백성들을 축복하며 음식을 나누어주는 등 축제에 임하는 다윗의 행위를 자세하게 묘사한다. 그 후에 다윗은 자신의 가족을 축복하기 위해 돌아온다. (여기서 사용된 동사는 단순히 맞이하기 위한 의미로도 볼 수도 있다.)

20b. 사울의 딸 미갈이 다윗을 맞으러 나와서, 이렇게 말하였다. "이스라엘의 왕이 오늘 얼마나 영화로우신지, 천박한 자가 맨살을 드러내는 것처럼 그의 신하들의 여종 눈앞에서 몸을 드러내셨군요!" 21. 다윗이 미갈에게 대답하였다. "여호와 앞에서 한 것이오. 여호와께서는 그대의 아버지와 그의 온 집안이 있는데도 그들을 마다하시고 나를 택하셔서 여호와의 백성 이스라엘을 다스리도록 통치자로 세워주셨소. 그러니 나는 여호와 앞에서 뛰놀 것이오! 22. 내가 이보다 더 낮아져서 스스로를 보아도 천한 사람처럼 보일지라도, 당신이 말한 여종들은 나를 존경할 것이오." 23. 그리고 사울의 딸 미갈은 죽는 날까지 자식을 낳지 못하였다.

다윗에게 꼭 말을 건네야만 했던 미갈은 그가 집으로 들어올 때까지 기다리지 않고 그를 맞이하러 밖으로 나간다. (추측건대 바깥에서 그를 수행하던 사람들도 그녀가 하는 말을 듣게 하려는 의도가 있었을 것이다.) 두 사람 사이에 오고 간 날 선 말들은 그들의 관계에서 개인적으로나 정치적으로나 팽팽한 긴장감이 흐르고 있음을 반영한다. 미갈이 다윗을 이스라엘의 왕이라는 삼인칭의 호칭으로 지칭한 것은 왕에 대한 존경의 표현이 아니라 왕으로서 어떻게 처신해야 하는지 모르는 한심한 인간에 대한 오만한 노여움의 표현이다. 미갈은 여종들이 음심을 품고 그 장면을 모두 보았으리라는 것을 강조하면서 다윗을 기술적이면서 성적인 의미로 노출증이 있는 사람으로 만든다. ("천박한 자가 맨살을 드러내는 것처럼"이라는 표현은 그가 궤 앞에서 뛰놀았을 때 그의 옷자락이 휘날렸으리란 것을 알려준다.) 그러나 이는 외관상 그가 왕으로서의 위엄이 부족하다는 점을 지적하는 듯하지만, 그 뒤에 성적인 질투심이 있었으리란 것을 의심하게 만든다. 다윗은 사울의 딸에게 사울과 그의 후손들 대신에 자신을 왕으로 선택한 여호와를 빌려 와 응답한다. 하나님에 의해 세워진 왕으로서, 다윗은 하나님 앞에서 어떤 것이 합당한 찬양인가를 판단하는 판관이 된다. 그는 "얼마나 영화로우신지"라며 비꼬는 미갈의 말에 대응하여 "내가 더 낮아지겠다"("무거운"[카베드 כָּבֵד]과 "가벼운"[칼 קַל]은 어원상 반대 의미를 가진 히브리어 어근이다)고 되받아친다.3) 그리고 자신이 다른 여자들 면전에서 몸을 드러냈다는 미갈의 말을 되돌려 자신은 아내가 부끄럽게 생각하는 행동으로 인해 천한 여종들에게는 높임을 받을 것이라고 주장한다. 이 모든 것에서 저자는 자기 자신의 분명한 입장을 신중하게 숨기고 있다. 그는 다윗이 자신의 발언 서두에서 두드러지게 강조했던, 자신이 하나님에 의해 선택되었다는 중대한 역사적 사실에 대해서는 의문을 제기하지 않는다. 그러나 하나님에게 부여받은 권한이 가정에서의 결함까지 정당화시킬 수 없다. 기름 부음 받은 이스라엘의 왕은 자신을 사랑했고 목숨까지 구해줬던 여인에게 여전히 가혹하고 무정한 남편이었을 것이다.

22절 끝부분과 23절 시작 부분 사이에는 전략적인 간격이 존재한다. 미갈은 절대로 자신이 받은 모욕을 침묵 속에서 삼켜버릴 여인이 아님에도 불구하고, 다윗에게 대답할 권리도 갖지 못한다. 심지어 이런 언어폭력에 대해서 그녀가 어떤 내면의 반응을 보였는지도 암시되지 않는다. 이 지점에서 대화를 중단시킨 것은 그 자체로 무언의 해설이 된다. 결국 다윗이 대화의 마지막 말을 한 것은 그가 권력을 가지고 있다는 뜻이다. 결국 그는 미갈을 질책하며 고통을 안겨주었다. 퇴출된 왕가의 딸이자 이제는 대중적으로 칭찬받는 왕에게 그저 보잘것없는 정치적 유용성의 의미만 있을 뿐인 왕비이며, 넷 혹은 그 이상의 아내들 중에 가장 사랑받지 못하는 여인인 미갈은 아무것도 할 수 없었고, 아마도 문자 그대로 남편에 대한 자신의 분노

---

3) 히브리어 본문에 미갈의 "영화로우신지"는 '카베드' 어근의 동사가 사용되었고, 다윗의 "낮아져서"는 '칼' 어근의 동사가 사용되었다.

에 관해서도 더 이상 할 말이 없었을 것이다. 미갈이 언급되는 마지막 구절인 23절은 말하자면 싸움의 결말이며, 여기에는 병렬관계의 문장이 주는 특별한 모호성이 결부되어 있다. (현대의 번역자들은 시작 부분의 "그리고"를 "그러므로"로 번역하여 대부분 그 말이 주는 섬세한 효과를 파괴시킨다.) 서술자는 고대 근동에서 여인들의 가장 큰 불행으로 여겨지는 불임, 즉 미갈에게 자식이 없다는 객관적인 사실을 진술하면서, 진술된 사실과 그에 선행하는 대화 사이의 명확한 인과관계를 암시할 수 있는 그 어떤 종속 접속사나 통사론적 표시도 피하는 신중함을 보인다. 신학적인 사고를 하는 독자는, 더욱이 다윗 왕조의 신적 정당성을 옹호하는 사람이라면 이 진술을 하나님의 기름 부음 받은 왕이 국가적이고 종교적인 의식에서 행한 행동을 주제넘게 비난한 것에 대해서 미갈에게 내려진 하나님의 징벌로 읽을 것이다. 미갈과 다윗 사이에 벌어졌던 개인적 갈등에 좀 더 관심을 둔 독자라면, 다윗이 격렬한 다툼 이후에 미갈과의 잠자리를 그만두어서 그녀가 아이를 가질 수 없도록 했다는 결론도 내릴 수 있다. 미갈한테 자식이 없다는 것은 다윗에게도 부정적인 영향을 미친다. 이는 다윗이 자기 자식을 통해서 사울 왕조와 다윗 왕조를 결합할 수 있는 가능성을 무너뜨리기 때문이다. 마지막으로, 두 구절의 병렬적 연결이 미미한 가능성을 남겨둔다. 이는 다른 해석들보다 가능성이 적으며, 어쩌면 우리가 여기서 명확한 인과관계를 찾고자 너무 과한 추정을 하는지도 모른다. 그러나 미갈에게 자식이 없다는 것이 우연한 불행이 아니라고, 부당한 대우를 받은 여인의 운명 중에 아픔을 수반하는 최후의 반전이 아니라고 확신할 수도 없다.

인간사에 존재하는 인과관계는 성서의 내러티브 기법에 의해서 두 가지 역설적인 관점을 보여준다. 성서의 작가들은 일면 역사와 개인의 삶 속에 강하고 명확하게 새겨진 인과율에 대한 심오한 믿음을 분명하게 내보인다. 그리고 그들의 내러티브에 사용되는 수많은 액자 장치들, 모티프 구조들,

대칭과 반복들은 이러한 믿음을 반영해준다. 하나님이 명령하시면 역사는 순응한다. 사람은 죄를 지으면 고통을 당한다. 이스라엘은 타락하면 실패한다. 반면, 인간 본성에 있는 신을 닮은 심오함, 선과 악에 대한 불안정한 능력을 저자들이 인식하고 있기 때문에, 그들은 자신의 주인공들을 인과율의 획일적인 체계를 벗어나게 하고 인과율의 다른 질서 가운데 유동적인 움직임을 갖게 하며, 일부는 서로를 보완하거나 강화하게도 하고 다른 일부는 상호간에 모순을 일으키게도 한다. 다윗에 대한 미갈의 분노와 그녀의 불임 사이에 분명한 인과관계가 없을 수 있다는 미미한 가능성은 비록 보잘것없을지라도 직접적이고 단선적인 결과에 익숙한 게으른 사고 습관을 지닌 사람들에게 불편함을 주며, 이는 고대나 현대나 마찬가지이다.

하나님의 형상으로 창조된 자유인으로서 개인이 일으킨 사건과 행동들은 독자의 상상력을 자극했던 이전의 모순된 많은 인간관보다 좀 더 복잡한 층을 이루고 있으며 사방으로 펼쳐져 있다. 의미심장하게 구조화돼 있는 모호성들이 상호작용하도록 만드는 계산된 침묵의 내러티브 기법은 인간을 다루는 이런 관점을 예술로 승화시킬 수 있는 충실한 방법이다.

성서의 모든 서술자들은 물론 전지적 관점을 갖지만, 호메로스의 서사시 속에 나오는 서술자는 인간 내면의 가장 어두운 비이성적인 충동에 대해 다룰 때조차도 자신의 인물들을 지극히 명쾌하게 보여주는 데 반해(『일리아스』의 경우), 고대 히브리 서술자는 자신의 전지성을 철저히 선택적으로 드러낸다. 그는 경우에 따라 특정한 인물이나 행동에 대해 하나님의 생각이 무엇인지 알려주기도 하지만(이런 경우가 전지적 관점이 갈 수 있는 최상의 수준이다), 원칙적으로는 인간의 본성에 대해 그가 이해하고 있는 바에 따라 강렬하면서 좁은 광선이 비치는, 혹은 어렴풋한 환영이 스멀거리거나, 갑작스레 빙빙 도는 섬광이 있는 다양한 수준의 어둠 속으로 독자를 인도한다. 독자는 인상주의 작가들인 콘래드(Joseph Conrad)나 포드

매독스 포드(Ford Madox Ford)의 경우에서처럼, 인물과 동기를 이해하기 위해서는 파편화된 자료로부터 추론하는 과정을 거쳐야만 한다. 이는 이야기의 설명에서 결정적인 부분들이 종종 전략적으로 감추어져 있기 때문이며, 이로 인해 인물들에 대한 여러 가지 관점이나 심지어 오락가락하는 관점이 만들어지기도 한다. 다시 말해 성서의 저자들은 인물을 구상할 때 그 인물에 지속적인 신비를 부여하며, 자신들의 특유한 표현 방식으로 이를 구체화한다.

인물에 대한 잠재적인 접근은 대개 얼마만큼의 분량으로 다루어지든 성서의 인물들에게 보이는 변화의 가능성에서 쉽게 발견된다. 성서가 개별 인물을 시간이 지나면서 발전하고 변화하는 존재로 이해하는 것(야곱과 다윗의 이야기에서 현저하게 드러난다)과 동일한 관점이 인물을 놀라움의 중심에 있는 존재로 인지하는 것이다. 성서의 인물들은 예측 불가능하고 변화하는 본성을 가지기 때문에, 호메로스의 작품에서와 같은 고정된 별명을 갖기 어려우며(야곱은 "교활한 야곱"이 아니고, 모세는 "현명한 모세"라 할 수 없다), 다만 즉각적인 상황에서 전략적 요구에 따라 결정되는 상대적인 별명만이 가능할 뿐이다. 미갈이 상황이 변함에 따라서 "사울의 딸"이기도 하고 "다윗의 아내"가 되기도 하는 것처럼 말이다.[4]

『일리아스』에서 아킬레우스는 감정과 태도에서 격렬한 동요를 경험한다. 처음에는 자신의 천막 안에서 침울해하다가 자신이 사랑했던 동료 파트로클로스의 죽음으로 파괴에 눈먼 자로 변화하고, 종국에는 상을 당한 프리아모스[5]의 간청 때문에 이성을 되찾는다. 그러나 그 기저에는 인간 아

---

4) 원주: 고정된 별명의 결여와 역동적인 인물 개념의 연결성에 대해서 시몬 바-에프랏이 유사한 견해를 가지고 연구했다. 『성서 이야기 기법』, 110~111쪽.

5) 모두 그리스 신화의 트로이 전쟁에 등장하는 인물들이다. 파트로클로스는 아킬레우스의 갑옷으로 무장하고 전쟁에 나갔다가 아킬레우스로 오인되어 트로이의 헥토르에게 죽임을

킬레우스의 전형이 있고, 이 모든 것들은 인물 변화가 아닌 감정과 행동의 동요였을 뿐이다. 이에 반해 다윗은 수십 년에 걸친 그의 생애를 볼 때, 처음에는 순진한 시골뜨기이자 대중적 사랑을 받는 인물이다가, 영리한 정치적 책략가이자 공격적인 게릴라 부대의 지도자가 되었으며, 나중에는 자기 아들의 음모와 반란에 휘말려서 허둥대는 무력한 아버지가 되어 시므이의 힐난과 저주 앞에서 갑자기 어처구니없게도 자신을 비하하는 도망자가 된다. 이후에는 몸도 제대로 지탱하지 못하면서 밧세바와 나단에게 속임을 당하고 조종당하는 나약한 노인이 된다. 그럼에도 죽음을 맞이하는 자리에서 또 다른 놀라움을 선사하는데, 압살롬의 반란을 진압한 이후에 표면적으로는 용서한 것처럼 보였던 요압과 시므이에게 앙심을 품고 복수할 것을 요구하는 사람으로 등장한다.

성서의 내러티브 전략이 인간의 본성에 대해서는 알 수도, 예측할 수도 없다는 생각을 어떻게 반영하는지 그 마지막 예로 애도하는 두 장면을 대조해보도록 하겠다. 하나는 호메로스의 이야기이며 다른 하나는 다윗의 이야기이다. 『일리아스』의 마지막 권에서 프리아모스가 아킬레우스를 대면하여 자신의 아들 헥토르의 시신을 달라고 애걸하는 장면은 고대 문학 중 가장 가슴 찢어지는 장면 가운데 하나다. 프리아모스는 아킬레우스에게 "나는 이 지상의 그 어떤 사람도 겪어보지 못한 일을 경험했소"라고 말하면서 "내 입술을 내 아들들을 죽인 자의 손에 입 맞추오"라는 말로 자신의 호소를 마무리한다. 여기서 프리아모스의 대담한 요청의 효과를 묘사하는 처음 몇 줄을 소개하겠다.

당한다. 프리아모스는 트로이의 마지막 왕으로, 파트로클로스의 복수를 위해 나선 아킬레우스로 인해 맏아들 헥토르를 잃는다.

이런 말로 노인은 그의 가슴속에 아버지를 위해 통곡하고픈 욕망을 불러일으켰다. 그래서 그는 노인의 손을 잡고 살며시 한쪽으로 밀어냈다. 그리고 두 사람 모두 생각에 잠겨 프리아모스는 아킬레우스의 발 앞에 쓰러져 남자를 죽이는 헥토르를 위해 꺼이꺼이 울었고, 아킬레우스는 자신의 아버지를 위해 때로는 파트로클로스를 위해 울었다. 그리하여 그들의 울음소리가 온 집 안에 가득 찼다.(24권: 507~512)6)

슬퍼하며 기억을 되새기는 이 두 사람의 감정은 그들의 신체적 위치만큼이나 분명하게 드러나고 있다. 늙은 프리아모스가 강하고 젊은 아킬레우스의 발아래 웅크리고 있었다. 어느 순간 아킬레우스는 프리아모스를 측은히 여기며 부드러운 말을 건넬 것이다. 죽일 듯이 격노하다가 친절한 태도로 전환되는 장면은 매우 감동적이지만, 성서적 방법으로 보면 그리 놀라운 일이 아니다. 아킬레우스의 분노는 그를 자기 본연의 인간성에서 멀어지게 했으나, 그리스 시인의 관점에서는 존재에 대해 모든 인간이 공유하는 보편적인 감정과 사실들이 있다. 프리아모스의 호소는 아킬레우스에게 비록 그들이 적개심과 나이라는 간극 때문에 분리되어 있지만, 그들은 똑같이 관계와 감정이라는 인간의 유산을 공유하고 있다는 점을 상기시켰다. 모든 사람은 아버지가 있고, 모든 사람은 사랑하며, 누구나 사랑하는 사람을 잃었을 때는 슬퍼해야 한다. 이 장면에 담긴 힘의 일부는 저자가 이 두 인물의 외적인 상황과 내면의 경험을 동시에 총체적으로 보여줌으로써 각자 자신이 잃은 사람들을 기억하면서 함께 우는 두 사람의 관계가 명확하게 드러나면서 발휘된다.

사무엘하 12장에서 다윗은 밧세바로부터 얻은 첫아들이 불치병에 걸리

---

6) 호메로스 지음, 천병희 옮김, 『일리아스』, 도서출판 숲, 2007, 671쪽.

자, 아기를 위해서 금식하며 땅에 엎드려 하나님에게 간청한다. 그는 7일 동안 모든 음식을 거부한다. 일곱째 날에 아이가 죽었을 때, 그의 신하들은 다윗에게 이를 알리기를 두려워한다. 이는 그들의 생각에 아이가 살아 있는 동안에도 그의 행동이 극단적이었으므로 아이가 죽은 것을 알게 되면 훨씬 더 도를 넘게 될 것이라고 여겼기 때문이다.

19. 다윗이 그의 신하들이 서로 수군거리는 것을 보고 그 아이가 죽은 줄 짐작했다. 그의 신하들에게 물었다. "아이가 죽었느냐?" 신하들이 대답하였다. "죽었습니다." 20. 다윗이 땅바닥에서 일어나 몸을 씻고 기름을 바르고 의복을 갈아입고 여호와의 전에 들어가서 경배하고 왕궁으로 돌아와 음식을 차려오게 하여서 먹었다. 21. 그의 신하들이 그에게 물었다. "아이가 살아 있을 때는 식음을 전폐하고 슬퍼하시더니, 이제 아이가 죽자 일어나셔서 음식을 드시니, 이것이 어떻게 된 일이십니까?" 22. 다윗이 대답하였다. "아이가 살아 있을 때, 내가 금식하면서 운 것은, '혹시 주께서 나를 불쌍히 여겨 주셔서, 그 아이를 살려 주실지도 모른다'고 생각하였기 때문이오. 23. 지금은 죽었으니 내가 왜 계속 금식하겠소? 내가 그를 다시 돌아오게 할 수 있겠소? 나는 그에게 갈 수 있지만 그는 나에게 올 수가 없소." 24. 그 뒤에 다윗이 그의 아내 밧세바를 위로하고 그에게 들어가 그와 동침하니 그 여인이 아들을 낳았고 그의 이름을 솔로몬이라고 하였다. 여호와께서 그 아이를 사랑하셨다.

슬픔 중에 있던 다윗의 역설적인 행동은 그것을 표현하고자 채택한 내러티브 설명의 전략에 반영된다. 18절에서 직접적으로 전해지는 신하들의 속삭이는 말은 왕이 걷잡을 수 없이 폭발할 것이라 예상하게 만든다. 그러나 이와 달리 자신이 예상한 최악의 상황을 확인해주는 "그가 죽었다"는 한

마디를 듣자(히브리어 원문에서 "죽었다"는 한 음절 단어 '메트(מֵת)'[삼인칭 남성 단수]로 표현된다), 곧 그는 일어나서 빠르게 연속적인 행동들을 취한다. 그의 행동은 이어지는 아홉 개의 동사들로 진행되고 있어서 그가 당황한 신하들에게 단순 명료한 말로 설명해주기까지 그 일련의 행동이 완전한 수수께끼로 남는다. 누구나 자신이 사랑하는 사람을 잃게 되면 슬퍼할 것이다. 그러나 이런 보편적인 사실이 꼭 보편적인 반응을 만들어내지는 않는다. 감정의 표현, 바로 그 감정의 경험은 각 개인의 완고한 개성이라는 꼬이고 깊은 결을 가진 매개체를 통해서 등장하기 때문이다. 독자는 다윗의 행동과, 그 뒤에 이어지는 말들로 인해 그의 신하들만큼이나 매우 놀라게 된다. 왜냐하면 이 시점 전까지는 내러티브상 이 갑작스럽지만 완벽히 설득력 있는 다윗의 슬픔의 이유를 짐작할 단서가 없으며, 자신의 죽은 아들을 애도하면서 자신의 피할 수 없는 유한성을 뼈저리게 실감하는 다윗의 모습이 등장한 적이 없기 때문이다.

다윗과 신하들 간의 대화는 그의 대답 이후에 어떤 극적인 결말도 없이 마무리된다. 신하들의 반응은 더 이상 흥미롭지 않고, 전형적인 성서의 방식대로 밧세바에 대한 위로와 동침, 그리고 첫아이의 죽음을 상쇄시키면서 신의 총애를 받는 아들의 탄생으로 건너뛴다. 서술자는 다윗이 상실의 아픔을 어떻게 회복했는지 독자들이 상상하며 재구성할 수 있는 어떤 단서도 주지 않는다. 이스라엘 왕조의 건립자에 대한 하나님의 징벌과 그에 뒤따르는 하나님의 보상이라는 대칭적 양식은 전체 이야기의 틀을 구성한다. 그러나 다윗은 그가 신하들에게 한 연설에서 생생하게 보여주듯이 지각이 있는 사람이며, 단순히 하나님이 만든 거대한 역사적 설계 안의 노리개가 아니다. 호메로스의 영웅들과 달리, 이 인물의 다면성은 궁금증을 남겨둔다. 그러나 침착하기만 했던 낯선 애도의 순간은 계속해서 독자의 기억에 남아 반향을 줄 것이다. 왜냐하면 곧 암논과 다말의 이야기, 그리고 압살롬의 이야기에서 나이 들어가는 다윗이 아버지로서 겪는 고통이 더 골치 아픈 사건들과 함께 나타나기 때문이다.

앞서 언급했다시피 내러티브를 상세하게 설명하는 그리스 문학의 특징은 현대 문학의 관습이 대체로 채택하고 발전시켜온 것 중 하나인 듯하다. 바로 이런 이유 때문에 우리는 히브리 성서의 특징이기도 한 다소 다른 서사 전략을 제대로 이해할 수 있도록 독자로서 새로운 눈으로 내러티브를 읽어내야 한다. 하지만 인물을 종종 예측 불가능한, 어떤 면에서는 헤아릴 수 없는, 절반의 모호성을 가지고 나타났다가 사라지는 존재로 인식하는 성서 기저의 개념은 그리스 서사시의 전형적인 인물을 생각해내는 습관보다 현대의 지배적인 관념과 훨씬 더 유사하다고 할 수 있다. 유일신론으로의 의식의 혁명은 하나님뿐 아니라 인간에 대한 생각의 방식을 심오하게 바꿔놓았다. 그리고 그 혁명의 효과는 예상보다 훨씬 더 영향력을 가지고 인간의 관념 세계의 일정 측면들을 여전히 결정짓는다. 이 변화된 의식은 당연히 성서의 율법적이고 예언적인 의지를 담아 이념적으로 표현되어 있다. 그러나 성서의 내러티브에서는 독창적인 문학 형식을 통해서 대담하면서도 섬세한 표현으로 구현되고 있다. 성서의 내러티브 예술은 미학적 기획 이상이며, 정교한 차이를 읽는 법을 배우게 되면 지성사와 비교종교학의 광범위한 개념들보다 더 가까이 인류가 머물고 있는 상상의 구조 안으로 다가갈 수 있게 해줄 것이다.

7장 복합의 기교

성서에 쓰인 문학적 기법을 규명하려다 보면 알고자 하는 이와 앎의 대상 사이에 얽혀 있는 다양한 장애물을 만날 수밖에 없다. 물론 현대의 독자에게는 다소 제한적이지만 유리한 점도 확실히 있다. 성서의 본문이 지금까지 주로 신학적, 언어학적, 역사적으로 다루어졌기 때문이다. 즉, 우리가 보카치오, 플로베르, 톨스토이, 콘래드, 그리고 카프카의 독자로서 성서에 접근한다면 고대의 본문에 예기치 못했던 빛을 던져줄 수 있다. 어느 시대나 통용될 수 있는 제한된 레퍼토리의 픽션 양식이 관련되는 한, 고대와 현대의 내러티브 사이에 부분적이나마 상당한 유사성이 있을 수 있기 때문이다. 그러나 독창적인 해석이라는 미묘한 압력 때문에, 그런 행운에서 한 발더 나아가 고대의 것을 무분별하게 현대화하는 함정에 빠질 수 있다는 점도 인식해야만 한다. 성서 내러티브의 특징적인 전개 방식은 후대의 서구 소설과 현저하게 다름에도, 전형장면이나 동어 반복과 같은 성서의 관습들을 신중한 유비 과정을 거쳐 우리에게 보다 친숙한 관습들로 이해하려는 시도가 자주 포착된다. 그러나 성서 속에는 여전히 문학적 형식으로 확정 짓고자 하는 우리의 노력을 좌절시키는 측면들이 있다.

문제되는 측면들 중 가장 주된 것은 통상 "책"이라 불리는 성서 전집을 구성하는 부분들이나 개별 책들 속에 포함된 수많은 이야기들이 종종 모호한 위치에 있다는 것이다. 보통 문학적 연구 대상은 '책', 혹은 최근 프랑스 학계의 영향을 받아 많은 사람들이 선호하는 용어인 '본문(text)'이다. 그러나 성서 본문을 면밀하게 조사해보면 한때 그것이 여러 조각들과 파편들이었음이 자주 드러난다. 보다 많은 경우, 우리는 주어진 본문의 경계가 어디인지, 그것이 둘러싸인 본문들과 어떻게 연결되는지, 왜 어떤 것은 무시되거나 반복되거나 인용되거나 혹은 심지어 성서 내의 다른 곳에서 그대로 복제되어 사용되는지 확신할 수 없다. 수많은 성서 본문들을 통일성이 있는 문학적 완결체로 보고자 할 때 더 심각한 도전이 되는 부분은 고대 전승의 분절적인 자료들이 그 본문에서 정교하게 층을 이루고 있다는 점이다. 한 세기에 걸친 분석적인 연구를 통해 도달한 결론은 단순히 하나의 본문을 읽고 있다고 생각할 수 있는 곳에서 실제로 우리가 확인하는 것은 다양한 문학 전승과 때로는 구전 전승에서 비롯된 초기 본문들을 서로 끊임없이 꿰맨 자국이며, 후대 편집자들이 이를 단락마다 연결하고 원자료들을 조합하는 등 주해의 형태로 크고 작은 간섭을 하면서 현재의 본문을 만들었다는 사실이다. 성서 본문의 복합적인 특성이 가장 탁월하게 드러나는 예는 학자들에 의해서 오경의 처음 네 권에서 발견되었으며, 이들은 문체, 내러티브 자료의 일관성, 신학적 견해, 그리고 역사적 가정에 따라 구별되는 세 개의 주된 흐름, 즉 야웨문서(J), 엘로힘문서(E), 그리고 제사장문서(P)가 이어진 것으로 분석되었다. J문서는 기원전 9세기경으로 거슬러 올라갈 수 있고, E문서는 동시대거나 한 세기 정도 후일 수 있으며, P문서는 한 저자가 아니라 제사장 계열의 저자 전승의 작품으로 보이는데 상대적으로 늦은 제1 성전 시기에서 기원전 6~5세기까지 이어진 것으로 여겨진다. (학문적 창의력에 따라 최초의 문학적 전승들과 마지막 편집 사이의 중간 시기뿐 아니라 다양한 중간 문서까지 제안되었다. 그러나 복잡한 논쟁을 여기서 다룰 필요는 없고, 단지 기본적인 제안, 즉 현재의 본문이 한 사람의 작품 혹은 한 시대의 작품이 아니라는 것은 충분히 설득력이 있어 보인다.) 오경 이외에 이야기를 전하고 있는 다른 책들의 본문에서도, 비록 알파벳으로 표시될 만큼 선명하게 드러나지는 않지만, 전기 예언서의 수많은 단락들을 분석한 결과 오경에서 발견된 것과 유사하거나 때로는 연속성이 있는 구성 요소들이 발견되었다.

이 모든 것은 이제껏 내가 주창해온 문학적 분석을 곤란하게 만드는 듯이 보인다. 왜냐하면 우리가 문학 작품을 논할 때면 콜리지(Samuel Taylor Coleridge)가 말했던 이른바 "통합시키는" 무언가, 말하자면 작품을 단순한 부분들의 합 이상의 복잡하고 의미 있는 전체로 만드는 어떤 것이 문학적 상상력 속에 존재한다고 생각하기 때문이다. 그렇다면 우리는 이런 문학 개념을 가지고 극단적인 경우 고대 전승들을 기이하게 그러모아놓은 것에 불과한 것처럼 보이는 성서의 본문들을 읽으며 무엇을 할 수 있을까?

서두에서 나는 서로 다른 문학적 재료들을 편집하고 결합하는 작업이 성서 이야기를 만드는 예술적 창작 과정의 마지막 단계에 이루어졌으리라 제안한 바 있다. 그러나 내가 사용했던 실례, 즉 외관상 창세기 38장에 삽입된 듯한 유다와 다말 이야기는 문제의 근본을 건드리지 않았다. 세르반테스, 필딩, 디드로, 그리고 디킨스 같은 후대 작가들이 쓴 단일한 본문에서도 주제상이나 구조상으로 중요한 기능을 하는 의도적인 삽입을 발견할 수 있다. 그러나 성서의 복합적인 본문들은 문학적 통일성에 대한 전제로는 쉽사리 수용하기 어려운 불연속, 복제, 모순을 포함한다. 여기서 내가 제안하는 바는 성서의 저자들과 편저자들(둘의 경계가 항상 명확한 것은 아니기에, 교육적인 목적에서 두 용어 중 좀 더 친숙하고 문학적인 것을 사용할 것이다)이 통일성에 대해 우리와는 다소 다른 관념을 가졌으며, 그들이 저자로서 성취하려 했던 완전한 진술은 종종 이후 시대와 문화가 통일성과 논리적 일관성의 모범으로 생각하는 것에서 벗어나게 했을 수도 있다는 견해이다. 성서의 본문은 전근대 유대-기독교 전통에서 상상했던 완성된 옷이 아닐 수도 있다. 그러나 학자들이 그런 초기 견해를 대신해 종종 내세우는 복잡하게 짜깁기된 본문이란 가설은 좀 더 세밀하게 연구해보면 많은 경우 의도적인 패턴임이 드러날 수도 있다.

구조적 통일성에 대한 삼천 년 전의 생각은 현재 우리가 가진 개념과 전혀 달라서 이를 재구성하려는 노력이 쉽게 성공하리라 보장하기 어렵다. 성서의 이야기 속에는 조화로운 해석을 불가능하게 만드는 단락들이 존재하며, 이는 고대 히브리 문서가 전해지고 편집되는 과정에 고유한 비일관성을 야기하는 특수한 환경이 있었을지도 모른다는 결론으로 이끈다. 혹은 초기 철기 시대의 이 창작물과 우리 사이에 존재하는 거대한 지적·역사적 간극으로 인해, 통합된 의미 있는 이야기에 대한 성서적 관념을 우리가 이해할 수 없는 것인지도 모른다. 독자로서의 내 경험에 의하면 복합적인 본문 특성으로 인한 해결할 수 없는 난점은 학자들이 주장하는 것보다 드물게 나타난다고 생각한다. 하지만 우리가 다루는 문제를 깨끗하게 해결하기 위해 나는 그런 난점을 기술하는 것부터 시작할 것이다. 거기서부터 출발해 원자료들의 복제와 논리적 모순이 존재하지만 주제를 완전히 충족시키려는 저자의 필요에 따라 그 정당성을 추론할 수 있는 경계선상의 사례들을 다룰 것이다. 마지막으로 복합적인 자료를 사용한 이유가 성서 특유의 포괄적인 통찰력을 보여주기 위한 것임이 확실해 보이는 두 가지 확장된 사례를 제시하겠다.

민수기 16장은 고라와 그의 추종자들이 모세의 권위에 도전하여 광야에서 일으켰던 무산된 반역에 대해 자세히 들려준다. 이 이야기는 고라를 합법적인 통치에 저항하여 고의적인 반역을 일으키는 인물의 전형으로 만들기에 충분한 예가 된다. 그러나 신중하고 정밀한 연구는 두 개의 서로 다른 반역에 대한 보고들이 포개져 있음을 보여주며, 반역자의 정체, 반역의 목적, 모세와 대적한 장소, 그리고 반역자들이 멸망당하는 방식에 대해서도 명백한 모순을 남긴다.[1]

이 이야기는 다소 당황스러운 음모자들에 대한 소개(민 16:1~2)로 시작하는데, 이는 서로 다른 자료들을 통합하는 저자의 어려움을 반영하는 듯한 무기력한 문장을 보여준다. "그리고 레위의 증손 고핫의 손자 이스할의 아들 고라, 그리고 르우벤의 아들들 엘리압의 아들들 다단과 아비람 그리고 벨렛의 아들 온이 모였다. 그리고 그들이 모세 앞에서 일어났고, 이백오십 명의 이스라엘 사람들, 공동체 지도자들, 명성 있는 사람들이 회의에 소집되었다." 고라는 레위인이고, 논리적으로도 충분한 정당성이 있는 그의 반역 동기는 다음 절들(민 16:3~11)이 매우 분명하게 밝혀주듯 제사장의 특권을 취하려는 욕구 때문이었다. 그의 반역은 단지 모세뿐 아니라 모세와 대제사장인 아론을 겨냥한 것이다.(3절) 모세는 "고라와…… 그의 모든 모임"을 대상으로 말하면서 그들을 특별히 "레위의 자손"으로 바꾸고 있다.(8절) 그리고 제사장직에 특별한 관심이 없는 르우벤 자손들인 다단과 아비람에 대해서는 어떤 암시도 하지 않는다. 고라가 제사장직의 권리를 주장하는 정당성은 제사의식을 통해서 시험받게 될 것이다. 그와 그를 따르는 250명은 회막 앞 화로에서 여호와에게 분향하도록 요구받고, 만일 하

---

1) 원주: 이 장의 본문에 대한 이해는 동료인 제이콥 밀그롬(Jacob Milgrom)과의 토론과, 나의 제자 니짜 벤-도브(Nitza Ben-Dov)의 훌륭한 에세이를 통해서 더욱 선명해졌다.

나님이 성직에 대한 주장을 물리친다면 그에 대한 벌을 받게 될 것이었다.

16장의 시작 절에서 술어도 없이 구문에 매달려 들어갔던 다단과 아비람은 12절 이전까지 이야기에 전혀 등장하지 않는다. 그 후 12절부터 15절은 다단과 아비람에게 집중하면서 고라와 그의 무리를 제외하고 있다. 여기에서 분명해지는 것은 르우벤 자손의 반란은 레위인들의 반란과 달리 모세와 아론 모두를 향한 것이 아니라 모세 한 사람의 정치적 권위에 대한 도전이었다는 것이다. 르우벤이 야곱의 장자라는 것을 기억해낸다면 이는 충분히 이해할 만하다. 16절에서 22절까지는 다시 한 번 다단과 아비람을 제외시키고 고핫 자손만이 관계된 향로의 시험을 준비하는 과정에 대해 이야기한다. 23절에서 34절은 다단과 아비람, 그리고 그의 가족들이 멸망 당하는 이야기이며, 이 일은 회막이 아니라 르우벤 자손의 장막 곁에서 일어난다. 다단과 아비람은 그들의 거처에서 "나와서" 교섭하자는 모세의 소환에 거세게 반항하며 거절한다. 두 개의 이야기를 하나로 만들려는 편집 의도는 이상하게 혼합된 표현 "고라와 다단과 아비람의 장막"에서 반영된다. (고라는 다른 지파 사람이기 때문에 두 명의 르우벤 자손들과 같은 장막에서 살았을 리가 없다.) 다단과 아비람은 땅에 삼킴을 당해서 멸망당한다. 고라와 그의 사람들을 32절이 끝나기 바로 전에 재난에 포함시킨 것은 앞서 땅이 갈라지기 시작할 때 레위인들 없이 그들의 장막 입구에 서 있었던 다단과 아비람의 이야기와 일치하지 않는 것을 보고 편집자가 후에 추가한 부분인 것으로 보인다. 마지막으로, 반역한 레위인들이 향로를 든 채 소멸된 장소는 사실 다른 곳, 즉 회막 앞이고, 그들이 멸망당한 방식도 땅이 삼킨 것이 아니라 하나님에게서 불이 나와서 소멸당한 것이다.(이 장의 마지막 절인 35절)[2]

---

2) 한글 번역본과 영어 번역본은 민수기 16장이 50절까지 이어지지만, 히브리 성서는

민수기 16장의 내적 모순은 근대 이전의 주석가들의 관심을 끌기에 충분할 만큼 중대하다. 전통적 히브리 주석가들 가운데 가장 날카롭고 합리적인 사람 중 하나인 아브라함 이븐 에즈라(Abraham Ibn Ezra)[3]는 그의 논평에서 우리가 검토했던 바로 그 문제를 간결하게 정의한다.

어떤 이들은 말하기를 고라가 삼킴을 당한 자들 중에 있었다고 하면서, 그 증거로 민수기 26장 10절의 "땅이 그 입을 열어…… 고라를 삼키니"를 든다. 또 다른 이들은 말하기를 그는 불에 삼킴을 당했다고 하면서, 그 증거로 똑같은 구절인 민수기 26장 10절의 "그 무리와 고라를 불이 삼켰다"를 증거로 든다. 그리고 축복받은 기억력을 지닌 우리의 현인들은 말하기를 그는 불에 타기도 했고 땅에 삼켜지기도 했다고 한다. 그러나 내 생각에는 오직 다단과 아비람이 있었던 장소에서만 땅이 갈라졌고, 고라는 그곳에서 거론되지 않았다. 사실 고라는 분향을 드리던 족장들과 함께 있었다.

성서의 설명은 마치 두 개의 이야기와 서로 다른 두 가지 멸망의 방식을 혼란시키고자 고안된 것처럼 보인다. 이런 의도는 방금 살펴보았던 이 이야기의 형태적 특성뿐 아니라 민수기 26장 10절의 회고적인 언급에서도 드러나는데, 이곳에서 구문적으로 모호한 "그리고 고라"라는 구절이 갑작스러운 지각 변동과 하나님의 불 사이에 불편하게 자리해 있다. 탁월한 히브리 시인이자 주석가였던 이븐 에즈라는 이야기의 말미에서 이 사건을 두

35절에서 끝난다. 대신 한글 번역본과 영어 번역본은 17장이 13절로, 히브리 성서는 28절로 되어 있어서 18장 1절에서 다시 장과 절의 순서가 일치된다.

　3) 에스파냐의 유대계 학자(1073~1165). 다양한 분야에서 많은 저서를 남겼으며, 특히 오경의 히브리어 주석을 남겼다.

개의 장소로 나누고 서로 다른 희생자들이 서로 다른 방식에 의해서 멸망 당했다고 제안함으로써 이 이야기의 일관성을 지키고자 했다. 그러나 편집자 자신의 편집 방식을 보면 그는 독자들이 두 개의 반역 집단과 두 개의 참사를 하나의 사건으로 혹은 최소한 서로 흐릿하게 합쳐진 형태로 보기를 원했던 것으로 보인다.

편집자가 왜 이렇게 했는지는 추측의 문제로 남을 수밖에 없다. 왜냐하면 이것은 하나의 이야기가 어떻게 합쳐져야 하는가에 대한 후대의 생각과 정반대 방향으로 가기 때문이다. 나는 이 혼란을 단순히 편집자의 부주의로 쉽게 돌리는 것에 반대한다. 이 이야기는 매우 예술적이면서 주제를 살리는 구조가 치밀하게 직조된 증거가 있기 때문이다. 고라의 반역은 다음과 같은 말과 함께 시작되고 있다. "너희는 너무 많이 가졌다." 모세는 반박하는 말의 말미에서 "너희는 너무 많이 가졌다"라는 똑같은 말을 내세운다. 이와 같은 형식상의 대칭 구조는 르우벤 자손의 반역에도 동일하게 나타나며, 그들은 "이것이 어찌 작은 일이냐?"라는 말로 시작한다. 다단과 아비람의 이야기에서 그들은 정치적 지배세력으로 올라서기를 원하며, 여기에서 주제어로 사용된 말은 "올라가다"이다. 그런데 이 말은 아이러니하게도 마지막에 땅이 꺼지면서 그들이 지하세계로 "내려가게" 됨으로써 마무리된다. 이에 상응하듯이 제사장직에 대한 욕심이 있었던 고라의 반역에서는 주도어가 "취하다"와 "가까이 오다"이다. 이 말들은 정치적 권력을 향한 수직적인 움직임이 아니라, 종교적 권위의 중심을 향한 수평적 움직임을 보여준다.[4]

이런 것들을 모두 감안할 때 우리는 알 수 없지만 히브리 저자는 자신이 무엇을 하고 있는지 알고 있었다고 추측할 수 있다. 분명히 사건이 발생한

---

4) 원주: 나는 니짜 벤-도브의 주도어에 대한 인식에서 도움을 받았다.

장소의 공간적 진실성, 인물들의 정체성, 플롯의 전개에서 등장인물과 그들의 동기의 일관성 등에 관한 우리의 전제들이 철저하게 훼손되고 있다. 이야기의 주제를 놓고 생각해 볼 때, 두 개의 반역 사건을 합쳐야 할 만한 어떤 정치적 고려가 있을 수 있다. 서로 다른 두 사건을 하나의 주제 하에 이야기해야 한다는 필요가 이야기를 일관성 있게 끌고 가야 한다는 요구보다 훨씬 더 중요했을 수도 있다. 하나는 정치 권력을 잡는 것이고 다른 하나는 제사장적 기능을 달라는 것이었지만, 이 두 가지가 신적인 권위에 대한 도전이라는 하나의 원형적 반역이었고, 따라서 하나의 사건으로 이야기되어야 했을 수도 있다. 반역자들은 죽임을 당한 아벨의 피를 땅이 입을 벌려 받았던 것처럼 땅이 그 입을 열었을 때 멸망당했고, 소돔과 고모라에 비같이 내렸던 불처럼 하나님의 불이 나와 멸망당했다. 이 이야기는 후대에 등장하는 모든 권력 투쟁의 예시가 되는 형제간의 폭력 사태와 완전히 타락해서 멸망당하게 되는 사회에 대한 경고의 이야기 모두를 의도적으로 상기시키는지도 모른다. 우리에게는 두 가지 멸망의 방식이 서로 모순적이다. 그러나 고대 히브리인들에게는 서로를 강화시키는 것으로 이해되었을 수 있다. 그것들은 하나님의 징벌에 대한 전형적인 두 가지 이미지로서 하나님의 통치하에 존재하는 정치와 종교 영역의 궁극적 정체성이 무엇인지를 암시한다. 결론적으로 말해서 고라와 다단, 아비람에 관한 서로 뒤섞인 이야기가 만들어내는 복잡성에는 우리의 설명 체계 안에서 확실하게 이해할 수 없는, 성서 내러티브 본문이 가지는 복합적 성격의 측면들이 존재한다.

이번에는 복합적 내러티브의 좀 더 간단한 예를 살펴보기로 하자. 이 이야기에는 모순되는 듯 보이는 복제가 존재하지만, 민수기 16장에서 본 것같이 내러티브들이 서로 당황스럽게 뒤엉켜 있는 형태는 아니다. 요셉의 형제들이 처음 이집트를 방문한 끝 무렵에 형들은 아직도 요셉을 이집트의 총리로만 알고 있는 상태에서 요셉은 그들이 곡물의 대가로 가져온 돈을 몰래 다시 그들의 자루에 넣으라고 지시한다.(창 42:25) 형들은 첩자 혐의를 받고 잠시나마 감금을 당했던 데다가 시므온이 포로로 붙잡히게 되었고, 베냐민을 데려오라는 요구로 인해서 이미 심하게 떨고 있는 상태였다. 총리의 마지막 두 가지 행동은 죄책감의 연상 작용을 통해서 그 형들로 하여금 어린 요셉에게 가한 자신들의 학대를 생각나게 했고, 그에 대한 응징이 마침내 자신들을 덮쳤다고 생각하게 만든다. 그들이 가나안으로 돌아가는 길에 첫 번째 숙소에서(창 42:27~28), 그들 중 하나가 나귀에게 먹이를 주려고 자루를 풀었고, "그리고 그는 그의 은을 보았다. 그리고 여기, 이것이 그의 자루 입구에 있었다." (형제들이 나중에 요셉에게 보고하는 것을 통해서(창 43:21) 의심의 여지 없이 알게 되는 사실은 아홉 명 모두 똑같이 돈을 발견했다는 것이다.) "그리고 그가 그 형제에게 말하기를, '내 은이 다시 넣어져 있어. 이것 봐, 진짜 내 자루 안에 있어' 하였다. 그리고 그들은 놀라서 말도 못하고 서로 떨면서 '하나님께서 우리에게 무슨 일을 하신 거지?' 하고 말하였다."

그들이 일이 매우 이상하게 진행되는 것(원문에서 하나님에 대해서 한 말의 의미는 '운명'에 가깝다)[5]에 대해 이 질문을 던지자마자 서술자는 이들을 가나안의 집으로 옮겨놓는다. 그곳에서 그들은 아버지 야곱에게 이집트의 총리와 있었던 일을 보고하면서 결론 부분에서 시므온의 부재에 대해서 설명하고 그 이집트 사람이 베냐민을 데려오라고 요구했다는 것을 전한다. 바로 이 시점에서 자루 속에 감추어져 있던 은이 새삼스레 다시 발견된다. "그리고 그들이 자기 자루들을 비우는 그때, 여기 각 사람의 은 뭉치가 그의 자루에 있었다. 은 뭉치들을 보고 그들과 그들의 아버지는 모두 두려

---

5) 이 질문은 하나님이 무슨 일을 하셨는지 묻는 것이 아니라 그들의 운명이 어떻게 될 것인지 묻는 질문이다.

워했다. 그리고 그들의 아버지 야곱이 그들에게 말했다. '너희가 나를 다 잃게 만드는구나. 요셉도 없고 시므온도 더 이상 없다. 이제 베냐민도 너희가 데려가려고 하느냐? 내가 이 모두를 견뎌야 하는구나.'(창 42:35~36) 우리가 내러티브의 논리를 이해하는 기준에 따르면 그 형제들이 숙소에서 한 번 그리고 아버지 앞에서 다시 한 번 숨겨진 돈을 발견한다는 것, 그리고 두 번 모두 놀라고 두려워한다는 것은 분명히 불가능한 일이다. (내러티브의 진실성이라는 성서의 규범에 따라 두 번째 것을 첫 번째 것과 조화시키기 위해 35절의 "그들이 모두 두려워했다"를 야곱에게 보이기 위해서 거짓으로 두려워하는 것처럼 위장한 것이라고 해석할 수 없다.) 성서학자들은 이 부분이 중복되어 나오는 것을 편집 과정의 실수로 해석한다. 일반적으로 인정되는 가설에 의하면 요셉 이야기에는 병렬하는 두 개의 이야기 E와 J가 있는데, 이 둘은 몇 가지 중요하고 세밀한 부분에서 차이가 드러난다. "자루"라는 뜻으로 히브리어 사크(שַׂק)를 일관되게 사용함으로써 편리하게 정체를 드러내고 있는 E가 이 단락에서 사용된 주된 자료이다. 바로 이 버전에서 은이 발견된 것은 형제들이 집에 돌아온 이후이다. 나귀를 위한 먹이는 아마도 다른 자루에 담겨 있었을 것이고, 따라서 은이 들어 있던 자루는 가는 도중에 열리지 않았던 것이다. J에서는 자루에 해당하는 히브리 단어가 아므타하트(אַמְתַּחַת 여기서 "배낭"으로 표현된다)이고, 아므타하트는 사크와 달리 동물을 위한 먹이와 은을 모두 담는다. 학자들은 이 본문에 대한 최종 편집을 담당했던 사람이 두 번째 버전에 대한 잘못된 충성심에서든지 혹은 단순히 잘못된 판단에 의해서든지 숙소에서 은이 발견되는 모순이 생기도록 J에서 발췌한 내용을 포함시켰다고(위에 인용된 27~28절) 추정하는 경향이 있다.

정확히 이 점과 관련해서 일반 원칙에 대한 질문을 한 가지 하고자 한다. 이 질문은 성서 내러티브에서 명확한 중복이 나타나는 곳에서 좀 더 정교한 핵심의 예를 볼 수 있도록 도울 것이기 때문이다. 27~28절과 35절 사이의 모순은 너무 명백한 것이어서 일부 현대 독자들 가운데 고대 히브리 저자가 너무 서투르거나 지각이 없어서 두 버전 사이의 갈등을 인식하지 못했다고 결론짓는 사람이 있다면, 너무 단순한 생각을 하는 것이다. 내 생각은 그와 정반대인데, 이 복합문서의 최종 책임자가 누구였든지 그는 이 모순점을 분명하게 파악하고 있었다. 다만 그는 이 문제를 피상적인 것으로 보았을 뿐이다. 단선적인 논리로 보면 동일한 동작이 두 개의 다른 장소에서 두 번 발생한다는 것은 불가능하다. 그러나 이 저자가 작업하고 있는 내러티브의 논리로 보면, 그가 쓸 수 있는 두 개의 버전을 모두 사용하는 것이 충분히 의미 있는 일이었다. 왜냐하면 그렇게 두 이야기가 함께함으로써 이 사건에 상호 보완적으로 의미를 부여해주고, 저자로 하여금 이 이야기의 완전한 그림을 그릴 수 있게 해주기 때문이다.

J 버전에서는 그 형제들이 이집트와 가나안 사이를 이동하던 도중에 은을 발견했을 때 그들에게 벌어진 일로 더없이 놀란 부분이 강조되고 있다. 그들이 돈을 보고 "떨었던" 것은 사실이지만, 그곳에서 강조되는 것은 이상하게 꼬여가는 자신들의 운명에 대한 느낌이었다. "하나님께서 우리에게 무슨 일을 하신 거지?" 이런 의미에서 J 버전은 저자에게 매우 중요하다. 돈을 발견하는 사건에서 형제들은 모르지만 요셉은 알고 있다는 주제가 연결되며, 실제로 이 주제는 이집트에서의 두 번의 만남과 이야기 전체에서 모두 중심적이다. 형제들이 엘로힘(하나님, 운명, 혹은 성서 히브리어에서는 가끔 사사로도 사용된다)이 자신들에게 무슨 일을 하는가를 묻고 있을 때, 독자들은 이 아이러니가 앞서 총리의 궁전에서 벌어졌던 장면의 극적 아이러니와 이어져 있다는 것을 알아채게 된다. 요셉은 이야기 전체의 구도에서 사실상 운명의 주관자이자 하나님의 도구로서 움직이고 있다. 이에 반해 이전에 요셉의 꿈에서 해와 달과 열한 별이 그에게 절하는 이야기를 들

고 충격을 받았던 그의 형제들은 이제 무의식적으로 "하나님"을 말하는데, 이때 독자들은 그들이 요셉이 행한 그 일을 언급하고 있다는 것을 안다.

같은 사건에 대해 야곱 앞에서 은을 발견하게 되는 E 버전은 훨씬 간결하다. 형제들이 그들의 자루에서 은을 발견했을 때 보인 반응은 두려움을 표현하는 단 하나의 동사로 보고되며, 이때 하나님의 뜻에 대해서 놀라는 반응을 보이는 대화는 등장하지 않는다. 이 버전이 놀라움에 대한 언급 없이 단순히 두려움만 보고하는 것은 은을 발견한 것과 자신들이 요셉에게 했던 일에 대한 죄책감 사이의 직접적인 관계를 전달하기 위함이다. 요셉 이야기 후반부에서는 모티프들의 전체 연결망이 나타나는데, 이는 정교한 반복과 이야기의 초반부에 나타났던 모티프의 반전을 바탕으로 구축된 것이다. 그 형들은 요셉을 남쪽으로 은(케세프 כֶּסֶף) 이십 개에 노예로 팔았다. 이제 그들이 요셉을 보냈던 곳을 떠나 북쪽으로 돌아온 끝에 자기들이 지불했던 은(케세프)이 자신들의 자루 속에 들어있는 것을 발견하게 된다. 이 장면은 요셉이 시므온을 옥에 가두고 베냐민을 데려오라고 했을 때 드러났던 그들 속의 쓰라린 죄책감을 건드린다. 여기에서 주목할 점은 은을 발견하는 시점이 요셉이 그들에게 한 말을 야곱에게 다시 요약하여 전달하는 중에(33~34절) 요셉이 실제로 말했던 대목(20~21절) 바로 직후, 즉 그들이 요셉에 대한 자신들의 잘못을 '발견했던' 바로 그 지점이라는 것이다. 성서의 독특한 방식답게 서술자는 직접 죄를 지적하지 않고 단지 두려움을 의미하는 동사로 암시해주다가 야곱이 아들들에게 반응하는 대화에서 건드린다. 그것이 반응임을 이해하는 것이 중요하다. 야곱은 아들들과 함께 은을 보았다. 그리고 그는 그 아들들의 두려움도 보았을 것이다. 야곱은 은을 발견했을 때 마치 그들이 말하지 않았던 죄를 지적하는 것처럼 그들을 책망하기 시작한다. "너희가 나를 다 잃게 만드는구나……." 창세기 37장에서 요셉의 피 묻은 옷이 그에게 전달되었을 때 그가 했던 말처럼, 야곱은 자기 자신과 자신의 고통을 시의 시작과 끝에 위치시키면서("너희가 나를 다 잃게 만드는구나…… 내가 이 모두를 견뎌야 하는구나") 자신의 마음을 운율에 담아 극적으로 고조시켜서 표현한다. 흥미롭게도 요셉이 없어졌을 때 야곱은 자기 아들들에게 직접적인 비난을 하지 않았다. 그러나 여기서는 마치 그의 수사법의 여세가 그를 실체적 진실의 가장자리로 데려다준 것처럼 야곱은 요셉과 시므온 모두를 잃게 된 책임을 그들에게 묻고 있다.

요셉의 이야기는 도덕-심리적 축과 신학-역사적 축을 모두 가지고 있다. 후자에서 중요한 것은 하나님의 비밀스러운 일, 하나님의 뜻을 수행하는 요셉의 역할, 그리고 앎과 무지라는 가장 중요한 주제이다. 전자에서 중요한 것은 그 형들이 고통스러운 과정을 통해 자신들이 한 일에 대한 책임을 깨닫고, 자신들의 죗값을 치러야 할 상황에 처한다는 것이다. (끊임없이 자식을 여읜 아버지 야곱의 탄식은 르우벤으로 하여금 즉시 베냐민의 안전을 위하여 심지어 자기 아들들의 목숨을 걸고 자신이 모두 책임지겠다는 파격적인 제안을 하게 만든다. 잠시 뒤에는 요셉을 팔자고 제안했던 유다가 보다 신중한 답변을 내놓는데, 유다는 요셉이 최후의 추궁을 할 때 자신의 형제들을 대신해서 양심의 가책을 받은 유창한 대변인 역할을 하게 될 것이다.) 성서의 작가가 적절한 형태로 의식했던 것에 대해 내가 추론한 것이 확실하다고 말할 수는 없지만, 최소한 그는 내용상의 반복과 내러티브상의 눈에 보이는 모순이 지닌 사소한 불편함은 받아들일 준비가 되어 있는 것으로 보인다. 작가는 이를 통해서 플롯상 결정적인 순간에 자신이 하고자 하는 이야기의 두 축을 모두 지킬 수 있었다. 다른 전통에 속한 작가였다면 이야기에 들어가는 서로 다른 측면을 어떻게든 하나의 서사적 사건으로 결합시키고자 노력했을 것이다. 성서의 저자는 이전 자료들을 편집하고 짜깁고 예술적인 몽타주를 만들 때 그가 종종 해왔던 대로 하면서, 자신의 주제에 대해 서로 다른 두 차원에 초점을 맞추고 있는 각각의 다른 버전의 이야기를 나란히 둠으로써 다각적 측면을 지닌 진실의 효과에 도달했던 것으로 보인다. 저자의 일차적인 임무는 그가 편집해서 버릴 수 없다고 느끼는 두 개의 원자료를 자신이 통합시킬 수 있는 배열로 작업하는 것이었을 것이다. 그러나 그 결과로 주제 진술이 충만해진 것은 결코 우연이 아니다.

영화 몽타주 기법과의 유사성을 보면 성서 내러티브에 보이는 한 주제에 대한 두 가지 다른 설명이 만들어내는 역동적인 상호작용이 무엇인지 알 수 있다. 이와 관련하여 세르게이 에이젠슈타인(Sergei Eisenstein)[6]이 몽타주 효과에 대해 말한 고전적인 언급을 떠올려봐도 좋을 것이다. "두 개의 개별적인 장면을 하나로 이어서 병치시키는 것은 한 장면에 또 다른 장면을 단순히 더해놓는 것과 다르다. 왜냐하면 거기에서 창조가 생기기 때문이다. 이것은 각 부분의 단순한 합이 아니며, 모든 병치에서 각각을 따로 놓고 보았을 때와는 **결과가 질적으로** 완전히 다르다는 점에서 창조와 유사하다. …… 몽타주의 각 부분은 더 이상 서로 무관한 것이 아니고, 하나의 주제를 향한 **독특한 표현**이 된다."(강조는 에이젠슈타인의 것이다.)[7]

역동적으로 상호보완해주는 순서로 두 개의 병렬적 설명을 배치시키는 기법은 히브리 성서의 제일 앞에 장엄하게 펼쳐져 있다. 물론 두 개의 서로 다른 창조 이야기이다. 첫 번째 것은 일반적으로 P 버전으로 알려진 것으로서 창세기 1장 1절에서 시작하여 최초의 안식일에 대한 이야기로 결론지어지고(창 2:1~3), 대부분의 학자들이 생각하는 것처럼 창세기 2장 4절 전반부의 공식적인 요약으로 마무리된다. "이것이 하늘과 땅이 창조될 때의 이야기이다." 창조에 관한 두 번째 버전은 J문서에서 채택된 것으로서 창세

---

6) 구소련의 영화감독·영화 이론가(1898~1948). 몽타주 이론을 정립하고 영화의 미학적 원리로서 확고한 체계를 완성하였다.

7) 원주: 『영화 감각 The Film Sense』, 제이 레이다(Jay Leyda) 번역 및 편집(런던, 1943), 17쪽.

기 2장 4절의 후반부에서 종속절로 시작된다. "여호와 하나님이 땅과 하늘을 만들던 때······," 그리고 사람을 만드신 이야기로 진행되고, 식물과 동물, 여자의 순서로 이어지며, 2장의 끝에서 창조의 완성을 이룬 후, 바로 뱀의 이야기와 에덴으로부터의 추방으로 옮겨간다.

이 두 개의 설명이 상호 보완적이지만 동시에 서로 중첩되면서 모순된다는 것, 그리고 세상의 기원에 관하여 각각 서로 다른 **종류**의 정보를 주고 있다는 것은 분명하다. P의 저자(사실 이 문서는 어떤 '학파'에 의해 만들어졌을 수 있지만, 편의상 저자를 단수로 쓰기로 한다)의 관심은 창조에 관한 우주적인 관점이고, 따라서 그는 하나님의 바람(혹은 숨결)에 의해서 그 표면이 요동치고 있는 태고의 심연으로부터 이야기를 시작한다. J의 저자는 자신이 살아갈 환경의 관리자요 도덕적 존재로서의 인간에 관심이 있었기 때문에 식물과 물의 근원에 대한 이야기로 시작하며, 여성이 어떻게 창조되었는지에 대한 자세한 설명으로 마무리한다. 그러나 이 두 버전 사이에는 분명한 모순이 존재한다. P에 따르면, 창조의 순서는 식물, 동물, 그리고 마지막이 인간이다. J에서는 창조 행위의 순서가 그렇게 조직적으로 분명한 것은 아니지만, 우리가 앞서 살펴본 바와 같이 그 순서는 남자, 식물, 동물, 여자인 것으로 보인다. 여기서 두 개의 버전 사이에서 가장 눈에 띄는 차이는 J의 이야기에서 남자와 여자의 창조가 분리되어 나타난다는 점이다. P는 "남자와 여자. 그가 그들을 창조하셨다"라고 간단하게 언급하면서 남녀가 동시에 그리고 동등하게 창조되었음을 암시한다. 반면에 J는 여자를 하나님이 나중에 생각해낸 존재로서 남자의 필요를 충족시키기 위해서 만들어졌고 남자 몸의 남는 부분으로 만들어진 존재라고 생각한다.

내가 잠시 창세기의 저자라고 부를 그는 왜 이 두 이야기를 모두 사용해야 한다고 느꼈을까? 그리고 왜 그는 모순점을 충분히 조화시킬 수 있도록 자료들을 수정하지 않았을까? 그를 저자가 아닌 편저자라 언급하는 학자들의 일반적인 설명에 따르면, 그는 자신에게 전수된 문학적 자료들을 정경으로 보았기 때문에 그것들을 통합시켜야만 했고 수정할 수 없었다는 것이다. 기원전 5세기경 초기 히브리 문서들 중에 어떤 것들이 정경으로 인식되었을까, 혹은 그 당시에 정경이라는 것이 어떤 의미였을까 하는 질문은 순전히 추측의 영역이다. 하지만 창조 이야기로서 우리가 가지고 있는 본문은 검토할 수 있을 만큼 제대로 갖추어진 일관성을 지닌다. 내가 주장하는 바는 창세기 저자가 자신의 뜻대로 두 문서를 이용할(어쩌면 그가 사용하기를 거부한, 우리가 알지 못하는 다른 자료들이 있었을 수도 있다), 그리고 그의 자료들 사이의 모순까지도 이용할 강력한 문학적 이유를 가지고 있었으리라는 것이다. 이러한 이유들은 두 창조 이야기의 문체와 주제의 차이에 주목하여 면밀하게 살펴봄으로써 명백해질 것이다.

　P 버전은 고대 근동의 창조 서사시가 취하는 서두 공식의 일반적인 관습을 따라 소개하는 부사구 "하나님이 하늘과 땅을 창조하기 시작했을 때"로 시작한다. 그의 산문은 웅장한 병렬을 이루고 있고, "그리고"(접속사 바브ㅣ)로 연결된 병렬구들이 장엄하게 행진을 하며 앞으로 나아간다. 행동의 은유를 바꾸어보면, P 이야기의 언어와 표현되는 세부사항은 모두 아름다운 안무를 구성한다는 것이다. 모든 것이 숫자적으로 질서정연하고, 창조의 과정은 리드미컬한 점증적 반복의 과정을 통해서 진행된다. 각각의 날은 하나님이 세상을 만드는 말로 시작되고("그리고 하나님이 말씀하셨다. ……") 공식적인 반복구인 "저녁이 되고 아침이 되었다"로 끝나며 이 가운데 다섯 번은 또 다른 반복구 "그리고 하나님이 보시기에 좋았다"가 선행된다. P의 내러티브는 질서정연한 순서와 모든 것 위에 있는 하나님으로부터 그가 창조한 세계로 내려오는 일종의 수직적인 관점이 강조된다. 하나님은 생성시키는 동사들의 불변의 주어이며 직접화법으로 보고되는 긴 창조 명령의 근원이다. (대조적으로 J 버전에서는 하나님이 주어로 전혀 등장하지

않는 한 단락이 존재한다.[창 2:10~14] 더욱이 사람은 독립적으로 행동하고 말한다. 그리고 전체 장에서 하나님에게 할당된 유일한 직접 담화는 첫 인류에게 선악을 알게 하는 나무의 열매를 먹지 말라는 명령과 남자에게 배우자가 필요하다는 간단한 언급이다.)

P 버전이 생각하는 질서는 문체적·개념적 측면 모두에서 또 다른 대칭성으로 표현된다. 그가 제시하듯이 창조는 일련의 균형 잡힌 짝들을 통해서 진행되는데, 이들은 대개 대조를 이루는 쌍들이다. J 또한 땅과 하늘의 창조를 언급하는 것으로 시작하지만(의미심장하게도 그에게는 땅이 앞선다), 그의 역사의 발전에서 반대되는 쌍은 만들지 않는다. 반면 P는 하나님이 하늘과 땅을 어떻게 분리했는지, 땅을 밝히기 위해서 하늘에 빛들을 어떻게 놓았는지, 하늘 위에 새들을 창조하고, 땅과 바다 아래에서 몰려다니는 것들을 어떻게 만들었는지를 보여줌으로써 창조의 그림을 그린다. 어둠과 빛, 밤과 낮, 저녁과 아침, 물과 하늘, 물과 마른 땅, 해와 달, 풀과 나무, 새와 바다의 생물, 들의 짐승과 땅 위에 기는 것들, 남자와 여자 등 창조의 각 순간이 반대되는 것들의 균형 혹은 특정한 범주의 존재들이 갈라지는 분기점을 이루는 것으로 그려진다. 1장의 전반부(1~19절)에서 아직 동물들이 출현하기 이전인 처음 나흘간의 창조 기간 동안에 하나님이 말했다는 동사가 반복된 다음 사용되는 지배적인 동사는 "나누다"이다. 이는 저자가 갈라지고 분리되는 시리즈로서의 창조의 정의를 잘 알고 있었음을 암시한다. 하나님은 태고의 어둠으로부터 빛을, 아래의 물로부터 위의 물을, 밤으로부터 낮을, 땅의 어둠으로부터 땅의 빛을 나눈다. 이야기의 후반부에서 동물 영역의 창조가 진행되면서 나누는 분리의 동사는 사라지고 동물과 인간에 관한 좀 더 자세하고 구체적인 사항들과 함께 대칭은 느슨해지고 정형화된 표현이 줄어든다. 그럼에도 여전히 같은 부류의 짝들이 창조의 설명을 이어가고, 또한 내러티브가 진행될 때 앞서 창조에서 사용되었던 많

은 용어들을 반복하는 경향이 눈에 띈다. 첫 안식일을 설명하는 결론 부분은 P의 전체 이야기를 특징짓는 강조된 문체의 균형, 평행법과 점증되는 반복의 선호를 생생하게 보여준다.(창 2:2~3)

> 하나님이 일곱째 날에 그가 했던 모든 일을 완성하였다. 하나님은 일곱째 날에 그가 했던 모든 일을 그쳤다. 그리고 하나님은 일곱째 날을 축복하고 거룩하게 여겼는데 이는 그날에 그가 창조하려고 행하였던 그의 모든 일을 그쳤기 때문이다.

여기에는 점증적인 반복뿐 아니라 다소 직역 투의 번역을 통해서 보듯이 매우 철저한 대칭적 수미쌍관 구조, 즉 마지막이 처음으로 돌아가는 구조를 보여준다. 이 단락의 첫 번째 줄은 마지막 줄과 마찬가지로 하나님이 만든 일 혹은 행한 일로 끝난다.[8] 반면에 마지막 줄의 끝은 "하나님이 창조하려고 행하였던"이라는 불필요해 보이는 구절을 소개함으로써 창조 이야기의 시작, 즉 "하나님이 창조하기 시작했을 때"로 되돌아가고 있다. P의 권위 있는 공식에서는 모든 것이 질서정연하고, 정해진 위치에 놓이며, 대칭적인 틀 안에 포함된다.

이 모든 것은 단순히 특정 문체에 대한 선호가 아니라 하나님, 인간, 그리고 세계에 대한 특별한 통찰력을 반영해준다. 일관성이 창조의 주안점이다. 모든 것은 질서 있는 진행에 따라 만들어지고, 일곱이라는 거룩한 숫자로 규정된 숫자의 순서에 따라 측정된다. 창조 과정으로서의 대칭적인 분리와 창조의 각 단계에 앞서는 하나님의 말에서 드러나는 법은 하나님이

---

8) 히브리어 문장에 대한 설명이므로 목적어가 동사 앞에 위치하는 우리말 문장에서는 분명하지 않다. 히브리어는 동사 뒤에 목적어가 오기에 문미에 위치한다.

만드는 세계의 근본적인 특징이 된다. 인간은 일곱째 날 완성이 선포되기 직전에 극적으로 그림 속에 등장하며, 이 장엄한 위계질서에서 명백히 구별되는 다스리는 자의 역할을 부여받는다. 이 창조론에서 하나님은 아인슈타인이 우연에 의한 우주론에 반대했던 것처럼 이 세계에 주사위 놀이를 하지 않는다. 다만 도덕적·역사적 관점을 지닌 J의 이야기에서 위험한 선택의 자유를 가진 남자와 여자를 창조하고 그들에게 엄숙한 금지의 책임을 부과했던 그의 행위는 확실히 주사위 놀이였다.

지금 우리가 접하는 창세기 본문을 편집 저작한 주체는 제사장 집단이었을 가능성이 있다. 제사장 집단 편집자들은 자신들의 창조 이야기 버전인 P를 가장 눈에 띄는 책의 시작 부분에 조심스럽게 위치시킨다. 그래서 편집 저작된 본문의 청중들이 제일 먼저 만나게 되는 것은 우주 질서의 개념과 더불어 그들이 주장하고자 했던 신학이다. 그러나 이 편집자들은 창조에 관한 더 오래된 설명인 J 버전도 가지고 있었고, 이 역시 권위가 있는 문서로서 간단히 폐기할 수 없는 것이었다. 이들은 위계와 조화의 전망을 보다 편안하게 느꼈지만, 좀 더 신인동형적이고, 심리적으로 역동적이며, 심지어 제어하기 어려운 J의 창조 이야기와 대화하며 마지못해 자신들의 버전을 끼워 넣었다. 그 대화가 어떻게 이루어졌는지 설명해 보도록 하자.

창조의 움직임에 대한 J의 놀라울 정도로 다른 생각은 그의 구문과 그의 산문의 리듬에서 이미 처음부터 느껴진다. J는 문체의 균형과 장엄한 진행 대신 종속절로 시작하며, 이는 지형의 세부 내용과 기상 상태를 포함해서 남자의 창조에 이르기까지 길고도 완곡하면서 복잡한 하나의 문장으로 이루어진다.(창 2:4b~7)

여호와 하나님이 땅과 하늘을 만들던 날에 땅 위에는 아직 밭의 초목이 없었고, 밭의 식물이 아직 나지 않았는데, 이는 여호와 하나님이 아직 땅

위에 비를 내리게 하지 않았기 때문이며, 토지를 경작할 사람도 없었고, 땅에서 올라온 습기가 토지에 수분을 공급하고 있었으며, 그때에 여호와 하나님이 흙으로부터 사람을 만들고, 그의 코에 생명의 호흡을 불어넣으니, 사람이 살아 있는 존재가 되었다.

J는 P와 달리 이처럼 가지를 뻗는 듯한 구문이 필요하다. 왜냐하면 그는 자신의 주제를 인과적, 시간적, 기계적, 그리고 이 장의 후반부에서는 도덕적, 심리적으로까지 복잡한 관계망에서 보기 때문이다. 그의 산문은 빠른 감각을 전하고 어쩌면 불안정하기까지 한데, 이는 첫째 날부터 일곱째 날까지 신중한 행진을 하고 있는 P와 매우 다르다. 에덴에서조차도 인간은 환경과 쉼 없는 상호작용의 움직임을 보여준다. 그곳에서 인간은 땅을 **경작하며,** 이런 일이 시작되지 않으면 땅도 식물에게 양분을 공급하는 원천으로서 기능을 충분히 하지 못하게 된다. P 버전에서 인간은 좀 더 광대하고 보다 일반적으로 자연계를 다스린다. 그러나 J가 그리는 인간은 좀 더 본질적으로 자연계와 연결되어 있으며, 겸허한 흙에서 만들어진다. 그의 이름 "아담(אָדָם)"도 흙이라는 "아다마(אֲדָמָה)"에서 유래한 것으로서 중요한 어원상의 말놀이를 이룬다. 인간은 P 버전의 위계적 체계와 달리 흙과 하나가 된다. 하지만 인간은 또한 모든 것들에게 이름을 줄 수 있는 지각 있는 존재라는 것과 자유의지 때문에 스스로를 에덴에서 쫓겨나게 하고, 이후로 자연스러운 역할이 아니라 고된 심판으로서 땅을 경작하게 된다는 점에서 흙과 구별된다.

   P는 창조의 큰 계획에 대해 관심이 있다. 그러나 J는 문명 안에서 복잡하고 어려운 인간의 삶의 현실에 대해 좀 더 관심이 있다. 이것을 위해 J는 에덴에서 어떤 일들이 일어났는지 예비적인 설명으로 제시한다. P에서 인간은 창조 체계의 대미를 장식한다. 반면, J의 이야기에서 인간은 사건의 중

심이며, 이는 완전히 다른 문제이다. P에서 창조를 말하는 동사는 "만들다"(아쏘 עָשָׂה)와 "창조하다"(바로 בָּרוֹא)인데, J에서는 하나님께서 "짓다"(야쯔르 יָצוֹר)라는 토기장이와 공예가에 해당하는 단어가 사용된다. J는 또한 하나님을 구체적으로 농업과 관련된 동사들, 심다, 물 주다, 자라게 하다 등의 주어로 제시한다.

사물의 운동법칙에 대한 J의 관심은 하나님, 인간, 그리고 역사에 관한 그의 이상과 함께 지속된다. 세계는 인간과 하나님 모두의 노력을 통해서 작동되고 형성되는 대상이다. 언어는 사물들을 배열시키는 역할을 하지만, P에서처럼 창조의 능력이 있는 것은 아니다. 에덴 이야기의 처음과 끝에서 일꾼으로서 인간의 역할이 강조된다면, 하나님이 인간에 대해서 하는 일도 처음에 흙에서 피조물로 만드는 것으로 끝나지 않을 것이라 추론할 수 있다. J의 창조론에는 인간과 하나님 사이에 P에서는 볼 수 없는 개념인 인간과 하나님 사이의 도덕적 긴장이 존재한다. 뿐만 아니라 아담이 홀로 있다는 것에 대한 하나님의 걱정에서 보이듯이, 인간을 향한 하나님의 관심이 존재한다. 여기서 지적할 점은 하나님이 사람을 언급하면서 그의 상태에 대해서 말하기 전까지 하나님의 말은 없었다는 것이다. 창조의 첫 번째 이야기에서 "말하다"라는 동사는 세상을 존재하게 만든 하나님의 말을 이끄는 동사였는데, 여기서는 **생각** 혹은 내면의 독백을 지시하는 것으로 사용된다. 하나님이 남자의 홀로 있음에 대해 생각하고 이 문제를 해결하겠다고 결심하는 하나님의 짧은 독백이 등장한다.(창 2:18) "그리고 여호와 하나님이 말씀하셨다. '사람이 혼자 있는 것이 좋지 않다. 내가 그의 곁에서 도와주는 배필을 만들어주겠다.'"

이 두 가지 버전의 차이는 너무 뚜렷해서 지금의 독자들이 보기에 상호 보완적인 관계라기보다 완전히 대립적인 관계라고 결론 내릴 수도 있다. 그러나 고대의 저자가 옛날 사람이기 때문에 틀림없이 단순했을 것이라는 현대인의 편견에서 벗어날 수 있다면, 창조에 관한 이 두 버전을 결합시켜서 이렇게 통합된 문서를 만든 사람이 누구였든지 최소한 부분적으로는 그 저자가 자신의 주제 자체가 본질적으로 모순적임을 이해했고, 일관되고 직선적인 서술 방법으로 쓰기를 근본적으로 거부했으며, 자료를 결합시키는 것이 그에게는 가장 적합한 문학적 표현 방식이었음을 이해할 수 있을 것이다. 이것을 우선 여성의 창조에 관계된 엄청난 모순을 통해서 설명하고, 그 후에 다른 좀 더 큰 문제들을 간략하게 다루도록 하겠다.

여자가 남자와 동시에 그리고 같은 방법으로 창조되었음을 들은 직후에, 첫 번째 여자는 첫 번째 남자보다 나중에 만들어졌고, 남자보다 열등하다는 것을 들으면 논리적으로 맞지 않다고 생각할 것이다. 하지만 이것이 에덴 이후의 체제에서 여자의 역할에 관한 모순된 사실들을 표현할 수 있는 완벽한 설명이 될 수 있다. 우선 편저자 자신이 남자보다 여자가 좀 더 제한적인 법적 권리 및 제도적 기능을 감당하는 부계사회의 일원이었다. 이 사회에서 여자는 남자를 보조하는 존재로서 이해되며, 여자에게 적합한 자리는 시편 저자의 말처럼 "네 집 안방에 있는 결실한 포도나무"인 것이다. 사회적 환경에 깊이 뿌리박힌 이런 태도를 감안하면, 첫 번째 남자의 불필요한 갈빗대에서 만들어진 여자의 이야기는 기원에 대한 적절한 설명이 된다. 반면, 독신이 아닐 것이라 여겨지는 이 편집자는 여자가 제도적 정의와는 반대로 위협적인 상대 혹은 가치 있는 동반자가 될 수 있으며, 도덕적 혹은 심리적 견해에서 남자와 동등하고, 그녀의 지적인 임기응변 능력을 통해서 그와 동등하게 힘을 행사할 수 있는 존재라는 결론을 이끌어낼 만한 개인적인 정보를 가지고 있었다. 이것이 비현실적인 추론처럼 여겨진다면, 뒤이어 나올 성서 내러티브에서 널리 알려진 증거들을 기억할 필요가 있다. 성서 내러티브에는 리브가, 다말, 드보라, 룻과 같은 탁월한 여성들의 이야기도 포함돼 있다. 이들은 안방의 식물 같은 존재로 만족하지 않고, 남자 중심의 세계에서 억압받거나 혹은 그들이 도덕적 통찰력에서나 실제적 권리에서 결핍을 발견할 때 자신의 운명 혹은 나라의 운명을 그들 스스로 취하는 데 주저하지 않았다. 이 같은 여성의 지위에 대한 탈제도화된 인식에 기반하면, 이들의 기원에 대한 합당한 설명은 양성이 동시에 창조되었다는 것이고, 남자와 여자는 동일한 하나님의 형상의 서로 다른 측면이 된다. "하나님이 자기 형상대로 그를 창조하였다. 남자와 여자, 하나님이 그들을 창조하였다."(창 1:27) 동일한 사건에 대해 외견상 서로 모순되어 보이는 두 가지의 설명을 차례로 배치한 결정은 대략 후기 입체파의 화법에 상응하는 내러티브라 할 수 있겠다. 예를 들어 후기 입체파는 동일한 얼굴의 옆모습과 앞모습을 병렬적으로 혹은 겹쳐서 위치시킨다. 보통 사람의 눈으로는 이 두 모습을 동시에 볼 수 없다. 그러나 자기 그림의 시각적 틀에다 그것들을 동시에 인식하는 것으로 표현하는 것은 화가의 전권이다. 이는 단순히 두 시각 사이의 형식적 관계를 탐구하려는 것일 수도 있고 혹은 그의 대상에 대한 포괄적인 표현을 제공하려는 것일 수도 있다. 이와 유사하게 히브리 저자는 성서 이야기의 대부분을 지배할 관점 사이에 긴장을 주기 위하여 자기 작품의 복합적인 특징을 이용한다. 첫 번째 관점은 남자와 동등하게 다스리는 존재로서, 그리고 하나님과의 관계에서 남자와 동일한 위치에 서 있는 존재로서의 여자이며, 두 번째 관점은 남자의 보조적인 협력자이며 연약함과 유혹하는 말로 세상에 재앙을 가져올 존재로서의 여자이다.

　　다양한 관점을 유사하게 포괄하는 작업이 창조, 인간, 그리고 하나님에 대한 좀 더 확장된 이상에서 여러 관점들을 결합하는 것으로 성취된다. 하나님은 초월적인 동시에 어디나 편재하며(나중에 신학적 반대를 불러일으킨다), 그의 전능함으로 위엄을 갖추는 동시에 그의 창조 세계에 적극적이며 감정적으로 개입한다. 세상은 질서 있고, 일관되며, 아름답게 구성되어 있는 동시에 자원과 지형의 혼란스러운 변화로 인하여 인간이 의지할 주된 무대인 동시에 당황스러운 도전을 가하기도 한다. 인간은 하나님에 의해 임명된 피조세계의 주인이자 하나님의 계획에 저항하는 내적으로 분열된 반역자이다. 인간 자신에 의해 망가진 토지를 파헤침으로써 힘겹게 생존해야 하는 존재이다. (제사장 계열의 편집자가 이 대안들 중에서 처음의 것을 좀 더 권위 있는 것으로 생각했다면, 두 번째 것도 어느 정도 정당성을 허용했을 것이며, 결국 자신의 복합적인 버전에 포함시켰을 것이다.) 창조의 이야기가 만일 창세기 2장 4절 후반부터 시작되었다면 좀 더 '일관적'이었겠지만, 그랬다면 하나님, 인간, 그리고 자연 세계의 미묘한 상호작용을 포함하는 정신없이 복잡한 현실에 대해 만족스러운 설명을 주는 복잡성을 잃고 말았을 것이다. 물론 많은 학자들이 가정하듯이 이 복잡성은 순전히 일부 편집자가 전승 자료들을 조립하는 자로서 서로 다른 원자료들을 포함시키려는 필사(筆寫)의 의무로 인해 발생한 우연한 결과일 수도 있다. 그러나 그것은 적어도 인색한 가정이며 타당해 보이지도 않는다. 최소한 제사장 계열의 편저자는 자신이 선호하는 P의 창조 이야기와 전승된 J 이야기가 상호 간의 대화 안에서 함께 적용될 수 있다는 생각을 명백하게 밝히고 있다.

의도적인 기술로서 복합적 내러티브가 지닌 효율성은 일차적인 목적이 인물을 보여주는 것일 때 좀 더 생생하게 밝혀진다. 가장 정교한 성서의 예는 다윗의 소개이며, 앞서 자주 언급했듯이 이는 연속되면서 외관상 모순된 두 개의 이야기에서 나타난다.(삼상 16장과 17장) 첫 번째 이야기에서, 예언자 사무엘은 사울의 후계자로서 이새의 여러 아들 중 한 명에게 기름을 붓기 위해 베들레헴으로 보내진다. 사울은 하나님의 금지 명령을 위반하여 자신에게 주어졌던 왕의 자격을 박탈당했기 때문이다. 사무엘은 먼저 형제들 가운데 장자를 하나님이 선택한 자로 오해하는 실수를 하고, 그 후에 하나님의 지시에 따라 막내 다윗에게 기름을 붓는다. (장자를 대신하는 패턴은 창세기부터 친숙하다.) 기름 부음을 받은 후, 다윗은 사울 왕이 미쳐서 발작할 때 수금 연주로 그를 안정시키기 위하여 사울의 궁으로 불려가고, 사울의 갑옷을 드는 자라는 공식적인 지위를 맡게 된다. 두 번째 이야기에서, 다윗은 자기 형들이(여기서 형들의 숫자는 일곱이 아니라 셋이다) 블레셋에 맞서기 위해 사울의 군대에서 복무하는 동안 여전히 목장에 머물고 있다. 여기서는 이전에 기름 부음 받은 의식에 대한 언급도 없고, 다윗의 음악적 재능이나 왕의 갑옷 드는 자로서의 직책에 대한 암시도 없다. (오히려 다윗이 갑옷에 전혀 친숙하지 않다는 점이 잘 드러난다.) 이 이야기에서 형들에게 줄 양식을 가지고 전쟁터에 도착한 다윗은 블레셋의 전사 골리앗을 죽임으로써 자신을 드러낸다. 다윗은 사울과 그의 군대장관인 아브넬 모두에게 생소한 인물이고, 이 장의 끝에서 이 두 사람은 다윗이 누구이며 어느 집안 출신인지에 대해 전혀 아는 바가 없다고 말하고 있으며, 결국 다윗은 스스로 자신이 누구인지 사울에게 알려야 했다. 다윗을 소개하는 두 개의 이야기 중에서 두 번째 것은 그 자체로 복합적이라는 본문 상의 증거가 있지만, 여기서는 이 두 이야기 사이의 큰 차이에 집중하도록 하겠다.

논리적으로 볼 때, 사울이 다윗을 처음 만났던 것은 그의 궁에서 음악 치료사로서이거나 혹은 전쟁터에서 거인을 죽인 자로서일 것이며, 둘 모두일 수는 없다. 그러나 두 이야기는 비록 서로 다른 원자료에서 나왔겠지만, 다윗에 대한 쌍안경적 시야를 갖기 위해서 필요하다. 이 경우에 두 이야기를 의도적으로 사용한다는 추론은 특별히 설득력 있어 보인다. 다윗 이야기의 편저자는 창세기의 편저자와 달리, 수 세기 동안 축적된 민족의 경험에 의해 성화된 전승을 다루고 있지 않기 때문이다. 추론하기로, 그는 무엇을 포함시켜야'만' 하는가에 대해 창세기의 편저자보다 더 큰 자유를 가지고 있었던 것 같다. 그러므로 그가 다윗의 등장에 대해 하나는 신학적이고 다른 하나는 민담인 두 이야기를 결합하기로 선택했다면, 그것은 둘 모두가 자신이 구상한 다윗의 특징과 역사적 역할을 표현하기 위해 필요했기 때문이다. 거의 유사한 견해를 케네스 그로스 루이스(Kenneth Gros Louis)가 다윗 이야기에 대한 지적인 평론에서 피력했다. "내러티브를 현재의 최종 형태에 넣은 사람이 누구든지 그도 불일치를 확실히 알고 있었다. 내러티브 내에서 매우 가까이에 이런 불일치가 나타나려면 저자가 단순히 졸았던 정도가 아니라 아예 깊이 잠들 때라야 가능하다." 그로스 루이스는 계속해서 다윗에 대한 두 가지의 소개는 이 미래의 왕의 두 가지 다른 측면들, 즉 그와 사울과의 관계에서 반영되고 그의 이야기 내내 긴장 속에 남게 될 개인으로서와 공인으로서의 측면과 일치한다고 주장한다. 사울도 질병이 있는 개인과 질투심 많은 군주라는 다른 역할에서 다윗의 이런 두 측면에 서로 다른 방식으로 응답한다. "인간으로서 사울은 자신을 위로해주는 자를 사랑하고 그가 음악으로 자신을 회복시켜주었던 것을 기억한다. 하지만 왕으로서 사울은 이스라엘의 여인들이 '사울이 죽인 자는 수천 명이요, 다윗은 수만 명이다'라고 노래하는 것을 참을 수 없다."9) 이 특별한 내러티브에서 다윗의 공적 측면과 사적 측면 사이에 복잡한 상호작용이 존재한다는 그로스 루이스의 주장은 확실히 맞다. 그러나 이 범주는 다윗의 등장에 대한 두 이야기에서 사용되는 보완적 관점의 전 범위를 충분히 이해하기 위하여 몇 가지 면에서 보충이 필요하다. 여기선 강조되는 주제나 서술되는 사실의 차이뿐 아니라, 창조 이야기에서도 그랬듯이, 문체나 내러티브적 접근법의 문제에서 나타나는 차이를 관찰하는 것이 중요하다.

대칭, 패턴, 형식적으로 정해진 마무리, 그리고 부버와 로젠츠바이크가

---

9) 원주: 「우물을 다스리는 어려움: 이스라엘의 왕 다윗 The Difficulty of Ruling Well: King David of Israel」, 《세메이아》 8(1977), 15~33쪽.

주도어 양식이라고 불렀던 것, 주제 핵심 단어들에 의해서 결정되는 문체 등은 두 번째보다 첫 번째 이야기에서 훨씬 더 현저하다. 사무엘상 16장은 사무엘과 하나님의 대화로 시작되며, 등장에 대한 이 이야기는 위로부터의 신적 관점이 모든 것을 통제한다. 하나님이 보고, 하나님이 직접 그의 기름 부음 받을 자의 지명에 개입한다. "내가 너를 베들레헴 사람 이새에게 보낸다"라고 하나님은 사무엘에게 시작 부분에서 말한다. "왜냐하면 내가 그의 아들들 가운데 왕을 보았기 때문이다."(삼상 16:1) 맥락상 "선택하다"의 의미를 지닌 동사 "보았다"(라오 베 בּ רָאָה)는 두 주제의 방향을 정갈하게 지적한다. 이것은 사울의 반역과 이새의 아들들 가운데 이루어지지 않은 선택을 언급하는 주도어들로서 작용하는 "거절하다"(마오스 베 בּ בְּמָאס)와 "선택하지 않다"(로 바호르 베 בּ לֹא-בָחַר)의 반의어이다. 동시에 내 번역에 반영된 관용어의 문자적 의미는 "속을 보다"이고, 동사 "보다"는 이야기에서 또 다른 중요한 주제 핵심 단어가 될 것이다. 만일 하나님이 새 왕을 이미 선택했다면, 왜 이새의 아들들 가운데 누구인지 출발할 때부터 사무엘에게 말해주지 않았을까? 그것은 잘못된 선택 이후에 올바른 선택, 잘못된 시각 이후에 올바른 시각이라는 교훈적 상황이 발생하도록 하기 위함이다. 이 이야기의 '수직적' 관점에서 실질적인 대화는 하나님과 그의 선지자 사이에 진행되며 사무엘과 성읍의 장로들, 사무엘과 이새 사이의 대화는 최소한으로 유지된다. 다음은 선택 자체가 드러나는 방법이다.

6. 그들이 왔을 때 그는 엘리압을 보고 말하기를 "그래! 여호와 앞에 그의 기름 부음 받을 자가 서 있구나." 7. 그리고 여호와가 사무엘에게 말하였다. "그의 외모와 큰 키를 보지 말아라[마르에이후 מַרְאֵהוּ, 동사 어간은 רָאָה]. 내가 그를 버렸기 때문이다. 사람이 보는 것과 다르게 [여호와는 본다].[10) 사람은 눈으로 보지만, 여호와는 마음으로 본다." 8. 그리고

이새가 아비나답을 불러 사무엘 앞으로 지나가게 했고, 그가 말하였다. "이 사람도 여호와께서 선택하지 않으셨다." 9. 그리고 이새가 삼마를 지나가게 했고, 그가 말하였다. "이 사람도 여호와께서 선택하지 않으셨다." 10. 그리고 이새가 그의 일곱 아들들을 사무엘 앞으로 지나가게 했고, 사무엘은 이새에게 말하였다. "여호와께서 이들을 선택하지 않으셨다." 11. 그리고 사무엘이 이새에게 말하였다. "더 이상 아이가 없는가?" 그리고 그가 말하였다. "막내가 아직 남아 있는데, 보소서, 그 아이는 양을 돌보고 있습니다." 사무엘이 이새에게 말하였다. "사람을 보내서 그를 데려오시오. 우리는 그가 올 때까지 식사하러 앉지 않을 것이오." 12. 그가 사람을 보내서 그를 데려왔다. 그는 혈색이 붉고 아름다운 눈을 가졌으며 보기에[로이(רֹאִי), 동사 어간은 רָאָה] 잘생겼다. 그리고 여호와께서 말씀하셨다. "일어나서 그에게 기름을 부어라. 이 아이가 그다."

이 전체 사건은 이새와 그의 아들들, 그리고 이 이야기의 잠재적 독자뿐 아니라 선견자(로에 רֹאֶה)라고 앞에서 지명되었던 사무엘까지도 옳게 보는 것과 관련해서 받게 되는 훈련이다. 사무엘은 애초에 보통 남자들보다 키가 어깨 위는 더한 사울을 왕으로 선택했었다. 이제 그는 이새의 건장한 첫째 아들 엘리압을 보고 똑같은 실수를 거의 할 뻔한다. 그래서 그의 생각을 읽은 하나님은 그를 가르쳐야 한다. "그의 외모와 큰 키를 보지 말아라." 사무엘과 하나님 사이의 대화가 처음 시작될 때부터 마지막으로 다윗이 기름부음을 받고 여호와의 영이 그의 위에 임할 때까지(삼상 16:13), 하나님의 한결같은 지각은 왕으로서는 무가치하다는 전조가 되는 엘리압의 매력 있는 외모와 위대한 일을 해낼 내적 특성과 일치하는 다윗의 아름다운 외모

---

10) 원주: 각괄호 안의 구절은 칠십인역본을 반영한다.

사이에서 인간의 눈은 볼 수 없는 것을 구별하며 명백하게 장면을 장악한다. 여기서 인간의 상호작용은 거리를 두고 이루어지며 양식화되는데, 이는 완벽하고 명확한 신의 지각이 주제적으로 투명하게 드러나게 하기 위함이다. 첫째 아들부터 일곱째 아들까지 공식구가 반복되고 진행되면서, 셋째 아들 이후에는 "기타 등등"의 원칙이 적용되어 막내아들이 양을 지키는 데서 돌아오는 극적인 장면까지 빠른 이동이 교착상태에 빠지지 않게 만든다. 더욱이 여기서 보이는 하나님의 절대적이고 지속적인 개입은 다윗 이야기 전체에서도 보기 드문 모습이다.

다윗에게 내린 영은 그에 앞서 사사들에게 그러했듯이 그를 사로잡고, 이것은 이 장의 후반부의 핵심 주제 단어가 된다. 다윗을 잡은 여호와의 영은 "사울에게서 떠났고"(삼상 16:14), 그 자리에서 왕은 "여호와의 악령"에 의하여 만신창이가 된다. 그의 신하들이 치료로서 수금 연주 듣기를 권하자 사울은 "나를 위해서 잘 타는 사람을 찾아보라(레우[רְאוּ], 동사 어간은 רָאָה)"(삼상 16:17)고 명한다. 그리고 지원자들 중 하나가 "내가 베들레헴 사람 이새의 아들을 보니(라이티 רָאִיתִי), 연주를 잘하고, 용맹한 사람에 전사이며, 언변이 있고, 훌륭한 외모를 가졌으며, 주가 그와 함께합니다"(삼상 16:18)라고 대답한다. 다윗의 무용에 관한 언급은 16장과 17장을 조화시키려는 의도에서 후대의 편집자에 의해 삽입된 것으로 의심되는데, 이 시점까지 젊은 목동 다윗에게 군사적 경험에 대한 아무런 암시도 없었다는 점, 그리고 만일 그가 대단한 용사로 이미 알려져 있었다면 사울이 그에게 갑옷 드는 역할을 맡긴다는 것이 말이 안 되기 때문이다.(삼상 16:21) 그 외에는 손에 수금을 들고 궁에 모습을 드러낸 다윗은 기름 부음을 받은 이전 이야기와 훌륭하게 일관성을 이룬다. 사무엘은 그를 "그 형제들 가운데에서", 즉 가족 구성원 내의 비밀인 상태로 기름 부었다. 그에게 왕좌의 계승권이 있다는 것을 궁에서는 당연히 알지 못하는 상태였다. 그러나 여호와의 영이 그에게 임했기에, 그의 인간적인 매력, 탁월한 성취의 능력 등이 그들에게 느껴지기 시작했고, 요셉의 경우처럼 사람들이 벌써 "여호와께서 그와 함께 계신" 것을 느끼기 시작한다. 여호와의 영의 은혜를 받으면서 다윗은 노래를 통해서 영의 세계를 다스리는 능력을 보이기 시작하는데, 이 점이 16장의 마지막 절에서 하나의 말놀이를 통해 강조된다. "그래서 하나님의 [악한] 영(루아흐 רוח)이 사울에게 왔을 때, 다윗은 수금을 잡고 연주했고, 사울은 안정(라바흐 רוח)을 찾았으며, 그가 회복되었고, 악한 영(루아흐 רוח)은 그에게서 떠났다."(삼상 16:23)

다윗의 등장에 대한 두 번째 이야기는 첫 번째 이야기의 거의 세 배 길이여서 자세히 살펴보기에는 너무 긴 분량이다. 그러나 이야기의 상대적인 길이는 다윗이 왕좌에 적합한 인물이라는 것이 어떻게 처음으로 드러나는지에 대해서 매우 다른 개념을 반영한다. 이 장은 히브리 성서가 그 자료들을 "서사시적"으로 표현하고 있다. 베들레헴, 궁, 그리고 라마에 있는 사무엘의 집이라는 세 지역에 대한 지리적 언급이 단순하게 진술되던 이전 장과 달리, 사무엘상 17장은 두 군대의 지리적인 배치를 정교한 파노라마로 보여주며 골리앗의 갑옷과 무기에 대해서 자세히 묘사한다. 두 번째 이야기는 다윗이 구체적인 공간에서 정치적, 군사적 영역에 속하는 물리적 도구들을 어떻게 작동시키는지에 훨씬 더 관심이 많다. 따라서 역사적 경험의 중심으로 우리를 즉시 데리고 가는 문체를 취한다. 무명의 젊은이가 자기 형들을 놀라게 하면서 무시무시한 거인이나 괴물을 때려잡는 모티프는 많은 민간전승에서 흔히 보인다. 그러나 여기서 그것은 역사적 픽션이라는 짜임새로 설득력 있게 구성되며, 생생하고 실제 같은 대화(업신여기며 말하는 큰형 엘리압에게 다윗이 화를 내면서 나누는 대화, 다윗이 골리앗에게 말로 대항하는 내용)가 구체적으로 주어지면서, 앞선 이야기의 양식화되고 공식화된 대화와는 매우 다른 모습을 보여준다. 여기서 하나님은 전혀 말하지 않고 행위에서도 직접 나타나지 않는다. 다만 이야기의 인간 영웅이 적의 도전을 되받는 말에서 하나님이 언급된다. "너는 칼과 창과 단창을 가지고 내게 오지만, 나는 만군의 여호와의 이름, 곧 네가 모욕했던 이스라엘 전선의 하나님의 이름으로 네게 간다. 오늘 여호와께서 너를 내게 줄 것이다."(삼상 17:45~46) 다윗이 물맷돌로 이룬 승리는 그가 골리앗에게 선포했던 "칼이나 창이 아니라 여호와가 구원한다"는 유일신 신념의 문자적 성취이다.

16장에서는 다윗이 전혀 말하지 않고 행동도 거의 하지 않으며, 장의 끝부분에서 "취하다"와 "연주하다"라는 단 두 개의 동사의 주어로만 등장한다. 그와 반대로 이곳에서 다윗은 장황하게 말하며 훌륭한 수사법을 보여준다. (이 부분은 사무엘상 16장 18절에 그가 "언변이 있다"라고 한 것과 일치한다.) 그리고 또한 그는 용감하고 노련하며 정열적인 행동가이다. 17장 내러티브의 절정인 45~51절에서 다윗은 빠르게 연속되는 열네 개의 다른 동사들, 즉 서두르다, 달리다, 취하다, 던지다, 때리다, 베다, 죽이다 등의 주어이다. 첫 번째 이야기에서 다윗이 들에서 하던 일은, 비록 "목자"가 지도자를 지칭하는 성서적 명칭으로 반복되어 나오기 때문에 상징적이기도 하겠으나 정적인 일이었다. 두 번째 이야기에서 다윗은 목자로서의 자기 경험을, 위험한 전쟁에 적합하도록 그가 겪어온 실제적인 훈련의 증거로서 언급한다. 그가 자신의 양 떼를 보호하기 위해서 사자와 곰을 가까운 거리에서 여러 차례 죽였던 것처럼, 자만심이 강한 블레셋 사람을 쓰러뜨릴 것이다. 그는 자신이 목자로서 일을 하면서 습득한 물맷돌이라는 치명적인 기술에 대하여 언급하지는 않지만 이제 곧 전쟁터에서 보여줄 것이다.

다윗의 전반적인 소개에서 이 두 가지 이야기를 종합해서 얻는 유익은 무엇일까? 여기서 창세기의 창조 이야기에서 두 원자료가 상호작용을 했던 것과 흡사한 유비를 발견할 수 있다. (이 말이 하나는 P, 다른 하나는 J에서 나온 것이라는 설명은 전혀 아니다!) 하나는 인간 중심의 풍성하고 세밀한 '수평적' 관점이고, 다른 하나는 더 간결하고 더 대칭적으로 양식화된, 하나님으로부터 세상 아래로 움직이는 '수직적' 관점이다. 이 두 관점은 공적인 다윗과 사적인 다윗, 즉 사울이 자신의 경쟁자로서 시기하고 미워하는 다윗과 자신의 위로자로서 사랑하는 다윗과도 일치하지만 이는 극히 일부일 뿐이다. 다윗은 탁월한 전사이자 왕이며 (사울 집안의 시므이가 언젠가 그를 부르듯이) "피를 흘리는 자"이고, 이런 정체성에 있어서 골리앗 이야기는 적절한 도입이 된다. 그러나 그는 또한 유려한 애가 시인이며 시편의 작가이고, 요나단을 사랑하고 죽은 아들을 위해서 울기도 하는 감성적이고 열정적인 사람이다. 그의 이런 면은 그가 자신의 노래를 통해 악한 영을 물리칠 수 있는 재능을 가진 궁중 음악가로서 등장하는 이야기에서 적절하게 소개된다.

이 두 이야기들은 다윗의 성품뿐 아니라, 그가 왕으로 선택된 이유를 알려준다. 첫 번째 이야기에서 그가 선택된 것은 절대적이고 명백한 하나님의 선택이며, 아마도 하나님이 다윗의 특별한 성품을 아셨기 때문일 수 있다. 그러나 분명한 것은 다윗 쪽에서는 아무 주도권 없이 그에게 선물 혹은 운명으로서 주어진 것이다. 두 번째 이야기에서 다윗은 양 치는 들판에서 왕좌까지 올라가는 첫 발판을 스스로의 용맹스러운 행동을 통해서 확보한다. 그렇게 함으로써 17장 끝부분의 사울과 아브넬, 그리고 사울과 다윗 사이의 대화가 암시하듯이, 현왕의 마음에 베들레헴으로부터 위험한 경쟁자가 나왔을 수 있다는 불편한 감정을 불러일으킨다. 첫 번째 이야기에서 다윗은 사울의 신하가 그를 "전사"라고 부르는, 삽입된 것으로 보이는 명칭을 제외하면 남자 혹은 소년으로 언급되지 않는다. 그는 본질적으로 하나님의 영이 임하는 아름다운 그릇으로 여겨지기 때문이다. 두 번째 이야기에서 전사 골리앗(문자적으로 "두 군대 사이에 선 남자")은 자신에 대항해서 싸울 "남자"를 불렀으나 겨우 "소년"이 나서는 것을 보고 분개한다.(삼상 17: 42) 물론 이 소년은 거대한 적을 쓰러뜨려 자신의 남성성을 화려하게 증명할 자였다. 분명히 두 번째 이야기에서도 다윗은 자신이 이스라엘의 전능한 하나님의 뜻을 섬긴다는 명백한 인식을 가지고 영웅적 행동에 임한다. 그러나 두 이야기의 결합은 두 신학, 왕권과 역사에 대한 두 개념, 인간 다윗에 대한 두 관점 사이의 역동적인 상호작용 속에서 갈피를 잡지 못하게 한다. 한 이야기에서 왕은 하나님의 도구로서 전적으로 하나님의 주도권을 통하여 선출되었다. 하나님은 선한 영과 악한 영의 영역을 통괄함으로써 그의 권위를 드러내고, 치유하기도 하고 사랑을 불러일으키기도 하는 존재이다. 다른 이야기에서 왕의 선출은 하나님에 의해 세워지기보다 승인받는 것이다. 하나님의 영이 내려와 임하는 대신에 한 젊은이가 자기 자신의 역량과 냉철한 용기, 재빠른 반사 신경, 그리고 수사적 기술을 통하여 왕위에 오른다. 이 모든 것이 왕좌로 단번에 인도하는 것이 아니라, 역사의 복잡한 중간 단계에서 많은 일들이 발생하여 군사 지도자가 되고, 더한 군사적 성공을 이루고, 헌신적인 추종자들이 생겨나고, 왕에게 질투를 유발시켜 이로 인해 추방당하기도 한다. 그는 과감한 행동도 하고, 속이기도 하고, 고생하고, 위험에 처한다. 피 흘리는 내전을 겪고 나서야 간신히 왕좌에 오른다. 다윗의 등장과 왕으로서의 정당성에 대한 이 두 이야기 없이는, 히브리 저자가 자신의 주제에 대해서 온전한 진실이라고 여기는 모든 것을 이보다 더 잘 전달하지 못했을 것이다.

러시아의 형식주의자[11]와 영미의 신비평가[12] 무리의 문학이론가들이

---

[11] 형식주의는 20세기 러시아 문학평론의 한 유파로서 예술 표현의 수단에 중점을 둔다. 평범한 언어를 예술적으로 변모시키거나 낯설게 만드는 방법을 분석하며, 내용보다 형식과 기법의 중요성을 강조한다.

[12] 신비평은 제1차 세계대전 이후 생겨난 비평이론의 한 유파로서, 신비평가들은 작품

지금까지 논평하듯이, 시와 픽션은 의미의 집약, 담론의 강화 등을 포함하며, 그 안에서 하나의 대상에 대해 복수의 혹은 상호 모순되는 관점들을 하나의 언어 구조 내에서 융합시킬 수 있다. 바로 이 부분과 관련하여 사무엘상 16장과 17장과 나란히 모범적인 본문으로 앤드루 마블의 「아일랜드에서 귀국한 크롬웰에 관한 호라티우스 풍의 송시」를 들 수 있다. 1650년에 이 시를 작시할 때, 마블은 왕당파에 대한 초기의 지지를 거두고 새로운 혁명정부의 성실한 옹호자로 옮겨가는 중이었으며 이 시는 이제 막 아일랜드를 정복한 (무섭게 황폐화한) 가공할 크롬웰에 대한 대조적인 관점들을 통합시키는 듯한데, 이 대조적인 관점들은 고압의 긴장 상태에서 함께 유지되고 있다.

성실한 용맹으로 올라가
역사의 위대한 성취를 허물고
오래된 왕국을
폐허로 만드는구나

시의 다른 곳에서와 같이 거의 모든 구절에서 반대되는 구성이 많이 발견된다. 크롬웰은 위대한 정치인의 전형이며, 역사의 진로를 바꾸고자 하는 용기와 결단력을 가진 사람이다. 또한 그는 계시록에 나오는 말 탄 자로서 역사가 오랜 시간 만들어온 모든 것을 무참히 파괴시킨다. 시의 압축적인 문체에서 그는 당장 혹은 항상 이런 사람인 것 같다가 또 다른 사람이다.

인물 설정에 관한 논의에서 언급했듯이, 성서의 내러티브에서 어떤 진

에서 말의 함축적·연상적 의미와 비유적 언어의 다양한 기능인 상징·은유·이미지를 특별히 강조하면서 꼼꼼한 독서 기법을 통해 시적 사고와 언어의 특징을 명확하게 밝히고자 한다.

술이 전달하는 이런 식의 의도적인 모호성은 서술자가 선택적으로 침묵할 때와 갑작스레 대화가 중단될 때도 발생할 수 있다. 좀 더 큰 단위의 내러티브에서 여러 관점을 통합시키는 성서의 특징적인 방법은 하나의 언급에서 관점들을 통합시키는 것이 아니라 여러 관점들을 연속하여 몽타주 기법으로 배열하는 것이다. 물론 이런 공식이 우리가 접하는 성서 본문이 갖는 모든 기록의 편집적 작업에서의 곤란한 문제들을 원만하게 해결해줄 수는 없다. 그러나 이 고대 작가들(그리고 그들의 편저자들)도 후대의 작가들과 마찬가지로 자신의 주제가 항시 가지고 있는 복잡성을 포용할 문학적 양식을 만들고 싶어 했다는 것을 기억해야 한다. 성서시대 이스라엘의 유일신 혁명은 지속적이고 불안정한 것이었다. 그것은 하나님, 피조된 세계, 역사, 그리고 정치적 동물 혹은 도덕적 주체로서의 인간에 대한 깔끔하고 확신에 찬 관점을 가질 수 있는 여지를 거의 남겨두지 않았다. 상대성과 절대성, 인간의 불완전성과 하나님의 완전성, 혼란스러운 역사적 경험과 역사에서 계획을 실현시키겠다는 하나님의 약속 등 양립할 수 없는 것들의 교차를 계속해서 이해해야 했기 때문이다. 성서의 견해는 지독한 모순과 사물의 본성에 있는 심오하고 근절할 수 없는 난잡함을 인지하는 것에 의해서 드러난다. 성서가 지닌 복합의 기교가 지향하는 것은 이런 도덕적·역사적 실체를 인지하는 것이다.

8장 서술과 앎

성서의 내러티브를 앞서 내가 제안하듯이 산문픽션으로 개념화하는 것은 의도적인 기교성, 심지어 유희성에 대한 강조까지도 수반한다. 그런데 이런 것들은 성서에 대한 대중적 관념과 학문적 관념 모두에 다소 기이하게 보일 수 있다. 성서의 내러티브 기술과 관련한 몇 가지 주요한 측면을 고찰하는 데는 이 연구의 시작과 함께 제기했던 기본 질문을 다시금 언급하는 것이 유용할 것이다. 고대 히브리 저자들, 혹은 적어도 그 작품이 정경화되어 성서 전집에 보존된 사람들의 의식이 고도의 신학적 의도로 충만해 있었을 것임은 명백하다. 그들은 방대하고 매혹적인 이교사상의 바다 한가운데 떠 있는 작고 불완전한 유일신론의 섬에 살던 주민들로서, 자신들이 글쓰기라는 행위를 통해 기념비적인 의식의 혁명을 수행하고 있음을 날카롭게 의식하고 있었다. 자신의 통찰을 전하기 위해 예언자들이 운율, 강조, 의미심장한 대칭, 강력한 이미지와 더불어 시를 사용해야 했던 이유는 명확하다. 예언자의 시는 공식구라는 수사학적 자료를 도구로 삼아 기억하기 쉽고 또 거의 고칠 수 없게 만들어진 일종의 고양된 직접 연설이기 때문이다. 이와 대조적으로 성서의 내러티브는, 이 또한 역사와 인간에 대한 신의 목적과 요구를 담고 있는 담화의 일종으로서, 이런 주제에 대한 간접적인 담화라고 할 수 있다. (예외적으로 신명기는 모세가 이스라엘 백성에게 행한 고별 연설로서 직접적인 담화 형식으로 기술되었다.) 인물들로 하여금 말하게 함으로써 혹은 그들의 행동과 복잡한 관계를 보고함으로써 여호와의 요구가 무엇인지 말하는 과정에 **개입**하는 것은 도덕주의적 유일신론의 견지에서는 판도라의 상자를 여는 일처럼 여겨졌을 것이다. 후대를 위해 거룩한 전승을 재구성하는 임무를 부여받은 이름 모를 히브리 작가 입장에서 보면, 발음이나 단어로 언어유희를 벌이고, 기이한 버릇이나 언어 습관을 지닌 생생한 인물들을 창조하고, 유혹에 실패한 이의 희극적인 좌절감, 매장지를 구하기 위한 지난한 흥정 과정, 형제들 간의 말다툼, 왕들의 어리석음 등을 온갖 창의적인 문체로 묘사하면서 작가의 즐거움에 탐닉하는 것은 경솔하게 여겨지지 않았겠는가?

앞서 말했듯이 성서 내러티브를 만든 사람들이 창작과 표현에서 이런 다양한 즐거움을 스스로 만끽했으리라고 추정하는 것은 확실히 그럴듯하다. 왜냐하면 그들은 자신에게 부여된 신성한 사명을 무엇이라고 생각했든 결국 작가들이었고, 그들이 능숙하게 다룰 수 있고 또한 무한한 즐거움을 느꼈던 산문픽션이라는 특별한 매체를 통해 인간 본성과 역사에 대한 자신의 통찰을 드러내리라 마음먹었기 때문이다. 이런 추론은 성서 저자들이 쓴 실제 본문에서 드러나는 정교한 표현에서 충분히 확인할 수 있으리라 생각한다. 물론 이를 위해서는 창세기와 『신학대전 Summa Theologiae』이나 『창조의 책 Book of Creation』[1] 사이보다 창세기와 『톰 존스』 사이에서 더 가까운 포괄적인 연계(여기에서는 장르에 대한 고려가 중요하다)

를 발견하는 정신적인 재조정이 필요할 것이다. 그런데 성서 저자들이 픽션에 대해 소명 의식을 지니고 있었다는 이런 관념은 더 자세히 논의될 필요가 있다. 픽션이 놀이의 한 형식이라면, 그것은 또한 특수한 앎의 방식을 내장한 놀이의 한 형식이기도 하다. 이는 과시적 유희의 극단이라고 할만한 『가르강튀아와 팡타그뤼엘 Gargantua and Pantagruel』, 『트리스트럼 샌디』, 그리고 『율리시스』와 같은 예에서도 그렇다.

우리는 픽션을 통해 배우는데, 이는 우리가 그 속에서 작가가 직관적으로 파악한 많은 경험들(우리 자신의 것과 그다지 다르지 않지만, 혼란하고 산만한 우리네 삶 속에서는 결코 다룰 수 없는 방식으로 구체화되고, 규정되고, 질서가 부여되고, 조사되었을 뿐인)로부터 교묘하게 투사한 반투명한 이미지들을 보기 때문이다. 픽션 속의 인물들은 그러한 진실을 구현하기 위해서 명백히 진짜인 것처럼 보일 필요가 없다. 왜냐하면 과장이나 양식화가 보통은 감춰져 있는 것을 드러내는 수단이 될 수 있고, 환상이 내면이나 억눌린 현실을 충실하게 표현할 수도 있기 때문이다. 『트리스트럼 샌디』의 토비 삼촌, 『데이비드 카퍼필드』의 미코버 씨, 『가르강튀아와 팡타그뤼엘』의 파뉘르주와 『변신』의 그레고르 잠자는 『안나 카레니나』의 안나와 『미들마치』의 도로시아 브룩만큼이나 앎을 전달하는 수단이 된다. 내가 강조하려는 바는 픽션이 앎의 한 형태라는 것이고, 이는 그것이 변하고 알쏭달쏭하고 계시적인 그들의 상호연관 속에서 인물과 사건들을 이미지화하는 특정한 방식일 뿐 아니라 이야기를 전하는 특정한 기술적 레퍼토리를 가지고 있기 때문이다. 예를 들어, 픽션 작가는 일상적인 담화에서 반드시

---

1) 전자는 스콜라 철학자인 토마스 아퀴나스의 저서로 총 3부로 구성된 간결하고 체계적인 신학 해설서. 후자는 히브리어로 '세페르 예찌라(ספר יצירה)'라고 불리는 유대 신비주의 서적. 하나님의 창조에 대해 설명하고자 하며 성서 인물 아브라함이 저자라고 전해지지만, 그 기원과 저자, 내용, 가치 등에 대해서는 확실히 알려진 바가 없다.

드러나지는 않지만 인물의 절대적인 개성, 곧 특정한 사건의 진행 속에서 다른 인물들과 관련하여 그 또는 그녀가 어떠한 위치에 있는지를 정확히 보여주는 언어를 대화 속에서 각 인물에게 만들어주는 기술적 유연성을 가지고 있다. 픽션 작가는 간결한 요약과 느긋한 장면 묘사, 파노라마적인 개관과 정밀한 시각적 관찰 사이에서 빠르게 왕복하는 자유를 재량껏 누린다. 또한 인물의 감정을 꿰뚫고, 그들의 속마음을 모사하거나 요약하고, 그들의 동기를 분석하고, 현재 이야기에서 가깝거나 먼 과거로 갔다가 다시 돌아오는 자유도 능력껏 행사한다. 그리고 이 모든 수단들을 통하여 인물과 이야기의 의미에 대해 우리가 배울 것과 생각하도록 남겨둘 것을 통제하는 훨씬 더 극적인 자유를 행사한다. (이 모든 것과 관련하여, 민담이나 서사시 같이 보다 공식화된 스토리텔링 방식은 좀 더 제한된 범위의 가능성을 지닌다.)

2장에서 나는 성서의 저자들이 서구 전통에서 산문픽션의 개척자들에 속한다고 주장했다. 여기에 한 가지 의견을 더하자면, 그들은 이 새롭고도 유연한 내러티브 매체를 창안할 수밖에 없었는데, 이는 적어도 부분적으로는 그것이 창출할 수 있는 앎의 성격 때문이었다. 성서 이야기의 서술자들은 물론 '전지'하고, 이야기 기법으로 옮겨진 이 신학적 용어가 그들의 경우 특별한 정당화를 가능케 한다. 왜냐하면 성서의 서술자는 문자 그대로 하나님이 아는 것을 알고 있다고 전제된다. 경우에 따라 그는 하나님의 평가나 의도, 심지는 하나님이 자신에게 하는 말까지 전하여 우리에게 알려주기도 한다. 성서의 예언자는 하나님의 메시지를 위한 매우 가시적인 인간적 도구로서 "여호와께서 이같이 말씀하셨다"라는 식으로 하나님의 이름으로 말하지만, 종종 그의 의지와 달리 자신을 내세우는 것처럼 보인다. 성서의 서술자는 예언자들과는 매우 다르게 하나님 자신조차도 포괄할 수 있는 신과 같은 앎을 취하기 위해 그의 개인사와 개별적 정체성의 표지를 모두 벗는다. 이것은 내러티브의 거울로 이루어지는 현기증 나는 인식론상의 트릭이다. 신인동형론2)에도 불구하고, 성서적 사유의 전체 스펙트럼은 인간과 하나님 사이에 절대적인 차이를 전제한다. 사람은 하나님이 될 수 없고, 하나님은 (후대 기독교 사상과 대조적으로) 사람이 될 수 없다. 그러나 스스로를 지운 채 성서의 이야기를 전하는 인물들은 그들의 제한된 인간적 지위에 관심을 기울이지 않는 암묵적인 관행에 의해서 전지하고 실수하지 않는 신적인 관점을 취할 수 있다. 실은 가장 오래된 일부 문서의 경우, 때때로 서술자의 앎과 대조적으로 하나님 자신의 앎이 오히려 제한적인 것처럼 여겨진다.

성서의 이야기를 도덕적, 영적, 역사적 지식의 가능성에 대한 내러티브적 실험이라고 보는 것도 도움이 된다. 이 실험은 다양한 수준에서 등장인물들의 제한적인 앎과 신적 전지함에 대한 면밀한 대조 과정을 통해 조용히 수행되지만 서술자에 의해 확고하게 표현된다. 때때로 한 인물에게 특별한 정보나 예지가 부여되기도 하는데, 이는 오로지 하나님의 임의적 도움을 통해서만 가능하다. 예컨대 요셉은 꿈을 정확히 해석할 수 있는데, 그가 반복적으로 주장하듯이 그것은 오직 꿈의 해석이 하나님의 것이기 때문이다. 성서의 다양한 주인공들이 약속이나 수수께끼 같은 예언을 받았으나, 미래는 그들의 동시대인들의 도덕적 현실과 마찬가지로 대부분 미지의 상태로 남겨졌다. 이는 아브라함이나 모세처럼 하나님의 임재와 뜻에 대해 가장 직접적이고 개인적인 계시를 받는 특권을 누렸던 이들조차 마찬가지였다. 신이 보증하는 통찰력 있는 지도자라 해도 인간적 지식의 한계에서 벗어나지는 못했다. 우리가 앞서 보았듯이 예언자 사무엘도 사울과 엘리압의 경우에 왕다운 면모를 겉모습으로 판단하는 실수를 했으며, 하나님이

---

2) anthropomorphism. 신이나 신들에 대해서 인간과 유사한 존재인 것처럼 보는 관점.

보시는 방법을 실제 사례로 배워야 했다. 이는 눈으로 보는 것이 아니라 마음으로 보는 것이며, 성서적 생리에서 마음은 감정이 자리하는 곳이 아니라 이해가 자리하는 곳이다. 야곱의 탄생부터 이집트에서 요셉을 침대 곁에 두고 맞는 그의 죽음까지 담고 있는 야곱 이야기 모음에서 가장 기억하기 쉽게 그려졌듯이, 인간의 현실은 적대감, 반전, 속임수, 떳떳치 못한 거래, 노골적인 거짓말, 위장, 오해하게 만드는 겉모습, 모호한 징조 등으로 점철된 미로나 다름없다. 서술자는 자기 앞에 놓여 있는 미로에 대해 그 복잡한 설계를 정확하게 꿰뚫어 보고 있는 데 반해, 인물들은 일반적으로 그들의 길을 찾을 때 끊어진 실마리만을 가지고 있을 뿐이다.

우리는 성서의 서술자가 인물들의 동기, 감정, 도덕성, 그리고 영적 상태에 대해 알아야 할 모든 것을 알고 있다는 것을 결코 진지하게 의심하지 않는다. 그러나 우리가 되풀이해서 보았듯이, 그는 이런 전지함을 독자들과 공유하는 것에 대해서 대단히 선택적이다. 만일 그가 빅토리아 시대의 어느 산만한 소설가가 했던 방식으로 자신의 포괄적인 앎의 영역으로 우리가 완전히 참여하도록 초대한다면, 그 효과로 우리는 눈이 열려 "선과 악을 아는 신과 같은 존재"가 될 것이다. 유일신론의 전형적 논리에 의거한 서술자의 결정은 우리로 하여금 평범한 인간의 수준에서 아는 만큼만 알도록 인도하는 것이다. 일차적으로 인물은 온갖 모호함을 내포한 말이나 행동, 몸짓을 통해서 드러난다. 항상 그런 것은 아니지만 동기는 종종 의심의 여지를 남겨둔다. 우리는 종종 인물과 그들의 운명에 대해 가능한 추론을 할 수 있으나, 대개는 추측의 문제로 남거나 여러 가지 불확실한 가능성들로 남는다.

그러나 이 모든 것이 히브리 성서가 제임스의 『나사의 회전』, 카프카의 『성』, 로브그리예의 『질투』와 같은 픽션들에 보이는 인식론적 회의주의에 영향을 받았다고 주장하는 것은 아니다. 성서의 내러티브에는 완전한 앎의 지평이 존재한다. 그러나 그 지평은 단지 찰나의 순간에 단편적으로 힐끗 보는 것만 허락된다. 서술자는 대개의 경우 간접적으로 이루어지는 다양한 기술적 절차를 거쳐 사건 속에 존재하는 의미심장한 패턴을 공표한다. 이런 식의 서술에서 나타나는 의도적인 침묵은, 적어도 제한적인 인간의 눈으로 볼 때, 인물들로 하여금 수수께끼 같은 분위기와 궁극적인 불가해성을 유지하게 만든다. 그러나 이와 동시에 전지한 서술자는 인물과 사건이 얼마간 안정된 의미를 만들어낸다는 생각을 전하는데, 이는 부분적으로는 인물들이 신적 수준의 앎에서 떨어진 다양한 거리를 통해 측정될 수 있으며, 이 과정을 통하여 그들 중 일부는 위험한 무지 상태에서 벗어나 자신과 타인들, 그리고 하나님의 방식에 대해 필수적인 지식을 습득하게 된다.

성서 내러티브 중 앎에 관한 허구적 실험의 탁월한 예는 요셉과 그의 형제들 이야기이다. 열일곱 살 요셉의 위대한 꿈에서부터 이십이 년 후 이집트에서 그와 그의 형제들이 극적으로 대면하기까지 이야기 속에서 중심적인 행동들이 올바른 앎과 잘못된 앎이라는 축을 중심으로 돌고 있기 때문이다. 앎이라는 이 주제는 이야기 내내 짝을 이루는 핵심 단어들, 즉 하케르(알아보다)와 야도아(יִדָע, 알다)에 의해서 공식적으로 표현된다. (프랑스어 connaître와 savoir가 영어의 recognize와 know보다 그 용어의 의미를 더 잘 알려주는 듯하다.) 물론 이 이야기에서 요셉은 모든 것을 알고 있는 인물이다. 그러나 도덕적 교훈이 대개 그렇듯이 처음에는 요셉도 고통스럽게 배워야 할 것들이 많았다. 어릴 적 꿈에서 그는 자신의 운명에 대해 알아야 할 바를 아직 알지 못했다. 그리고 예언적 힘을 가진 것으로 입증될 그 꿈들도 처음에는 자기 형들에 관해 고자질하는 못된 습관이 있고 그들의 감정에 대해 무감각했으며 그의 아버지가 지나치게 응석을 받아줘서 한껏 버릇없어진 어린아이의 망상을 반영한 것으로 여겨졌다. 이전까지는 현명했던 야곱도 자신의 나이 든 아버지 이삭이 자기 앞에서 그랬던 것처럼 눈먼 자와 다름없이 그렇게 이십 년 동안 남게 될 운명이었다. 그는 어리석게도 그가 사랑하지 않았던 아내 레아와 첩들에게서 얻은 열 명의 아들의 질투심을 자극했다. 그래서 그는 적어도 부분적으로는 요셉을 향한 그의 과도한 사랑과 고통받는 자의 역할을 담당하는 다소 멜로드라마적인 자신의 성향 때문에 요셉에게 실제로 무슨 일이 일어났는지에 관하여 속고 말았다. 마지막으로 열 명의 형들은 요셉의 진정한 본성과 운명, 자신들의 행동의 결과, 그들이 저지른 범죄에서 비롯된 고통스러운 죄책감, 그리고 클라이맥스의 순간에 요셉이 그들 앞에 이집트 총리로서 섰을 때 그의 정체에 대해서 알아차리지 못한다. 사건들, 즉 요셉이 꾸며낸 사건들이 그들을 앎과 자각으로 이끌어 요셉을 알아보게 하고 자신들의 죄를 깨닫게 한다. 그리고 이 힘겨운 전환의 과정이 전체 이야기의 행복한 결말을 보여준다.

요셉 이야기의 이 인상적인 클라이맥스를 면밀하게 들여다보면 여기서 논의하는 내용을 이해하는 데 도움이 될 것이다. 왜냐하면 그것이 픽션과 앎의 관계를 생생하게 보여줄 뿐만 아니라 (우리가 이전에 창세기 38장과 39장을 읽을 때 관찰했던) 이 에피소드들이 저자의 탁월한 기교적 완성도와 함께 우리가 검토해온 성서 내러티브의 다양한 예술적 절차들이 절묘하게 통합된 본보기를 제공해주기 때문이다. 야곱이 양식을 사기 위해 이집트로 열 명의 형제들을 보낼 때부터 그들이 가나안으로 두 번째 돌아와서 아버지에게 오랫동안 애도했던 요셉이 살아 있고 이집트의 통치자가 되었다고 알려줄 때까지 전체의 결말은 (이것이 두 개의 다른 자료들을 함께 덧대어 놓은 것일지라도) 단단하게 잘 엮어진 하나의 통일체이다. 불행히도 여기서 절마다 검토하기에는 너무 길다. 그러나 형제들이 이집트에서 요셉을 처음 만나고 가나안에 있는 야곱에게 돌아가는 이야기를 담고 있는 창세기 42장을 면밀하게 읽으면, 작가가 내러티브의 도구들을 통하여 주제, 동기, 그리고 인물을 풍부하게 표현하고 있으며 이 내러티브의 도구들이 그 안에서 복잡하게 상호작용하고 있음을 충분히 확인할 수 있다. 이 장은 창세기 38장처럼 상대적으로 독립적인 단위가 아니라 이야기의 절정에서 첫 번째 움직임에 해당하기 때문에, 나는 여기서 정교하게 설명된 부분이 어떻게 지속되고 발전되어 다음 세 장에서 결말을 가져오는지 간단하게 언급할 것이다.

우리가 기억해야 할 점은 야곱의 아들들이 야곱에게 요셉의 피 묻은 옷을 가져오고 그가 그 옷으로부터 예상되는 재앙적인 결론을 이끌어냈던 창세기 37장 끝부분부터 야곱은 그림에서 완전히 제외된다는 것이다. 그 지점에서 아들들은 야곱에게 단지 그 옷을 알아보겠냐고 물었던 반면, 그는 커다란 슬픔에 사로잡혀 대부분의 말을 혼자 이어간다. 이제 이십이 년 후, 그리고 극심한 기근이 두 해 연속된 후에 야곱은 다시 혼자서 말을 한다.

1. 그리고 야곱이 이집트에 식량이 있음을 보았고, 야곱은 그의 아들들에게 말하였다. "왜 너희들은 두려워하느냐?" 2. 그리고 그는 말하였다. "보거라, 이집트에 식량이 있다는 소식을 내가 들었다. 거기로 내려가서 그곳으로부터 식량을 우리에게로 가져와라. 그러면 우리가 살고 죽지 않을 것이다." 3. 그리고 요셉의 열 형제들이 이집트에서 곡식을 사기 위하여 내려갔다. 4. 그러나 요셉의 형제 베냐민은 야곱이 그의 형제들과 함께 보내지 않았다. 그의 생각에 해가 그에게 미치지 않도록 하기 위함이었다. 5. 그리고 이스라엘의 아들들은 식량을 사기 위해서 온 사람들 가운데 있었는데, 이는 가나안 땅에 기근이 있었기 때문이다.

야곱은 이집트에 구입할 곡식이 있다는 것을 보는 반면, 그의 아들들은 그 순간 두려워하거나 서로 바라만 보고 있는 듯하다(동사가 모호하다).[3] 이는 과거에 행했던 행동 때문에 그들이 서로 직면하게 될 일련의 사건이 시작되는 서막으로 적절하다. 이것이 서두의 기록으로 보다 탁월한 점은 형제들을 수동적인 존재로 만들고 질책의 대상으로 만드는 것으로 이야기의 한 부분을 시작한다는 사실이다. 1절과 2절 사이, "야곱이 말하였다"와 그가 다시 말하는 것 사이에는 침묵의 틈이 존재하는데, 이 침묵은 긴급한 행동이 취해져야 할 때 그의 아들들이 그저 서로 바라보고만 있다는 야곱의 비난을 확인해주는 듯하다. (이것은 우리가 이 책의 3장에서 관찰한 경험 법칙의 또 다른 예이다. 성서의 대화가 전적으로 한쪽에서 진행되거나 예상되는 반응이 차단될 때, 우리는 인물들과 그들의 행동을 추론해야 한다. 그리고 도입부의 이야기에서 동일한 인물이 계속해서 말하는 것으로 반복될 때는 이야기를 듣는 사람 쪽의 반응에 문제가 있다는 의미이다.) 현재의 단락은 창세기 34장 끝부분의 디나의 강간 사건 이야기 결말에서 야곱과 그의 아들들이 행했던 역할의 정확한 반전을 보여준다. 거기서 세겜의 남자들을 학살한 것에 대해서 야곱이 시므온과 레위를 나무랐을 때 그들은 "우리 누이가 창녀처럼 대접받아야 합니까?"(창 34:31)라고 대답한다. 그리고 이 반항적인 말들로 이야기는 결론을 맺는다. 야곱의 마지막 침묵은 그가 폭력적인 아들들의 면전에서 무기력했음을 드러낸다. 형제들은 그 후에 사실상 실질적인 침묵 속에서 자기 아버지의 명령을 따른다. 서술자는 형제들이 이집트로 내려갈 때 그들이 열 명이라는 정보를 신중하게 알려주면서 누가 포함되고 누가 빠졌는지 보여주는데, 이는 이후의 상황에서 중요해질 것이다. 그 열 명이 이집트에 도착했을 당시에는 족장인 그들의 아버지의 특사들로서 매우 당연하게 "이스라엘의 아들들"로 확인되지

---

3) 한글번역본과 영어번역본 대부분은 "서로 바라보다"로 번역하지만, 알터는 "두려워하다"로 번역한다. 이는 히브리 성서 본문의 바야레(וַיִּרְאוּ)에서 접속사를 제외한 야레를 다른 번역본들은 "보다"(라아, רָאָה) 동사의 미완료 형태로 보고, 알터는 "두려워하다"(야레, יָרֵא) 동사로 보기 때문이다.

만, 이들이 출발할 당시에는 "요셉의 형제들"로 불렸었다. 그들은 지금 요셉의 형들이라는 정체성을 확인받는 궁극적인 시험대로 향하고 있다. 말하자면 요셉을 노예로 팔아버림으로써 부정했던 혈연을 이제 새로운 방식으로 인정해야만 할 상황에 처했다. 베냐민이 "요셉의 형제"로 지명될 때 이 명칭은 혈통적으로나 감정적으로 다소 다른 의미를 띤다. 왜냐하면 그는 라헬의 또 다른 아들이며 요셉의 진정한 형제이기 때문이다. "요셉의 형제들"에서 "요셉의 형제"와 "그의[베냐민의] 형제들"로 옮겨가는 3절과 4절에는 다의적인 암시를 주는 미묘한 장난이 있다. 이 상호작용은 곧 극적으로 해결될 골치 아픈 형제애의 문제 전반을 전면에 배치시킨다. 그들의 아버지가 베냐민을 보내주지 않으면서 그가 한때 요셉에게 주었던 특혜를 반복하는 것에 대해서 열 명의 형제들이 어떤 반응을 보였는지는 전해지지 않는다. 대단원은 사실 라헬의 남은 아들에 대한 자기 아버지의 특별한 관심을 자식으로서 전적으로 공감하고 받아들일 수 있는 능력에 달려 있다.

이 지점에서 서술자는 본질적인 순간으로 돌진하는 성서 내러티브의 특성에 따라 형제들을 가나안에서 이집트로 그리고 요셉의 앞으로 내던지듯 떠나보낸다. 이제 히브리 작가들이 취하는 전형적인 방식에 따라 대화를 통해 내러티브의 중심 사건이 시작될 것이며, 전략상 효과적으로 주제를 드러낼 때만 서술자가 최소한으로 개입할 것이다. 이 부분은 외관상 불필요해 보이는 요셉의 지위에 대한 관찰과 함께 시작된다. 여기서는 전체 이야기 중 형제들이 이집트를 처음 방문하고 요셉이 그들의 은을 각자의 자루에 다시 넣으라고 명령하는 지점까지 소개된다. 이 에피소드는 복합적인 내러티브라는 문제와 관련하여 이미 살펴본 바 있다.

6. 그때에 요셉은 그 땅의 총리였고 그는 그 땅의 모든 백성들에게 양식을 공급하는 자였다. 요셉의 형들이 와서 그들의 얼굴을 땅에 대고 그에

게 절하였다. 7. 요셉이 그의 형들을 보고 그들을 알아보았으나, 그는 그들을 모르는 척했고 그들에게 엄하게 말하였다. "너희들은 어디에서 왔느냐?" 그들은 말하였다. "가나안 땅에서 식량을 사러 왔습니다." 8. 요셉은 그의 형들을 알아보았으나 그들은 그를 알아보지 못했다. 9. 요셉은 자신이 그들에 대해서 꾸었던 꿈을 기억했고 그들에게 말하였다. "너희들은 정탐꾼이다! 이 땅의 무방비한 상태를 보기 위해서 왔구나." 10. 그들이 그에게 말하였다. "아닙니다. 내 주여, 당신의 종들은 식량을 사러 왔습니다. 11. 우리는 정직합니다. 당신의 종들은 결코 정탐꾼이 아닙니다." 12. 그는 그들에게 말하였다. "아니다! 너희들은 이 땅의 무방비한 상태를 보기 위해서 온 것이다." 13. 그들은 말하였다. "당신의 종들은 열두 형제들이고, 우리는 가나안 땅의 한 사람의 아들들입니다. 그리고 막내는 우리의 아버지와 함께 있고, 하나는 더 이상 없습니다." 14. 요셉이 그들에게 말하였다. "그것이 바로 내가 너희들에게 말하는 바이며, 너희는 정탐꾼이다. 15. 너희는 파라오의 생명으로 맹세하건대 이렇게 시험받을 것이다. 너희들은 막내 형제가 여기로 오지 않으면 이곳을 떠날 수 없다. 16. 너희들 중 하나를 보내어 너의 형제를 데려오게 하라. 그리고 나머지 너희들은 붙잡혀 있을 것이다. 진실이 너희와 함께 있는지에 관해 너희들의 말이 시험받을 것이며, 만일 그렇지 않으면, 파라오의 생명으로 맹세하건대 너희는 정탐꾼일 것이다." 17. 그리고 그는 그들을 삼일 동안 감시하에 가두었다. 18. 요셉이 세 번째 날에 그들에게 말하였다. "이것을 행하고 살아라. 나는 하나님을 두려워하기 때문이다. 19. 만일 너희들이 정직하다면 너희들 중 하나를 이 감옥에 가두어두고, 너희들 나머지는 나가서 너희 집들이 기근을 모면하도록 식량을 가지고 돌아가라. 20. 그리고 너희의 막내 형제를 내게로 데려와라. 그러면 너희들의 말이 확인될 것이고 너희는 죽을 필요가 없을 것이다." 그리고 그들이 그렇게 하였다. 21. 그들이 형제들끼리 서로 말하였다. "아, 우리가 우리 형제에게 죄를 지었구나, 그의 필사의 곤경을 보고도 그가 애원할 때 우리는 들어주지 않았다. 그것이 바로 우리가 이 곤경을 당하는 이유인가보다." 22. 르우벤이 그들에게 이렇게 말하였다. "내가 너희들에게 '그 아이한테 죄를 짓지 말라'고 했는데 너희가 듣지 않았잖아? 자 이제 봐, 그의 피가 보복하는 거야." 23. 그들은 요셉이 알아듣는다는 것을[문자적으로 "듣고 있다는 것을"] 알지 못했는데, 그들 사이에 통역관이 있었기 때문이다. 24. 그는 그들에게서 떠나와서 울었고 다시 돌아가서 그들에게 말하였다. 그리고 그는 시므온을 그들에게서 데려와 그들의 눈앞에서 구속하였다.

사실 요셉이 이집트 총리이고 양식을 공급하는 책임자였다(6절)는 내용은 굳이 말할 필요가 없다. 왜냐하면 앞 장 마지막 부분에서 자세히 언급한 그의 고위직에서의 업무나 경제 정책과 관련되기 때문이다. 그러나 형제들이 막 도착했을 때 이 정보를 요약된 형식으로 반복하는 것은 주제를 전달하는 실리적 측면에서 효과적이다. 요셉의 두 가지 꿈은 여기서 문자적으로 실현되었다. 해와 달과 별들이 그에게 절하는 꿈은 총리로서 요셉의 역할과 좀 더 직접적으로 연결되고, 곡식단들이 그에게 절하는 꿈은 보다 구체적으로 양식 공급자로서 그의 역할을 가리킨다. 형들은 요셉이 오래전 꾸었던 꿈 그대로 그에게 절한다. 절대적인 존경을 표하는 이 행위는 "그들의 얼굴을 땅에 대고"라는 강조된 구절을 추가함으로써 구체화된다. 그들은 물론 서술자가 우리에게 무엇을 상기시키는지 알지 못한다. (그들의 무지를 강조하기 위해 서술자는 자신의 전지함을 과시한다.) 여기서 그들의 본질적인 정체는 "요셉의 형들"이고(6절), 요셉은 총리이며 양식을 분배하는 사람이다. 요셉의 정체를 모르는 형들의 무지는 그들이 예전에 요셉의 진정한 운명을 깨닫지 못했던 무지와 역설적인 짝을 이룬다. 요셉의 앎(이는 또한 서술자의 앎이기도 하다)과 형들의 무지 사이의 대립은 이야기의 초반에 중요했던 주도어의 강조를 통해서 명확해진다. 요셉은 형들을 알아보고, 형들은 요셉을 알아보지 못한다. 그리고 주도어 양식의 특징적인 말놀이로 요셉은 그 자신을 낯선 사람으로 만들고, 형들에게 낯선 자처럼 보이게 한다. "모르는 척하다"라는 의미의 바이트나케르(וַיִּתְנַכֵּר)는 하케르("알아보다")와 동일한 어근(נכר)에서 파생된 동사이다.

요셉이 그의 어릴 적 꿈을 기억하는 9절은 성서에서 드문 순간들 중 하나로서 서술자가 순간적이나마 인물의 내적 경험으로 접근할 수 있게 해줄 뿐 아니라 자신의 과거에 대한 인물의 의식을 전해주기도 한다. 이러한 예외적인 언급이 여기서는 매우 적절하다. 요셉 자신도 과거의 꿈이 현재의 사실로 이루어진 방식에 대하여 놀라고 있고, 그가 그의 형들을 그들 자신의 과거와 대면하도록 이끌 것이기 때문이다. 요셉 이야기에서 앞선 두 가지 에피소드(창세기 40장과 41장)는 미래에 대한 앎에 몰두한다. 즉, 요셉은 동료 죄수들의 꿈과 파라오의 두 가지 꿈을 해석해준다. 대조적으로 창세기 42장은 과거에 대한 앎에 몰두한다. 이는 미래에 대한 앎과 달리 정책에 대한 안내가 아니라 개인의 도덕적 역사와 합의를 보는 방식이며 심리적 통합을 지향하는 방식이다.

요셉이 자신의 꿈을 기억했다는 사실과 그가 자기 형들을 즉시 정탐꾼으로 혐의를 제기하며 공개적으로 비난하는 것 사이의 인과적인 연결성은 명시되지 않는다. 성서의 특징적인 침묵은 동기가 중복되어 있을 가능성을 감안한다. 서술자는 짐작건대 연결성을 알고 있겠지만 추론의 영역으로 남겨두길 선호한다. 그의 꿈에 대한 기억이 형들이 엎드린 광경과 연결되면서 꿈 이야기를 들은 후 형들이 멸시하며 화를 냈던 기억부터 구덩이에서 형들이 자신을 죽게 내버려 둘지도 모른다는 두려움을 느꼈던 기억까지 요셉의 모든 일련의 기억을 촉발시킨 것일까? 요셉은 지금 분노와 함께 그의 형들을 벌하려는 충동을 느끼고 있을까? 아니면 그는 형들이 자신들을 내 세우지 않고 반복적으로 그를 "내 주"로 호칭하며 그들 자신을 "당신의 종 들"로 인정하는 그의 꿈의 조건들을 훨씬 더 잘 실현시키기 위해서 심문관 역할을 하며 그저 득의만면하는 것일까? 혹은 형들의 과거 행동을 생각하 면서 무엇보다도 불신 때문에 이렇게 행동하는 것일까? 단지 정탐꾼이라 는 혐의가 그가 총리로서 이 외국인들을 위협할 수 있는 가장 편리한 방법 이기 때문일까? 혹은 그가 정탐꾼의 속임수와 형제간의 배신에서 비롯된 속임수 사이에 어떤 잠재적인 관련성을 감지한 것일까? 심지어는 반복되 는 구절인 "땅의 무방비 상태"(문자적으로는 "땅의 벌거벗음")4)가 형들과 그의 관계, 형들과 그의 아버지의 관계에서 요셉이 인지하는 것과 관련하 여 특별한 심리적 반향을 주는 것은 아닐까 하는 궁금증을 유발시킨다. "벌 거벗은 것을 보다" 혹은 "벌거벗은 것을 폭로하다"라는 일반적인 관용 표 현은 성서의 모든 다른 용례에서 근친상간이나(이것이 바로 함이 그의 아 버지 노아를 범하는 행동에서 사용된 구절이다) 수치스러운 성적 노출을 언급하는 명백한 성적 의미를 지닌다. 아마도 요셉은 형들이 그에게 한 일 과 자신을 통해 아버지에게 한 일에서 일종의 근친상간적 폭력을 느꼈을 수 있다. 여기서 기억할 필요가 있는 것이 열 명 중 첫째인 르우벤은 실제로 요셉이 아직 소년이었을 때 야곱의 첩이면서 라헬의 여종으로서 부부관계 를 대리해주었던 빌하와 동침했었다. 아마도 이 추론 중 어느 것도 절대적 으로 확실한 것은 없을 테지만 모두가 분명히 가능하기도 하다. 요셉의 기 억과 그의 말 사이의 특별한 관계에 대해 서술자가 알려주기를 거부한 것 은 어떻게 현재가 과거에 의해서 지나치게 규정될 수 있는지 풍부한 느낌

---

4) 한글개역개정판은 이를 "이 나라의 틈"으로 번역했다.

을 전해준다. 왜냐하면 성서의 특징적인 관점으로는 인과관계에 대한 단순하고 단선적인 설명으로 어떤 사람의 동기나 감정의 밀도와 복잡성을 적절하게 나타낼 수 없기 때문이다. 요셉은 하나님이나 서술자에게 알 수 없는 존재일 수 없다. 그러나 그는 어떤 측면에서 불명료하게 남아 있어야 하는데, 그는 인간이고 이 이야기의 독자들인 우리도 그를 인간의 눈으로 보기 때문이다.

요셉과 그의 형들 사이의 전체 대화에서는 말들이 허술한 표면을 드러내면서 도덕적 관계의 깊이를 반복적으로 파헤치는 방식에 주목할 만하다. 이 도덕적 관계에 대해서 형들은 거의 전적으로 알지 못하고 심지어 요셉조차도 부분적으로만 파악하고 있다. 표면적으로는 정치적 심문이지만, 그것은 그들이 공유하는 과거와 그들의 진정한 형제 관계의 본질에 대해서 요셉과 그의 형들이 나누게 되는 세 번의 극적인 대화 중 첫 번째 대화이다. 열 명의 형들이 자신들을 소개하면서 예컨대 "우리는 한 사람의 아들들입니다"(11절)라고 말할 때, 그들은 요셉과 독자가 알고 있는 것을 알지 못하는 극적 아이러니의 완벽한 대상이다. (이 진술의 양면성을 초기 주석가들도 놓치지 않았다. 중세 프랑스의 히브리어 주석가인 위대한 라쉬(Rashi)[5]는 "그들은 갑작스럽게 신적인 영감을 받아서 요셉을 자신들 속에 포함시켰다"고 말했다.) 그러나 이것은 심리적으로 이중적 의미가 가득한 대화를 연속적으로 나누면서 스스로 극복하게 되는 극적 아이러니이다. 대화 속의 이중적 의미들은 그들의 얽히고설킨 문제 많은 형제 관계를 추적하여 드러낸다. 형들은 요셉에게 우리는 열두 형제라고 말한다. (좀 더 논리적인 번역으로는 "우리는 열두 형제였다"임에도 13절의 히브리어는 현재 시제의

---

5) 중세 프랑스의 랍비이며 주석가(1040~1105). 성서와 탈무드에 주석을 달았고, 성서 주석에서 문자적 방법과 비문자적 방법을 결합하는 방식을 사용했다.

진술로 해석될 수 있다.) 라헬의 두 아들들만 열두 형제에서 구별된다. 막내는 그의 아버지와 함께 있고 또한 이름 없는 다른 하나는 더 이상 없다. 죽음을 의미하는 이 완곡어법의 모호성(이는 단순히 "없다" 혹은 "부재중이다"를 의미할 수도 있다)은 요셉을 그렇게 표현하는 형들의 의도가 지닌 모호성과 그가 어떻게 되었는지 알지 못한다는 불확실성을 적절하게 반영한다. 먼저 그들은 실제로 그를 죽이려고 생각했었고, 그를 구하려다 구덩이가 빈 것을 발견했던 르우벤은 여전히 틀림없이 요셉이 죽었다고 생각한다.(22절) 어느 경우든 요셉을 남쪽의 먼 노예시장으로 보내고 형들은 당연히 그가 죽은 것과 다름없이 영원히 사라져버렸다거나 어쩌면 끝도 없이 계속되는 오랜 노예 생활로 정말 죽었다고 생각했을 것이다.

형들이 고한 내용을 듣고 요셉이 날카로운 반응(14~16절)을 보이는 것은 표면적인 대화로 볼 때 명백하게 불합리한 추론이다. 그러나 이는 그들 형제 관계의 본질에 대한 한 꺼풀 덮인 대화의 논리를 충실하게 따르고 있다. 어쨌든 그들에게 두 명의 형제가 더 있으며, 하나는 집에 있고 하나는 없어져서 열 명이라는 대답이 왜 그들이 정탐꾼이라는 증거("그것이 바로 내가 너희들에게 말하는 바이며 너희는 정탐꾼이다")로 채택될 수 있는가? 혹자는 요셉의 죽음에 대해 형들이 진실을 은폐하며 말한 것이 형들의 배반을 상기시키면서 요셉의 분노를 촉발시켰고, 반복해서 정탐꾼의 혐의를 제기하도록 이끌었다고 추측할 수도 있다. 그리고 요셉은 베냐민을 자신에게 데려올 것을 요구한다. 이는 자기 친동생을 보고 싶어서일 뿐 아니라 그의 마음에 열 명의 형들의 배신행위에 대한 기억이 최우위를 차지하고 있어서, 레아와 첩들한테 나온 이 아들들을 신뢰할 수 없었기 때문이다. 그는 또한 그들이 라헬의 두 아들 중 다른 하나에게 무슨 짓을 했는지 궁금했을 것이다. 요셉이 제안한 '시험'은 정탐꾼을 추궁하기에 외양만 그럴듯한 논리를 가지고 있다. 요셉은 형들의 가족 상황에 대한 진술 중 한 부분이 거짓으로 드러나면 그들은 진실하지 않으며 정탐꾼임이 분명하다고 시사한다. (이것은 정탐꾼을 판별하는 시험으로서 유효하지 않다. 그 역이 성립하지 않기 때문이다. 그들은 집에 있는 자신들의 형제에 대해서 진실을 말하면서도 가나안의 밝혀지지 않은 권력자를 위해서 정보를 모으기 위해 이집트에 왔을 수도 있다.) 그러나 이 시험은 형들에 대한 우회적인 심문 속에서 심오한 논리적 기능을 가지고 있다. 만일 그들이 지금까지 베냐민을 해치지 않고 두었다면, 과거의 불화에도 불구하고 "당신의 종들은 열두 형제들이고, 우리는 한 사람의 아들들입니다"라는 그들의 말은 진실로 확인될 것이다.

서술자는 우리가 주목해왔듯이 요셉의 앎과 형들의 무지를 강조하고 대칭시키면서 에피소드를 시작했다. 이제 그는 이 모든 대화가 이루어지는 내내 세심하게 언급을 자제하면서 요셉과 형들 사이의 역동적인 관계가 오로지 그들의 말을 통해서 드러나게 하며, 특별히 요셉의 정확한 동기에 대해서 궁금하도록 내버려둔다. 그 동기가 무엇이든지 성서의 내러티브는 우리로 하여금 유비에 대해서 특별한 주의를 기울이도록 만들기 때문에, 우리는 요셉이 처음에 형들이 자신에게 했던 행동을 역으로 행하고 그 후에 반복하고 있다는 것에 집중하게 된다.

형들은 장래의 운명이 어떻게 될지 모를 구덩이에 요셉을 던져 넣었다. 이제 요셉은 열 명 모두를 감옥에 던져 넣어 삼 일 동안 마음을 졸이게 만들었다. 그리고 형들이 전에 그랬던 것처럼 요셉은 한 명의 형제를(더 이상 없다고 언급된 "한 명"처럼 너희 형제들 중 "한 명"을) 고립시키고 얼마가 될지 모르는 기간 동안 그에게서 자유를 박탈한다. (야곱이 시므온의 부재를 알았을 때, 그는 빠르게 동일화한다. "너희가 나를 다 잃게 만드는구나. / 요셉도 없고 시므온도 더 이상 없다."[창 42: 36]) 우리는 독자로서 요셉이 겪은 과거의 곤경과 형들이 겪는 현재의 곤경 사이의 유비를 빈틈없이 모두 인지하고 있다. 그들은 적어도 자기들 입장에서 이 연결성을 직관적으로 이해한 바를 표현한다. 그들은 '고통'은 '고통'을 안겨준다는 보복의 원리가 작용하는 것을 본다. 이것이 의미하는 바는 형제들이 서로 나누는 대화 중에(21~22절) 그들이 요셉과 만나 이야기할 때 숨겼던 형제 관계에 관한 질문이 표면을 뚫고 나왔다는 것이다. 정탐꾼으로 체포된 그들은 동생을 죽이려 했던 자신들의 죄를 고백하지 않을 수 없다. 요셉이 형들에게 붙잡혔을 때 그가 형들에게 애원했으나 그들이 듣지 않았다는 정보를 이제야 준 것은 지연된 설명이 제공하는 멋진 일격이다. 실제 납치 사건을 전해주는 창세기 37장은 그 무서운 순간에 있었을 요셉의 말과 감정에 완전히 침묵한다. 이제 무정한 형들에 둘러싸여 애걸하는 요셉이 새로이 드러남으로써 형들의 죄는 더욱 심각해진다.

그러나 형들은 자신들이 살인이나 납치의 죄를 지었다고 생각할까? 전통적인 성서학자들은 전체 내러티브를 요셉 이야기의 두 가지 다른 버전 E와 J가 다소 혼란스럽게 접합된 것으로 단순히 기술함으로써 이 점을 놓친다. E에서는 르우벤이 요셉의 옹호자이며 미디안 사람들이 (우연히 구덩이에 있는 소년을 발견하고) 그를 데려간 후에 그가 죽었다고 결론 내린다. J에서는 유다가 요셉을 노예로 팔자고 제안함으로써 그의 생명을 구하는데, 여기서 노예 상인은 이스마엘 사람으로 확인된다. 두 이야기의 모든 세부 사항이 현대의 일관성의 관습이 요구하는 바대로 조화를 이루지는 않지만, 다양한 이유에서 두 이야기가 모두 필요했음은 분명해 보인다. 현재 시점에서 가장 중요한 것은 납치와 살인 사이에 어떤 도덕적 등가성을 시사하려는 암시이다. 두 이야기에서 형들은 처음에 집단적으로 요셉을 죽이려고 했다. 르우벤이 요셉을 몰래 구출하려고 계획했던 그 구덩이에서 소년이 사라진 것을 발견했을 때, 선의를 가졌던 맏이는 그의 동생이 죽었다고 믿게 된다. 요셉이 사라져 죽었을 것이라는 생각과 요셉을 의도적으로 팔았던 사실이 만나는 지점은 요셉을 노예로 판 것이 사실상 살인임을 알려주며, 따라서 형제들이 소년을 죽이지 않고 팔아넘겼기 때문에 살인죄의 공포를 피할 것이라는 유다의 주장을 약화시킨다. 이제 범죄 사실 이후 이십여 년이 지나서 형들이 마침내 그들의 과오와 직면하는 순간, 그들을 형제 살인범이라 비난하는 르우벤의 목소리가 들리고 형제들 중 아무도 이 비난을 부정하려 하지 않는다. 그들 모두가 적어도 사실상으로는 그들이 요셉을 노예로 팔아버림으로써 저질렀던 범죄가 그를 죽인 범죄일 수 있음을 알았기 때문이다.

요셉이 형들을 체포했다(17절)는 정보를 간결하게 전달한 것을 제외하고 9절 전반부 이래로 모습을 감추었던 서술자가 정확히 이 지점에서 (23~24절) 요셉에 대해 무언가를 전하기 위해 한 걸음 앞으로 나서는데, 여기서 우리가 관찰해왔던 감정의 배열 전체가 변화한다. 먼저 완벽한 순간을 위해서 영리하게 보류했던 지연된 또 다른 정보가 있다. 지금까지 우리는 요셉과 그의 형들이 소통했던 언어에 대해서 생각하지 못했다. 아마도 이 이집트의 정치적 고수가 철저하게 이집트인의 정체성을 가진다는 표시로 신중히 격식을 갖춰 파라오의 생명으로 맹세했을 뿐 당연히 가나안의 방언을 유창하게 구사할 거라고 예상했을 것이다. 어찌 되었든 그가 형들과 나누는 첫 대화의 시작에서 통역관의 존재가 언급되었다면, 심리적으로나 주제적으로 본질적이라 할 수 있는 직접 대면의 느낌을 흐리게 했을 것이다. 이제 그들이 이야기하는 내내 중간자로서 동시 통역관이 함께였다는 것을 알게 되면서 우리는 갑자기 멈칫하게 되고, 요셉의 앎과 형들의 무지 사이의 대립에 더 추가된 기술적 차원이 있다는 것을 깨닫게 된다. 이 만남 동안에 형들이 모르게 요셉은 그들을 "이해했고" 혹은 그들의 말을 "듣고 있었고", 이 지점에서 그는 형들이 과거에 그의 말을 듣거나 이해하는 데 실수했다는 고백을 두 번이나 들었다. "그리고 그는 그들에게서 떠나와서 울었고 다시 돌아가서 그들에게 말했다. 그리고 그는 시므온을 그들에게서 데려와 그들의 눈앞에서 구속했다." 이 순간까지 우리는 요셉의 가혹한 말과 그의 감정 사이에서 완벽한 연속성을 가정했을 수 있다. 아마도 우리는 어렴풋이 이 눈물이 자기연민이나 분노의 눈물이라고 생각했을 수 있고, 우리는 이 가혹함이 지속되리라고 가정했을 수 있다. 그러나 요셉은 형들이 깊이 후회하는 표현을 들었기 때문에 처음으로 강한 화해의 충동이 생겼을 수 있다. 다만 그가 아직은 형들을 신뢰할 수 없기 때문에 시험은 계속되어야 한다. 모든 것을 아는 전지한 서술자의 눈을 통해서 우리는 그가 혼자서 우는 모습과 그가 형들에게 돌아와서 말할 때 그리고 그들로부터 인질을 잡을 때, 그가 다시 엄한 이집트인의 가면을 쓰는 것을 본다.

형제들이 처음 만나는 장면 말미에서 터지는 요셉의 울음은 전체 이야기에서 아름다운 결말을 향해 점층적으로 상승하는 패턴의 시발점이 된다. 앞으로 그는 두 번 더 울게 될 것이다. 그가 처음으로 자기 동생 베냐민을 볼 때 흘리는 두 번째 울음(창 43:30~31)은 첫 번째 울음을 전하던 때보다 문체의 구성에서 좀 더 정교한 확장을 보여준다. "그리고 요셉은 그의 동생을 향한 감정이 그를 압도하여 울고 싶어졌고 그는 서둘러서 방으로 들어가서 거기서 울었다. 그리고 그는 그의 얼굴을 씻고 나와서 마음을 억눌렀다." 42장의 이야기와 달리 여기서는 우는 동기가 분명하게 진술되며, 울고 싶어졌고 다른 방으로 들어갔고 울었고 그의 얼굴을 씻었고 자신을 진정시켰다고 세세하게 행동을 상술하는 것은 성서의 간결성의 규범을 훨씬 넘어서면서 이 사건에 집중하게 하고 내러티브의 속도에 극적인 지연의 효과를 가져다준다. 우리는 명백하게 절정을 향하여 움직이고 있으며, 그 절정은 요셉이 마침내 자기 자신을 그의 형들에게 알리면서 세 번째 우는 행위에서 발생한다.(창 45:1~2) 여기서 우리는 "그는 더 이상 마음을 억누르지 못했다"는 말을 전해 듣게 되고 앞서 감춰졌던 울음은 이제 그의 형제들 면전에서 이루어지며, 이는 밖에 서 있던 이집트인들도 들을 수 있을 만큼 커다란 흐느낌으로 바뀐다. 창세기 42장 24절에서 요셉이 엿듣는 것으로 시작하는 세 번의 반복되는 상승 패턴은 작가가 그의 이야기에 형태와 질서를 부여하는 형식적인 대칭일 뿐 아니라 이십여 년 전의 분노가 해결되기 시작하는 순간부터 그가 "나는 당신들의 동생 요셉입니다"라고 자신을 드러낼 수 있는 순간까지 영웅의 감정이 진행되는 과정을 추적하는 것이다.

창세기 42장에서 요셉의 울음과 시므온의 수감 이후에, 이야기는 형제들의 은이 자루 안에 되돌아와 있는 것과 그들이 그것을 처음 발견했던 때(창 42:25~28)로 이동한다. 우리가 이전 장에서 보았듯이, 이는 낯선 운명의 감지를 강조하며, 여기서 한 번 더 형제들의 무지와 요셉의 앎이 대비된다. 숙소에서 자루를 연 직후에 장면이 전환되고 형제들은 가나안에 있는 아버지 앞에 서 있다. 그리고 어구를 반복하는 예측 가능한 성서의 관습답게, 그들은 요셉과 나눈 초기 대화의 구구절절한 내용을 거의 정확하게 재진술함으로써 이집트에서 있었던 일을 전달한다. 당연하게도, 이집트에서 일어난 일을 요약(창 42:29~34)한 것은 요셉과 나눈 대화 내용을 축약한다. 그러나 이미 이야기된 부분을 전달하는 적절한 방식으로 내러티브의 속도를 높이는 삭제 기법과 별개로, 원래 대화의 어법이나 어순과 다른 미묘한 변화가 형제들이 아버지에게 말하고 있다는 사실을 잘 반영해준다. 여기서 요셉은 "그 땅의 주인인 사람"으로 두 번 언급된다. 이는 해와 달과 열한 개의 별이 그에게 절하는 꿈의 또 다른 무의식적 확언이며, 형제들이 아버지에게 그 호칭을 사용함으로써 야곱 역시 이 사실을 무의식적으로 공유하게 된다. 형제들이 야곱에게 이야기하는 버전에서는 그들이 먼저 요셉에게 자기들이 정직한 자들이라는 사실을 피력하고, 자신들은 결코 정탐꾼이 아니며 한 사람의 열두 아들들이라고 말한다. 반면 요셉에게 실제로 말할 때는 마치 그들의 정직을 선언하기 위해 필요한 서두인 것처럼 그들이 모두 한 사람의 아들들임을 먼저 알렸었다. "우리는 열두 형제입니다." 형제들은 야곱을 위하여 그들이 처음 요셉에게 했던 말을 반복한다. "우리는 우리 아버지의 아들들입니다. 하나는 더 이상 없고 막내는 지금 우리의 아버지와 가나안 땅에 있습니다."(창 42:32) 당연하지만 야곱에게 말할 때 그들은 그를 "가나안 땅의 한 사람"이 아니라 "우리의 아버지"라고 언급한다. 또한 그들은 요셉에게 주었던 정보의 순서를 바꾼다. 더 이상 없는 형제를 앞쪽에 두고 집에 있는 형제를 두 번째에 위치시킨다. 아마도 그들은 이집트 군주에게 고하며 이야기 말미에 귀중한 베냐민의 존재 사실을 마지못해 누설했다고 아버지에게 설명하고 싶었던 것 같다. 어찌 되었든 "한 명은 더 이상 없다"는 요셉에게 절정의 진술이고, 반면 "막내는 지금 우리 아버지와 함께 있다"는 야곱에게 중요한 폭로이다. 그래서 이야기를 듣는 사람을 가장 깊이 건드리는 각각의 경우를 마지막에 위치시킨다. 요셉이 그의 형들에게 인질을 잡겠다는 자신의 의도를 전하면서, 그는 그들 중 하나는 감옥에 "가두게"(히브리 단어로 예아세르(יֵאָסֵר)는 매우 단순히 "족쇄에 채워지다"란 뜻도 있다) 될 것이라고 말했는데, 요셉의 말을 야곱에게 반복하면서 형제들은 외교적으로 이를 완화시켜서 "너희 형제들 중 하나를 내게 남겨두어라"로 전한다. (투옥의 구체적인 이미지를 재치 있는 완곡어법으로 적절하게 대체한 것은 성서의 동어 반복에서 작은 변이가 우연한 동의어의 문제가 아니라 어떻게 의도적인 패턴의 일부가 되는지를 솜씨 있게 보여준다.) 마지막으로 요셉은 형제들이 죽음을 면하려면 베냐민을 그에게 데려와야 한다고 말하는 것으로 시험의 조건을 결론지었다. 형제들은 이 죽음의 위협을 야곱에게 전하면서 요셉이 그들에게 사용했던 실제 말들에서 암시만 존재하도록 고관의 말을 긍정적인 분위기로 마무리 짓기 위해 조심스럽게 편집한다. "나는 너희들이 정탐꾼이 아니라 정직하다는 것을 알게 될 것이다. 내가 너희들의 형제를 돌려보내고, 너희는 이 땅에서 무역할 수 있

게 될 것이다."(창 42:34)

이집트에서 무슨 일이 있었는지 충실하고 요령 있게 설명하려고 시도한 직후 자루에 있던 은이 두 번째로 발견된다. 이 두 번째 발견에 따른 묘사는 형제들의 두려움을 강조하고 암시적으로 그들의 죄책감을 강조한다. 우리가 이 책의 7장에서 보았듯이, 야곱은 이 순간에 앞선 전체 보고에 반응하면서 아들을 잃게 만든 자신의 아들들을 비난하고, 수사적 강조 양식을 사용하여 그 자신의 고통을 표출한다. 이 시점에서 야곱의 맏아들이 앞으로 나온다.

37. 그리고 르우벤이 그의 아버지에게 말하였다. "만일 제가 그를 아버지께로 데려오지 않으면 제 두 아들들을 죽여도 좋습니다. 그를 제 손에 맡기세요. 그러면 제가 그를 아버지께로 돌려보낼 것입니다." 38. 야곱이 말하였다. "내 아들은 너희들과 함께 내려가지 않을 것이다. 왜냐하면 그의 형제가 죽었기 때문이며, 그 아이만 홀로 남았다. 너희들이 가는 길에 그에게 해로운 일이 생기게 되면, 너희들이 나를 흰머리로 슬퍼하며 스올로 내려가게 하는 것이다."

서술자는 한 번 더 자신을 감추고 모든 '편집적' 언급을 삼간다. 이 대화는 서로 다른 어리석은 입장의 충돌이 무엇인지 보여주는 훌륭한 예시가 된다. 이는 가족의 삶에서 빈번하게 발생하는 일이고, 이스라엘의 시작이 되는 이 가족들에게도 이미 재앙과 같은 결과를 가져왔던 그런 다툼이다. 르우벤은 한때 자기 아버지의 첩을 범했으며 다른 형제들로부터 요셉을 구하고자 서투른 시도를 했던 충동적인 사람이다. 이제 그는 만일 베냐민에게 무슨 일이 생기면 자신의 두 아들들을 죽이라고 야곱에게 말한다. 그의 아버지는 방금 두 번이나 아들을 잃은 것에 대해 슬퍼하고 있었는데, 지금 르우벤은 베냐민을 잃게 되면 야곱의 손자 두 명을 죽이라고 제안함으로써 문제를 악화시킨다!(창세기 46장 9절에 따르면 르우벤에게는 사실 네 명의 아들이 있었는데, 여기서는 두 생명을 위한 두 명이라는 의도적인 일치를 만든 듯하다.) 여기서 다시 왜 맏이인 르우벤이 무시되고 유다로부터 왕의 계보가 나오는지 이해하게 된다. 유다는 요셉의 두 번째 옹호자이며, 다음 장(창 43:8~9)에서 베냐민을 위한 약속을 세우기에 좀 더 합당하고 준비된 제안을 한다.

야곱은 르우벤의 성급하지만 선의를 가진 제안에 대답조차 하지 않으며, 대신 베냐민을 이집트로 보내지 않겠다는 그의 결심을 알린다. 전에 그는 완곡하고 다소 모호하게 요셉이 없어졌다고 말했으나, 이제는 단호하게 요셉이 죽었다고 말한다. 놀랍게도 야곱은 요셉이 어렸을 때 그가 그랬듯이 여전히 열 아들들의 감정에 대해서 의식하지 못한다. 야곱은 "그의 어머니로부터"라는 필요한 구절은 생략한 채 "그 아이만 홀로 남았다"고 그들의 면전에서 말한다. 마치 그들은 자기 아들들이 아니고 라헬의 아들들만 자기 아들인 것처럼 말이다. 이십이 년 전에 그는 아들을 애도하며 지하 세계로 내려갈 것이라고 알렸었다. 이제 그는 또다시 위로받을 수 없는 슬픔을 품은 채 흰머리로 지하 세계로 내려갈 것을 예상하면서 이 에피소드를 마무리한다. 야곱은 슬픔을 수사적으로 표현하며 그가 비탄에 빠진 상황도 대칭적 어구를 사용하여 표현한다. 그의 말은 로 예레드(לֹא־יֵרֵד), 곧 "그는 내려가지 않을 것이다"로 시작하여 노인의 머리로 지하 세계로 "내려가게 하다"(베호라드템 וְהוֹרַדְתֶּם)로 끝맺는 말끔한 수미쌍관 구조를 이룬다. 지하 세계인 스올과 죽은 자에 대한 기념비적인 제의로 유명한 남쪽의 이방 땅 이집트 사이에도 아이러니한 관계가 형성되는 듯하다. 물론 베냐민은 당연히 이집트로 내려갈 것이고 사건이 드러나게 되면 야곱은 그의 아들들로 인해 지하 세계로 내려가는 게 아니라 요셉이 살아서 총리의 자리에서 눈부시게 빛나고 있는 이집트로 내려가게 될 것이다.

　창세기 42장을 통해 앎과 무지(요셉의 실제 운명뿐 아니라 기저에 깔려 있는 그들 가족의 도덕성에 대한 야곱과 그의 아들들의 무지)라는 이 대립된 주제의 미세한 발전을 자세히 따라간 다음 우리는 몇 줄의 간략한 언급과 함께 서둘러 대단원으로 향하게 된다.(창 43:1~44:17) 오래지 않아 야곱은 기근이 지속되고 점점 심해지는 열악한 환경의 영향 때문에 어쩔 수 없이 베냐민을 보내지 않겠다는 그의 계획을 철회하게 된다. 처음에 그는 아들들에게 마치 근처에 있는 시장으로 떠나는 것인 양 다소 조심스럽게 "돌아가서 우리를 위하여 약간의 양식을 사라"고 요청한다.(창 43:2) 이제 유다는 단호하게 대변자의 역할을 하면서 양식은 베냐민과 함께 가야 얻을 수 있다고 분명하게 이야기한다. "그 사람이 우리에게 말했습니다." 그는 요셉을 인용한다. "너희들의 동생과 함께 오지 않으면 너희들은 내 얼굴을 볼 수 없을 것이다."(창 43:5) 사실상 이 특별한 말은 요셉과 형제들의 대화에서 나타나지 않는다. 그러나 유다는 목숨을 부지해줄 곡식의 열쇠를 가진 사람에게 베냐민 없이는 전적으로 접근이 불가능하다는 현실을 마음 내켜 하지 않는 그의 아버지에게 알아듣게 설명하려고 노력한다. 유다는 이집트에서 이루어진 실제 대화에서는 드러나지 않았던 또 다른 말을 요셉이 한 것처럼 말한다. "너희들의 아버지는 아직 살아 계시느냐?"라는 질문이다. 성서에서 첨가와 함께 동어 반복을 사용하는 방식은 적어도 요셉이 정말 그런 질문을 했다는 상상을 가능하게 만들어준다. 그것이 전달된 대화에 단순히 포함돼 있지 않다고 해서 반드시 유다가 만들어낸 것이라고 생각할 필요는 없다. 어찌 되었든 여기서 그 질문을 소개하는 주된 이유는 요셉이 형제들에게 그들의 아버지가 여전히 살아 계신지 걱정스럽게 묻는 질문(창 43:27)과, 그가 자신의 정체를 드러낸 후(즉, 이제 당신들이 내가 요셉인 것을 알았으니, 내 아버지에 대한 진실을 말해줄 수 있다) 했던 좀 더 긴급한 질문인 "나의 아버지가 여전히 살아 계십니까?"(창 45:3)라는 질문에 주목하게 하는 예변법(豫辨法)6)이다. (첨가된 이 두 대화는 J와 E 자료들 사이의 불일치를 통해서 설명될 수도 있다. 그러나 그렇다 할지라도 편저작된 본문은 두 버전을 역동적으로 상호작용하게 만든다.) 야곱은 이집트인에게 베냐민의 존재까지 언급한 것에 대해서 그의 아들들의 경솔함을 슬퍼한다. 그러나 유다는 완벽한 주제적 적절성을 가지고 그들은 그들이 전혀 알지 못했던 결과의 그물에 걸린 것뿐이라고 지적한다. "그가 '너희들의 동생을 데리고 오라'고 말할 줄 우리가 알았겠습니까?"(창 43:7) 그리고 야곱은 마음 내켜 하지 않으면서 베냐민이 가는 것을 무거운 마음으로 승낙한다. 그가 아들들에게 하는 마지막 말은 이전에 그가 했던 말과 완벽히 일치한다. 이는 아버지로서 자신의 고충을 토로하는 내용이다. "그리고 나로서는 만일 내가 아들을 잃게 되면 잃을 것이다."(창 43:14)

그러나 그전에 야곱은 아들들에게 그들의 자루에 있던 은의 두 배를 이집트로 가져가라고 지시했다. 뿐만 아니라 유향, 꿀, 향고무, 몰약, 피스타치오 견과, 그리고 아몬드 등을 함께 가져가라고 지시했다.(창 43: 11~12) 이런 명령을 함으로써 그는 의도치 않게 전체 이야기의 결론을 특징짓는 보상 패턴을 진척시킨다. 이집트로 끌려가는 요셉을 교환한 값으로 약간의 은이 이스마엘 상인들의 손에서 형제들의 손으로 건네졌다. 요셉은 은을 자루 속에 감추어서 북쪽의 가나안으로 보냈다. 이제 야곱은 이집트로 두 배의 은을 돌려보내라고 명령한다. (은 모티프는 우리가 곧 보게 되겠지만 한 번 더 극적인 반전을 제공할 것이다.) 이스마엘 상인들과의 아이러니한 연결성은 야곱의 또 다른 지시로 인해 교묘하게 강화된다. 오래전 상인들은 "이집트로 내려가는 길에 향고무와 유향과 몰약을 가져가고 있었던" 것

---

6) 미래의 행동이나 발전이 이미 성취되었거나 존재하는 것처럼 표현하는 비유법.

으로 드러나고(창 37:25), 이제 형제들은 정확히 동일한 상품에 몇 가지 여분의 물품들을 보태어 또 다른 대상(隊商)을 구성할 것이며, 요셉을 노예로서 데려가는 것이 아니라 부지중에 최고 지도자가 된 그의 신분을 발견하는 여정을 떠나게 된다.

불필요한 과정을 생략하여 신속하게 진행하는 성서 내러티브의 특성상 형제들은 즉시 요셉의 앞에 선다. ("그리고 그들은 일어나서 이집트로 내려가서 요셉의 앞에 섰다."[창 43:15]) 그들은 도착하자마자 요셉의 관리들의 안내를 받아 서둘러 총리의 궁전으로 향했다. 형제들은 따로 불려가는 것이 예전에 자신들의 자루에서 발견했던 은을 훔쳤다는 혐의 때문이라 생각하고 두려움에 떤다. 궁전 입구에서 형제들은 이에 관하여 요셉의 집사장에게 자신들의 결백을 주장한다. 집사장은 아무것도 잘못된 것이 없으며 그들의 하나님과 그들의 아버지의 하나님이 자기들에게 그 돈을 돌려주었을 것이라고 안심시킨다. (여기서 요셉의 시험과 신의 섭리가 연결되어 있다는 사실이 한 번 더 확인된다.) 마침내 요셉은 "그의 형제, 그의 어머니의 아들" 베냐민을 보고(창 43:29), 우리가 이미 보았듯이 감정이 벅차올라 울기 위해 다른 방으로 나간다. 형제들을 초대한 연회에서 요셉은 형제들이 태어난 순서대로 나이 많은 자부터 가장 어린 자까지 정확하게 앉힌다. 형제들은 깜짝 놀라고 만다. 요셉의 앎과 형제들의 무지 사이의 대조는 일종의 의례적 행위에서 연출된다.

그 형제들은 가나안으로 가는 길로 보내지고, 요셉은 한 번 더 자신의 집사장에게 그들이 지불한 은을 형제들의 자루에 감추라고 지시한다. 그러나 이번에는 더 보태어 자신의 점치는 은잔을 베냐민의 자루에 슬쩍 넣으라고 지시한다.(창 44:2) 집사장은 요셉의 명령대로 행하고 그 형제들을 추격하여 빠르게 따라잡아서 귀중한 잔을 훔친 것에 대해 격분하며 그들을 비난한다. 형제들은 물론 이 새로운 혐의에 경악하지만 그들의 결백에 충분히 확신이 있었기 때문에 만일 그들 중 누구에게라도 잔이 발견되면 그 사람은 처형당할 것이라고 집사장에게 말한다. 이 단호한 언급에 대한 묘사는 그들의 아버지 야곱의 이야기 가운데 아주 초기의 사건과 평행을 이룬다. 누군가가 자기 집 우상(드라빔)을 훔친 것에 분노하여 라반이 추격해왔을 때 야곱은 자신 있게 장인에게 자기 천막을 찾아보라고 허락했고, 만일 누구든지 라반의 집 우상을 훔친 것으로 밝혀지면 그 사람은 살지 못할 것이라고 단언했다.(창 31:32) 그때 훔친 우상은 발견되지 않았으나 도둑이었던 야곱의 사랑하는 아내 라헬은 야곱이 확언한 결과로 고통받은 것처럼 보이며 결국에는 베냐민을 낳다가 죽고 만다. 이제 유사한 운명의 그림자가 플롯상의 행복한 결말 전에 바로 그 아들 위로 지나가고 있다. (집사장이 즉시 "그것이 발견된 사람은 우리의 노예가 될 것이고, 너희들은 무죄할 것이다"[창 44:10]라고 이 치명적인 용어를 순화하는 것을 주의해서 보아야 한다.) 베냐민에 대한 거짓 고발을 위해서 점치는 은잔을 선택한 것은 은이라는 모티프와 앎이라는 중심 주제를 정교하게 결합한 것이다. 은은 형들이 동생을 팔아 불의하게 받았고, 이집트에서 돌아오는 그들의 자루에서 비밀리에 되돌려졌고, 궁극적으로 요셉에 대한 형들의 죄와 연결되어 있는 모티프다. 잔은 요셉이 꿈으로 탁월하게 예언했던 것처럼 그가 미래를 예언하기 위해 사용했으리라 여겨지는 도구다. "너희들이 한 이 행위는 무엇이냐?" 그는 형제들이 체포되어 궁으로 끌려 들어왔을 때 묻는다.(창 44:15) 그리고 요셉의 고발에서 그가 사용하는 일반적인 용어들은 시종일관 형제들이 요셉에게 이십여 년 전에 행했던 범죄행위와 닿아 있다. "나 같은 사람은 확실히 예언한다는 것을[혹은 확실히 그것을 예언한다는 것을] 너희들은 알지 못했느냐?" 물론 그들은 알지 못하는 것이 너무 많았다.

이제 우리는 이 비범한 이야기의 마지막 절정의 전환점에 있다. 유다가 모든 형제들을 대신하여 말하기 위해서 앞으로 나온다. "우리가 내 주께 무엇을 말하겠습니까? 우리가 무엇을 말하고 우리가 어떻게 우리의 결백을 증명하겠습니까? 하나님께서 당신의 종들의 죄를 발견하셨습니다. 이제 우리와 그 손에서 잔이 발견된 자 모두 내 주의 노예가 되겠습니다."(창 44:16) 이것은 요셉이 꾸었던 꿈, 즉 그가 최고가 되고 형제들은 복종하는 꿈에 대해서 형제들 스스로가 하는 마지막 확인이다. 그것은 또한 은잔을 훔쳤다는 전가된 범죄가 아니라 적어도 심리적으로 은을 위해 요셉을 판 진짜 범죄를 언급하는 공개적인 죄의 인정이다. 유다는 당연히 그와 형제들이 훔친 잔에 관해서 그들의 결백을 증명할 수 없을 것이라고 느꼈겠지만, 진심으로 그들이 고의로 저지른 행동이라고 믿지 않았을 것이다. 그러나 하나님 스스로가 마침내 밝혀낸 것은 요셉을 없애버린 죄였다. 열한 형제들 모두가 노예가 되겠다는 유다의 제안은 부당한 것으로 여겨져서 요셉은 이를 거절한다. 도둑만이 혼자 감금되어야 했다. 그들이 고의로 요셉을 잃은 이후 이제 무심코 베냐민을 잃게 될 상황에 직면한 유다는 요셉에게 한 발 더 가까이 다가가 그의 장대하고 열정적인 청원을 시작한다.

18. 내 주여, 당신의 종이 내 주께 한마디 말할 수 있도록 허락해 주십시오. 그리고 당신의 종에게 당신의 분노가 타오르게 하지 마십시오. 당신은 파라오와 같으십니다. 19. 이전에 내 주께서 그의 종들에게 말씀하셨습니다. "너희들은 아버지와 형제가 있느냐?" 20. 그리고 저희는 내 주께 말하였습니다. "저희에게는 나이 든 아버지와 그가 노년에 얻은 어린아이가 있습니다. 그 아이의 형은 죽었고 그의 어머니가 남긴 건 그 아이 하나라서 그의 아버지가 그를 사랑합니다." 21. 그리고 당신께서 당신의 종들에게 말씀하셨습니다. "그를 내게로 데려와라. 내가 내 눈으로 그를 볼 수 있게 하라." 22. 저희는 내 주께 말하였습니다. "그 아이는 그의 아버지를 떠날 수 없습니다. 그 아이가 그를 떠나면 그의 아버지는 죽을 것

입니다." 23. 그리고 당신께서 당신의 종들에게 말씀하셨습니다. "만일 너희들의 막냇동생이 너희들과 함께 오지 않으면 너희들은 내 얼굴을 다시 볼 수 없을 것이다." 24. 저희가 당신의 종 저의 아버지에게 올라가서 그에게 내 주의 말씀을 전하였습니다. 25. 그리고 저희 아버지가 말하였습니다. "돌아가라, 우리를 위하여 약간의 양식을 사 와라." 26. 그래서 저희가 말하였습니다. "저희는 내려갈 수 없습니다. 만일 저희 막냇동생이 저희와 함께 가면 저희가 내려가겠습니다. 저희 막냇동생이 함께 없으면 저희는 그분의 얼굴을 볼 수 없기 때문입니다." 27. 그리고 당신의 종 저희 아버지가 저희에게 말하였습니다. "너희들도 알다시피 내 아내가 내게 두 아이를 낳아주었다. 28. 그러나 하나는 내게서 나가 그는 찢겨 죽었을 것이라 생각하고 그 이후로 그를 보지 못하고 있다. 29. 이제 너희들이 이 아이도 내게서 데려가려 하니, 그가 해를 입으면, 너희들이 나를 흰머리로 슬퍼하며 스올로 내려가게 하는 것이다." 30. 그러므로 제가 당신의 종 저의 아버지에게 갈 때 저 아이가 저희와 함께 있지 않으면, 그의 생명은 아이의 것과 묶여 있기 때문에, 31. 그가 그 아이가 저희와 함께 있지 않은 것을 보면 그는 죽을 것이고 당신의 종들은 당신의 종 저희 아버지를 흰머리로 슬퍼하며 스올로 내려가게 만드는 셈이 됩니다. 32. 당신의 종이 저의 아버지에게 아이를 위한 맹세를 하여 말하였습니다. "만일! 그를 당신에게 데려오지 못하면, 제가 영원히 아버지에게 죄책을 감당하겠습니다." 33. 그러니 부탁드리기는 당신의 종이 저 아이를 대신하여 내 주께 노예로 머물게 하고 저 아이는 그의 형제들과 올라가게 해주십시오. 34. 만일 저 아이가 저희와 함께 있지 않다면 제가 어떻게 저의 아버지에게 올라갈 수 있겠습니까? 제가 저의 아버지에게 화가 미치는 것을 보지 않게 해주십시오.

우리가 요셉과 그의 형제들의 이야기에서 지금까지 보았던 모든 것을 감안할 때, 이 놀라운 연설은 도덕적으로나 심리적으로나 형제들이 이전에 형제간과 부자간의 혈연을 위반했던 모든 잘못들을 하나하나 만회한다. 인간과 인간의 관계와 하나님과 인간의 관계 모두에 대한 성서의 기본적 인식은, 사랑은 예측할 수 없고 임의적이며 때로는 불공평해 보인다는 것이다. 그리고 유다는 이제 이 모든 결과들과 함께 그 사실을 받아들이고 있다. 그는 그의 아버지가 라헬의 다른 아들에게 예전에 그랬듯이 베냐민에게 특별한 사랑을 주고 있다고 요셉에게 분명하게 언급한다. 유다가 여기서 화해하는 것은 편애라는 고통스러운 현실이다. 예전의 요셉에게 질투했던 것과 대조적으로 유다는 자식의 의무로 그리고 더 나아가 자식의 사랑으로 화해한다. 유다의 전체 연설은 그의 아버지에 대한 깊은 공감과 아이의 삶과 묶여 있는 노인의 삶이 무엇을 의미하는지 진정으로 이해할 수 있는 이유가 된다. 유다는 자기 아버지 야곱이 자신의 아내가 두 아들을 낳아주었다고 입버릇처럼 말하는 터무니없는 진술에 동조하듯 그 말을 인용하기까지 한다. 마치 레아와 첩들은 야곱의 아내가 아니고 다른 열 명의 아들도 그의 아들이 아닌 듯 이야기하는 내용을 그대로 전하는 것이다.(27절) 이십이 년 전에 유다는 요셉을 노예로 파는 일을 계획하고 주도했었다. 이제 그는 라헬의 다른 아들이 자유로워질 수 있도록 자기 자신을 노예로 드릴 준비를 한다. 이십이 년 전에 그는 그의 형제들과 함께 서 있었고 그들이 피묻은 옷을 야곱에게 가져가서 그의 아버지가 괴로움에 몸부림칠 때 조용히 지켜보았다. 이제 유다는 그의 아버지가 그런 식으로 다시 고통받는 것을 보지 않기 위해서 무엇이든 할 것이다.

유다는 형제들의 대변자로서 요셉의 시험과 문제적 상황을 겪으면서 고통스러웠지만 배움의 과정을 훌륭하게 소화해냈다. 그가 여전히 알지 못하는 단 한 가지 본질적인 것은 요셉의 정체이다. 감정의 심오한 변화를 알려주는 이 폭로는 요셉을 흔들었다. 그는 더 이상 자기 형제들을 시험하는 잔인한 가장무도회를 지속할 수 없다. 그래서 마침내 요셉은 형제들 앞에서 공개적으로 눈물을 터뜨린다. 그리고 그들에게 말한다. "내가 요셉입니다. 내 아버지는 여전히 살아 계십니까?"(창 45:3) 당연히 형제들은 두려움과 놀라움으로 말문이 막혔고, 요셉은 자신의 정체를 다시 알려주기 위해 그들에게 한 걸음 더 가까이 다가오라고 요청해야 했다.(창 45:4) (전통적인 자료비평의 둔감함이 여기보다 더 잘 드러난 곳은 없다. 극적이고 심리적인 상황에 의해 너무도 분명하게 정당화될 수 있는 이 훌륭하고 효과적인 반복을 전통적인 자료비평은 그저 자료가 중복된 탓으로 돌린다.) 그는 "나는 당신들의 동생 요셉입니다"라고 말하면서 이제 "당신들이 이집트로 팔았던"이라는 관계적인 용어를 첨가한다. 이 장면은 요셉이 의도하지는 않았겠지만 요셉의 형제들이 그의 말을 들으면서 마지막으로 불길한 불확실성에 휩싸이는 순간이 된다. 왜냐하면 이집트의 가장 권력 있는 통치자에게서 나온, 형제들이 그를 팔았다는 이 말은 당연히 형제들의 마음에 공포를 일으켰을 것이기 때문이다. 요셉은 이를 감지한 것으로 보인다. 왜냐하면 그가 계속해서 말하기 때문이다. "그리고 이제 당신들은 나를 여기 이 아래로 팔았다고 고통스러워하거나 스스로에게 격분하지 마십시오. 왜냐하면 생명을 유지하기 위해서 하나님이 나를 당신들 앞에 보내셨기 때문입니다."(창 45:5) 그리고 요셉은 자기 형제들에게 자신이 알고 있는 모든 것을 알려준다. 앞으로 오 년 동안 기근이 더 지속된다는 것과 하나님이 이스라엘의 자손을 보존하기 위하여 그의 섭리를 이루는 도구로 요셉을 선출하여 위대한 자가 되게 하셨음을 반복해서 강조한다. 요셉은 이집트의 선물들을 가득 실어서 형제들을 가나안으로 돌려보낸다. 그는 야곱과 그의 모든 가족들과 함께 돌아오라고 형제들에게 지시한다. 야곱이 하나님으로부터 그가 이집트에 내려가기를 두려워할 필요가 없다는 암시를 받은 후에,

아버지와 아들은 마침내 재회한다.

이 모든 것들이 요셉의 이야기를 매력적인 이야기, 최고의 이야기들 중 하나로 만들어주며, 수많은 독자들이 증언했다시피 이 모든 요소가 더없이 흥미진진한 최고의 이야기를 만든다. 뿐만 아니라 그것은 성서에서 픽션의 흥미로운 유희가 어떻게 독자들로 하여금 앎의 복잡한 내적 영역, 즉 인간의 본성, 신의 의도, 그리고 이 둘을 결합시키는 강하면서도 때로 애매한 실마리 등을 찾을 수 있도록 이끌어주는지 잊을 수 없는 방식으로 보여준다. 이 이야기는 지금껏 우리가 연구 과정에서 심사숙고했던 성서 내러티브의 주된 기술 대부분을 정교하고 창의적인 방식으로 사용함으로써 완벽한 기교를 선보인다. 주제가 되는 핵심 단어들의 배치, 모티프들의 반복, 주로 대화를 통해 드러나는 인물과 관계와 동기들의 미묘한 의미, 특별히 대화에서 미미하지만 중요한 변화를 동반하는 동어 반복을 통한 발전, 전략적이고 암시적인 침묵부터 때때로 전지적 관점의 과시까지 아우르는 서술자의 안목 있는 변환, 허구적 대상의 다면적인 특성을 잡기 위한 자료들의 몽타주 기법의 사용 등이다.

이 모든 형식적 수단들은 궁극적으로 표현하고자 하는 목적을 갖고 있다. 성서의 작가들이 그들의 기술을 통해서 알고자 한 것은 분열된 의식을 가진 인간으로 존재하는 것의 의미이다. 형제를 사랑하지만 미워할 때가 더 많은 존재, 아버지를 원망하고 업신여기기도 하지만 또한 자녀로서 깊은 존경심을 가지는 존재, 형편없는 무지와 불완전한 앎 사이에서 비틀거리는 존재, 격렬하게 스스로의 독립을 주장하지만 신이 계획한 사건들 속에서 붙잡혀 사는 존재, 외적으로는 확고한 성품이지만 내적으로는 탐욕, 야망, 질투, 욕망, 경건, 용기, 열정, 그리고 그 이상의 것들을 품은 불안정한 소용돌이 같은 존재가 인간이다. 픽션은 근본적으로 성서의 작가들에게 인간의 존재 조건이 가지는 지속적인 복잡성을 들여다보는 훌륭한 통찰력의 도구로 사용된다. 그것은 아마 왜 이런 고대 히브리 이야기들이 여전히 오늘날까지 강력하게 살아 있는지, 그리고 왜 그것들을 예술적인 이야기들로서 주의 깊게 읽는 법을 배우는 노력이 가치 있는지 설명하는 데 도움이 될 것이다. 유일신론적 혁명이라는 급진적인 새로운 전망에서 인간의 현실을 설명하는 것은 쉬운 일이 아니었다. 픽션의 상상력은 다양한 내러티브 수단들을 복잡하게 뒤얽고 통합함으로써 이러한 난해한 의미를 표현할 수 있는 귀중한 매개체를 제공해주었다. 성서의 작가들은 이런 방식으로 픽션을 사용함으로써 우리의 문화적 전통 속에 영속적인 자원을 남겨주었고, 우리는 그 기법이 작동하는 특징적인 조건들을 더 잘 이해함으로써 그들의 통찰을 좀 더 온전하게 소유할 수 있게 될 것이다.

9장 결론

성실한 독자들은 이 책에서 성서 내러티브의 기교적인 작법에 대해 보여준 다양한 제안들을 어떻게 활용할까? 나는 내 주장의 틀을 만들면서, 일부 사람들은 터무니없다고 여길지라도 이미 유행이 지난 가정을 따랐음을 말하고 싶다. 즉 비평이 유용한 도구를 제공할 수 있으며, 대표적인 본문들을 신중하게 선택해서 발견한 원칙들을 다른 본문들에도 폭넓게 효과적으로 적용할 수 있다는 가정 말이다. 어쨌든 지금까지의 문학 연구는 대체로 두 가지 방향으로 행해진 듯하다. 하나는 시학의 형식적 체계를 정교하게 다듬는 쪽으로서 그 어떤 개별 문학 작품들과도 오로지 가설만으로 관계 맺는 방식이고, 다른 하나는 주어진 본문에 거장다운 해석을 부여하는 데 전념하는 쪽으로서 원론적으로 아무나 흉내 내거나 반복할 수 없는 방식이다. 이러한 연구들은 본문이 어떤 고정된 의미를 가질 수 있다는 개념을 약화시킨다. 나는 이 연구를 통해서 세 번째 길을 따르려고 시도했다. 이는 앞선 두 가지 선택 사이의 길이 아니라 좀 더 실질적인 방향을 향하는 길로서, 일반적으로는 문학적 본문의 본질에 의해서, 특수하게는 성서의 본질에 의해서 정당화된다고 믿는다.

한편, 나는 성서 내러티브를 설명하기 위해 시학의 기술(記述)을 종합적으로 체계화하는 시도를 하지 않았다. 이 이야기들은 실제로 지닌 효과가 너무 다양하고 복잡해서 어떤 형식적 분류 체계의 대칭적 틀이나 깔끔하게 분류된 범주, 목록과 도표 등으로 왜곡 없이 담을 수 있을 것처럼 보이지 않았기 때문이다. 반면, 사례 분석을 통해 설명을 진행하면서도 독자와 본문 사이에 내 해설이 끼어드는 것을 피하고자 노력했다. 본문 대신 비평적 담론에 독자를 내맡기는 것은 신뢰에 대한 배신이라고 생각했기 때문이다. 특정한 성서 단락에 대한 나의 이해는 확실히 특정한 해석을 가정하며, 그것이 항상 모든 독자가 동의할 수 있는 해석은 아닐 터이다. 그러나 나는 이야기가 이루어지는 복합적인 통합 방식에 초점을 맞추기 위해 시종일관 노력했고, 성서 내러티브의 기교적인 방식에서 무엇이 독특한지, 독자로서 경청하는 새로운 방식을 배우기 위해 무엇이 요구되는지에 특별한 주의를 기울였다. 이런 조심성은 고대든 현대든 내러티브 기법에 호기심이 많은 사람들뿐 아니라 성서의 중요성을 받아들이려는 모든 이들에게 중요하다고 생각한다. 나는 문학의 본문이 절대적이고 확고한 의미를 지닌다고 말할 수 있는지 여부는 판단하지 않지만(그것은 분명히 불가능하다), 모든 문학적 의미에 대한 현대의 불가지론(不可知論)은 단연코 거부한다. 내게는 성서의 이야기들이 어떻게 표현되었는지 정확히 이해함으로써 그것이 의도하는 의미의 영역(신학적, 심리적, 도덕적, 혹은 무엇이든)에 훨씬 더 가까이 다가가는 것이 가능해 보이기 때문이다.

다양한 성서 이야기들의 창의성과 미묘함, 그리고 지적인 깊이를 설명하려는 나의 시도는 때때로 혼자서 하는 어떤 비평적 '수행'인 것처럼 보일 수도 있다. 그러나 나는 이것이 다른 독자들도 다른 본문을 가지고 반복하고 과장하고 정제할 수 있는 수행이 되길 희망한다. 왜냐하면 나는 내 분석을 통해서 끊임없이 성서 내러티브의 다양한 기교가 작동하는 원리를 밝히고자 노력했기 때문이다. 내가 제안한 접근법의 더 넓은 적용 가능성을 강조하기 위해, 이 연구에서 고찰한 성서 내러티브의 주된 특징적 원칙들을 간략하게 요약하고자 한다. 물론 독해란 너무나 복잡한 활동이기 때문에 점검 목록으로 정리하기는 불가능하다. 그러나 몇몇 특징을 염두에 두고 몇 가지 자문을 해본다면, 고도로 간결하고 정교하게 표현된 이 이야기들에 걸맞은 면밀한 주의를 기울이는 데 도움이 될 것이다. 개요를 살펴보기 위해 단어, 행동, 대화, 그리고 서술이라는 네 가지 일반적인 항목 아래 우리가 논의했던 것을 모을 것이다. 다음은 성서 내러티브를 읽을 때 유용하리라 기대할 수 있는 것들이다.

1. **단어(Words).** 어떤 문학적 내러티브의 언어적 매개체도 결코 완전히 명쾌하거나 중립적일 수 없지만, 성서 이야기에서는 특정한 단어나 구절이 선택적으로 사용되거나 그저 존재하는 것만으로도 특별한 무게를 갖는다. 성서의 내러티브는 특히 우리의 일반적인 독서 습관을 형성해준 여러 종류의 픽션과 비교했을 때 너무 간결하기 때문이다. 한 단어나 짧은 구절의 반복은 종종 우리가 다른 내러티브 전통에서 익숙했던 것과는 전혀 다르게 빈번히 등장하고 그 존재가 두드러지며, 주제의 의미를 드러낸다. 단어의 반복과 관련하여 가장 탁월한 장치 중 하나는 이야기의 도덕적, 역사적, 심리적, 그리고 신학적 의미를 밝혀주고 발전시키는 방식으로서 주도어, 즉 주제적 핵심 단어를 사용하는 것이다. 성서 이야기의 주인공에게 닥치는 일은 단연코 의미에 의해서 강조되며, 주도어가 강조의 주된 수단이 된다. 이런 식의 반복이 많이 나타날 것이라 예상되는 서술에서 가끔 반복을 피

하고 동의어로 대체하거나 기대되는 반복과 전혀 다른 단어나 구절로 대체하기도 하는데, 이 또한 무언가가 특별하게 폭로되고 있다는 표시이다. 반복되는 단어가 창세기의 "축복"처럼 상대적으로 추상적인 경우에는 주제가 되는 생각을 가리킨다. 혹은 야곱 이야기의 "돌"처럼 완전히 구체적일 수도 있는데, 이 경우에 반복되는 단어는 분명한 하나의 주제적 의미를 띠지 않는 내러티브상의 모티프들을 전달하는 역할을 한다.

더욱이 이야기가 매우 간결할 때 어떤 특정한 어휘가 포함되는지 또는 배제되는지 여부는 그 자체로 매우 중요하다. 성서에는 내러티브의 상술이 많지 않다. 그러므로 서술적인 특정 세부사항이 언급될 때(에서의 붉은빛과 털이 많음, 라헬의 아름다움, 에글론 왕의 비만) 우리는 플롯이나 주제에서 즉각적인 혹은 최종적인 결과에 주의를 기울여야 한다. 이와 유사하게 인물에게 관계를 드러내는 별칭이 부여되거나 혹은 반대로 관계를 나타내는 정체성이 인물의 고유한 이름 없이 진술될 때, 서술자는 대개 분명한 해설에 의지하지 않은 채 실질적인 무언가를 우리에게 말하고 있는 것이다. 미갈은 이야기에서 그녀의 운명에 따라 사울의 딸과 다윗의 아내 사이를 오가며, 다말은 가장 고통스럽게도 암논에게 강간당할 때 암논의 누이임이 확인된다.

2. 행동(Actions). 반복, 평행, 유비는 성서의 이야기에서 전달되는 행동의 전형적인 특징이다. 셰익스피어의 이중 플롯의 작용을 이해하는 사람이라면 누구나 눈치챌 수 있듯이, 이야기의 한 부분이 해설을 제공하거나 다른 부분을 돋보이게 하는 내러티브적 유비의 사용은 후대 문학에서도 충분히 친숙하다. 그러나 성서에서는 이런 유비가 종종 특별히 결정적인 역할을 한다. 성서의 작가들은 어떤 인물이나 행동에 대해 평가할 때 분명한 방식을 다소 피하는 경향이 있기 때문이다. 눈이 어두운 그의 아버지로부터

장자의 축복을 얻은 야곱의 행동에 대한 **유일한** 해설은 몇 장 뒤에 반전의 유비에서 발생하는 속임수를 통해서 나온다. 야곱은 어둠 속에서 속임을 당하여 라헬 대신 레아를 얻고, 첫째보다 동생이 먼저 결혼하는 것은 그 땅의 풍습이 아니라는 꾸지람을 듣는다.

성서의 내러티브에서는 일련의 사건에서 한 가지 행동이 규칙적으로 되풀이되기도 한다. 창세기에서 장자 상속권의 변경, 광야 이야기에서 이스라엘이 예전의 나쁜 행실로 되돌아가는 것, 사사기에서 신의 영감을 받은 해방자들이 주기적으로 개입하는 것 등이 그렇다. 그리고 이런 되풀이는 주제의 중요성에 일종의 리듬을 만들고, 역사의 사건들은 정해진 패턴에 따라 발생한다는 생각을 분명히 제시하면서 주도어와 비슷한 방식으로 작용한다. 성서가 반복되는 행동을 강조할 때 패턴이 결정적 역할을 한다면, 연결도 이에 못지않게 중요하다. 성서의 관점에서는 순차적으로 한 사건이 다음 사건과 견고하게 연결되는 인과관계가 존재한다. 이는 내러티브에서 사건을 형성할 때 상당히 많은 되풀이가 생기는 현상을 설명해준다. 왜냐하면 유비는 인과적 관계의 의미를 강화시키기 때문이다. 혹자는 야곱에게 닥친 모든 일이 그가 에서에게 팥죽을 대접하고 그에게서 장자권을 산 운명적인 순간부터 시작되었다고 말할 수 있다. 그러나 그 사건 자체는 쌍둥이 사이의 태중 갈등에서 이미 형상화되었으며, 인과적이고 유비적인 측면 모두에서 이후의 사건들이 뒤따르게 된다. 야곱은 형의 축복을 도둑질하여 도망하고, 자신의 아내들이자 경쟁 관계인 두 자매와 다양한 상황에 마주하게 되며, 교활한 장인과 분쟁을 겪고, 낯선 신비한 존재와 씨름하기도 한다. 그리고 야곱은 아들들하고도 갈등을 겪게 되는데, 예전에 자신이 형 에서로 가장하여 옷으로 아버지를 속였던 것처럼 야곱의 아들들도 요셉의 옷으로 아버지인 야곱을 속인다.

성서가 반복되는 행동을 사용하는 가장 독특한 두 방식은 동일한 사건에 대한 두 가지 버전의 이야기 혹은 약간 변형된 동일한 사건을 내러티브의 다른 지점에 삽입하는 것이다. 후자에는 보통 이전과 다른 등장인물이나 다른 집단들이 포함된다. 대체로 한 사건에서 두 가지 버전을 감지할 수 있을 때는 작가가 자료들의 몽타주를 만들었다고 추정하는 것이 안전하다(학자들은 "쌍"[doublet]이라고 부른다). 이때 우리는 왜 그가 이렇게 해야 했는지, 어떤 방식으로 두 개의 내러티브의 관점을 서로 덧붙이고 복잡하게 만들었는지 물을 수 있다. (성서에서는 콜라주와 같은 기법이 단순히 편저작의 결과가 아니라 문학적 구성상 본질적인 것으로 보인다.) 동일한 사건의 되풀이는 내가 "전형장면"이라고 부르는 것으로서, 성서의 내러티브 관습의 중심 구조를 이룬다. 여기서 동일성은 내러티브 모티프들의 고정된 연속성으로 정의될 수 있으나, 모티프들은 다양한 방식으로 나타날 수 있고 때로 정교한 변형을 동반하기도 한다. 그러므로 한 인물에서 다른 인물로 옮겨갈 때, 주어진 전형장면에서 발생하는 극미하지만 자주 드러나는 변화들을 주의 깊게 보아야 한다. 예를 들어, 잉태하지 못하는 리브가의 수태고지 전형장면이 사라, 한나, 마노아의 아내, 수넴 여인의 것과 어떻게 다른지 독자가 스스로 물어볼 수 있다. 때로 전형장면은 내러티브적 유비의 적절한 사용과 함께 효과적으로 이용되기도 한다. 말하자면 동일한 전형장면이 연달아 두 번 발생하도록 위치시키는 방식이다. 광야에서 생명을 위협하는 시험은 처음에 아브라함의 첫 아들 이스마엘에게 발생하고(창 21장), 그 후에 그의 어린 아들 이삭에게 발생하는데, 후자에서 아브라함은 이삭을 도살하라는 명령을 받았다.(창 22장) 기민한 독자라면 이들의 연결망을 연구함으로써 두 이야기의 복잡한 의미에 대해서 많은 것을 배울 수 있다. 둘 모두에 서로를 연결하는 되풀이되는 구절들과 내러티브 모티프들이 존재한다. 하나는 자기 아들과 함께 광야로 내몰린 절박한 어머니의 이야기이고, 다른 하나는 아들을 광야로 데리고 가라는 명령에 조용히 복종하는 번민하는 아버지의 이야기이다. 두 사례 모두 결정적인 순간에 그 소년이 목숨을 구할 것임을 알리기 위해 천사가 부르는 목소리가 하늘에서 들려온다. 심지어 두 이야기 사이의 완충 단락인 사막의 우물 다툼 이야기(창 21: 22~34)조차도 이 연결망을 강화해준다. 왜냐하면 그 이야기가 광야에서 생명의 근원을 획득하는 내용을 포함하고(이스마엘의 이야기에서 명시적으로 발생하듯이), 아브라함이 그의 후손들을 위한 평화와 행복을 보장하는 의미의 계약을 맺는 것으로 결론지어지기 때문이다.

   3. 대화(Dialogue). 성서 내러티브의 세계에서는 모든 것이 궁극적으로 대화로 향하는 중력이 작용한다. 이미 설명했듯이, 아마도 고대 히브리 작가들에게 말은 인간의 본질적인 능력이었던 듯하다. 말하는 능력을 행사함으로써 인간은 비록 불완전할지라도 그가 하나님의 형상으로 만들어졌음을 보여준다. 이 '중력'은 종종 서술자가 처음 언급한 구절이나 문장 전체가 한 명 혹은 여러 명의 직접화법으로 정확하든지 왜곡을 하든지 반복되기 전까지는 완전한 의미가 드러나지 않음을 의미한다. 그것은 또한 내러티브에서 양적으로도 놀랄 만큼 많은 분량이 대화에 할당된다는 것을 의미한다. 인물 사이의 교류도 보통 서술자의 개입은 최소화한 채 그들이 주고받는 말을 통해서 이루어진다. 대체로 성서의 작가는 내러티브의 사건이 중요해 보일 때 주로 대화를 통해서 그것을 드러낸다. 그래서 서술에서 대화로의 전이는 그 자체로 주된 행동에서 무엇이 본질적이고 무엇이 보조적 혹은 이차적이라 여겨지는지에 대해 암시적인 기준을 제공해준다. 다윗이 밧세바와 간음한 사건은 간단한 대화와 함께 서술을 통해서 매우 빠르게 전달된다. 반면 처음에 우리야를 아버지로 꾸미려다가 그 시도가 실패했을 때 우리야를 살해하는 그의 정교한 계획은 훨씬 더 길게 대화를 통해서 표현된다. 혹자는 작가가 본질적인 범죄로서 성적인 위반보다 살인으로 우리

의 주의를 끌고자 했다고 추론할 수도 있다.

만일 긴 대화의 등장이 특별한 주의를 요하는 표시라면, 우리는 대화가 시작되고 발전하는 방식에 대해 좀 더 구체적으로 몇 가지 자문해봐야 한다. 이것이 두 사람의 일방 혹은 쌍방에서 이루어진 첫 번째 대화인가? 만일 그렇다면 작가는 왜 이 특별한 내러티브 시점을 선택하여 인물이 말을 통해 자신을 드러내도록 했는가? 인물에게 할당된 말의 유형(구문, 어조, 이미지, 간결함 혹은 장황함)은 어떻게 그 인물을 그려낼 수 있으며, 어떻게 그/그녀와 다른 상대편과의 관계를 대화로 설명할 수 있는가? 마지막 질문에 대한 답을 찾을 때 대조 원칙(짧은 것과 긴 것, 단순함과 정교함, 조화와 불균형, 민감함과 둔감함 등)에 따라 대화를 구성하는 성서 작가들의 경향을 염두에 두면 특히 도움이 될 것이다. 마지막으로 우리는 성서의 대화가 단절되는 듯이 보이는 곳에 주의를 기울이고, 그것이 무엇을 암시하는지 심사숙고해야 한다. 언제 인물들이 상대방이 말한 것에 대해 진심으로 반응하지 않고 표면적으로 대답하는가? 언제 대화가 급격히 단절되어 우리가 두 사람 중 한쪽에서 기대하는 응답이 주어지지 않는가?

우리가 삼천 년 전 히브리의 화자들이 실제로 어떻게 대화했을까를 합리적으로 상상해보면, 성서의 대화는 에서의 미숙함에서 유다의 절박하게 이성에 호소하는 말과 후새의 영리한 말재간에 이르기까지 그럴듯한 모방의 정교한 솜씨를 보여주는 듯하다. 그런데 사실상 성서에서 대화는 어디에서나 명백히 양식화된 말을 사용하는 흔적을 보여주기 때문에, 양식화가 어떻게 대화를 더 기품 있고 효과적인 의미의 수단으로 만드는지 찾아보려는 노력이 항상 필요하다. 이런 대화에서 양식화의 가장 일반적인 특징은 인물들이 종종 전체 문장이나 서로가 나눈 대화의 일련의 문장 전체를 거의 그대로 반복하는 것이다. A는 B에게 C에 대해서 무언가를 말할 것이고, B는 C에게 가서 말할 것이다. "있잖아, A가 나한테 알려주었는데⋯⋯." 그리고 계속해서 A의 말을 인용할 것이다. 물론 우리가 이런 관습(물론 내가 여기에 소개한 약간의 도식적 패러다임에는 많은 변형이 있다)을 만날 때마다 동어 반복의 일반적인 패턴에서 드러나는 작은 차이를 보는 것은 우리의 의무이다. 확실히 정황과 상식이 우리에게 예고해주는 경우에는 이런 차이점들이 그다지 중요하지 않을 때도 있다. 그러나 매우 빈번하게는 어떤 말이 재진술되고 또다시 재진술될 때 진술에서 일어나는 작은 변화, 순서의 역전, 수식 혹은 삭제가 도덕적·사회적 혹은 정치적 입장, 인물, 심지어 플롯까지 드러내주기도 한다. 이렇게 폭로된 것은 종종 흥미진진하거나 교훈적인 뉘앙스를 띠지만, 때로 꽤 중요한 것일 수도 있다. 어떤 경우든, 성서의 작가들이 이 특별한 기술에 의존하는 것은 독자가 명백한 진술보다 간접적인 힌트를 통해서 추론하도록 이끌기를 선호한다는 것을 알려준다.

4. 서술(Narration). 성서의 이야기에서 서술자가 행하는 역할 중 가장 독특한 특징을 이루는 것은 아마도 전지함과 신중함(나서지 않음)이 결합되는 방식일 것이다. 성서의 서술자가 갖춘 믿을 만한 앎의 범위는 만물의 시원부터 인물의 감추어진 생각과 감정에까지 확장된다. 그는 세계를 존재하게 만든 신의 말을 정확한 단어와 순서로 전할 수 있으며, 인물에 대해 우리에게 요약해주거나 내면의 말로 자세하게 보여줄 수 있다. 그는 모든 것을 알고 있고 완벽하게 신뢰할 만하다. 때로 그는 우리를 궁금하게 만드는 편을 택할 수는 있으나 결코 잘못 이끌지는 않는다. 현대의 픽션을 접하는 독자로서 우리들 대다수는 이와 같은 강력한 서술자의 전지함을 필딩, 발자크, 새커리, 조지 엘리엇처럼 독자와 픽션의 사건 사이에서 중재한다는 것을 강력하게 인지시키면서 관객과 수다를 떨거나 가르치기 위해 무대 앞으로 한 발 나와서 그들이 아는 것을 과시하는 태도와 결부하는 경향이 있는 것 같다. 그에 반해 성서에서 서술자의 작업은 거의 레시(récit)[1]로서 행

동과 말을 정직하게 서술하는 것이며, 오직 예외적으로만 매우 간단하게 디스쿠르(discours)[2]하여 서술되는 사실과 그것의 함의에 대해 논하는 것이다. 이와 같이 종합적인 앎의 확신은 내러티브에서 암시적이며, 순간적으로 그리고 매우 부분적으로만 독자들과 공유된다. 이렇게 하여 서술 방식은 하나님의 전지함(그리고 암시에 의해 하나님의 대리자인 익명의 권위 있는 서술자에게도 있다고 전제된다)과 인간의 앎의 필연적인 불완전함이라는 이중의 의미를 전달한다. 그리고 인물, 동기, 그리고 도덕적 상태에 관한 많은 부분이 인간의 불완전한 앎을 위해 모호하게 남겨진다.

이 모든 실제적인 측면에서 독자가 기억해야 할 것은 성서의 서술자가 침묵하는 것, 즉 그가 전한 사실을 해설하거나 설명하기를 거부하는 것은 의도적 선택이라는 점이다. 우리는 스스로에게 물어야 한다. 왜 한 인물에게는 동기나 감정을 부여하면서 다른 인물에게는 그렇게 하지 않는가? 왜 한 예에서는 다른 인물을 대하는 한 인물의 태도를 명백하게 진술하고, 두 번째 예에서는 진술과 설명을 다 하면서, 세 번째 예에서는 아무것도 제공해주지 않는가? 고도로 간결한 성서의 서술 방식은 사실상 아무 매개 없이 사건을 보여준다는 인상을 남긴다. 결국 많은 부분이 대화를 통해서 전달되며, 단지 최소한으로 "그가 말했다"만이 서술자의 존재를 우리에게 상기시킨다. 그리고 대화 밖에서조차도 우리에게 빈번히 전달되는 것은 절대적으로 본질적인 행동이며, 상세한 설명이 개입되거나 서술자가 확실히 중재하는 모습은 나타나지 않는다. 그러므로 우리는 행동을 중재하지 않는다는 이 기준이 깨지는 순간에 특별한 주의를 기울여야 한다. 왜 특별한 시점에서 서술자는 그의 역사적 시간의 틀을 깨고 대과거 시제로 해설적 정보를

---

1) 객관적 서술로서의 이야기 및 서사를 지칭하는 용어.
2) 화자가 이야기 중간에 주관적 의견을 발언하는 것을 의미하는 용어.

삽입할까? 혹은 동시대 청중들의 시간으로 건너뛰어 그 당시에는 이스라엘에서 이러이러한 일을 하는 것이 풍습이었다고 설명할까? 일례로 열 명의 형제들이 이집트에 막 도착했을 때 이미 총리가 된 요셉의 지위에 다시 주목했던 것처럼, 왜 그는 인물의 상황을 요약하기 위해 이야기를 중단하는 걸까? 왜 특정한 시점에는 일반적으로 시간을 할애하지 않던 세부사항을 말하느라 서술의 속도를 늦추는 걸까?

이렇게 침묵이 완화되는 다양한 패턴은 성서 내러티브에서 행해지는 작용 가운데 경험 법칙으로 다루기 가장 어려운 부분이다. 그러나 그것의 발생에 주의를 기울이고 특정한 맥락을 안내 삼아 그 동기를 알아내려는 의지를 갖는다면, 우리가 성서 이야기의 더 나은 독자가 될 수 있도록 도와줄 것이다.

성서 내러티브에서 무엇을 찾아야 하는지 규정하고자 노력할 때, 나는 이 고대 히브리 이야기들이 카프카, 포크너, 그리고 조이스의 소설처럼 '어려운' 작품으로 여겨질 필요가 있다고 주장하는 것이 아니다. 다만 이 이야기들 안에 복잡한 특징이 있고, 이에 대해 충분한 연구가 이루어지지 않았다고 생각한다. 혹자는 성서를 완벽하게 관찰자의 눈으로 접근할 수 있는 풍부하고 다채로운 풍경화로 상상할 수 있다. 그러나 그것으로부터 우리는 거의 삼천 년의 거리에 있다. 오랜 세월의 질곡으로 선은 흐릿해졌고 윤곽은 일그러졌으며 색깔도 바랬다. 우리는 원래 히브리 단어의 정확한 함의를 잃었을 뿐 아니라 독자로서 매우 다른 습관과 기대를 얻었고 성서 이야기가 형성된 주변의 관습들을 잊어버렸다. 최근의 언어문헌학적 연구는 특정한 단어들의 적절한 뉘앙스를 복구하는 데 훌륭한 진전을 이루었으나, 그것은 그저 첫걸음일 뿐이다. 성서 내러티브를 지배하는 문학적 수단들을 신중하게 분석해 재구성하면 우리는 이 고대의 본문을 어마어마한 거리에서 멀리 떨어져 볼지라도 흐릿해 보이는 대상에 초점을 맞추어주는 쌍안경을 얻는 셈이다.

문학적 관점을 통해 이런 식의 초점 맞추기가 어떻게 이루어질 수 있는지 간단한 마지막 예를 제시하겠다. 이것은 내러티브상의 보고에 의해 소개되고 결론지어지는 간결한 대화의 순간이다. 이는 매우 빠르게 과거로 이동해서 아마도 특별한 관심을 둘 가치가 없다고 생각할지 모르며, 간결하지만 감정이 가득한 이 단락도 단순하고 도식적으로 보일 수 있다. 그러나 우리가 방금 복기한 수많은 질문을 이 본문에 적용해보면 이 순간이 얼마나 깔끔하게 기술되어 있는지, 그에 앞서 무엇이 있었고 무엇이 뒤를 따르게 될지 그 연결성을 얼마나 밀도 있게 연상시키는지 볼 수 있을 것이다.

창세기 29장의 후반부에서 야곱은 자신의 의지에 반하여 레아와 결혼하게 되고, 그 후에야 사랑하는 라헬과 결혼한다. 레아는 금세 네 명의 아들을 줄줄이 낳은 반면에 라헬은 한 명의 자녀도 잉태하지 못한다. 우리는 사랑받지 못하는 레아의 괴로운 감정에 대해 그녀가 출산 후 각각의 아들을 명명하는 말들을 통해서 매우 잘 알게 된다. 반면에 라헬은 그녀가 잉태하지 못했다는 단조로운 보고 이후 내러티브에서 어떤 주목도 받지 못한다. 마침내 창세기 30장의 시작에서 서술자는 두 자매 가운데 동생에게 관심을 돌린다.

1. 그리고 라헬은 자신이 야곱에게서 아이를 낳지 못하는 것을 보았고, 라헬은 자기 언니를 질투하였다. 그녀는 야곱에게 말하였다. "나에게 아들들을 주세요. 만일 당신이 그렇게 하지 않으면 난 죽을 거예요!" 2. 그리고 야곱이 라헬에게 분노하여 말하였다. "당신에게 태의 열매를 거절하신 하나님을 내가 대신할 수 있겠소?" 3. 그리고 그녀가 말했다. "여기 나의 여종 빌하가 있어요. 그녀와 함께 잠자리에 들어요. 그러면 그녀가

아이를 낳아 내 무릎에 안겨줄 거예요. 그러면 나도 그녀를 통해 세워질 거예요." 4. 그리고 그녀는 그에게 자신의 여종 빌하를 아내로 주었고, 야곱이 그녀와 잠자리에 들었다.

이것은 단순한 단락처럼 보여서 현대 학자들은 그다지 많은 주석을 달지 않았다. 고대의 입양 절차로서 아이를 낳아 누군가의 무릎에 안겨주는 풍습에 관한 몇몇 주해와 히브리어 "내가 세워질 거예요"(입바네 אִבָּנֶה)라는 명백한 말놀이에 대한 설명 정도가 예외적이다. 후자는 바님(בָּנִים), 즉 아들들을 이용한 말놀이로서 "내가 아들을 얻을 거예요"라는 의미를 지닌다. 이 본문에서 대화 자체는 밋밋하지만, 그와 동시에 성서의 특징적인 방식에서 미묘해 보인다. 이 특정한 용어들에 주목함으로써 그리고 성서의 방식이 이야기의 더 큰 맥락에 얼마나 적절한지 주목함으로써 그 미묘함을 볼 수 있을 것이다.

서술자는 이 단락의 시작 부분에서 라헬이 자신의 불임을 인식하고 있음을 알려준다. 이는 사실에 대한 단순한 관찰이 아니라 수년의 기다림 끝에 얻은 쓰라린 결론이다. 이 시점에 이르기까지 우리는 친척인 야곱이 처음 라헬을 안고 우물에서 울었을 때, 라헬의 아버지가 그녀를 제쳐두고 레아를 야곱의 첫 아내로 삼았을 때, 그녀가 야곱의 사랑을 받지만 언니 레아가 야곱의 아이들을 낳아주었을 때, 정작 당사자인 라헬의 감정에 대해서는 아무것도 듣지 못했다. 이제 눈앞의 행동뿐 아니라 두 자매와 그들의 자녀들로 이어지는 전체 이야기에 동기를 주기 위해서, 서술자는 마침내 우리에게 라헬의 감정에 접근하게 해주고, 라헬은 언니를 질투했다고 말해준다. 여기서 레아가 이름으로 언급되지 않는 것을 눈치챌 수 있을 것이다.(1절) 전면에 등장한 것은 레아의 정체성이 언니라는 일차적 사실, 그리고 자손과 사랑을 위해 라반의 두 딸이 벌이는 불꽃 튀는 경쟁이다. 이 경쟁은 창세기에서 동생과 형 사이에 일어나는 일련의 다툼 모두와 유비적으로 연결되며, 야곱 자신도 에서를 대체하고자 궁리했던 것처럼 둘째가 첫째를 대체하려는 반복된 시도와도 연결된다. 라헬의 질투 어린 분노는 유일한 사건이면서 동시에 데자뷔의 특징을 띠는데, 이 대립적인 두 측면 사이의 긴장이 훨씬 깊은 의미를 만들어낸다.

질투심이 표현된 이후에 라헬이 말을 시작하는데, 이는 내러티브에서 그녀에게 부여된 대화의 첫 마디이기 때문에 반드시 기억할 필요가 있다. 이 자체가 인물을 특별히 드러낼 것이라 기대할 수 있기 때문이다. 실제로 그것은 라헬이 참을성 없고 충동적이며 격정적임을 우리에게 즉시 보여준다. "나에게 아들들을 주세요. 만일 당신이 그렇게 하지 않으면 난 죽을 거예요!" 이 말의 퉁명스러움은 히브리어에서 좀 더 강조된다. "주세요"를 뜻하는 하바(הָבָה)는 독단적이고 노골적으로 물질을 요구할 때(유다가 창녀로 변장한 다말에게 그녀의 몸을 원한다고 말할 때 동일한 단어로 시작한다) 종종 사용된다. 그리고 "죽은"에 사용된 분사 형태 메이타(מֵתָה)는 시간적으로 긴급한 즉시성의 의미를 전한다("난 죽어요", "난 죽은 여자예요"). 이 말이 주는 반향에 귀를 기울이면 우리는 이것이 그/그녀가 원하는 것을 즉시 주지 않으면 죽을 것 같다고 주장하는 사람과 야곱이 두 번째 대면하는 상황임을 관찰할 수 있다. 첫 번째 예는 그의 탐욕스러운 형제 에서가 팥죽을 청할 때 일어났었다. 잉태하지 못하는 라헬은 그냥 아들이 아니라 아들들을 요청한다. (그녀가 갖게 될 두 번째 아들은 그녀의 생명을 대가로 치르게 한다.)3) 야곱은 그의 대답에서 아들(벤 בֵּן)도 아이(옐레드 יֶלֶד)도 말하지 않는다. 대신 다소 형식적인 완곡 대칭법(kenning)4)으로 "태의

___

3) 한글 성서는 자식, 아들 등 단수로 번역했으나 히브리 성서는 복수형으로 되어 있다.

4) 에두르는 표현으로서 구체적인 단어 대신 비유적 언어를 이용한 복합어로 표현하는 수사법.

열매"라는 표현을 사용한다. 아마도 그는 자기 말의 신학적 맥락 때문에(하나님이 그녀에게 보내주지 않는다) 이 용어를 선택했을 것이다. 어쩌면 또한 열매 맺지 못하는 식물로 아이 없는 여자를 비유하여 이 암시된 이미지를 사용함으로써 잉태하지 못하는 그녀의 상태를 강조하고 라헬에 대한 비난에 날을 세우려는 것일 수도 있다.

이 한 단어의 변경(내가 보여주고자 노력했던 이 방법은 성서에서 빈번하게 중요성을 띤다)은 여기서 더 큰 패턴, 즉 대조적인 대화를 통해 인물을 정의하는 익숙한 기술을 일부 보여준다. 이 기술을 다루는 작가의 탁월한 능력은 아주 간결한 대화에서도 효과적인 기량을 발휘하는 이 본문에서 명백하게 드러난다. 야곱의 한 번의 대사는 (히브리어에서) 여덟 개의 단어로 구성되고, 라헬의 두 번의 대사는 열아홉 단어로 구성되어 있다. 그녀의 말은 두 개의 짧고 고르지 못한 독립절로 이루어졌고 다소 신경질적인 어조로 시작된다("나에게 주세요. …… 난 죽을 거예요"). 그리고 그녀의 두 번째 말도 더 긴 연쇄 구문으로 바뀌면서 성관계부터 출산과 대를 잇는 이야기까지 아우르는 성급한 명령으로 묘사된다. 대조적으로 야곱은 라헬의 집요함에 대해 구문상 복합 문장으로 구성된 수사적이고 풍자적인 질문으로 반응한다. 두 종류의 말의 방식이 이루는 대조는 감정적인 광란과 통제된 분노 사이의 대조를 보여준다.

이 대화에서 계획적인 반응의 회피 또한 주목할 가치가 있다. 라헬은 자신의 불임을 하나님이 결정한 것이라고 지적하는 야곱의 비난에 직접적으로 반응하지 않는다. 대신 그녀 자신이 실제 의도하는 바대로 이끈다. "여기 나의 여종 빌하가 있어요. 그녀와 함께 잠자리에 들어요." 앞서 라헬의 첫 번째 말이 야곱의 분노를 일으켰다는 특별한 정보를 주었던 서술자는 이제 빌하를 첩으로 취하라는 이 요구에 야곱이 보인 반응에는 침묵한다. 대화는 갑자기 종료되고, 이 협의에 대한 야곱의 생각이 무엇이었든지 그는 라헬이 그렇게 할 법적 권리가 있고 이 절박한 여인을 다루는 데 그녀의 말에 순종하는 편이 더 지혜로울 수 있다고 본다는 인상을 준다. 감정이나 말에 대한 더 이상의 언급 없이, 빌하가 야곱에게 주어지고 야곱은 요구된 부부 행위를 수행한다. 전체 대화는 단 몇 줄이지만, 이것은 부부관계를 구성하는 사랑, 배려, 질투, 좌절, 원한, 분노 등의 뒤엉킨 감정들을 보여주는 데 성공한다.

이 장면이 가장 폭넓게 영향을 미치는 것은 전형장면의 모티프가 예리하게 반전되고 있다는 사실이다. 사랑받지만 불임인 아내로서 라헬은 완벽하게 수태고지의 대상이 될 준비가 되어 있다. 그러나 한나처럼 성소에서 하나님께 기도하는 대신, 혹은 사라나 마노아의 아내처럼 하나님이나 하나님의 사자가 이들을 방문하는 대신, 그녀는 자기 남편에게 말을 하고 그에게 그녀의 아들들을 달라고 요청한다. 그 후에 야곱의 비난("내가 하나님을 대신할 수 있겠소?")은 사실상 전통적인 전형장면의 조건에서 어느 한 인물의 입에서 나오는 언급에 해당한다. 물론 라헬은 자녀를 얻는 것이 하나님보다 남편의 힘에 달려 있다고 생각함으로써 신학적인 잘못을 범한다. 그러나 동시에 우리는 독자로서 이것은 문학적 플롯으로 볼 때 심상치 않으며 불임한 아내의 이야기들에서 상황이 전개되는 방식과 다르다는 것을 상기하게 된다. 결국 라헬은 가까스로 아이를 임신하지만, 이미 지적했듯이 두 번째 아들을 출산하면서 너무 이른 시기에 생을 마감한다. 그리고 그녀의 첫 번째 아들 요셉이 미래에 누리게 될 모든 영광에도 불구하고, 미래의 이스라엘의 왕들은 요셉에게서 나오지 않고 그녀의 언니 레아의 네 번째 아들인 유다로부터 나온다.

어떤 문학 작품을 읽더라도 우리는 크고 작은 모든 종류의 관련성이 작용되는 바를 파악해야 하고, 이와 동시에 관련되어 있지만 다른 단어, 언급, 행동, 인물, 관계, 그리고 상황에서 끊임없이 차이점을 찾아야 한다. 내가 이 연구를 통해서 보여주고자 했고, 이 마지막 예를 통해 요약의 방식으로 보여주려 한 것은 성서가 후대의 독자들이 이런 관련성과 차이점을 파악하도록 돕기 위하여 내러티브의 독특한 수단들을 이용해서 많은 단서를 제공한다는 점이다. 성서의 내러티브를 더 잘 이해하기 위해서 지속적인 노력을 해온 나 자신의 경험에 비춰본다면 이런 배움은 힘들기보단 즐겁다. 문학적 쌍안경의 초점을 조정하는 좋은 방법을 발견하게 되면 성서의 이야기는 우선 확실해질 것이고, 세밀한 부분에서 놀랄 만한 미묘함과 창의성을 보여주면서 많은 예에서 아름답게 엮여진 완전체를 보여줄 것이다. 이 풍경을 통해서 움직이는 인간의 모습은 예상하는 것보다 훨씬 더 생기 넘치고 복잡하고 다양하다.

내가 확신하기로 저자들의 의도의 중심은 다음과 같다. 히브리 작가들은 살아 있는 듯한 인물과 행동을 기교 있게 그려내면서 분명히 즐거움을 느꼈고, 그 결과 수백 세대에 걸친 독자들에게 사라지지 않는 즐거움을 줄 자료를 만들었다. 그러나 상상력이 풍부한 이 놀이의 기쁨에는 한편 거대한 영적 절박함이 배어 있다. 성서의 작가들은 복잡하고 때로는 매혹적인, 종종 격렬하게 개성을 고집하는 인물들을 만들어냈다. 그 이유는 각각의 남녀가 하나님을 영접하거나 무시하고, 하나님에게 응답하거나 저항하는 이중적인 모습을 띠는 것이 고질적인 인간의 개성이기 때문이다. 이후의 종교적 전통은 우리로 하여금 대체로 성서를 즐기기보다 심각하게 대하도록 만들었다. 그러나 역설적인 진리는 성서의 이야기를 좀 더 온전히 이야기로서 즐기는 법을 배울 때 그들이 우리에게 하나님과 인간, 그리고 위험할 정도로 중요한 역사의 영역에 대해서 말하고자 했던 바를 보다 분명하게 볼 수 있게 된다는 것이다.

옮긴이의 말

『성서의 이야기 기술』은 히브리 성서 해석사의 전환점이 된 명저이다. 근대 이래로 히브리 성서 연구는 역사비평적 방법론으로 일관하다가 20세기에 들어서야 비로소 문학비평적 접근으로 돌아섰다. 이런 기념비적인 책을 쓴 로버트 알터는 의외로 성서학자가 아니라 영문학자이며 뛰어난 문학 비평가이다. 성서학을 전공한 학자가 아님에도 히브리 성서 연구에서 뛰어난 성과를 낼 수 있었던 것은 그가 성서 히브리어와 현대 히브리어에 조예가 깊고 히브리 성서와 친숙했으며 성서학계와도 지속적으로 교류했기 때문이다. 그는 성서 본문 분석과 문학적 연구 양쪽에서 뛰어난 능력을 갖춘 문학비평가로서 전문가적 식견을 가지고 이와 같은 탁월한 성과를 낼 수 있었다.

초판 서문에서 저자는 "이 책은 성서 내러티브를 지적으로 이해하는 방법을 알려주는 입문서로 기획되었다"고 밝히고 있다. 더불어 "책 전체의 목표는 성서 속 내러티브 기술의 독특한 원리를 보여주는 것"이며, 구체적인 예시를 드는 것 역시 성서 내러티브의 "일반적 원칙들이 무엇인지 보여주기 위함"이라고 설명한다. 그는 이 책의 독자 대상으로 일반 독자와 성서에 관한 전문적 지식을 가진 이들을 모두 포함시킨다. 실제로 그는 성서학자들이 보기에 설득력이 있을 뿐만 아니라 일반인들도 쉽게 이해하고 터득할 수 있는 성서 해석을 제시하고 있다.

본서의 가치를 좀 더 명확히 이해하기 위해서는 성서 해석의 역사를 살펴볼 필요가 있다. 히브리 성서 해석사는 기원전까지 거슬러 올라가는 미드라쉬에서 출발해야겠지만, 지면 관계상 '성서비평(biblical criticism)'이란 용어로 불리기 시작한 근대 이후의 역사만 간략히 살펴보자. 17세기에 활동한 철학자이자 성서학자인 스피노자 이래로 성서의 의미를 본래 저자에게서 찾으려는 역사비평적 연구가 시작되었다. 이러한 흐름은 독일의 성서학자 벨하우젠이 『이스라엘 역사 서설 Prolegomena to the History of Israel』(1878)을 펴냄으로써 결정적인 전기를 맞는다. 이 저서는 성서를 역사비평적 방식으로 재구성한 최초의 작업으로 평가되는데, 벨하우젠은 토라를 구성하는 네 문서(J, E, D, P)를 구분하고 이를 근거로 이스라엘 종교사의 발달 단계를 추적하였다. 이렇게 시작된 역사적 연구는 20세기 성서 해석학의 전통으로 자리 잡았고, 본문비평에서 자료비평, 양식비평, 전승사비평, 편집비평에 이르기까지 수많은 비평방법론을 탄생시켰다. 종류는 많지만 이들 비평방법론이 하나같이 추구한 과제는 성서 본문에 대한 '역사적' 질문, 즉 "성서 본문이 어떻게 지금의 모습을 갖추게 되었는가?"에 대한 답을 찾는 것이었다. 이는 본문 이전 단계에 관심을 갖고, 본문을 구성하는 요소들의 역사를 고찰하며, 저자 및 배경에 관해 역사적이고 분석적인 해석을 시도하는 통시적 연구였다. 성서에 대한 역사적 연구는 본문의 역사적 맥락을 회복하고 본문의 의도를 바르게 살려내 시대착오적 해석을 피하게 하는 데 기여했다. 그러나 본래의 의미를 추적하는 일에 몰두하다가 유감스럽게도 최종 본문의 메시지에 대한 관심을 잃고 본문을 해체하는 결과를 초래하고 말았다.

여기서 역사적 연구의 한계를 넘어설 필요성이 대두됐는데, 그 한 계기는 1968년에 미국 성서학회 회장으로 취임한 뮐렌버그(James Muilenburg)의 취임 연설이었다. 뮐렌버그는 「양식비평과 그 너머 Form Criticism and Beyond」라는 제목의 취임사에서 양식비평이 메우지 못한 성서 해석상의 공백을 수사비평이 보완할 수 있으리라고 제안했다. 문학비평적 접근이란 결국 성서의 최종 본문은 치밀하게 엮인 문학 작품의 성격을 갖기에 본문 자체의 의미에 주목할 필요성이 있음을 인식한 결과였다. 이는 성서의 본문이 무엇을 전달하는지 해명하는 것을 과제로 삼고 성서 본문의 문학적 형태, 구조, 문체, 메시지를 전하는 수단 등을 분석하는 공시적 연구이다.

이러한 문학비평적 접근을 개관하는 데는 폴 하우스(Paul R. House)의 논문 (「구약성서 문학비평의 발흥과 현황 The Rise and Current Status of Literary Criticism of the Old Testament 」)이 도움이 된다. 하우스는 문학비평적 해석의 흐름을 세 단계로 나눈다. 첫 번째 단계는 문학비평의 발아기로서 앞서 언급한 뮐렌버그의 강연에서부터 성서 해석의 새로운 방법론을 소개하는 잡지 《세메이아》의 발간까지다. 이 단계에서는 뮐렌버그의 추종자들이 수사비평의 가능성을 실험하고, '구성의 기술(구조)'과 '설득의 기술(문체)'로서 수사학이 과연 성서 해석에 효율적인지 논의되었다. 두 번째 단계는 문학비평적 접근의 정착기로서 《세메이아》 발간 이후 로버트 알터의 본서가 출간되기 전까지다. 이 단계에서는 수사비평을 대체하는 문학비평론이 등장했는데, 대표적으로 구조주의와 형식주의적 성서 해석을 들 수 있다. 구조주의는 본문의 심층 구조를 파악하여 성서를 독해하는 법을 제안했고, 형식주의는 본문 자체가 내포하는 이야기 틀이나 전개 방식에서 의미를 찾고자 시도했다. 세 번째 단계는 문학비평의 개화기로서 알터의 저서가 출간된 후부터 오늘날까지다. 이 단계는 소위 '신문학비평'이라 불리는 형식주의적 분석이 뿌리내린 시기라고 할 수 있다. 이전 단계를 구조주의와 형식주의 쌍두마차 체제로 본다면 알터의 저서는 문학비평의 관심사를 구조주의에서 형식주의로 옮기는 결정적 계기를 마련했다고 평가된다. 구조주의는 사전 이해가 없는 일반인들이 접근하기 어려웠으나, 알터의 작업은 성서 본문에 드러나는 말과 이야기 기술, 등장인물, 전형장면, 핵심 단어 등을 파악하여 성서의 예술성과 교훈, 감동을 좀 더 많은 사람들이 쉽게 터득할 수 있는 방법론을 제공했다.

본서는 모두 아홉 개의 장으로 구성되어 있다. 알터는 처음 두 장에서 성서 해석에 대한 기존의 방법론을 간략히 살펴보고 성서에 접근하는 자신의 관점을 제시한다. 이어서 3장부터 8장까지 성서 내러티브에서 발견되는 문학적 기법들을 구체적인 예문 분석과 함께 소개한 후 결론으로 마무리한다. 알터는 성서의 내러티브가 높은 수준의 예술적 기교를 사용하고 있으며, 이것을 세밀하게 읽어내야 한다는 주장으로 시작한다. 문학적 기법을 따지는 것이야말로 성서 내러티브의 신학적, 도덕적, 역사철학적 메시지를 한층 확실하게 해주는 방법이라는 것이다. 알터는 그간의 역사비평적 접근이 성서 본문에 나타나는 불일치를 그저 상이한 자료들을 사용한 결과로 보는 것에 대해 아쉬움을 토로한다. 그는 히브리 저자들이 내러티브 내의 모순을 인식하지 못한 게 아니라 오히려 상충되는 자료들을 의도적으로 사용한 것이라고 주장하면서 성서 내러티브를 세밀하게 읽어야 할 필요성을 제안한다.

1장에서 알터는 다음과 같은 포괄적인 질문을 던진다. "왜 성서의 서술자가 어떤 경우에는 그 주인공들에게 동기를 부여하거나 심리 상태를 지정해주는가 하면, 또 어떤 경우에는 이런 면에 대해 말을 아끼기로 하는 것일까? 왜 어떤 행동은 최소한으로만 지적하고, 또 어떤 다른 행동은 어슷비슷 말을 바꿔가면서까지 자세히 기술하는 것일까? 기술된 사건들의 시간적 범위가 급격한 변화를 보이는 것은 무엇으로 설명할 수 있을까? 왜 어떤 지점에서 실제 대화가 소개되고 있으며, 어떤 선택 원칙에 따라 특정 단어들이 등장인물에게 할당되는 것일까? 별칭이나 관계 지정에 관한 용어들을 거의 쓰지 않는 본문 속에서, 왜 서술자는 이야기의 특정 지점에서 등장인물들이 누구인지 구체적으로 신원을 확인할까? 반복은 성서에 나타나는 익숙한 기법이지만 결코 자동적으로 따라 나오는 장치가 아닌데, 문자적인 반복이 나타나는 때는 언제이고 자주 나오는 전형적 문구에서 눈에 띄게 변화하는 부분은 무엇인가?" 이런 질문들은 성서 본문을 세심한 주의를 기울여 읽을 필요가 있다는 사실을 다시 한 번 강조해준다.

저자는 성서 내러티브를 역사로 보는 견해에 반대하지 않지만, 현대적 개념의 역사와는 다른 관점에서 접근할 필요가 있다고 주장한다. 그는 고대 히브리 작가들이 주변 국가의 작가들과 달리 서사시보다 산문 형식의 내러티브를 채택하면서 표현 방식에서 엄청난 유연성을 확보했다고 본다. 성서의 유일신론에 의하면 인간은 하나님의 형상에 따라 창조되었으나 헤아릴 수 없는 자유에 내맡겨진 피조된 세계의 최고와 최악을 아우르는 역설적 존재다. 이를 이해하고 표현하려면 특별한 문학적 기술이 필요했고, 산문 형식이야말로 이러한 신학적 가정에 따른 자유롭고 변화무쌍한 인간을 그려내기에 적합했다는 것이다. 그렇다고 해서 이러한 허구성의 강조가 히브리 성서의 역사성을 깎아내리는 것은 아니라는 점을 이해할 필요가 있다. 저자는 허구성이 도리어 역사를 실제화하는 도구로 사용되며, 그런 점에서 성서의 내러티브는 역사화된 산문픽션이라고 볼 수 있다고 주장한다.

한편 알터는 문학 작품을 해석하기 위해서는 우선 당시의 문학을 지배하던 관습을 인식할 필요가 있다고 본다. 관습을 제대로 알아야 이야기의 메시지 혹은 개별적 특성을 파악할 수 있다는 것이다. 성서 내러티브와 같은 고대 문학의 경우 관습의 전모를 파악하는 데 어려움이 있지만, 알터는 성서의 이야기 분석을 통해 어느 정도 가능하다고 본다. 그 예로 알터는 '전형장면'을 제시한다. 그가 말하는 대표적인 예는 주인공의 탄생에 관한 수태고지, 불임으로 고통받는 주인공의 어머니, 우물가에서 미래의 배우자를 만남, 들판에서 하나님의 현현을 경험함, 생애 초기에 겪는 시험 등이다. 알터는 역사비평론자들이 자료의 중복으로 파악한 복제된 이야기들이 실은 일련의 전형장면을 형성하고 있으며, 각 이야기의 미묘한 차이점들은 서로의 특성을 드러내는 단서가 된다고 설명한다. 즉, 동일한 모티프가 미묘하게 달라지는 지점에서 성서 저자의 문학적 의도가 드러난다는 것이다.

이처럼 무수한 반복은 성서 내러티브의 대표적인 특징 가운데 하나로 여겨져 왔다. 그간 많은 학자들은 이에 대해 구전의 정황, 민담적 배경, 혹은 복합적인 문서 특성 등으로 설명하려 했다. 그러나 알터는 전체 에피소드든 짧은 구절이든 반복의 빈번한 사용이 구전전승의 발전이나 기록된 여러 자료를 모두 보존한 결과가 아니라 성서의 편저자들이 의도적으로 고안한 기법이라고 주장한다. 성서의 서술자들은 주도어, 모티프, 주제, 연속적인 행동, 전형장면 등 다양한 반복 기법(5장 참조)을 사용하면서 미세한 변형을 가미해 인물의 성격이나 플롯의 전개를 암시한다는 것이다. 일례로 삼손의 어머니가 수태고지를 받는 사사기 13장에서 하나님이 준 약속을 자기 남편에게 전하면서 수태고지의 마지막 구절에 "그의 죽는 날까지"라는 말을 임의로 삽입하는데, 알터에 따르면 이것은 삼손의 미래에 지대한 영향을 미치는 암시가 된다.

성서 내러티브에서는 동일한 이야기의 다른 버전들이 공존하는 것도 흔히 볼 수 있다. 이에 대해 알터는 불연속이나 복제, 모순이 아니라 성서의 편저자가 현대 독자와는 다른 통일성의 개념을 가졌을 뿐이라고 본다. 히브리 저자들은 의도적으로 자료를 통합했고, 이런 몽타주 기법은 각기 다른 관점에서 이야기를 들려주고 포인트를 강조하는 역할을 했으며, 이로써 이야기의 주제가 더 완전해지고 풍성해졌다는 것이다. 창세기 42장과 43장은 요셉의 형들이 이집트에 갔다가 돌아오는 이야기를 전하는데, 여기서 형들은 요셉이 자루에 넣어둔 은을 두 차례에 걸쳐 발견한다. 첫 번째는 이집트에서 가나안으로 돌아오는 도중 숙소에서 발견하고, 두 번째는 가나안으로 돌아와 아버지인 야곱 앞에서 발견하는 것이다. 표면상 이 장면들은 모순된다. 역사비평론에 의하면 첫 번째는 J문서이고 두 번째는 E문서이며, 동일한 이야기의 두 버전이 중복된 결과이다. 그러나 알터는 언뜻 모순된 두 장면이 요셉의 형들이 걷게 될 행보에 어떤 결정적 암시를 드리우는지 설득력 있게 보여준다. 알터에 따르면 성서의 저자는 두 이야기의 모순을 알고 있었음에도 자신이 전하고자 하는 주제를 효과적으로 표현하기 위해 두 자료를 모두 사용했다.

알터는 성서 내러티브에서 주인공이 드러나는 방식과 서술자의 역할에 대해서도 비중 있게 다룬다. 그는 서술자가 인물에 대해 묘사하는 수준을 크게 세 단계로 나누는데, 가장 낮은 수준은 단순히 행동과 외모를 묘사하는 것이고, 중간 수준은 인물 자신이나 주변 인물의 직접화법으로 전달하는 것이며, 가장 높은 수준은 서술자가 전지적 관점으로 확실한 언질을 제공하는 것이다. 일반적으로 익명이거나 드러나지 않는 서술자는 그의 인물들, 그들의 행동과 궁극적인 운명에 대해 '전지'하며 하나님의 관점을 가지고 있는 것으로 상정된다. 그러나 서술자는 자신이 알고 있는 정보를 모두 누설하기보다 인물과 상황에 따라 노출의 수위를 조절했다. 대표적으로 사울과 다윗을 묘사하는 서술자의 태도는 매우 상반된다. 사울은 가장 높은 수준으로 그의 의도와 감정까지 거의 모두 드러내는 반면, 다윗에 대해서는 오로지 그의 대사와 행동의 묘사로만 표현하여 서술자의 침묵이 의도적인 모호성을 발생시킨다. 이로써 다윗이라는 중요한 성서 인물의 복잡한 내면을 직접 드러내지 않고 추론의 영역에 남겨둔다. 인물뿐 아니라 사건의 진행을 기술할 때도 서술은 되도록 제한하고 인물 간 대화의 비중을 높여서 대화가 사건을 주도하게 만든다. 이는 사건의 현장감과 극적 긴장감을 증폭시키고 독자들이 인물의 대사를 통해서 사건과 인물의 진위를 판단하도록 여지를 남겨둔다. 때로 서술자는 요셉의 이야기에서처럼 등장인물이 알지 못하는 정보를 독자에게 제공하지만, 이때도 처음부터 모두 공개하기보다는 적절한 시기와 장소에 필요한 정보만 드러낸다.

알터는 본 저서를 통해서 성서 해석이란 자료 분석이나 양식 구분에 머무는 것으로는 부족하며 성서의 문학 형태를 충분히 밝혀주는 것이어야 한다고 주장한다. 해석자의 관심은 본문 이면의 역사보다 본문 자체에 무엇이 표현되어 있는지 파악하는 데 집중해야 한다는 것이다. 이를 위해서 본문에 대한 '세심한 읽기'가 필요함을 역설한다. 독자는 배열된 단어의 순서나 변화를 예민하게 관찰하고, 본문에 포함된 다양한 수사적 장치에 주의를 기울이며, 그 장치들이 본문에서 어떻게 서로 관련을 맺는지 규명해야 한다고 그는 제안한다.

성서는 문학적 특성을 지니고 있기에 문학적 접근법을 활용해야 할 필요가 당연히 있다. 성서를 읽는 독자로서 우리가 인정해야 할 것은 성서 본문이 사건에 대한 객관적이고 중립적인 역사 기록을 전달하려는 목적으로 쓰이지 않았다는 것이다. 성서의 저자들과 편저자들은 사실을 전달하는 것보다 사건들에 대한 독자의 관점과 반응을 이끄는 데 관심이 있었고, 이를 달성하기 위해 자신들만의 창의적인 방식을 고안했다. 그러므로 내러티브의 구성을 분석하고 등장인물을 연구하고 서술 방식을 면밀히 분석하는 작업은 본문 이해에 필수적이고 유익한 방편이 될 것이다. 그런 점에서 성서 내러티브를 어떻게 분석해야 하는지를 구체적으로 보여준 알터의 문학적 방법론은 성서 문학비평의 중요한 도구이며, 본 저서는 가히 히브리 성서

문학비평의 필독서라 평가할 만하다.

끝으로 이 책을 번역하면서 채택한 몇 가지 원칙을 밝히고자 한다. 먼저, 원서의 '내러티브(narrative)'라는 용어를 설화, 이야기, 서사 등으로 번역하지 않고 그대로 고집한 이유는 본래적 뉘앙스를 살리고자 함이다. 설화나 이야기는 실재하지 않은 가공의 이야기라는 인상이 강해서 정서상 불필요한 논쟁을 일으킬 소지가 있을 것 같았고, 서사는 저자 자신이 본문에서 그리스 문학의 서사와 내러티브의 차이를 지적하기 때문에 적절하지 않다고 판단했다. '구약성서' 대신 '히브리 성서'라는 다소 생소한 용어를 사용하는 이유는 저자가 초판 서문에 자신이 히브리 성서라는 용어를 사용하는 까닭을 밝혔기 때문에 역자도 그 의도를 따랐다. 본문에 인용된 성서·본문에 관해서도 설명이 필요하다. 문학적 관점으로 성서에 접근하는 저자는 당연히 성서의 단어 선택, 언어유희, 히브리 구문의 문제 등에 세심한 관심을 보인다. 그는 기존의 번역이 히브리어 본문의 명료성과 정밀성을 많이 놓치고 있고, 의미심장한 구문, 의도적인 모호성, 단어의 반복 등과 같은 원어의 문학적 특징들을 희미하게 만들어놓았다고 지적하면서 이 저서에 인용된 성서 본문을 모두 직접 번역했다. 그리고 자신의 사역(私譯)을 통해서 기존 번역본에서 잘 드러나지 않는 원문의 문학적 특징을 보여주고자 노력했다.

역자도 여러 한글번역본을 참고하면서도 저자가 보여주려 한 번역의 의도를 살리고자 노력했다. 그리고 방법론적 특성상 빈번하게 히브리 단어와 문장이 거론되는데, 저자는 히브리어를 음성기호로 음역했으나 역자는 우리 독자들을 감안하여 한글 음역으로 표시했고, 전문적 지식을 가진 이들을 위해서 히브리어를 병기했다. 마지막으로 역주에 대해서 설명하자면, 저자는 문학평론가답게 수많은 작가와 작품들을 인용하면서 논지를 전개해 나가기 때문에 독자의 편의를 위해서 자주 언급되는 작가나 문학 용어에 대해서 간단한 역주를 삽입했고, 저자가 히브리어 단어나 문장에 대해 논하는 중에 역자의 판단으로 보충 설명이 필요한 곳에 역주를 달았다.

역자는 이 책의 번역에 참여하게 된 것을 영광스럽게 생각한다. 이 뛰어난 저서가 역자의 부족함이나 실수로 그 가치가 절하되는 일이 없기를 바란다. 이 의미 있는 저서를 번역할 기회를 주신 김삼수 대표님께 감사드리고, 공역자인 황규홍 목사님과 번역 작업에 지대한 도움과 지원을 아끼지 않은 정미현 선생님에게도 감사를 표한다.

옮긴이를 대표하여
박영희

찾아보기

성서의 이야기 기술

1판 펴낸 날 2015년 3월 20일
2판 펴낸 날 2023년 8월 2일

지은이 | 로버트 알터
옮긴이 | 황규홍 · 박영희 · 정미현
편 집 | 김소라
디자인 | 권대홍
펴낸이 | 김삼수
펴낸곳 | 아모르문디
등 록 | 제313-2005-00087호
주 소 | 서울시 마포구 월드컵북로5길 56, 401호
전 화 | 070-4114-2665
팩 스 | 0505-303-3334
이메일 | amormundi1@daum.net

ISBN 979-11-91040-30-2   93230

이 도서의 국립중앙도서관 출판시 도서목록(CIP)은
e-CIP홈페이지(http://www.nl.go.kr/ecip)에서 이용할 수 있습니다.
(CIP제어번호: CIP2015007972)